門脇厚司・北澤毅編

山村賢明

社会化の理論

教育社会学論集

世織書房

刊行に際して

教育社会学者・山村賢明氏における生の軌跡と研究主題について

「母」から「茶」、そして「仏」への足跡を辿る

門脇厚司

1　はじめに

二〇〇二年九月十五日の未明、山村賢明氏は永遠の眠りに就かれた。享年六十九歳、人生八十年といわれる現在では早過ぎる他界であった。

山村氏が、日本教育社会学会の会員として、わが国の教育社会学の発展に多大な貢献をしてこられたことは誰もが知るところであり認めるところである。それゆえに、山村氏は早くから日本教育社会学会の理事に推挙され、一九八九年十月から二年間は会長を務めることになり、『新教育社会学辞典』の編集刊行に当たっては編集委員長の重責を果たされることにもなった。学会における山村氏のこうした数々の要職と貢献を書き連ねることで、教育社会学者山村氏の存在価値を称えることは容易なことである。しかし、研究者山村賢明の存在価値は、研究者としての秀でたセンスを生かし、独自の視点と方法を駆使し、多領域にわたる内外の文献を渉猟しつつ、早くから優れた先駆的な研究を発表し続けたところにこそあった。こうした見方は、山村氏を知る誰もが共通にするところである

はずである。

研究者山村氏は、生前、一九六九年に東京教育大学に提出し受理された博士論文「現代日本における母のコンセプションズの研究」はじめ多くの研究成果を、『日本人と母』を含めた七冊の単著と、三冊の共著、それに一〇冊の編著として残しているが、その他にも、求められて単行本や学会誌や商業雑誌などに寄稿した論文が相当の量に上っている。それらの中には我々が学ばなければならないいまだ学びうる論文や、教育社会学の今後の研究に貢献しうる貴重な論文が数多くある。こうした論文を一書にまとめ、後に続く研究者たちのために残しておけないものか。山村氏が書き残した研究論文にはそうするだけの価値が十二分にある。早くから山村氏の研究から多くを学び、大学や大学院で直接薫陶を受けてきた者たちにはこうした気持ちが強くあった。そうした私たちの願いが、世織書房のご好意で叶うことになった。山村氏が書き残した論文の中からまだ一書に収録されておらず学術的な価値が高いと判断した論文を一書にまとめたのが本書である。

おそらく、そう遠くない将来、山村賢明氏の研究についての研究を志す研究者が現れるであろうと私は信じている。山村研究となれば、当然、山村氏の生い立ちや履歴や家族のことなど人生の様々な軌跡に関心を寄せるはずである。また、なぜ、山村氏がそのようなことに関心を寄せ研究することになったかについても詮索するはずである。山村氏の略歴と研究業績はともに本書の終りに載せてあるが、本書の編集にかかわった一人として、山村氏を偲びつつ、略歴や業績一覧からだけでは読み取れない山村氏の人となりや山村氏が辿った生の軌跡について最低限の補足と説明をし、また、山村氏が行った一見関連がないかのようにみえる研究主題について私なりの見方を開陳することで編集人の責務を果したいと思う。北澤氏による文献解題とともに、後学者の参考に供することができれば幸いである。

2　山村氏の生の軌跡を辿る

山村氏は生まれてすぐに母親が行方不明になったこともあり山梨県中巨摩郡玉穂村で父と祖母と叔母とその子・照子とともに暮らすことになった。玉穂村は山梨県の穀倉地帯であるとともに養蚕の盛んな地域でもあった。甲府中学、甲府第一高等学校時代からの親友であった静岡大学名誉教授の志村鏡一郎氏は高校時代に、そして東京教育大学に入学してからも何度か山村氏の家を訪れているが、身延線の小井川駅から歩いて二十分ほどのところにあった家の回りは田圃だけであったという。そんな土地で山村氏の父親は養蚕組合の技術指導員として働き生計を立てていた。

戦後の新制度のもとで甲府第一高等学校となった高校で、志村氏と山村氏はクラス選出の理事となり生徒自治会の理事会で一緒になり、ともに列車通学していたこともあり（志村氏は善光寺駅）、汽車の待ち時間にいろいろなことを話すことが多かった。鉱石ラジオのことや昆虫採集のことなど当時の新しいことはほとんど山村氏から教えてもらったという。また玉穂村は日本住血吸虫病なる風土病でも知られた土地で、山村氏も幼少時にこの病気にかかり、このため生涯肝臓不全をかかえることになる。

甲府は経済的に恵まれていない土地であったこともあって大学に進む場合はほとんどが経済学部とか商学部など金儲けに直結する学部に入るのは当たり前に考える土地柄であったが、山村氏は東京教育大学の教育学部に進学した。山村氏から進学先を知らされたとき、志村氏は「驚いた」といい、そう決めることに自分の存在が影響を与えたのかもしれないと複雑な気持ちにさせられたと述懐する。

大学に入学して三年近く山村氏は巡査をしていた下北沢の叔父さんの家に同居していた。大学の同期である小久保明浩氏（武蔵野美術大学教授）は一年生の夏休み明けに下北沢に下宿を移ることになった。そして、それまで授業などで同席してはいたものの特に親しくはなかった山村氏と下北沢の駅で一緒になったことが縁で急に親しくなり、叔父さんの家を出たがっていた山村氏と一緒に住むことにし、大学の三年生の秋ごろ荻窪に下宿先を見つけ引っ越し六畳一間での同室生活が始まった。以後、山村氏は、大泉学園の八畳間に下宿を移し、大学院に入学し結婚するまでのほぼ五年間、小久保氏と同室生活を続けることになった。五年間という長い間同じ部屋で一緒に暮らしながら、小久保氏は、山村氏と喧嘩したり言い争いをしたことも、軽蔑したり失態を笑ったりしたことは一度もなかったという。スポーツや運動はからきし駄目、しかし頭の回転が早く勉強家であった山村氏は自分とは何かと反対の面が多かったこともあり、小久保氏は山村氏をずっと尊敬していたともいう。同じ部屋で長く暮らし多くの時間を一緒に過ごすことになれば、お互い、様々なことを話すようになるのはごく自然なことである。小久保氏は大学時代に山村氏が母親探しをしていたことを記憶しているが、同時に山村氏はフロイトの本を盛んに読むようになっていたともいう。おそらく、その頃から日本人における母親の存在に関する研究を意識するようになったのではないかと小久保氏は推測している。仮にそうだとしても、実母に会えずその記憶がないことを不幸なことと考えていた素振りはなく、むしろそのことが客観的に母親考察を可能にしえたのではないかとも考えている。

一九五九年十月、大学院の博士課程二年生で喜美代夫人と結婚した山村氏は夫人の実家があった調布に移り新婚生活に入るが、家庭生活に安定を得た山村氏は、後に『日本人と母』としてまとめることになる研究に精力的に打ち込むことになる。その成果は、六一年に早くも、「近代日本の家族と子どもの社会化」として『教育学研究』に発表され、奈良少年刑務所の非行少年に対する内観法による研究は「親子関係と子どもの社会化」として『教育社会学研究』に、そして、ラジオ番組「母を語る」を分析した「『知名人』にみる日本の母のコンセップション」は『社会学評論』にと矢継ぎ早に発表された。そのどれもが、従来の教育社会学にはなかったテーマであり方法論であったこともあり、鋭い感性を備えた新進気鋭の教育社会学者の出現として学会にその存在をしかと刻印することになった。研究者としてのその後の活躍は今更ここで言及するまでもない。夫人の後日談によれば、博士論文はじめ価値ある論文を次々にまとめ発表する山村氏の論文を清書するのが喜美代夫人の役割であったという。

長く肝臓不全に悩まされ続けていた山村氏が、病の進行で体調を崩し始めるのは筑波大学から立教大学に移り十年目くらいのことであった。立教大学を辞し文教大学に移ったのは通勤と業務の負担を少しでも軽くしたいというのがその理由であったと聞いている。文教大学に移って三年目の九八年に肝硬変で最初の入院、以後、それが肝臓癌となり、さらに胃に転移し入退院を繰り返すことになる。九九年度の後半から二〇〇一年度一杯は授業をするのもままならぬ状態になっていた。そして、二〇〇二年度になり病が小康状態になり授業をし原稿の執筆もできるまでに体力が回復していた矢先の八月末再び入院、帰らぬ人となった。

3 『日本人と母』を読む

教育社会学者山村氏がどのような研究に取り組み、どのような研究成果を残したか。山村氏をよく知る研究者のほとんどは、こうした問いに、家族研究、母親研究、社会化研究、子ども研究の第一人者、そして日本文化の研究者、解釈的アプローチの導入者であったと答えるはずである。そのような見方や評価が正しいことは言うまでもない。それゆえに、本書もまたそのように括られる研究として書かれた論文を収録し一書にしている。

しかし、山村氏の研究関心は『社会化の理論』と題してまとめた本書の領域内に収まるものではなかった。晩年に主に取り組んだ研究の主題が茶の湯であり仏教であったことはあまり知られてはいない。何ゆえ、山村氏は茶の湯と仏教に関心を寄せ研究しようとしたのか。また、晩年の侘び茶の研究および仏教の研究は、初期の母親研究と山村氏の中でどう結び付いていたのか。山村氏が亡き今、真相は不明のままであるが、亡くなる直前まで親しく付き合わせていただいた者の一人として私なりの読みと解釈を開陳してみたいと思う。そうしたいと思うのは、山村氏がなぜ最後に仏典を読むことに没頭することになったのか。そうすることで何を理解し何を為そうとしたのか。

その答えを直接聞くことができなかったことが何としても悔やまれる思いを強くしている者として、「こう理解してよいのでしょうか。」と問いたいがためでもある。

『日本人と母』を読み返していま気付くのは、山村氏が母親の存在とその意味に関心を持ったのは、何より「子にとって母がどのような存在であり、どのように思念され、どのような意味をもっていたか」を知りたいがためであったことである。このことにかかわり、山村氏は『日本人と母』の中で数度にわたりこう書いている。

母についての社会的観念は、形式的にいえば、(A) 母からみた子との関係、(B) 子からみた母との関係の二側面に分けられ……、後者は (b1) 子は母にたいしてどうであるか、(b2) 子は母からどうされるか、の二つに区別される。われわれの (すなわち私・山村の) 主たる関心は、(b1) にある (一〇頁、傍点山村)。

研究目的、われわれの場合は、母が子としての日本人の行動にたいしていかなる意味をもったものとみなされているか、という関心のもとに、その範囲での有意味的なカテゴライゼーションが行われる (三七頁、傍点門脇)。

われわれはマス・コミ知名人たちが、自らの母について語るコトバとその主題の中に、日本における母のコンセプションズを探ろうとしてきた。その主たる関心は、母というものが日本人にとってどのような意味をもつものとして観念されているか明らかにしたい、というところにあった。そこに語られていることが、現実にあった事実を正確に報告しているかどうかは、最初から問題ではなかった (一二二頁、傍点山村)。

母のコンセプションスの二側面を (分離して整理すると)、母は子にたいしてどうであるかという面と、子は母にたいしてどうであるかという面になる。われわれのねらいは、子にとっての母の意味であるために、当然後者の方に力点がかかってくる。しかし前者は、子によって認識されたり、内面化されたりすることによって、後者の成分となるものである（一八七頁）。

子からみて母がどんな意味をもったものとして思念されているか、という面での母のコンセプションズを問題にしているわれわれにとっては、……（一九三頁）

われわれが問題にしているのは、子にとって母というものがもっているとみなされている文化的な意味なのであって、……（二〇一頁）

このような関心を持続しつつ研究を続けた山村氏が辿り着いた結論はどういうものであったか。山村氏自身、そのエッセンスをこうまとめている。

母は子を生き甲斐として、さまざまな苦しみに耐え、自分のすべてを捧げて子につくす。そのような母は、子にとって精神的な支えとなって子を励まし、そのアチーブメントを助けるだけでなく、子が最後に帰ってゆくことのできる心のよりどころでもある（一九九―二〇〇頁）。

こう書いた山村氏は、それに付け加えわざわざ括弧で括り、こう書き足している。「子は母を悲しませることを避け、なにか達成したとき母によろこんでもらいたいと思う〈裁定としての母〉でもある、と。

こう書き連ねてくると、私には、山村氏が日本人にとっての「母のコンセプション」に拘ったのは、未だ見ぬ自分の母をどう想い描き意味づけたらいいかを整理するためだったのではないかと思えてくる。日本人にとっての母の意味を探ることは、自分にとっての母を意味づけることでもあったのではあるまいか、ということである。それゆえに、多くの日本人が母をどう語り、日本において母がどういう存在としてドラマ化され、日本人の多くがどのような母に共感を寄せていたかを確認したかったのだ、と。

このような山村氏の関心は、当然のことながら、自分自身の生き方と密接に繋がるものであったはずである。『日本人と母』にはそのことを確信させる箇所を数多く見い出すことができるが、直截的には、本の総括部でこう書いている。

母のコンセプションズを性格づけるとするなら、「他者包絡的志向」とでもいうべきで……、子（日本人）にとっての母の意味は、まさにそのようなものである。……これは人間にとっての生き方にかかわる問題領域であって、この種の問題が社会学や社会心理学の重要なテーマであることは論をまたない（二〇六頁）。

（母のコンセプションズが、自己以外への志向による依存性によって特徴づけられるという意味で「他者包絡的」といっていいが）、「日本人の生き方」の問題として、ここで重要なことは、この自己以外のものがだれでもよいというのではなく、とくに母であり子であるということである（二〇八頁）。

このような問題意識に貫かれて研究を進めつつ、山村氏は、自分のこれからの生き方をも探っていたはずである。このような果てに、山村氏が辿り着いたのが宗教の問題であり、引いては観音信仰を媒介しての仏の存在であったように、私には思われる。生涯の最晩年に山村氏が多くの時間を割いたのがサンスクリット語から直に和訳された仏典を読むことであったことはすでに書いたことであるが、『日本人と母』を読み返してみると、そこにはすでにう。

宗教や仏についての多くの記述があることに気づかされる。しかも、宗教や仏への言及が

「母のコンセプションズ」についての解説の最後の結論として書かれていることは一層重要である。そうした記述をいくつか書き出しておこう。

このようにみてくると、観音の菩薩としての特徴は女性のステイタス・セットのうちでもとくに、自我をすてて子や夫のためにつくし、苦しみにたえ、子の支えとなり、限りなく許すことによって子の最後のよりどころになる母のイメージと重なり合うのである。ほとんど母は観音なのであり、観音は母なのである。この両者の同一化は、日本の母のコンセプションズ、とりわけ〈救いとしての母〉の観念が、深いところで宗教的なものと融合しているという印象を強めるものである（二二二頁）。

このように、われわれは（山村は）現代日本における母のコンセプションズのもつ文化的意味を追求することによって、その宗教的意味合いに到達したのである（二二四頁）。

このようにして、われわれは一つの結論に到達したことになる。それは日本において母は「宗教的」な機能を演じうるようなものとして観念されているということである。ウエーバーにならっていうならば、母のコンセプションズは日本人の「エートス」の一部として、その行動にたいして大きな意味をもっているのである（二二八頁）。

このような結論に至った山村氏は、自分の母が日本のどこかで生きている姿を想い描きつつ、そうした母を悲しませないよう、何かを達成した自分を母に喜んでもらえるようにと念じつつ、研究に勤しみ自分の生き方を具体化

させていったのではあるまいか。

以上、『日本人と母』を読み解くことで、何ゆえ山村氏が「母のコンセプションズ」の追求に多大なエネルギーを投入したかについて自分なりの見方を披瀝することに傾注してきたが、読み返して改めて気付くことがもう一つある。それは、一九六〇年代の中頃にして、早くも、山村氏は、G・H・ミードの象徴的相互行為論や、A・シュッツの現象学的社会学など、後に「新しい教育社会学」として喧伝され導入されることになる解釈的パラダイムと方法論を十分に自家薬籠中のものにしていたということである。山村氏は教育社会学研究の方法論についても強いこだわりを持っていたということであり、C・W・ミルズや、ミードや、シュッツらに学びつつ、独自に方法を工夫し実際に分析に駆使していたということである。山村氏の研究者としての感覚のよさと、理論やパラダイムのよしあしを嗅ぎ分ける鋭い感覚を備えていたことを改めて思い知らされることになったことも付け加えておきたい。

4　『茶の構造』を読む

自分がどう生きていくか。実際にどのような生き方をするか。そう模索しつつ出会ったのが茶の湯であり侘び茶の世界であったのではなかったか。

山村氏が茶の湯の世界に興味を持ち出したのがいつごろであったのか。夫人の証言によれば、夫人が再び茶の稽古を始めて暫くしてのことであったという。もともと夫人は、大学を卒業してから会社勤めをしていた頃お茶の稽古をしていたが、結婚し教師になり多忙が重なったこともあり稽古を中断していたが、教師を辞めてから再開。そんな夫人に山村氏は「お茶なんてただ飲めばいいんじゃないか」と言っていたというが、その頃長女の美子さんが琵琶を習い始めたこともあり、いい琵琶を探しに古道具屋に出向くようになり、そこで見つけた壺や茶器などにも興味を持ち始め集めるようになったという。様々な道具を集めているうちにそれを実際使ってみたくなり大日本茶道学会に入門したのだという。立教大学に移ってから三年ほど経ったころであったというから一九八八年頃であったと夫人はいう。

興味を持ったことについては、まず書物を読んで調べ尽くすのが常であったという小久保氏の証言通りとすれば、茶に興味をもった山村氏は茶に関する本を渉猟したはずである。事実、山村氏の書棚には相当の量に及ぶ茶道関連の本が並んでいたのを私は目撃している。田中仙翁師の門下となり作法を習いながら本を読み、本から得た知識を講義を通して学生に伝授し、我が家を改造して茶室を作るまでした山村氏は茶の湯に何を見、どう解していたのか。一九九六年に上梓された『茶の構造』を読むことでそのわけを探ってみて分かるのは、茶の湯がめざす「侘びの世界」あるいは「侘び」に象徴される価値観への共感であることである。

では、「侘び」の世界はどのように特徴づけられるのか。「自然らしさ」「清寂性」「没我性」「自在さ」という四つの特性をもって特徴づけられる世界であり、この世界が支柱とする価値は、不均衡、簡素、枯淡、自然、含蓄性、静かさ、平常心、謙虚さの八つであるとする。そして、こうした世界に共感する茶人の生き方を山村氏はこう書き記している。

> 茶人には、そういう一切のものを放擲し（放下着）、好悪、棟択を排する精神的力つまり胸の覚悟と、「透徹自在」で「随所に主となる」生き方が必須のものとして要請される。（ブルデューのいう）卓越的差異化（ディスタンクシオン）の介在は、そのような生き方に基づく茶の否定以外の何者でもない（一九〇頁）。

推測するに、山村氏が生きようとした具体的な生き方がまさに茶人としてのそれだったのではあるまいか。茶人としての生き方を根底で支えていたのが仏教の一宗派である禅宗であった。こうして山村氏の関心はさらに深く仏教に向かうことになったであろうし、そうなるのもまた山村氏の中ではごく自然なことだったのではあるまいか。

5　「仏典読み」を読む

山村氏は、二十世紀最後の年にあたる二〇〇〇年に、自分で撮影した野仏の写真を使い二〇〇一年のカレンダーを製作し知人に配っている。我が家もその恩恵に浴したが、使われた十二枚の写真はどれも接する人の心を和ませるものだった。夫人の話によれば、野仏の撮影は病を忍してのことであったという。気に入った野仏を探し当て、気に入った時刻に、気に入った陽の光のもとで、気に入った写真を撮るために何度か通ったこともあるという。山村氏が野仏に何を感じ何を託したのか、今では知る由もないが、雑草の中に人目に付くこともなく置かれた野仏の、それでも心の清らかさと安らぎを失わぬ表情に、自分の行く末をかさねていたのではないか、というのが私の読みである。

それにつけても、山村氏は、仏典を読み進みながら何を考えていたのであろうか。このような問に答えてくれる文章が二つ残されている。そこに集約されているのは「母への回帰」であり、仏教であり、茶の湯であり、それらを重んじるがゆえの西洋科学技術文明への反措定（アンチテーゼ）であり、生活の仕方・生き方の転換である。少し長くなるが、重要だと思うので、ここに書き写してみたい。

> 日本においては、母はおしなべて善なるものとしてプラスに評価する傾向が圧倒的に強いわけです。そこから、しばしば菩薩や如来の慈悲は母の子にたいする愛に擬することも行われてきましたし、そして母が善であるかぎり、そこから生まれてくる人間もその本性において善でないはずはない、という性善説的人間観が生まれても何の不思議もないと思います。そしてそれは人間の被造物的堕落を基本に据えるキリスト教的人間観とは大きく異なる点です。日本仏教の特質として諸法実相や、一切衆生に仏性が備わっているという如来像思想、

さらには現象世界をそのまま肯定する本覚思想への著しい傾斜などが指摘されておりますが、そういう傾向を帯びるのも、そのような人間観およびその奥にある母性観と結びつけることによって、よりよく理解できるのではないかと思います。

このようにして私たちは、東洋の表出性文化の一環としての日本の基底文化のもう一つの特性として「母への志向性」というものを措定することができるのではないかと考えます（講演記録「〈母なる文化〉と茶の湯」茶の湯文化学会編『茶の湯文化学』第6号、一九九九年）。

このような基層文化としての母への志向性が、他の三つの特性と同じ風土から発していることは明らかだと思いますが、それら相互の関係を考えますと、何人にとっても身近な母という存在に全面的に価値をおくということは、とりもなおさず現実受容的・肯定的です。父親という制度的な役割存在ではなく、母親という生物的存在にたいする高い価値づけは自然志向そのものです。そして絶対的な超越者や支配者を措定しない共同体的集合志向は、すべてを等しく包み込む母なるものへの志向と整合的であります。

さてここまで参りまして、そのような母への志向性のもつ意味の包括性と母への志向の強さを考え併せますと、基層文化の諸特性の総体を改めて「母なる文化」と表現した方がよいのではないか、という思いに駆られます。そして、もし茶の湯というものを、以上のように「母なる文化」の一つの結晶としてとらえることが正鵠を得たものであるとしますと、茶の湯はおのずと「父なる文化」の産み出した西洋の科学技術文明の対極に位置づくことになります。そしてその必然的帰結ともいえる現代の高度情報・消費社会—それは資源・環境問題や北による南の収奪・貧困を産み出しつつ自己増殖を続け、人間の幸福からますます遠ざかる方向に進みつつあるかに見えます—にたいして、茶の湯は反措定としての性格を帯びたものとして立ち現われます（同前）。

絶筆となった二〇〇二年五月の最後の論文の中でも、ほとんど同じ主旨のことが強調されている。例えば、次のようにである。

つまり先進国は、発展途上国の国々から資源を調達し、製品を売り込みその地域の自然や経済を破壊している。北側の豊かな社会とは、南の国を踏み台にして可能となった醜い達成ともいえる（「現代文明と子どもの社会性」『教育展望』522号、二〇〇二年五月号）。

現代の物質至上主義の文明は、精神的・倫理的価値の優位をくつがえし、物質的価値のおおっぴらな跋扈を認めたのである。物質至上主義と価値の無政府状態は、いわば社会経済的進歩の代償なのでり、そのアノミー状況において、物質至上主義にどっぷりつかって生活する大人が、子どもの社会性を育成しようとしても、それはほとんど不可能に近いであろう（同前）。

そして、大人たちが物質至上主義にどっぷりつかる生き方から「乏しきを分かち合う」方向へと生活のあり方・生き方を転換することを説く。

山村氏が研究の対象にした主題について私なりに考えを巡らしてきたが、ここに至り私の頭の中で凝固してくるのは、母なる自然への回帰、「母への志向性」を核にした日本文化のエッセンスともいえる侘び茶の世界への共感、侘び茶の精神を形づくった禅とそれを包含する仏教への共鳴、自分に残された生の時間を意識するにつれ、山村氏の中で募っていったのはそうした心情であり、考え方であり、価値観であり、生き方であったのではあるまいか、といった想念である。むろん、これと異なるシナリオが幾通りも可能であるのはいうまでもない。

謝辞

最後に、謝辞を申し述べさせていただくことにしたい。

まず、このような大部な論文集の刊行を引き受けてくれた世織書房の伊藤晶宣氏に深く感謝したい。部厚な論文のコピー集を手に、恐るおそる、出版の可能性を打診したわれわれに即座に「出しましょう。」と言ってくれた伊藤氏に、山村氏への想い入れの強さを感じ嬉しく思ったことでした。

また、この稿を書くに当たって、山村氏と長く親交を重ねてきた志村鏡一郎氏と小久保明浩氏のお二人に貴重なお話しを伺うことができたことにも深く感謝したい。お二人の話を聞きながら、幾つかの疑問が氷解していくのを感じ心が安らいでいくのは快いことでした。

山村氏が書いた論文をすべて検索し集めコピーを取るという骨の折れる作業をしてくれた立教大学の北澤毅教授と大学院生たちにも心からのお礼を申し上げたい。こうした地味な作業なしにこの論文集がまとまることはなかったはずだからである。

最後の最後になりましたが、この原稿に目を通して下さりいくつかの不備をご指摘いただくと同時に関連した興味深いお話をして下さった喜美代夫人に厚くお礼を申し上げたいと思う。誰でも私事に関わる事柄を公にすることには抵抗があるものであるが、そのことも含めご諒解いただけたのは山村氏への深い信頼と敬意と愛があってあればこそと忖度している。ありがとうございました。

二〇〇八年一月八日

山村氏の冥福を祈りつつ識す。

目　次　社会化の理論

第Ⅱ部　方法論

第Ⅲ部　子ども論・家族論

社会化の理論

第Ⅰ部　社会化の理論

1章　社会化研究の理論的諸問題

1　教育社会学における研究の動向

一定の社会のなかで、人間がどのように形成されてゆくか、という問題の解明は、教育社会学という学問の主要な関心事であったし、今後もそのことに変わりはないであろう。そして、その人間形成が、家族集団のなかにおいて始まるという基本的事実の故に、それに関連した研究は、戦後二〇年余の日本の教育社会学の発展のなかで、数多く産み出されてきた。

といっても、人間の形成とか発達という問題の経験科学的研究は、教育社会学の領域内に限られるものではなく、心理学・人類学・社会学などにとっても、同じように重要な問題として、それぞれの学問的立場で早くから追求されてきた。むしろ教育社会学は、それらの先進諸科学の成果を吸収し、それを助けとして発展してきた、といった方が正しいであろう。そのことは、「家族集団と社会化」というテーマに関連する過去の諸研究を振り返って、それを一つの流れとしてみたとき、その動きのなかに、ありありと現われているように思える。

研究の流れは、大雑把に三つに区切れるであろう。パーソナリティ研究―家族と教育研究―社会化研究である。もちろんこれは、研究における比重のかけ方、アプローチの仕方の変化という程度のことで、その三つの時期を明確に区分することができるということではない。ただ日本教育社会学会十周年に際して、その紀要において「日本教育社会学の現状と課題」という特集が組まれ、そのなかで古屋野が「パーソナリティの研究」(1)を執筆し、またそれから七年後に「最近五年間における教育社会学の成果と課題」ということで、原(喜美)が「家族集団と教育」(2)を総括している。そして学会の二十周年に当たって私たちに与えられたテーマが「家族集団と社会化」なのである。これはたまたま結果的にそうなっただけかもしれないが、しかし諸研究の内容からみても、厳密な時期区分は別として、やはり研究の趨勢として、先の三つの傾向を推定することが許されるような気がする。

終戦後間もなく、一九四八年には早くもR・ベネディクトの『菊と刀』が訳され、その五年後にはR・リントンの『文化人類学入門』が出版され、「文化とパーソナリティ」の問題への関心をたかめた。一九五三年の雑誌『理想』のパーソナリティ特集号には、岡田、清水、豊沢、牧野などがそろって寄稿し(3)、永井は *American Anthropologist* に『菊と刀』論を書いた(4)。それに伴って馬場、浜田のアイヌ調査(5)をはじめとして、パーソナリティの実証的研究も多く試みられた。武藤孝典の「文化とパーソナリティ研究の展開」(6)は、当時の若手の理論的研究を示している。

この時期のパーソナリティ研究は、ほとんど文化人類学に依拠しており、家族はもちろん重要な要素として、その理論的枠組のなかに入っていたけれど、必ずしも家族そのものに研究が焦点づけられていたわけではない。家族より広い地域社会の生活実態が調査され、パーソナリティは心理学的テストで把握して両者の関連が考察される、という傾向が強かった。古屋野は今後の課題として、いずれの研究も「対象とする環境の性格は細密に描いているけれども、之が人間形成につながる段階になると、その関連が必ずしも明確ではない」(7)と指摘したのであった。

しかしその後の研究動向のなかで、「パーソナリティ研究」は次第に影をひそめていった。『教育社会学研究』巻末の文献目録をみても、第一九集以後、パーソナリティという分類項目はなくなり、「家族」ないし「家族と教育」という形にしぼられていくのである。それは、研究作業そのものにひそむ問題と、研究をとりまく社会的背景の変化という二つの事情に由来するものと考えられる。前者に関しては、研究における人間形成の解明という教育社会学の関心は、文化人類学や心理学の方法への全面的依存では、現代日本の社会に必ずしも満たされないこと、教育社会学研究者にとって、文化人類学・心理学的技法は、必ずしも十分使いこなせるものではないこと、などが考えられる。

それに加えて、経済の急激な高度成長を中心とする日本社会の構造的変化のひずみが、家族生活のレベルで顕在化し、核家族化、共働き、出稼ぎ、鍵っ子、進学競争の過熱等々の現象が社会問題化してきた。そのような背景のなかで、社会学、とくに家族社会学の研究の高まりがみられた。めだった動きをひろっただけでも、一九六〇年と一九六七年には小山を中心とする家族問題研究会の大規模な調査がまとめられ(8)、その間に一九六五年には、日本で第九回国際家族研究セミナーが開催された(9)。一九六六年には戦前からの有賀の業績が著作集全一〇巻として刊行されたし、家族社会学と銘うった書物も続けて三冊出された(10)。

このような動きのなかで、教育社会学も自然に「家族と教育研究」に力点を移して行った、といってよいであろう。原(喜美)の「家族集団と教育」や学会紀要第二一集の特集『現代社会における家族』が出されたのは、その現われといえる。単行本としては団地家族をあつかった橋爪(11)、非行問題についての山口(12)、現代家族の変貌をとらえた松原(13)、家族生活に関する菊池(幸子)(14)などの書物がある。その他家族関係、家族構造、親子関係、鍵っ子、育児などを取りあげた個別的調査研究も多く出されたが、ここでは取りあげない。

むしろ、この時期の家族研究のなかに、すでに第三の傾向としてあげた「社会化研究」が含まれていた、ということを指摘しなくてはならない。それは、家族を特集した教育社会学研究第二一集のなかに、同時に「社会化と家族研究」をめぐっての誌上シンポジウムがおさめられていることに端的に示されている。なにより教育社会学における家族研究が、家庭教育やしつけの問題に向かってゆくことは当然であった。というのはそもそも家庭教育の問、題は、教育社会学の最初からの関心事であったからである。すでに「パーソナリティ研究」の段階において、清水はいち早く今日の事態を見通した「危機における家庭教育」(15)を書き、藤原は家族集団の教育機能を実態的にとらえようとしていた(16)。類似の論文はその他にも多数現われていたのである。

そのような素地をもとにして、「家族と教育研究」の傾向のなかで、稲生の育児に関する研究(17)、東京学芸大学のしつけについての共同研究(18)、山村(賢明)による川島武宜の『日本社会の家族的構成』の検討(19)などが発表されてきたのである。従って、ある意味で行き詰まった教育社会学における「パーソナリティ研究」が、「家族研究」の高揚のなかで、家庭教育ないし家族の教育的機能への伝統的関心と合体して、家族における「社会化研究」へと照準を定めてきた、といってよいように思う。そしてそのような方向づけに、大きな役割を果したのが、T・パーソンズたちの構造＝機能分析の社会学理論であり、とりわけ *Family - Socialization and Interaction Process*, 1956 であった。パーソンズの社会化の理論の紹介は、永田によって一九五七年にはすでに行なわれ(20)、その家族における社会化論の骨子も佐々木たちによって紹介されていた(21)。教育社会学の概論書として、全体的にパーソンズの理論的枠組によって書かれた最初のものは、馬場の著書であった(22)。

そしてその後「家族と教育研究」を経過するなかで、家族における社会化に限らず、「社会化研究」は「パーソナリティ研究」にとって代わり、教育社会学における社会化研究の大多数の理論や調査が、今日では何らかの形でパーソンズにその基礎をもっているといっても過言ではないまでになってきた(23)。パーソンズの他の著作と並んで、一九七〇年には *Family* がほん訳され(24)、一九七一年の日本教育社会学会大会においては、社会化の部会が設けられ、また浜口恵俊などを中心にして社会化論が課題研究のテーマにとりあげられるまでになった。

それにしても、パーソンズの理論の導入によって、一体何がもたらされたのであろうか。それは検討を要する重要な問題であるが、とりあえず、この研究動向の概観のなかでいえることは、次の二点である。第一に、従来の文化とパーソナリティ研究を継承したうえで、社会学の枠組のなかで、社会体系としての社会集団の構造と機能に対応・連関させて、パーソナリティ構造の発達・形成のメカニズムを解明する、という論理を提供し、しかもそれを、家族集団において具体的に示した、ということである。これによって、地域的・階層的に社会や集団の実態を調査し、それをパーソナリティの測定と関連づけたり、育児様式の諸項目とパーソナリティの心理学的要素・特性とを結びつける、という（教育）社会学者にとって比較的不慣れな研究方式に、必ずしもとらわれなくなったのである。

第二に、子どもの社会と大人の社会を接合させ、子どものパーソナリティ発達の延長上に大人の行動様式やパーソナリティを位置づけ、両者を一貫した同じ概念的枠組で社会学的に分析する、という道を開いたことである。それによって、今日では家庭教育も社会化として論じられるようになったが(25)、それに留まらず子どもの社会化は、政治的社会化、職業的社会化、経済的社会化といったように、大人の社会全体の問題にまで拡大されることになった。その結果教育社会学のパースペクティヴと可能性が著しくひろげられることにもなってきたのである。

さて、研究の動向が長くなってしまったが、以上の概観をもとにして、私に与えられた課題、すなわち家族集団と社会化の諸研究における理論的側面の検討に移りたい。それらの研究は多方面にわたるので、ここでの今までの論述と同じように、主として、教育社会学、社会学の領域に現われたものに限定してみてゆくことにしたい。

2　社会化の概念

家族における子どもの社会化を考えるとき、多くの人がG・P・マードックやパーソンズの核家族説に依拠して、子どもの社会化が家族集団の基本的機能の一つであることを論じる(26)。その点については、少なくとも教育社会学のなかでは異論はみられないのであるが、社会化とは何か、ということになると、それは家族集団を越えてみられる現象として、見解はさまざまに分かれる。

この点に関して、高橋は最近五か年間の日本の社会学、心理学、社会心理学、教育社会学などにわたる厖大な社会化に関連した研究を概観した。そして結論として、次のように三つの課題を指摘している。第一は社会化の概念の明確化、第二は研究領域の確定、第三は各学問分野でのそれぞれの研究方法の確立である(27)。

J. A. Clausen によれば、社会学における今日のような意味での社会化概念の使用は、十九世紀末の F. P. Giddings あたりから始まるということである(28)。ギディングスは、個人のなかに社会的性質(social nature)が発達してくることが社会化であるとしたのであるが、その後の諸理論のなかで、そのような意味が根本的に変わってしまったわけではない。例えば山村(健)は「一定の社会のなかにあらたに誕生した子どもが、社会の成員たるにふさわしい行動様式を体得していく過程」と規定(29)し、松原は「(子どもが)既存の社会のさまざまな行動様式や規範や文化などと接触しながら、その社会の要求するもの、社会においてはたすべき役割を、順次自分のうちにとり入れる(内面化する)ことによって、〝社会的存在〟へと転化していく過程」とやや詳しく説明している(30)。また高橋は「要するに社会化とは(個人が)社会(集団)に適応し、文化を吸収し、よりよき社会の成員になってゆく過程なのである」として、様々な社会化の定義が、「大方のところで一致している」ことを認めている(31)。

たしかに、社会化の概念を規定するために用いる言葉に多少の違いはあれ、社会化ということが、生物学的個体として生まれてきた人間が、社会(学)的個体になってゆくことに関わる問題であることには間違いない。その限りでは、O. G. Brim, Jr.(32)、A. Inkeles(33)、E. Zigler and I. L. Child(34)等々の概念規定も、同じである。しかし重要なことは、社会化をどのような理論的背景ないし枠組のなかに位置づけて考えるか、ということである。高橋が、社会化の概念の明確化が緊急課題であるといったのも、おそらく意味を含めてのことであったにちがいない。

そのような観点からみた場合、やはりパーソンズをはじめとする機能主義的社会学の理論ないしは「行為理論」が、最もエラボレートされていることを認めざるをえない。周知のごとく行為理論はパーソナリティ―社会体系―文化という三つの関係枠で考える。パーソナリティは行為者の志向と動機の組織化された体系であり、社会体系は複数行為者の相互行為における分化し統合された役割の体系であり、文化は行為を秩序づける一般的原則の体系である。

具体的な行為の体系としての個人（パーソナリティ）や集団（社会体系）が存続していくためには、適応（A）・目標達成（G）・統合（I）・潜在性（L）という四つの要件が満たされなくてはならない。社会化が問題となるのはこのLの要件においてである。作田の説明を借りれば(35)、集団は文化によって成員の欲求を規制し、集団活動に必要な役割期待にそった動機づけを確保し、余剰な動機づけを無害な形で表現させる必要がある。また個人としては、学習を通して文化として存在する役割期待のパターンを内面化し、それを秩序ある形で表現してゆくことが他者との関係のなかで存続する必要条件となる。

このようにして、文化はL次元を通して具体的行為の体系としてのパーソナリティと社会体系に接合してくるのであるが、それを可能にするメカニズムが社会化なのである。要するに社会化は、社会体系にとって、社会統制 social control と並んで機能的要件 functional requisite であるとともに、パーソナリティにとってもそうなのである。このように考えられた社会化の問題は、教育社会学のみならず社会学全体の基礎理論に位置することになるのである。

さきに、社会化の概念規定についての基本的な問題は、その表現上の言葉の異同ではない、といったのは、このような意味からであった。そのような理論的背景を考慮したうえで、「社会化とは制度的価値ないし文化のパーソナリティへの内面化である」とするのが、最も妥当性をもった包括的な規定のように思える(36)。

なおこのような社会化の概念に関連して、二、三の類似概念との識別をしておく必要がある。社会化、発達、教育、しつけ、育児などの用語の整理ということである。それには個体にみられる一定の変化を類別する基準として二組のカテゴリーを立て、それを組み合わせてみればよい。すなわち①個体に加えられる作用のプロセスつまりイン・プットの側からみるか、それともその結果としての個体の状態つまりアウト・プットとしてみるか、②個体の変化を他者などとの社会的関係としてみるか、それとも個体内のこととしてみるか、である。

	社会的関係	個体
イン・プット	教育 社会化	学習
アウト・プット	「一人前」	発達

図１　一般的用語の整理

そうすると、社会化と教育は社会的関係として個人に加えられるイン・プットに即した概念であり、それのアウト・プットとして大人とか社会の「一人前」の成員になるということがいわれる。他方、個体に焦点をおいて、そこでのイン・プットとしてみたとき学習の概念が使われ、個体におけるアウト・プットをいうときに発達という形で問題にされるのであろう。これを図に示せば上の通りであるが、さらに社会化のうち、外面的行動の習慣化を「しつけ」(37)といい、年少の子どもを対象とした社会化で身体的成長をも含ませたとき、育児（様式）という。発達、成長、成熟などの区別は、心理学での関係に従ってよいであろう。そこで最後に問題となるのは、教育と社会化の関係である。

その点に関して、従来教育社会学においては、あまり明確に意識されてはこなかった。むしろ、Ｅ・デュルケームの伝統に基づいて、教育と社会化は基本的には同じものとみなされてきたといってよい。教育を社会化からわかつものは、それが社会化に比して、より意図的・組織的だという点にあるとされてきた(38)。しかし両者の差異が、そのような人間形成的作用の形式的・方法的な側面にとどまるものでないことは、同時に他方で、次のようにもいわれてきたことからみて、確かである。「取捨選択され、系統化された教育的価値体系は、社会の現実的要求にとらわれない人間形成の理想をふくんでいる。……教育の理想は社会の現実を越えるものである」(39)。「教育には一面において伝統的文化の継承と伝達を期待されながらも……社会の変革と進歩をめざすいとなみであるという他の側面を否定することではない」(40)。

教育が本質的にそのような要素をもっているとするなら、それは明らかに体系維持的な機能として把握された社会化の範疇を越えたものである。従って、両者を識別するためには、人間形成的作用の目的ないし志向を導入してこなくてはならない。浜口の規定はそのような性格に近いものである。「教育は……社会化の過程を、社会の側からの要請に応じて、すなわち社会の存続・発展という目的に合致するように、多くの場合意図的に制御することとなのである」。「……教育を、方法論的な意味で制御された社会化の過程だと理解する……」(41)（傍点引用者）。萩原もほぼこの見解を踏襲している(42)。そして両者とも、そのように理解された教育の機能の一面として、新しい変革的・創造的人間の育成をあげているのである。

ここには教育を社会化一般から区別する意図はみられるが、しかし論理的な無理が感じられる。なぜなら、社会化を発展や創造のために制御することと、制御されたものがやはり社会化であるということの間には開きがあるからである。社会化を制御することと、制御された社会化とは必ずしも同じではない。もし前者が教育なら、そこにおいては社会化は（制御さるべき）対象なのであるから、教育は社会化以外の何かでなくてはならない。結局浜口たちの論理によると、社会化のなかに、教育という社会化と教育でない社会化の二種類があることになり、社会化の内部でその両者が相対立する、ということになってしまう。

そこで私としては、次のように整理することを提案したい。社会化と教育は、社会的関係のなかで個人に加えられる（イン・プット）人間形成的な作用として、大幅に重なりあう範疇であるが、しかし、社会化は本質的に体系維持的である。たとえパーソンズが指摘しているように「真理一般を探求する創造性を高く評価する積極的な型が、文化的志向の体系中に存在することによって」(43)それが社会化を通して内面化されるにしても、そのことに基本的な変わりはない。また内面化というものが「選択的」「修正的」に行なわれるにしても、やはりそうである。それにたいして、教育は〝体系革新的〟な役割を強く期待されているため両者は完全には重なり合えない。社会化を、パーソンズにならって、「第一次社会化」と「第二次社会化」とに分けたとき(44)、教育は、より意図的・組織的な形で、そのいずれをも含んでいるが、そのいずれをも解消しえない作用を含んでいる。それを図示すれば図2のようになるが、この社会化からはみ出した『教育』こそ、教育の独自性である。それは社会化のもつ体系維持性、平均的類型性、同調的適応性、常識性にたいして、

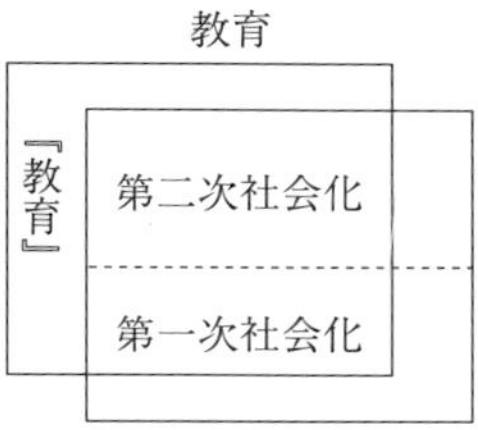

図２　社会化と教育の関係

むしろ革新性、個性的独自性、主体的創造性、理念的批判性といったものを志向する。そのような『教育』の機能を果たすことを制度的に期待されたほとんど唯一の機関が学校である。G・H・ミードにならって社会化が me の形成であるとすれば、『教育』は I に力点をおいた作用であるといってもよい。『教育』にとって、社会化は批判吟味の対象であり、時には『教育』はそれに挑戦し、それを解体 desocialize しようとさえするであろう。そのような『教育』志向をもつ教育によってこそ、社会化の過程は統御されるのではあるまいか(45)。

社会化と教育という二つの概念を、このように緊張関係でとらえるということが、今日のように、学校教育の重視・拡大が、第二次的社会化としての教育の偏重におち入りやすい〝教育の時代〟においては、特に必要なことと考えられる。しかしそれだけではなく、そのことによって、社会化研究がパーソナリティ研究一般、ないしは教育研究一般に解消してしまわないように、それを焦点づけるとともに(46)、結果的には社会学的研究をD・ロングのいう「社会化過剰の人間観」(47)から救うことにも役立つのではあるまいか。

3　社会化の理論

最近関心が高まってきたとはいえ高橋も認める通り(48)、社会化を直接問題の焦点にすえた研究は、理論的にも実証的にも、そう多くはない。むしろこれからであるといった方がよい。すでに指摘した通り、それら今日の研究は、大なり小なりパーソンズの影響をうけているといえるが、とくに教育社会学プロパーの領域においては、本格的な理論の発展が期待されるところである。

見田は価値意識の一般的理論の一環として、価値意識の形成を論じているが、それはそのまま社会化の問題でもある。価値意識は、「外在的」な価値体系が内在化（内面化）されたものであるが、それは個人の内部において一方で欲求性向を構成し、他方で規範意識となる。規範意識の領域は（a）状況や期待に〈適応〉しようとする志向としての「期待の意識」、(b)自己の行動に〈統合〉を与えようとする志向としての「原理の意識」、(c)既成の行為のパターンを〈維持〉しようとする志向としての「慣例の意識」、(d)規範の遂行がそれ自身欲求の〈充足〉であるような「欲求性向の一部となった部分」とに分けられる。これは明らかにパーソンズのA・I・L・Gに対応するものであるが、これをもとにして、内在化の過程ないし段階として、(a)→(b)→(c)→(d)を想定する。

さらに規範の内在化のメカニズムとして、(1)条件づけ(強化、消去、禁圧、代償)、(2)モデルへの同調(模倣、同一化)、(3)推量ないし反省的思考とを類別し、人間における価値意識の発達段階として、(1)〈快〉価値からの出発、(2)個別的・具体的価値意識から一般的・原理的なそれへ、(3)他律的・権威的規範意識から自律的・主体的なそれへ、(4)結果の倫理から動機のそれへ、という発達の仕方を考えている(49)。

他方、作田は集団(社会体系)の四つの機能的要件との対応関係から、献身(G)、和合(I)、業績(A)、充足(L)、という価値の四類型を導き出す。他方、G・タルド、デュルケーム、P. Bovet、J・ピアージェ、O. W. Mowrer、S・フロイトなどの理論を検討して、(1)発達同一化、(2)防衛同一化、(3)協同、(4)昇華、という四つの異なった価値習得の形態(学習のメカニズム)を識別する。そして集団生活のなかで、パーソナリティはおのおのの学習のメカニズムを通して、エロス的、規律的、構成的、存在的という四つの意味(価値)をそれぞれ習得する。この価値体系は「理念的文化」として、集団のL次元を通して体系内に導入され、制度化されてゆき、和合・献身・業績・充足という集団内在的価値体系が生まれる(50)。つまり価値習得のメカニズムとパーソナリティに学習された価値体系と社会体系の側の価値体系の三つがそれぞれ対応したものとして理解されているのである。ここでは、作田が価値とその習得形態の類別をしているのにたいし、見田は、より多く(個人における)内面化のプロセスを示そうとしている。内面化(学習)のメカニズムとしては両者とも心理学のタームに基づきながらも、見田においては昇華が見られないのは、彼は規範内面化のメカニズムとは別に、欲求性向の変化・発展のメカニズム(51)を考え、昇華はそのなかに位置づけているからである。理念的文化という独得の概念を入れて、社会体系によるパーソナリティの一方的規定性、価値の固定性を排除するところに作田理論の特色がみられるが、しかし一つの学習メカニズムを一つの価値の習得に限定的に対応させるのは無理な単純化ではあるまいか。

ここでとりあげられている内面化ないし学習のメカニズムは、どちらかといえばパーソナリティ内で生起するプロセスである。他者によるパーソナリティにたいする作用としての社会化のメカニズムについては、周知のようにパーソンズによって、心理療法を原型とした「学習＝社会的統制」の四段階として、(1) 許容、(2) 支持、(3) 相互性の拒否、(4) 報酬の操作として定型化されている。しかし青井和夫は、「価値意識を注入する他我の側から」、規範意識を内面化させる型を別な仕方で分類している。(1) 外面的な行動の型を習慣化する「しつけ」、(2) 原理を知識の形で注入する「徳目注入」、(3) 集団活動のなかで自発的に行動を強化する「助言」、(4) 子どもに期待をかけ、進んで従わせようとする「期待」の四つである。そしてこれは、それぞれ見田の慣例の意識(L)、原理の意識(I)、行動要求の意識(G)、期待充足の意識(A)に対応するというのである(52)。

このようにみてくると、いずれもパーソンズのＡＧＩＬ論を下敷にして、価値（意識）の類型化とそれの内面化を結びつけて構想するところに、社会学的社会化理論(53)の一つの方向性があるといえそうである。もしそうであるなら、同じ基礎から導き出されるそれらの図式理論の間にみられる微妙な喰い違いや恣意性、用語の不統一などの調整が、もっと真剣に考えられてよい段階にきていると思う(54)。社会化の理論的研究としては、パーソンズたちの行為理論における人間観とか、パーソナリティの理解の仕方の問題(55)と並んで、ＡＧＩＬ論とその適用の根本的吟味も、どこかでなされる必要があるであろう。

最後に、研究の一般的デザイン（タイプ）について、簡単にふれておきたい。

Ⅰ．社会化の具体的プロセスは、家族・仲間集団・学校・職業集団など、人間の所属集団の系列のなかでの、集団的過程として研究される。社会体系としての集団の役割構造とパーソナリティ構造とを対応させて分析し、その集団の系列に沿っての個人の移行によってパーソナリティの発達を考えるというところに、パーソンズの社会化研究への大きな貢献があった。それらの諸集団のうち、社会化にとって最も重要な位置をしめるのがいうまでもまく家族である。なぜなら家族は人間が最初に所属し、基礎的な社会化を経験するからであるが、またそれだけではなく、加藤が指摘しているように(56)、家族とりわけ親子関係は、あらゆる社会に共通な制度として、文化と文化伝達の比較研究を可能にする戦略地点でもあるからである。そこで教育社会学における家族集団と社会化の研究は、家族社会学における親子関係としつけの研究とほぼ重なることになる。その面では増田が、これまでの研究を概観し、研究領域を七つに整理し問題点を指摘していて、参考になる(57)。研究の量も、このような家族に関する社会化の諸問題を扱ったものが最も多いが、最近では、学校や仲間集団における社会化にも目が向けられてきている(58)。Ⅱ. 社会化はその領域ないし特定の主題に焦点をおいて研究される。パーソンズが家族における社会化を中心にして、集団の系列に沿って分析してみせたのは、どちらかというと心理=性的なレベルでの「第一次社会化」に関わる側面であった。しかしそのような基本的パーソナリティ構造とは別に、大人の社会的生活の特定の側面についての社会化に関心をおいて、たとえば、政治的社会化、法意識の社会化、経済的・金銭的社会化、職業的社会化などという形での研究が考えられる。すでに政治的社会化はかなり多くの成果を生みだしているが、今後このタイプの個別的な主題についての社会化研究はさかんになるものと考えられる(59)。

Ⅲ. 社会化はそれによって内面化されるべき価値や文化のパターンに中心をおいて研究される。浜口は、日本人の社会化に焦点をあてながら、西欧文化におけるパーソナリティの概念に代って、「人(JEN)」の概念による東洋文化の分析を提唱するF. L. K. Hsuの理論に依拠して、新しい研究をめざしている(60)。その他にも、増田その他によって、この種の傾向のものが出されてきている(61)。このタイプの研究が、社会化の社会学的研究の一つの重要な特色をなすものであるということは、すでに触れた通りであるが、問題はその価値をどのように扱うかということである。この点に関しては、山村(賢明)の立論をめぐって、学会紀要第二一集(前掲)において意見がたたかわされたので、ここではくわしくは触れない。たしかに構造―機能分析の理論によって、社会化の問題は理論的に明確にされたが、しかしそれはＡＧＩＬ論を基本にして、図式的概念やカテゴリーの自己運動とでもいうべきものが先行してしまう危険性をもっている。社会化過程における集団系列とその個々の集団の下位文化は、全体社会の文化によって浸透されている。山村が先の誌上シンポジウムにおいて強調したのは、とくにそのなかで、個性的民族文化の側面であった。それは具体的にいえば、どのような文化の内面化によって日本人に社会化されるのか、という問題の研究である。一方における価値（文化）の普遍主義的、図式的類型化と、他方、具体的調査における構造的変数（地域、職業、学歴、集団の構成形態等々）による分析という、今日優勢な社会化研究のデザインは、必ずしもこの問題の解明にとって十分ではない。そこでその補強手段として象徴的相互行為理論 symbolic interaction theory を導入し、母国語を通しての文化の内面化の内実にアプローチしたらどうか――というのがその提案の主旨であったが、その後それを具体化した研究も出された(62)。

なお全体社会の文化という面でいえば、このような個別主義的な性格をもつ民族的・伝統的文化の内面化とならんで、現代社会の構造とその変化に対応した文化との関連が問題にされなければならない。社会化の集団系列とその下位文化は、やはりそのような全体文化によっても浸透されているからである。つまり資本制社会、大衆社会、工業化社会といったような社会の全体構造が、その成員に要求する社会的性格の形成である。簡単に、前者を民族的・伝統的文化による社会化というなら、これは現代的文化による社会化といってもよいであろう。例えばＤ・リースマンの「他者指向的」人間類型の研究は、それに該当するといえる。この二つの社会化は、それぞれパーソンズのいう第一次社会化と第二次社会化に対置できなこともないが、しかし社会化過程の時間的順序を必ずしも示すものではないという点で、それとは区別されるべきものであろう。この二つの社会化は、現実には同時に進行するものであるが、日本のような非西欧社会における社会化の研究にあっては、二つを概念的・分析的に区別することが有効であろう。山村（健）による社会化研究の枠組(63)も、このような関連のなかでみることができる。それはパーソンズ的な理論背景が希薄なものとして特色をもち、国語辞典から「成人ロール」を摘出して、その一致・不一致、連続・非連続をみようという点で独創的であるが、それらを「成人ロール」と規定する「社会一般の通念」そのものをどこに求めるか、それらの役割の内容は上の二つの文化との関連でみたらどうなるか、などの検討が加味される必要があるように思える。

いずれにしても、社会化の具体的な研究においては、研究の関心に応じて、以上のⅠ、Ⅱ、Ⅲの三つが何らかの形で組み合わされて行なわれる、ということができる。そのような研究の積み重ねによって、「発達の社会学」というような領域が教育社会学のなかに確立されることになるにちがいない。最後に、ここでは心理学や人類学関係のものを除いて、教育社会学、社会学の研究を中心にみてきたが、それでも、小論の文脈のなかでは取りあげることができなかった論文もあったこと、また私の勉強不足のために見落とした重要な研究もあるにちがいないということをおことわりしておきたい。

注

1 古屋野正伍「パーソナリティの研究」『教育社会学研究』第一三集、東洋館出版社、一九五八年、一五九－一六九頁。
2 原喜美「家族集団と教育」『教育社会学研究』第二〇集、同前、一九六五年、八五－九五頁。
3 『理想』二四〇号、理想社、一九五三年。
岡田謙「パースナリティと文化類型」
清水義弘「パースナリティ研究における精神分析学的方法と文化人類学的方法」
豊沢登「ステイタス・パースナリティ理論における心理と社会」
牧野巽「社会学におけるパースナリティ研究」
4 Michio Nagai, J. W. Bennett, "Japanese Criticisms of R. Benedict 'Chrysanthemum and Sward'," 一九五三年。
5 馬場四郎「文化変容と教育」、浜田陽太郎「文化変容と教育　第二部」『教育社会学研究』第五集、東洋館出版社、一九五四年、一－五三頁。

6 武藤孝典「文化とパースナリティ研究の展開」『教育社会学研究』第九集、同前、一九五六年、七七―九二頁。
7 古屋野、前掲論文、一六四頁。
8 小山隆編『現代家族の研究』弘文堂、一九六〇年。同じく『現代家族の役割構造』培風館、一九六七年。
9 『第九回国際家族研究セミナー報告書』ユネスコ国内委員会、一九六六年。
10 大橋薫・増田光吉編『家族社会学』川島書店、一九六六年。森岡清美編『家族社会学』有斐閣、一九六七年。山室周平・姫岡勤編『現代家族の社会学』培風館、一九七〇年。
11 橋爪貞雄『変りゆく家庭と教育』黎明書房、一九六二年。
12 山口透『少年非行への挑戦』同前、一九六三年。
13 松原治郎『現代の家族』日経新書、一九六四年。
14 菊池幸子『家族関係の社会学（生活編）』世界書院、一九六六年。
15 講座教育社会学第二巻『現代文化と教育』東洋館出版社、一九五三年、一二一―一四三頁。
16 藤原良毅「家族集団の教育機能の分析について」『教育社会学研究』第六集、東洋館出版社、一九五四年、九八―一〇九頁。「家族集団の教育機能」『秋田大教研所報』二号、一九五五年。
17 稲生勁吾「家族の外的構造に対応する内的構造の研究」『教育社会学研究』第一六集、東洋館出版社、一九六一年。
18 東京学芸大学社会学研究室「子どものしつけと道徳教育」『教育社会学研究』第一八集、同前、一九六三年、一一―六五頁。
19 山村賢明「近代日本の家族と子どもの社会化」『教育学研究』二八巻四号、金子書房、一九六一年。
20 永田陸郎「T. Parsonsにおける社会化の機制」『奈良学大紀要』七巻一号、一九五七年。
21 佐々木徹郎・田野崎昭夫「パーソナリティの形成と変容」『講座社会学』第一巻、東京大学出版会、一九五八年、二一四―二四三頁。
22 馬場四郎『教育社会学』誠文堂新光社、一九六二年。
23 その調査研究としての典型は、例えば佐藤カツコ「家族における子どもの社会化に関する一考察」『教育社会学研究』第二五集、東洋館出版社、一九七〇年、一四六―一六〇頁。
24 橋爪貞雄他訳『核家族と子どもの社会化』上、下、黎明書房、一九七〇年、一九七一年。

25　例えば橋爪貞雄「テレビ視聴からみた家庭教育の構造」『教育社会学研究』第二五集、東洋館出版社、一九七〇年、三二－四四頁。

26　例えば菊池幸子「家族の教育機能論序説」『社会学評論』七一号、有斐閣、一九六七年、五八－六七頁。萩原元昭「家族の機能」牧野巽他編『学校社会学』協同出版、一九六九年、六三－七三頁。松原治郎『核家族時代』日本放送出版協会、一九六九年、二五－三五頁など。

27　高橋均『児童心理学の進歩』第九巻、金子書房、一九七〇年版、一六八－二〇七頁、第八章「社会化」。この研究年報では、この巻から初めて社会化という章が設けられた。他に教育社会学関係としては萩原元昭によるものもある。（永杉喜輔編『教育社会学』協同出版、一九六八年）

28　J. A. Clausen（ed）, *Socialization and Society*, Little, Brown, 1968, pp.22-23.

29　山村健「ソーシャライゼイション――調査研究のための一つの試論」『教育社会学研究』第二一集、東洋館出版社、一九六六年、一〇六頁。

30　松原、前掲書、七九頁。

31　高橋、前掲論文、一七四頁。

32　O. G. Brim, Jr. and S. Wheeler, *Socialization after Childhood*, John Willey & sons, 1966, p.3.

33　A. Inkeles, "Social Structure and Socialization" in D. A. Goslin（ed）, *Handbook of Socialization Theory and Research*, 1969, pp.615-632.

34　E. Zigler and I. L. Child, "Socialization" in G. Lindzey and E. Aronson（eds）, *The Handbook of Social Psychology*, 2nd ed., Vol.3, p.474.

35　作田啓一「価値と構造」『今日の社会心理学』第五巻（『文化と行動』）、培風館、一九六三年、三－一一六頁。「社会学基礎論」福武直編『社会学研究案内』有斐閣、一九六四年、一－四六頁。作田とパーソンズの間には、その理論に若干のずれがある。例えば作田は、吉田民人の「ＡＧＩＬ修正理論」（『関西大学文学部論集』Vol.11, No.6, 1962）の一部を受けいれて、Ａ要件を体系ではなく単位の適応とみなしている。（作田、前掲論文　一九六四年、一二頁）

36　しかし厳密にいえば「内面化する」はパーソナリティにおける学習の一形態を意味するであろうから、社会化はパーソナリティに外から「内面化させる」ことを指しているのである。そうすると、個人における内面化がパーソナリティにとって、個人にたいする社会化が社会体系にとって、それぞれ機能的要件をなしている、というのがより正確である。

37 これは東京学芸大学前掲論文四頁のしつけの用語法と一致している。なお、増田光吉はもう少し広い意味で「しつけ」という言葉を使用しているがそれはほとんど社会化と同義である。（増田光吉「親子関係の機能」森岡清美編『家族社会学』前掲書九二頁）

38 例えば清水義弘と天野郁夫はそのような規定をしている。（「集団と人間形成」勝田守一編『現代教育学入門』有斐閣、一九六六年、六八頁）

39 清水義弘『教育社会学』東大出版会、一九五六年、および「学習・教育・文化」、現代教育学第二巻（『教育学概論Ⅰ』）、岩波書店、一九六〇年、八〇頁。

40 馬場四郎、前掲書、四－五頁。

41 浜口恵俊「教育の概念と機能」姫岡勤・二関隆美編『教育社会学』有斐閣、一九六八年、一八頁。

42 萩原元昭「社会形成としての教育」岡田忠男他『教育原理』ドメス出版、一九七〇年、四四頁。武藤孝典もややこれに近い見解を述べている。（「パーソナリティの形成」木原健太郎・新堀通也編『現代教育社会学』明治図書、一九六七年、四六頁。

43 T. Parsons et al, *Toward a General Theory of Action*, 1954. 永井道雄他訳『行為の総合理論をめざして』日本評論社、一九六〇年、二八八頁。

44 T. Pasons, *The Social System*, Free Press, 1951, pp.236, 247. 及び永井他訳前掲書三六四－三六五頁。第一次社会化は「基礎的パーソナリティ構造」の形成である。なお、A・インケルスが、社会化を「ひとびとが自分たちの文化を、その最も一般的な形と特定の役割に適用された形との両方において、学習していく過程」であるとしたとき、（*What is Sociology?* 1964. 辻村明訳『社会学とは何か』至誠堂、一九六七年、二三九頁）、この両方というのは、ほぼパーソンズの第一次的、第二次的社会化に相当するとみてよい。またインケルスは別の所では、後者を社会化過程における「第2の波」"second wave"と呼んでいる。O. G. Brim, Jr.などは「子どもの社会化」と「大人の社会化」とに類別している。（"*Adult Socialization*" in Clausen. op. cit. pp.182-226）

45 ごく最近 Y. A. Cohen が socialization と education の識別を行なっている（"The Shaping of Mens Minds : Adaptations to Imperatives of Culture," in M. Wax et al（eds.）, *Anthropological Perspectives on Education*, Basic Books, 1971, pp.19-30.）

が、ほとんどインフォーマル、フォーマルの区別に近く、分明でない。

46　これはまた、おそまきながら、前掲の誌上シンポにおいて、橋爪及び溝口謙三によってなされた批判にたいする、私の回答でもある。

47　D. Wrong, "The over Socialized Conception of Man," A. S. R., Vol.XXVI, 1961, pp.183-192.

48　高橋、前掲論文、一九二頁。

49　見田宗介『価値意識の理論』弘文堂、一九六六年、八六－一二二頁。

50　作田、前掲「価値と行動」

51　見田、前掲書、一一一－一一五頁。それらは（一）要求水準の向上と低下、（二）水路づけ、（三）機能的自立、（四）代償ないし昇華、（五）構造化ないし体系化である。

52　東京学芸大学社会学研究室、前掲論文、二－五頁。これはしつけと道徳教育についての研究であるが、青井の後をうけて松原治郎は家族における広義のしつけの社会過程として、子どもの行為→認識→判断のそれぞれに対応するものとして〈しつけ〉、〈期待〉、〈道徳教育〉を考えている。（同論文七－八頁及び「家庭内の人間関係」、大橋、増田編、前掲書、九〇－九二頁）

53　作田は心理学ないし社会心理学の社会化研究においては、しつけの行動が反応をひきおこす刺激としてとらえられ、主要な関心は、子どもにたいするインターパーソナルな直接影響という条件、要因の追求にあるとする。社会学的研究においては、社会化をそのエージェントとしての家族や親の社会的役割、社会的機能としてとらえ、社会化の目標（つまり価値）への集団的志向に焦点をおくことになるという。（「人間の形成」作田啓一編『人間形成の社会学』現代社会学講座Ｖ、有斐閣、一九六四年、三頁。）なお心理学的研究においては、知覚、動機、依存性、思考などパーソナリティにおける諸要素が問題にされるのにたいして、社会学にあっては、政治、経済、職業、道徳など社会体系の構造との関連における社会化の研究に重点がおかれる、ということをつけ加えてもよいであろう。

54　本文中にとりあげなかったが、吉田民人の概念的枠組は（「生活空間の構造―機能分析」『人間形成の社会学』一三七－一九六頁）、さらに異なる。そこで、例えば見田の内在化された「価値意識」は、用具的価値、行動的価値、統合的価値、充足的価値に関する意識であり、作田のパーソナリティに「習得された価値」は、構成的価値、規律価値、エロス価値、存在的価値であり、吉田の「内面化された価値」は、表出価値、用具価値、統合価値、自我価値といった具合である。

55　山崎達彦「行為理論とそのパースナリティ理論に対する社会学的意識」『社会学評論』六八号、一九六七年、二五－四四頁。パーソンズにおける価値志向偏重が、人間不在の理論をつくり出していることを、G・C・ホマンズ、新明正道などを引用して批判している。

56　加藤秀俊「比較文化研究へのこころみ――家族内における訓練と教育の諸形態」『人文学報』XXIII、一九六六年、六七－九六頁。

57　増田光吉「親子関係――しつけの問題」山室周平・姫岡勤共編『現代家族の社会学』培風館、一九七〇年、一－八頁。

58　例えば佐藤カツコ「家族集団と学校集団」牧野巽他編『学校社会学』共同出版、一九六九年、七四－八五頁。（このなかでの家族と学校における社会化の類型化（表Ⅱ－1）は、意欲的であるが、少し単純化しすぎているように思える）江原武一「大学における社会化と環境論的接近法」『教育社会学研究』第二五集、一九七〇年、一三二－一四五頁。柴野昌山「カレッジ・ソシアリゼーションのもたらす役割葛藤」『京都大学教育学部紀要』第一五巻、一九六九年。藤本浩之輔「ニュータウンにおける子どもの生活と文化（二）」『人文研究』第一九巻第4分冊、一九六六年、四二一－六四頁。井上俊「青年の文化と生活意識」『社会学評論』八六、一九七一年、三一－四七頁など。

59　日本の例でいえば、岡村忠夫「現代日本における政治的社会化」『年報政治学　一九七〇年度』岩波書店、一－六七頁、菊池章夫「子どもの政治的社会化」『児童心理』二五巻七号、八号、一九七一年、野田良之「日本人の性格とその法観念」『みすず』第一四〇号、一九七一年など。

60　なお浜口には浜口恵俊「日本人の〝民族的性格〟形成における基礎原理」『日本教育社会学会発表要旨集録』一九七一年、三二一頁。「〝状況的〟行為の原理――日本人の民族的性格分析の一視角」『社会学評論』六三号、一九六六年、五一－七四頁。「日本社会の家族的再構成再考」『ソシオロジ』五四－五五号、一九七一年、一－一七頁、共訳『比較文明社会論』（F. L. K. Hsu, Clan, Caste, and Club, 1963.）培風館、一九七一年がある。

61　例えばクリスティ・チーファー（増田光吉訳）「アメリカ文化人類学者のみた日本の教育」『社会学評論』八〇号、一九七〇年、三九－四九頁。増田光吉『アメリカの家族・日本の家族』NHKブックス、一九六九年、高橋均「外国人のみた日本の親子関係」詫摩武敏・松原治郎編『親と子』現代のエスプリ四三号、一九七〇年、九五－一〇六頁など。

62　山村賢明『日本人と母』東洋館出版社、一九七一年。しかしこれは必ずしも社会化過程を取りあげたものではない。他に「日本の母子関係」『家庭科教育』別冊四五巻一二号、一九七一年、三八頁。

63　山村健、前掲書。

2章 発達の社会的過程

1　発達をどうとらえるか

人間の発達についての最もなじみ深い把握の仕方は、人間の誕生の時点から、その時間的経過の中で、個体に現われる身体的・精神的変化を追求することである。それは具体的には、十分な大人（成人）の状態を一つの「完態」complete state（1）として措定し、新生児はそれに向かって、乳児・幼児・児童・青年というような段階を経て近づいてゆくものとみなす。そしてそれぞれの発達段階ごとに、運動能力、知覚、認識、情動などに関して、いかなる特徴がみられるかが、一般的形においてとらえられ、それからのずれとして個人差が問題とされる。

これは、発達心理学と呼ばれる学問領域において特徴的にみられるアプローチといってよいであろう。たとえそこで、単なる発達段階的特徴がとらえられるだけでなく、発達のメカニズムとか原理が問題にされるにしても、それは個体内のメカニズムであり、また発達にかかわる個体外の要因が問われる場合にも、それは「環境」とか「刺激」といった形で問題にされるのが一般的である。

もちろん、そのような学問的立場が可能であり、また必要であるということを、認めるにやぶさかではない。しかし人間の発達という事実の解明としては、そこに若干の問題点と不十分さがあることを認めないわけにはゆかない。第一に、発達のゴールないし到達点としての「完態」のもつ抽象性である。たしかに子どもは、大人に向かって成長・発達をとげてゆくし、成人は乳幼児よりも完成された人間の状態であろう。しかし、その完態としての大人は、いかなる時代の、いかなる社会に生活している人間であるのか。例えば中世封建社会において一人前であった農民は、今日の資本主義社会における企業家的な農業経営者としては、まったく不完全な存在であろう。また完全な成人としてのトロブリアンド島民は、高度工業化社会において生産にたずさわる現代人からみれば、極めて〝幼稚な〟段階にとどまっているようにみえるであろう。

第二に、発達はたしかに個体において生起する現象であり、発達段階による諸特性の違いは、個体内の変化として現われるものであろうが、しかしそれは、個体発生的に、ないしは自生的にもたらされたものではない。とりわけ精神的な発達についてそうなのであるが、そこには個体に対して外から加えられる人間的な作用が介在している。つまり、個体外の社会的な働きかけの結果として、発達が個体内に起こるのであり、その作用の如何によって、発達の仕方は異なってくるはずのものである。しかもそのような働きかけは、単に外界ないし環境からの刺激として、個人にもたらされるものではない。それには人間的な影響として一定の意味が込められており、その意味づけに沿って受容されることが要求されるような刺激なのである。

例えば、赤ん坊が母乳によって空腹を満たすとき、その母乳は単に飢餓感を充足する「物質」としてではなく、母親による愛育のシンボルとして与えられるのである。そのような人間的な働きかけ（影響）が、人間としての発達にとって、いかに重要であるかを示す例として、「アヴェロンの野生児」はあまりに有名である。

人間にとって、外界＝環境とは常に社会・文化的環境である。人間は自然的・物的環境と無媒介に接触して生活しているのではなく、その間に文化による意味づけのフィルターが介在する。人間は、あらかじめ存在する意味の世界に生まれてきて、そこで営まれている社会的・集団的生活のなかで、絶えず提示される意味づけられた刺激（その典型的なものが言語的記号である）によって発達するのである。

人間の発達についての心理学的な研究が、以上の点に関して、一定の限界をもっているとするならば、そして発達現象のより包括的な理解のためには、そのような制約を越えることが必要であるとするならば、そこに発達についての社会学的研究というものの可能性がうかびあがってくる。そこでもし、発達（の）社会学が構想されうるとすれば、それは次のような点に独自な意義を持つことになる。

(1) 発達の社会学は、発達の社会・文化的被拘束性を、その前提として認める。発達のゴールとしての大人の人間像も、またそれに至る発達の過程も、一定の時代における一定の社会のもつ、社会的・文化的条件によって規定されるものとみなす。完態としての抽象的大人一般への発達ではなく、特定の時代と社会における大人への発達を問題とする。

(2) 発達を身体的成長段階に即した個体内変化としてではなく、社会的相互行為の過程における個体への社会的な働きかけ、つまり社会化 socialization の結果としてとらえる。発達の内的メカニズムや原理ではなく、発達の社会的メカニズムや原理を、また発達の個人差よりは集団差を問題にする。

(3) 発達の社会学は、個人としてのパーソナリティの発達よりも、その人間の生活する当該社会の構造との適合性や社会の要請としての発達に重点をおく。これらの点は、文化人類学などにおける「文化とパーソナリティ」研究と基本的な考えにおいて相違はない。というより、発達社会学はむしろ文化人類学的研究に触発され、その成果を吸収することによって可能となるものである。しかし両者を分かつものは、研究対象となる社会の違いと、それに規制される研究方法の相違である。発達の社会学にあっては、研究者は自分の属する社会における人間の発達、少なくとも文明社会における発達を問題にするのが普通である[2]。したがってその研究方法も、面接や参与観察にとどまらず、質問紙や統計的・文書的データに頼ることが多く、その分析や説明の準拠枠も、当然社会学的である。

発達についての社会学的研究は、このような立場から発達心理学の手薄な側面を補いうるものであり、両者の協力によって、人間の発達の事実はより深く解明されると思うのであるが、さらにその上で、もう一度「発達をどうとらえるか」という問いが発せられなくてはならない。なぜなら、これまで論じてきたことは、子どもが時間的経過の中で、身体的成長と同時に社会化され、その社会の構造に適合した成人に発達してゆく――という一般的事実を取り上げる際の、学問的立場の問題にすぎないからである。現実の社会のあり方と、その中で生活する子どもの具体的発達とを、どうかかわり合うものとしてとらえるかは、なお残されている問題だからである。

たしかに人間は、社会・文化的に拘束された存在であり、社会的影響の下に、当該社会の構造に見合った人間へと発達していくのであるが、しかしだからといって、全面的に社会によって決定されてしまうわけではない。人間の発達は、環境決定論や反映論によって説明しつくされるものではない。人間はそれらの理論が想定しているほど受動的な存在ではなく、外界の社会・文化的条件に対して反応し返す、主体的・能動的な存在である。人間はピアジェ（Piaget, J.）が実証的に示したように、単に「調節」によって、外界からの刺激を受け入れるだけではなく、「同化」によって主体的に適応してゆくのである。

子どもを受動的な存在とみるか、能動的な存在とみるかは、発達のとらえ方における基本的な分かれ目であるが、われわれはまず、子どもというものは、そのような能動的な主体性をもって生活しているものであることを確認しなければならない。子どもはすでに述べたように、あらかじめ意味づけられ世界の中に生まれてくるのであるが、しかしその意味を受け入れつつも、同時に主体的にみずから意味づけを与えながら発達してゆく。つまり、発達における外からの社会化と子どもの側での学習の幅は、必ずしも一致しないのである。このことは発達の社会学的研究においては、ともすると忘れられ勝ちになるが故に、前提として重要なことである。

かくして、子どもの発達をめぐる状況は、次のようなものとして理解できることになる。確かに、子どもも大人も、ともに同一の社会と文化の中に生活している。そして大人はその社会の一人前のメンバーとして社会的活動に参加し、それを支えている世代として、発達途上にある子どもを社会化しようとする。しかしその大人自身は、それ以前の社会において社会化を受けて育った者として、現代の社会の条件との間にある種の違和感ないしは古きものへのノスタルジーをいだいて生活してゆくことは避けられない。それに対して、未発達ではあれ子どもの世代は、生まれたときから今日的な社会・文化的状況の中に生きているために、その影響をストレートに受け入れ、それに素直な反応を示す。それは社会の変化に応じて再適応を余儀なくされる大人とちがって、まさに自然な適応である。したがって子どものあり方は、大人の眼からみれば、新しい行動傾向として、問題視されるような性格を帯びることになる。他方子どもからみれば、そのような大人の見方は、とかく古くさいものに感じられ、大人に対するある種の軽蔑も生まれる。しかし子どもとしては、やがて大人になるためには、そのような大人による社会化を受け入れなくてはならないことも事実として認めざるをえない。かくして大人による社会化の圧力と、現代社会の直接的インパクトの間に立って、子どもは主体的に対応に迫られ、徐々に社会化の多くの部分を受容しつつも、全面的にそれに屈服することなく、何ほどか古い世代とは異なる大人へと発達してゆくことになるのである。

このような大人と子どもの間の発達をめぐる葛藤は、何も今に始まったことではない。しかしそれは、今日のような社会の急激な変動期においては、とりわけ顕在化する。したがって、子どもの発達を問題にするに際して注意すべきことは、いたずらに古い世代の基準から、現代の子どもの悪を裁断すべきではない、ということである。何故なら、そこには大人にはない新しい社会への適応の必然性がひそんでいるからである。また逆に、かつての子どもにはみられない現代っ子の新奇さを不必要に数えあげ、ジャーナリスティックにいいたてるべきでもない。何故なら、そのような子どもも、大人になる必要上、やがて社会化されて、今の大人と相等部分において類似してくるからである。むしろ重要なことは、そのような発達の過程を見通したうえで、新しい世代が大人に達するときにまで持ち越し、やがて実現されるであろう人間像の中の新しさとはいかなるものか、またそれと同時に失われるであろう、古い世代のもっていた良さとは何か、といったプラス・マイナスを冷静に吟味・考量することであろう。

これが本章における、発達についてのわれわれの基本的な視点である。そこで以下においては、できるだけそのような立場にたって、まず社会化としての発達の側面を取り上げ、そのメカニズムや過程を解明したい。続いて、それとの関連で、発達における主体の側面を、自我の問題として取り出し、その形成のダイナミックスを明らかにしよう。そして最後に、現代における発達の特徴を、高度工業化社会が人間の発達に与えるインパクトとして問題にしてみたいと思うのである。

2　社会化としての発達のメカニズム

発達を個人に加えられる社会的な働きかけの結果としてみるとき、つまり発達の社会的過程を問題にする場合、有効な概念は社会化である。社会化は研究者によってさまざまに定義されているが(3)、それらはつまるところ、個人がその社会の一人前のメンバーとして必要とされる諸資質を獲得する過程を指している。発達ということが個人(パーソナリティ)において現れる現象である限り、社会化をそのようなものとして規定してよいであろうが、しかし社会や文化との関連におけるその位置づけが理解されなければならない。

社会学的な一般理論によれば(4)、人間の社会的行動は、パーソナリティと社会体系と文化という、三つの枠組によって解明される。パーソナリティとは、個人としての行為者の行為の志向と動機の組織化された体系であり、社会体系とは複数行為者の相互行為の過程の、分化し統合された体系、すなわち役割の体系であり、また文化とは、行為を秩序づける一般的原則の体系である。文化は前二者のように具体的な行為の体系ではないが、しかしパーソナリティに内面化され、社会体系に制度化されるという形で両者に接合され、それによって社会と個人の関係は整合されたものとなる。

このような枠組からすると、個人が一人前の成員として社会体系において他者と相互行為を行うためには、社会的役割をとらなければならないわけであり、したがって社会化とは役割の獲得である、ということになる。他方社会体系は、個人の側における役割の獲得と制度への同調がなければ有効に機能できない。そこで社会化は、逸脱に対する統制とならんで、社会体系にとっての「機能的要件」ということになるのである。しかし、その役割や制度の具体的内容も、また成員の行動上の諸資質も、ともに文化によって規定されているがために、社会化は同時に、個人における文化の内面化でもある、ということができる。

R. A. Le Vine は、従来の社会化研究の流れを整理して、社会化の概念について、衝動コントロールの獲得を強調するもの、役割訓練とみるもの、文化化と解するものの三つの系統があるとして、それがそれぞれ心理学ないし精神分析学、社会学、人類学においてとられる立場と対応していることを指摘している(5)。そのような傾向があることはたしかであるが、しかしわれわれとしては、それらは個別の立場としてではなく、パーソナリティ――社会体系――文化という枠組の関連の中で理解されるべき、同一の社会化の三つの次元と考えたいと思う。

さてそれでは、そのような意味での社会化としての発達は、どのようなメカニズムによっておこるのであろうか。第一に社会化は集団的過程として行われる。社会のさまざまな集団の中で、人間の発達にとってとくに重要な意味をもった集団は、家族と仲間集団 peer group と学校と職業集団の四つである。子どもは大人へと発達する過程で、仲間集団と学校の二つには同時に並行して所属するが、それでもほぼこの順番で集団への所属をかえてゆく。それぞれの集団は、相互に異なる地位と役割の体系を備えており、子どもはその中でみずから一定の地位を占め、それに応じた役割を演じることによって生活する。それぞれの集団はそれらを包含する総体社会の中にあるという意味で、総体社会の文化（例えば日本社会の文化）によって共通に浸透されているが、同時にその集団独自の下位文化を有している。したがってそこで生活する子どもは、総体社会の文化（それはさらに日本社会の伝統文化と現代文化というように二つに分けられる）を内面化すると同時に、家族、仲間集団、学校、職業集団等の下位文化をも順次内面化してゆく、という形で社会化されることになる。

ここで注意すべきことは、これら四つの集団は人間のライフ・ステージに対応しており、それぞれの集団の下位文化は、行動のパターンとしてやさしいものからむずかしいものへ、初歩的なものから高度なものへと段階的に配列されているということである。しかも現代社会においては、この所属の順序をスキップさせたり、逆転させたりはできず、先行の集団における社会化は、後続の集団における社会化を可能にするような基礎を提供するようになっている。その意味で、社会化による発達の過程は、不可逆的な過程なのであり、だからこそこれらの集団から集団への移行に際しては、それをスムーズなものにするべく、有形・無形の「通過儀礼」が用意されているわけである。

第二に、具体的な社会化の場面において、最も重要な機能を果たすのは、言語的記号である。ヴィゴツキー（Vygotski, L. S.）などによって指摘されているように、思考は個人における「内的会話」という性格をもつものであり、また自己の複雑なコントロールは言語によって可能になるとすれば、人間の発達にとって、言語の獲得ははかりしれない意義をもっている。言語の第一次的機能は表現というよりは、むしろ諸関係の秩序づけにあるといってもよいのである。

しかし言語の意義は、そのようなパーソナリティの内的機構の発達とは別に、文化の内面化という側面において、とりわけ大きなものがある。もちろん言語は文化の一部であるが、しかしそれは文化全体に対して特別な位置をもっている。クラックホーン（Kluckhohn, C.）がいうように、文化の本質的部分というものは言語化されているか、または言語化しうるものとして存在している。したがって一定の社会において使われている言語の中にはその社会の文化というものが集約されており、ある社会にある言葉（例えば甘えとかいきとかいうような）が欠落しているということは、そのような文化的事実が存在しないことを意味すると考えてよい。さきに、人間は意味の世界に住んでいるといったが、その意味づけを与えるものは言語である。いいかえれば、言語は単に経験を伝えるだけでなく、人間の経験の仕方（ものの見方、感じ方、行動の仕方など）を規定しているのである(6)。このように考えてくると、幼児が母国語を習得しはじめるときに、すでにその社会の文化の本質的な部分を内面化するという形で、社会化が行われることを意味しているわけである。

第三に、社会的関係の中で人間が社会化され、その結果何ほどかの発達的変化がみられるとき、そこには当然、学習が行なわれている。したがって社会化による発達は、当の個人に即してみれば、模倣・試行錯誤・洞察・強化・条件づけ等の学習理論によって説明することも可能である。しかし社会化の意義に即して発達の社会的過程を問題にするためには、そのような個体内の心理的メカニズムに頼ることが必ずしも有効であるとはいえない。むしろ、すでにここで使用してきた「内面化」internalization という、学習心理学的にはやや大まかにすぎるかもしれない概念によって説明するのが便利である。

これはもともとフロイト（Frend, S.）の「取り入れ」introjection と「同一化」identification という考え方からもたらされ、パーソンズによって、社会学的な社会化理論の中心にすえられた説明概念である。その契機をなしたのは、パーソナリティ体系に志向するフロイトの超自我の理論と、社会体系に志向したデュルケーム（Durkheim, E.）の道徳的規範の理論が〝劇的〟に合致し、さらにそれがミード（Mead, G. H.）の一般的他者 generalized others の理論とも一致するということの発見であった。

そこからパーソンズでは、フロイトの無意識的心理機制を拡大して、社会（的相互行為の）体系への参加によって子どもが行う社会的対象の内面化は、道徳的規範にとどまるものではなく、認識的・表現的側面にまでわたること、次々に内面化される社会的対象は、系列的に配列された各社会体系における役割単位に基づくが故に、対象体系のもつ意味や価値がパーソナリティに組み入れられるとき、それは組織化された構造をもちうることを指摘する。かくして、「行為の体系としての人間のパーソナリティの第一次的構造は、社会的対象の体系の内面化をめぐって組織される」という命題が導き出されるのである。しかも新しい社会的対象が内面化されるとき、パーソナリティ内部においては、単に新しい要素が累積されるのではなく、すでに内面化されていたものが二分割して増殖するという形をとること、そしてそのように分化したものがさらに統合されるということの繰り返しによってパーソナリティが発展することを想定しているのである(7)。

第四に、社会化する者（大人）の側からみた場合、社会化される者（子ども）は一種の逸脱者であるが故に、社会化には社会的統制と同一のメカニズムが働くことになる。社会化するものは、低次元にとどまっている社会化されるものを、自分と同じようなより高次の階段に引き上げるために、大人としての役割を演じつつも、子どものレベルまで降りていって相互行為をもたなければならない。つまり二重の役割を演じなければ、社会化の作用を及ぼすことができない。しかも社会化によって発達の階段を上に登るということは、社会化される子どもにとっては、困難と不安を伴うことである。また現在の居心地のよい状態を放棄させられるということでもある。そこで社会化を行う者は、社会化される者における、ともすると以前の安楽さに退行しようとする傾向を阻止し、困難さに伴うその欲求不満や抵抗を、何らかの形で処理しなければならないことになる。

社会化の過程において避けることのできないこのような事態において、社会化するものはいかなる行動をとるのか。パーソンズは、それは多かれ少なかれあらゆる社会的統制においてみられる問題だとみて、その最も複雑なケースとして精神分析的心理療法に着目する。神経症患者に対して分析者がとる慎重でかつ科学的な治療は、許容—支持—相互性の拒否—報酬の操作という四つの段階を踏んで進められるものであるとして、パーソンズはこれを社会的統制の範型とみるのである。

そして日常生活の中で行われる社会化において、社会化する者がとる行動も、意識せずにこの範型に合致した仕方で行われていることを、具体的に家族における社会化について示しているのである。神経症患者の治療ほど複雑でない社会的統制の場合には、この四つのうちの前の方の段階は省略されるように、社会化においても必ずしもその四段階がすべて踏まれるわけではないが、子どもの第一次的社会化においては、それが典型的にあてはまるとされる。これまたフロイトによって最初に発見されたことであるが、社会化の過程は、子どもが飛躍的に発達を課される危機的な時期と、それを達成してその行動様式に慣れると同時に、個人の内部においてパーソナリティの統合と再組織化が行われる比較的に安定した時期とに分けられる。パーソンズはそのそれぞれを四つずつに区切って、前者の移行の危機（肛門位相・エディプス位相・青年期）においては、社会的統制の四つのステップのすべてが慎重にたどられるのに対して、後者の安定した四つの状態（口唇依存期・愛情依存期・潜在期・成熟期）には、社会化する者の態度として、社会的統制の四つのステップの一つずつが対応するとみなしている(8)。

3　社会化の過程

社会化の過程全体を通して、以上のような社会化のメカニズムが働いているのであるが、次に問題になるのは、それではそのようなメカニズムによって、現実にどのような社会化が行われ、どのような発達がもたらされているのか、ということである。ここでそのすべてを具体的に記述することは不可能であるが、その一般的な過程の輪郭を描くことはできそうである。そこで以下において、パーソンズたちの理論や概念を参考にしながら、私なりのスケッチを試みておこう。

いうまでもなく、社会化の過程は家族集団から始まる。誕生に伴う口唇危機を通過した新生児は、口唇を通じての「母子一体」の状態、つまり口唇依存期に入る。しかしその安定は排泄訓練の開始により破られ、排泄の自己統御という最初の自立を達成する。この肛門位相と名づけられた移行の危機を通して、子どもは母親を他者として認識し（母親と自己の分化）、両者の間に社会的関係が成立する。そして母親との愛着に基づく愛情依存期に入るが、再びその安定した段階は、父親の登場を契機として破られる。このエディプス位相と呼ばれる移行の危機を通して、子どもは親からの精神的自立の達成を課せられ、同時に道具的役割としての父親と、表現的役割としての母親を分化させるが、その片方との同一化によって、女性ないし男性としての自己のパーソナリティを発達させる。

かくして子どもは、行動面でも精神的にも、ある程度の親からの自立を達成し、みずからの性別に基づいて、家族の外に出て活動するという潜在期（児童期）に到達する。この安定状態はやがて思春期（より広くは青年期）というもう一つの移行の危機によって激しく動揺させられる。それを通して異性への接近、自我同一性（アイデンティティ）の確立、自己の育った家族（養育家族）や大人からの自立が計られる。そこに知識・技能の増大が加わることによって、職業集団への加入、結婚―新しい家族（生殖家族）の形成という一人前の大人の段階、つまり成熟期への準備がなされるのである。

これら心理＝性的発達の過程の後半は、もはや家族集団の内部だけで生起するものではなく、純粋に家族内で社会化が行われるのはエディプス位相までである。何故なら、潜在期においてすでに、子どもは仲間集団と学校集団に、並行して所属するようになるからである。このうち仲間集団における社会化は、どちらかというと家族において獲得された表現性の次元における社会化を継承・発展させるものといえよう。

たしかに、児童期における遊び仲間は同性によって形成され、そこで性別役割の社会化が深められるが、それはやがてデートから結婚へという愛情の関係に進展するものである。子どもは遊び仲間に所属することによって、家族における逃れられない賦与性（所属本位性）から解放され、初めてそこで実力による自己の地位と役割の獲得を経験する。これは子どもの発達にとって画期的なことであるが、しかしその業績本位性は、あくまで仲間うちでのものであって、社会的に制度化されたものではない。むしろ遊び仲間形成における自発性とあいまって、後の段階になっての各種の自発的結社への基礎をなすものである。

また青年期を中心にする仲間集団は、獲得した（正確には親によって獲得させられた）自律性をみずからの内的価値として擁護しその実現を期して試みられるところの、親や教師や大人一般に対する反抗の拠点となる。この弱者の強者に対する反抗という理想主義的企てを通して、仲間への忠誠と連帯というかけがえのない社会化が行われ、また、大人との識別意識に基づく、若者文化が形成される。それだけでなく、同時にそこから、未知ではあるが同様の境位にある若者にまで拡大され一般化された「われわれ若者」という同類意識がつくり出されるが、それは、総体社会のレベルにおける民族意識や国民意識（愛国心も含めて）の基礎となるものである。

このような性格をもった仲間集団に対して、学校集団の社会化上の意義は、どちらかというと家族において獲得された道具性の継承・発展であり、職業集団への参加の基礎を提供するものとして理解することができる。パーソンズがいうように、社会化の機関としてみたとき、学校とは「規律づけられた遂行によって、限定的目標を達成しようとする組織の原型」である(9)。規律をもって限定された目標を追求する組織とは、大人が社会人として専門的にたずさわる職業集団一般にみられるものである。したがって、それ自体一つの職業集団でもある学校は、フォーマルなルールと組織をもった規律ある集団として、学習というかなり限定された目標を追求する。その中で子どもを社会化することによって、学校は彼らを職業集団へと橋渡しするわけである。

まず学校は、子どもを家庭生活から定時的に隔離することによって、子どもを無限定的な家族的愛着の関係から解放し、学校段階を登るにつれて、徐々に部分人格的な関係へと社会化する。第二に学校は、科学や学問に基づく教育内容の教授を通して、子どもを普遍主義的な文化へと、計画的に社会化する。第三に学習というアチーブメントへの動機づけを強化し、その成果を成績として評価することによって、子どもたちの地位を分化させる。学校における子どもの業績達成は、教科を中心とする「認識的」アチーブメントと、素行を中心とする「モラル」アチーブメントの両面をもつが、子どもたちはそのいずれかに優れることによって、またそれぞれの面での優劣によって、みずからの地位を獲得するのである。しかしそれらの学校における業績本位性への社会化は、仲間集団におけるそれとは違って、その内容が社会で制度的に認められたものであるが故に、後の職業集団における業績本位性へと、より直接的につながってゆくものであり、また職業的役割選択の基礎ともなるのである(10)。

かくして人間は、職業集団に参加することになるのであるが、そこでの社会化は、激しい競争と責任の重さの故に〝厳しい〟ものであることはいうまでもない。しかしいままでのどの集団とも違って、あらゆる庇護を取り払われ、実生活の〝みにくさ〟にさらされるが故に、若者は「現実によるショック」を受けざるをえない。さらにそれにゲゼルシャフト的な実利優先と非人格的人間関係が加わることによって、まさにこの青年後期は、全社会化過程における、大きな非連続点をなすのである。しかし何らかの形でそこでの社会化を通過することなしには、現代社会における一人前の人間へと発達することはできない。

このような人間の社会化の一般的過程についての理解のために、さらにいくつかの点を補足しておきたい。(1)社会の一人前の成員となるためには、①大人の社会的役割の遂行に必要な知識・技能を身につけるとともに、②その役割を、他者の期待に応じて社会的関係の中で演じてゆける能力を備えなければならない。さらにそのような性能面だけでは不十分なのであり、③社会の一般的基本的な価値と、④社会の中の特定のタイプの役割（とくに職業的役割）へのコミットメントないしは動機づけを獲得しなければならない[11]。家族から職業集団へ至る社会化の過程において、このような諸資質が個人の中に発達させられるわけであるが、現代社会においては、とりわけその中での学校の果たす機能が大きくなってきているのである。

(2)家族から職業集団へという発達の歩みがどれほど隔たっているかは、両集団の性格をパターン変数によって表わしてみると明らかになる。家族は対象類別に関して、個別主義・所属本位であり、態度に関して感情性・無限定性（別のいい方をすればパーソナル）が支配的であるのに対して、職業集団はまさに逆に、普遍主義・業績本位及び感情中立性・限定性（つまりインパーソナル）が優越しているのである。そして仲間集団と学校集団がこの順序でその中間に位置づくのである。これは通過集団の性格を示すと同時に、人間はそれぞれの集団において、そのような行動特性を学習するのであるから、結局それは、社会化による発達過程そのものの内容と方向を、パターン変数によって要約的に示すことにもなるのである。

(3)また、この社会化の過程を、個人に内面化される価値の類型から要約することもできよう。作田啓一によると、社会体系における制度的価値は、適応・目標達成・統合・潜在（性）または動機づけという社会体系の機能的用件とそれぞれ対応して、業績・貢献・和合・充足という四つに類型化される[12]。とすると、社会の一人前の成員として活動できるようになるためには、人間は少なくとも、その四つの価値を内面化していなければならないことになる。

当然それは、社会化の集団的過程全体を通じて行われるのであるが、パーソンズに従って、集団の道具的機能が適応と目標達成に、表現的機能が統合と潜在性に関するものであるとすれば、図式的には次のようにいえるであろう。つまり、業績価値と貢献価値の内面化は、どちらかというと、家族における道具的機能とその延長線上にある学校での社会化によって、また和合価値と充足価値の内面化は、家族における表現的機能とその継承・発展としての仲間集団における社会化によって、それぞれ重点的に分担される。そして、そのような両面の基礎に立って、職業集団に所属したとき、人びとは一人前のメンバーとして活動できるような発達をとげることが可能になるのではないか、ということである。

(4)最後に、社会化の過程は、個々人のライフ・サイクルとそこにおける「発達課題」の達成、という観点からも眺めることができる。ハヴィガースト（Havighurst, R. J.）によれば、発達課題とは、個人の一生のある時期に順を追って生じる課題であり、一つの課題の達成は人を幸福に導き、その後の課題の達成の成功をもたらすが、逆にその達成の失敗は社会的非難と不幸を招き、その後の課題の遂行を困難にするような性質のものである[13]。

またエリクソン（Erik H, Erikson）も、人間の八つのライフ・ステージを区切り、それぞれの段階ごとに、重要な他者ないし集団との関係で生じる課題を達成し、それと同時に精神的葛藤を解決してパーソナリティの統合をはかってゆくのが、人間の発達の過程である、とみている[14]。このような考え方は、さきに述べたパーソンズの四つの移行の危機の中にも含まれていたものであるが、その発達課題の設定の仕方によっては、人間の社会化としての発達の研究にたいして、有効な視点を提供するものである。

4　主体的自我の形成

このような社会化による発達の過程は、社会生活を営んでゆくうえで、人間にとって必須、不可欠なことである。生物学的個体として生まれてくる人間は、社会化によってこそ、社会的な諸役割を獲得して社会学的個体となることができる。発達についての社会学的研究の主要な関心も、まさにその過程にあるのであるが、しかしそれは人間の発達のすべてではない。何故なら、人間には社会的役割を演じる以外の側面が残されており、完全に社会に還元しつくされない私的な領域をもっていると考えられるからである。

個人に対して加えられる社会化という働きかけは、第一次的に社会の「機能的要請」に発するものである。社会化なしには社会体系は機能し存続することができないからである。たとえ社会化が個人のためを願って行われるにしても（例えば親による子の社会化のように）、それはその個人が社会生活を営んでゆけるようにという配慮に根ざしている。そのような意味で、社会化はやはり基本的に「体系維持的」であり、社会に志向したものである。しかし人間が完全に受動的・順応的なものでない限り、社会化されて発達する個人自身の主体的立場が考えられなければならない。個人は個人の必要や幸福を追求しようとする。たとえそれが結果として社会の側の必要と合致し、社会を受け入れることが個人の幸福実現の捷径であることが多いとしても、いつもそうであるとは限らない。つまり社会に発する社会化とは別に、個人に発する発達というものが、例えば自己教育（学習）のような形である、ということを無視するわけにはいかないのである。

先に述べたように、文化というものが社会体系の中に制度化され、社会化によって個人に内面化されることによって、パーソナリティと社会体系とは整合的に機能しあうことが可能になる。この把握の仕方にはたしかに社会的理論として破綻はないかもしれないが、社会と、現実の個人の意志や欲求との間に生じる矛盾や対立を問題にするときには、不十分である。

このように考えてくると、それらはつまるところ、個人と社会という古くして新しい問題にゆきつき、また理論的にはマリノウスキー（Malinowski, B. K.）とラドクリフ=ブラウン（Radcliffe-Brown A. R.）の対立、さらには均衡理論の問題性につながってゆくであろう。しかしここでの発達の問題に限って指摘されるべきことは、社会の側からだけみるということは一面的であるばかりか、社会の機能的要請のみの強調は、それが「抑圧の理論」に陥る可能性をはらんでいる、ということである。人間を社会的に意味づけられ、機能づけられるものとしてだけとらえるのではなく、みずから意味づけ機能しようと意欲する主体としてとらえる観点が、発達についても導入されなければならない。

そのような意味で改めて注目に値するのは、ミード（Mead, G. H.）の「自己」についての理論(15)である。周知のようにミードは、社会的相互行為の過程を「他者の役割をとる」こととして理解し、人間の発達もそのようなことが可能になる過程として考える。それは典型的には子どもの遊びにみられ、さまざまな個別的な役割を恣意的・試行的にとるごっこ遊びの段階から、組織された他者の役割をとるゲーム遊びを経て、「一般化された他者」の役割（態度）をとる大人の段階へと進む過程で自己が発達してくるとみなす。しかしそのような他者との間で相互的に役割をとることを通して形成されるのは、社会的客体としての自分、すなわちmeであるが、それとは別に、そのようなmeを認識し評価して、それに対して反応を示す主体としての自分、すなわちIの存在を指摘する。Iによって引き起こされる行為は、社会的状況における他者の反応に遭遇し、それは経験としてmeの要素に繰り込まれる。この瞬間にIであったものが次の瞬間にはmeとなり、そのmeにIは再び反応しかえす、というダイナミックな過程によって自己は発展する。

meとはいわば「社会我」であり、それは社会的役割の獲得として、社会体系との関連で規制された社会化によって発達させられる側面にほぼ対応している。他方Iとは、それとのダイナミックな関連において決断し行動を起こす主体的な「個我」egoであるが、この識別は重要である。そこでは、状況の変革とパーソナリティの内的再編（統合）を企てる人間の主体的・能動的な側面に、それにふさわしい位置が与えられているからである(16)。このように自己を社会我と個我に区分しその間のダイナミズムを考えるという発想は、おのずとフロイトの人格理論との関係の問題に導く。

これまた周知のように、フロイトはイド・自我・超自我という三極構造論を展開した。快感原則によってほとばしり出ようとするイドと、それを抑制すべく、親を通して内面化された社会的道徳としての超自我の間に立って、自我は現実原則によって行動を決定していく。まったく非歴史＝社会的な性格を持ったイドと、自動的なブレーキとして作用する超自我の両方から、自我は無意識のメカニズムによって規制されるが、それを意識化することによって、その中から解放され、理性的にコントロールすることが可能となる。

イドの面を一応はずすとすれば、自我と超自我の関係はほとんどミードのIとmeの関係に対応する。超自我もmeも、社会的関係の中で社会化されることによって形成されたものであり、個人のうちなる社会として、自我とIを統制する。他方自我とIは、社会的・集団的価値規範を代表する超自我とmeの表現に対して、主体的に自らを律しようとする。ただ違いは、ミードの場合、イドに相当する部分に独自の位置を与えず、Iの表現の中に含めているとみなせることと、フロイトにおいては、人間の発達に関して、イドの発現とその統制に力点をおいて考えているという点であろう。そして、人間の本源的な生命力としてのイドに対する、社会的必要としての抑圧の事実が、晩年のフロイトにペシミスティックな文明観を抱かせることになるのであるが、その問題にはここでは立入らない。

精神分析の系統の中で、自我の問題に正面から取り組んでいるのは、むしろエリクソンであろう。その理論の中心をなすのは、「自我同一性」ego-identityの概念である(17)。自我同一性とは、自分についての連続性・不変性の意識であり、個人にとって有意義な様々な集団やその成員との同一化を統合する、自我の主体的機能に依拠するものである。それによって人間は生きているという確かな感覚を持つことが可能になる。

しかし自我同一性は、meの社会化との関係でIが機能したように、社会化の経験と無関係に形成されるものではない。その最初の基礎は、パーソンズの心理＝性的発達の過程に即していえば、口唇依存期における母親の変わらぬ愛育によってつくられる、母親に対する子どもの信頼感である。続いて肛門位相から愛依存期にかけて達成される自律性、さらにエディプス位相にかけての自発性、潜在期における業績性・勤勉などについての社会化である。そして青年期に入るにおよんで、それらの先行の社会化によって発達させられた要素を基礎としつつ、自我の主体的な努力によって、自己の再編と統合が本格的に試みられる。その際に、年少の子どもの識別と、社会を代表する大人への反抗がてことなり、仲間集団との同一化がその支えとなることは、すでに述べた通りである。この時期における若者の仲間集団は、成人社会による社会化に対抗するという形で、自我の形成に積極的に加担するという意味で、社会化過程全体において、まったく独自の機能を演じるわけである。

エリクソンによると、この青年期におけるそのような自我同一性の確立こそが、その後における真の人間的成熟の条件をなすという[18]。いずれにしてもここで重要なことは、社会化の結果がそのまま人間の発達の内実を満たすのではなく、それらを素材としつつも、それに対する自我の主体的な反応と企てによって、自己は高度な段階へと発達をとげる、ということである。そこでさらに一歩を進めて、そのような社会化も含めて、社会的なるものに対して、主体的自我の立場をゆずり渡せないものとして、自覚的に対置するところに、一つの文学的・哲学的発達のみ方が成り立つことになる。

例えばその典型を、サルトル（Sartre, J-P.）らの実存主義文学にみることができるように思う。そこでは、人間は社会化しつくされないというだけでなく、社会化されるということは、社会に対する自我の屈服を意味するかのようである。社会化されるということは、社会によって〝犯される〟ことであり、大人になるということは〝恥ずかしい〟ことでさえある。一〇歳のある日、突然、社会から〝お前は泥棒だ〟というレッテルをはられ、自己とは別の者であることを無理やりに承認させられたジュネは、みずからの自律性を回復するために、すすんで泥棒というものになることを意欲する。そしてそこからジュネの汚辱と栄光の人生が出発する(19)。そこには、いわばネガの形で、実存にまで深められた自我の主体性の主張とその発達のダイナミズムがみてとれる。おそらくそのような文学の背景には、フランス文化の伝統や西欧的な思想風土というものがあるにちがいない。しかしそうであるにしても、それは「社会化過剰」(20)の人間観・発達観のもつ奇形性とともに、ミード的な観点の必要性を示唆していることは確かである。少なくとも自己のそのような側面は、社会化との関連に*よって*発達するものであっても、社会化に*よって*発達させられるものではない。

5　現代の問題

これまで述べてきたことは、人間の発達についての一般的な過程とそのメカニズムである。しかし社会の構造的な変化のために、人間の発達は深刻なインパクトを受け、人間像にも大きな転換がみられ、それはラディカルな形で問題とされざるをえなくなってきている。そこで残された紙数の範囲で、現代の高度工業化社会（すでに脱工業化社会ともいわれる）が、人間の発達の社会的過程に引き起こしている主要な問題状況を、社会化のエージェントとしての各集団にそって、概観しておくことにしよう。

まず家族集団のレベルについてみると、現代の最も大きな問題は、父親不在の傾向である(21)。それは基本的に、第二次、第三次産業の拡大に伴う職業形態の変化によってもたらされている。父親の家族外就業のために、父親は空間的・時間的に家族の中に居なくなっただけではない。労働の細分化・専門化・高度化のために、父親は子どもにとってその意義の理解しにくい「見えない父親」となり、しかも社会の流動性の激しさから、父親の職業が子どもの将来の職業生活にとって、モデルとしての役割を果たせなくなった。かくて父親は精神的にも不在化することになる。

「父親なき社会」における発達問題は、単なる性別役割の社会化の問題を越えて、子どもの発達について重要な意味をもつ権威の問題にかかわっている。見えない父親と、時たま家にいるときのもの分かりのよい友達のような父親から、子どもは権威の感覚を身につける機会は与えられない。しかも高度工業化社会における父親不在は、同時に母親の顕在化と抱き合わさっている。子どもは表現的役割において専門化している母親によって、絶えず隅々まで管理され、また支配される。かくして自律性─権威─反抗─大人という社会のダイナミックスは曖昧化され、おとなしい〝素直〟な若者たちが生まれることになる。

しかしこれら家族の問題についての詳細は、この講座の別の巻の拙稿(22)にゆずることにして、仲間集団の問題に移りたい。工業化社会は変動の激しい、変化のテンポの速い社会である。そのことによって世代間ギャップは、それ以前の社会にみられないほど大きくなる。若い世代は、再適応を余儀なくされる大人の世代よりも、はるかに自然に新しい社会に適応する。したがって子どもや若者は、大人から社会化される以上に仲間から学び、大人さえ若い世代から学ぶという「逆社会化」現象も日常化する。

しかも前述のごとく、この時期には大人との識別・対抗によって自立を達成するという力が働くために、独特の若者文化が生まれる。井上俊のことばを使えば、それは大人の「俗」なる世界からの「離脱の文化」である(23)。問題なのは、まじめの方向への離脱であるか、遊びへの離脱であるかという以前に、離脱すべき「俗」の世界の性格である。それはいうまでもなく、技術革新をもとに物的繁栄を目指して邁進してきた高度工業化社会である。そこで〝豊かな〟工業化社会の落とし子である若者たちは、自分たちを生みだしたテクノクラシーに異議申し立てを行い、勤勉・欲望延期、能率・合理性・成功などに固執する正統文化を棄て、「対抗文化」counter culture と呼ばれる新しい文化をつくり出す(24)。

その典型は「サイケデリック文化」と呼ばれ、「ヒップ・ドラッグ・ロック文化」と名づけられるものであるが、他方では政治的ラディカリズムともつながる。これらを大人になり切れない〝幼稚さ〟とみなすか、それともまったく新しい文化の創造とみるかは検討を要する問題である。しかしここで注意すべきことは、ベル（Bell, D.）の指摘するように、現代社会においては、人間の社会的位置とその人間の生活や行動の様式とが、ますます一致しなくなってきているということである。つまり社会構造から文化が乖離し、その文化が反体制的・前衛的な性格を帯びたものとして社会に優越しているということである[25]。そしてそのような文化と若者の対抗文化とは、内容的に極めて親密な関係にあり、マスコミを媒介として両者は大幅に重なり合ってくる。ということは、そのような文化にとらわれるとき、大人の文化から離脱し、それを一度否定しながらも、やがてそれを再受容することによって大人になり、「俗」の世界に復帰するというかつてのダイナミズムがはたらくとは限らなくなってくることを意味する。つまりその意味では一人前の大人への社会化は中途半端な状態にとどまり、社会の伝統的な基準からいうと〝妙な大人〟（大人子ども）が出現することにもなるのである。

社会化にともなう発達を集団的過程として把握するという視点をとったために、これまでマス・メディアについて直接触れないできた。しかし現代社会においてマス・メディア自体も一つの社会化のエージェントとして、重要な機能を演じている。とりわけそれは、〝新しさ〟の絶えざる追求の中で若い世代と共生関係に立ち、彼らに公認的な表現の場を与え、若者文化の形成に力をかす。しかしそれが同時に、仲間集団そのものの機能低下をもたらすことを無視するわけにはゆかない。マス・メディアは若い世代の新しさを集中的に報道し、それを風俗化させることによって、彼らの異議申し立ての本質的な部分を無害にするだけでなく、忠誠や連帯の社会化にとって、かけがえのない機能を果たす、仲間集団における相互人格的接触のチャンスを奪うことにもなるのである。また、現代の代表的メディアとしてのテレビのもつ特性は、フィーリングの世代といわれるような感覚的人間と、イマジネーションの貧困と受動的人間とを、「大量社会化」によってつくり出している、という非難をまぬがれるわけにはいかないのである。

それでは学校はどうか。現代社会において学校は、人間のための教育の機関であることを離れて、ますます国家社会のための機関にくみ込まれてきている。「経済社会の要請」の優先の下に、それに役立つ人間を能率的につくり出すために、学校教育は国家的に計画され、莫大な投資が行われている。他方親たちは、自分の子どもを経済社会において有利な地位につけるべく、猛烈な進学競争の中に子どもを押しやっている。前者が学校の選別と配分の機能にかかわるものとすれば、後者は、学校の社会移動の手段としての機能に対する「家族の要請に発するもの」である。そしてその両方とも、学校自体がみずから望んだ機能ではなく、学校が社会のメカニズムの中に組み入れられ、いわば他律的に演じさせられている機能である。

とはいえそれらの機能は、基本的には共に学校の社会化機能から派生しているものである。たしかに学校は子どもを社会化するが、しかしそれは教育として行われるべきはずのものである。学校には、子どもの一人ひとりの幸せを願いつつ、その可能性を最大限にひきだし、彼らの人間としての人格の完成を助けるという役割が期待されている。そしてそのような発達は個人の「権利」でもある。それは経済や国家社会の役に立つということと一致する場合もあるが、またそこには、それを理念的に批判し、革新するという志向が内蔵されているはずである。その営みの中には、自己のうけた社会化を解体し再編する作業さえ含まれている。学校における教育の担当者としての教師たちが本来的に求める、そのような「教育の要請」（学校の論理）は、経済社会の要請と家族の要請のまえに事実上逼塞させられ、学校は受験体制におおわれているのが現状である(26)。

その意味では、教育は学校の手を離れ、学校は教師の力を越えてしまったともいえるのであるが、しかしそれでは一方的・畸形的社会化は能率的に行われても、子どもの真の人間的発達は期待できないであろう。何故なら、すでにみたように、人間の発達は主体的自我の形成を除いて考えられないにもかかわらず、今日の学校には、そのような余地も余裕もあまり残されていないからである。フリードマン（Friedman, G.）のいう意味での真の教育、つまり「人間が自己自身を把握すること」(27)こそ、学校にとっても、人間の発達にとっても必須なのである。

最後に、総体社会のレベルに関しては、インパーソナリティの支配を指摘しておきたい。職業社会を中心にして、人間の生活は著しく複雑に分化し、また高度に組織化されてきている。ほとんどの人間は組織の中でその一部を分担しているにすぎず、全体としての計画に関与し、全体についての責任をとる立場にはない。他者との関係も、感情を抑制した部分的な交渉に限定され、全人格的なものにはなりがたい。それがゲゼルシャフトとしての今日の社会のあり方として必然的なものであるなら、そのような行動のできる人間に社会化されることも、人間の発達にとって必要なことかもしれない。現に都市社会の子どもにおいては、一緒になって野球をして遊んでいても、実はお互いにどこの子だか知らない、というようなこともめずらしいことではなくなっている。

それは未知な人間とのつき合いを許容できない村落社会の大人に比べれば大きな違いである。しかし自己の必要に応じて、その面に関してだけ他者と人間的にかかわりを持つ――という社会化は困難である。何故ならどこまでが必要で、どこからが不必要かは、一般的に決められないだけでなく、ともすると自己にとって都合が悪ければ、必要でも〝関わりのないこと〟にすることになるからである。それは無関心・冷淡・無責任につながってゆく。そこで子どもに対して一つの原則が示されることになる。つまり知っている人と知らない人を識別し、それによって態度を変えることである。例えば知らない人から道などきかれても、親切にしないようにと教えられる。しかし人による適用の区別は、道徳（この場合は親切）そのものの一般的性格と背反するだけでなく、都市社会では知らない人の割合の方が圧倒的に多いのである。かくして子どもはまず、人間に対する不信から学ばなければならないのである。これは子どもの発達と教育にとって大きなジレンマであるが、そのような傾向は、今日ますます拡大し強まってきているように思える。

要するにこのようにみてくると、現代社会は、子どもの発達過程のどの集団レベルにおいても、植物をはぐくむ太陽のような望ましい景をおとしているとはいえない。現代社会のあり方は子どもの発達にとって、それ自体問題的である。どの集団においても、それなりの社会化は行われているのであるが、それが全体として子どもに、人間としての自我同一性を確立させるように働いてはいないようである。つまりそこには、子どもが自然な発達の結果として、人間的な成熟に達することのできるような、条件が欠けているのである。

身体的な成長段階に即して、共同体的な配慮の下に、いくつかの通過儀礼を経て、集団の系列をたどってゆくうちに、自然に一人前の大人に達する――そういう伝統的社会の統合された発達の過程は、すでに喪失してしまっている。現代の人間はヘンダーソン（Henderson, J. L.）の言葉を使っていえば(28)、正統性をもった社会的なイニシエーションによって大人になるのではなく、自己の私的な企てとしてのイニシエーションによって、個人的に大人になるほかないのかもしれない。しかしそれとても、子どもたちを不統合的なままに画一的な社会化の圧力にさらさせておくだけに終わらないであろうか。それは結局〝疎外への社会化〟にこそなれ、そこから真の自我同一性に基づく、自律的で個性的な人間への発達を期待することができるであろうか。そこに、現代社会における発達と教育をめぐる、根本的な課題が横たわっている、といわなければならない。

注

1 平凡社『心理学辞典』一九五七年、五五一－五六三頁参照。
2 cf. E. Zigler and I. L. Child, "Socialization" in Handbook of Social Psychology, vol. III, p.454.
3 例えば次のように規定される。「人びとをその社会の大なり小なり有能な成員にさせるような知識・技能・性向を獲得する過程である」（O.G. Brim, Jr.）・「諸個人が、物的・社会―文化的生活の場への適応を可能にするような、個人体系の諸属性を獲得する過程である」（A. Inkeles）。「個人が他者との交渉を通して、社会的に適合的な行動や経験の特定のパターンを発達させる全過程である」（E. Zigler and I. L. Child）。
4 主としてT・パーソンズ他（永井道雄他訳）『行為の総合理論をめざして』日本評論新社、一九六〇年を参照。
5 R. A. Le Vine, *Culture, Behavior, and Personality*, 1973, pp.61-68.
6 この部分については拙著『日本人と母』東洋館、一九七一年、一四－二一頁を参照されたい。
7 cf. T. Parsons, *Social Structure and Personality*, 1964, chap. 1,4; T. Parsons and R. F. Bales, *Family*, 1956, chap. 11.
8 Parsons and Bales, op. cit., T. Parsons et al, *Working Papers in the Theory of Action*, 1953, chap. 3.

9 T. Parsons, op. cit.,（1964）p.106.

10 パーソンズは、「認識的」アチーブメントでの優越は事務的・技術的職業へ、「モラル」アチーブメントでの優越は政治的、人間関係的職業へ向かいやすいことを示唆している。

11 T. Parsons, op. cit.,（1964）p.130.

12 もちろんここでは、作田の緻密な理論の一部を、その文脈から切り離して使用しているので、その細部にわたって整合的に結びつけられるわけではない。作田啓一『価値の社会学』岩波書店、一九七二年、Ⅲ章参照。

13 R. J. Havighurst, *Human Development and Education*, 1953.

14 Erik H. Erikson, "The Problem of Ego Identity", Psychological Issues, vol.1, No.1, 1959.

15 G. H. Mead, *Mind, Self and Society*（ed. by C.W. Morris）, 1934.

16 概念上の区別をするとすれば、パーソナリティとは、外から行為の体系としてみた場合の個人なりの統合のあり方を指すのに対して、自己とは、他者との関係で意識された自分である。自己とはほとんど自己意識であるが、他者も厳密には「他己」「他我」として識別されるべきであろう。

17 E. H. Erikson, *Childhood and Society*, 1950.（草野栄三良訳『幼年期と社会』日本教文社、一九五五年）、Identity-Youth and Crisis, 1968.（岩瀬庸理訳『主体性——青年と危機』北望社、一九七〇年）

18 前掲『主体性』一一〇頁。

19 Jean-Paul Sartre, *Saint Genet, comedien et martyr*, 1952.（臼井浩司・平井啓之訳『聖ジュネ』人文書院、一九六六年）

20 D. Wrong, "The oversocialized conception of man", A. S. R. ,vol. XXVI, 1961. このような視点から、社会化と教育との関連と識別も問題になるが、それについては拙稿「社会研究の理論的諸問題」（日本教育社会学会編『教育社会学の基本問題』東洋館出版社、一九七三年所収）を参照されたい。

21 この点については、A. Mitscherlich, *Society without the Father* (trans by E. Mosbacher), 1963. を参照。

22 本講座第六巻『現代日本の教育環境』における拙稿を参照されたい。

23 井上俊「離脱の文化」『死にがいの喪失』筑摩書房、一九七三年所収。

24 Theodore Roszak, *The Making of a Counter Culture*, 1969.（稲見・風間訳『対抗文化の思想』ダイヤモンド社、一九七二年）

25 D. Bell and I Kristol (eds), *Capitalism Today*, 1970.（平恒次訳『今日の資本主義文化』ダイヤモンド社、一九七三年）

26 この点については、拙稿「学校とは何か」『学校経営』第一法規、一九七三年九月号参照。

27 G. Friedman, *La Puisance et al Sagesse*, 1970.（中岡・竹内訳『力と知恵』人文書院、一九七三年、下巻二六一頁）

28 J. L. Henderson, *Thresholds of Initiation*, 1967.（河合・浪花訳『夢と神話の世界』新泉社、一九七四年）

3章 社会化の論理

社会化の論理（一）——デュルケム、ピアジェを手がかりとして

人間と社会を問題とする学問の領域において、社会化という概念ないし用語は、近年急速に広まり、定着してきているように思われる。社会学や人類学において、人間がどのようにして文化を身につけ、一定の社会の成員として活動するようになるのか、また社会が社会として機能するために、人間にどのような資質が必要とされるのか、を考えるうえで、社会化は基本的な概念とみなされている。

また、乳幼児から大人への人間の発達の過程を解明することを、一つの重要な課題とする心理学においても、個体に加えられる社会的作用・影響をとりあげる限りにおいて、社会化の概念を避けて通ることはできなくなってきている。そして当然のことながら、社会との関連において、人間の教育をとらえようとする教育社会学においては、

社会化は中心的な問題となっている。

このように社会化概念が学問的に市民権を確立するに伴って、その用法をめぐる誤解や混乱、概念そのものに対する異論も生じてきた。例えば、社会化という言葉によって教育のすべてを説明できるかのごとく考えるかと思うと、他方では社会化という概念は教育実践に対して何の寄与もなしえないとみなすとか、社会化の立場は極めて保守的、現状維持的であるとするかと思うと、人間の創造性や個性も社会化によってつくり出されると考える、といった具合である。人間の発達、形成そのものにかかわる教育学において、社会化の概念についての言及や関心が極めて少ないのも、一つにはその辺の考え方の違いに原因があるのかもしれない。

そこで、小論においては、社会化という観点のもつ意味、社会化の論理といったものを明らかにしてみたいと思うのであるが、その手がかりとして、本稿ではE・デュルケムとJ・ピアジェの道徳教育論をとりあげ、両者を対比検討するという作業を通して、それを試みてみたい。前者は、社会化の観点を明確に打ち出した社会学者として道徳教育を論じ、後者は、人間の発達について優れた洞察をくだした心理学者として、デュルケムの道徳教育論を批判している。その意味で、両者は際立った方法上の違いをもちながらも、同じ土俵に上っているといえるからである。そして次稿において、人間と社会の成り立ち、教育の論理といったものと関連させながら、改めて、社会化概念のもつ可能性と限界、有効性を考えてみたいと思う。

1　デュルケムの理論

周知のように、デュルケムの道徳教育についての研究は、フランス第三共和制下の教育の世俗化の潮流のなかで、公立学校における合理（主義）的道徳教育をいかにして確立するか、という社会的要請に応える形で行われた。彼はそのような世俗的道徳教育を可能にするためには、どうしても次の二つのことが必要だと考えた。

第一は、歴史的に道徳と融合し、道徳に神聖さと威厳を付与してきた宗教的要素を、別の世俗的概念によって置き換えることである。それはとりもなおさず、神の観念さえも、その象徴的表現とみなされうるかもしれないような経験的実在（結局それは社会なのであるが）によって道徳を説明しなおすということである。そして第二には、現代にふさわしい新しい要素、すなわち個人主義の知的様相にほかならない合理性を、道徳に付与するという作業である。

そこでデュルケムは、まず道徳というものを一つの社会的事実として観察し、あらゆる道徳に共通な基本的な性格、つまり道徳性を決定することから始めるのである。それができれば、あとはそのような道徳性を、子どもに植えつける方法を考えればよい、ということになるからである。

第一に観察できることは、道徳的行為といわれるものは、いずれの場合も、あらかじめ設定された規則に合致している、ということである。その規則は、一般的原理から演繹されたものではなく、集団的な習慣と密接に連関し、それを破ると社会的非難を招く、という性格をもっている。つまり規則のなかには、個々人の外部にあって、その意志にさからって個人に従うことを命令するという意味で、権威の観念があるのであるが、それがとりわけ優越的に働くのが道徳の規則においてである。

非難・賞賛、利益・不利益など行為のいっさいの結果を抜きにして、いつでも・どこでも・誰でもが、従わなければならないから従う、というのが道徳的行為である。その規則への尊敬だけがそれに従う唯一の理由でなければならず、道徳の規則が一度その高みから呼びかければ、あらゆる現実的思惑は、沈黙せざるをえないのである。かくして、道徳とは単に集合的規則にとどまらず、権威をもった命令の体系である、という命題が導き出され、それを道徳性の第一要素として、「規律の精神」と名づけるのである。

規律の精神は、人間に拘束を加えるという意味で、一見悪のようにみなされるかもしれない。しかしそれは、一方で社会的な協働を可能にし、他方で人間の欲望に節度を与えるという形で人間の幸福の条件となり、自由も規律によってこそ可能になる、というのである。

それでは、そういう諸規則は人間に何を命令するのか、規則の内容にはどんな共通性があるのか。利己主義が道徳的とみなされたことはなかったという事実からもわかるように、あらゆる道徳というものは、個人的な目的（自分の利益）を追求することではなく、非個人的な目的のために何かを為すことを要求するものである。しかし、単数であれ複数であれ、恵まれない特別の事情にある他者のために、自己犠牲的・献身的に行動することは、典型的な道徳的行為になりえない。なぜなら、道徳は誰にでも、いつでも、どこでも要求されるはずのものだからである。

したがって、非個人的目的とは、超個人的な目的、つまり集団や社会の利益のために行う行為でなくてはならない。というわけで、「社会集団への愛着」こそが、道徳性の第二の要素ということになる。このように、すべての人間に対して自己の意志や命令に従うことを要求するような超越的存在は、神を除けば、社会しかない、というのである。

こうして、世俗的道徳というものの経験的合理的基礎というものが、社会にあるということが論証されたわけである。社会は道徳の製作者として、規律の精神によって人間を拘束し、節度をもたらす権威として現われると同時に、道徳の目的、すなわち望ましきものとしてわれわれをひきつけ、実現をうながす理想として現われる。つまり義務としての規律の精神と、善としての社会集団への愛着は、社会という同一の実在の両面として統一的に把握されるのである。

しかし、これだけでは不十分である。なぜなら、現代という時代においては、人格の尊厳に基づいて、個人の自由や自発性が必須のものとして重視されるにもかかわらず、先の二つの道徳性の要素は、共に個人の外部にあって拘束を加える体系としてとらえられ、個人は受動的存在にとどまるからである。そこで、デュルケムは、この矛盾を解決する糸口を、科学に求めるのである。

すなわち、われわれ人間はその立法にあずかりしらない自然界の法則によって拘束されてきたが、自然科学による自然の秩序・法則の解明によって、自然的事物からの解放、自律性を達成してきた。それと同じことが道徳にもあてはまるはずだと考える。つまり道徳的秩序とその立法に個々人はあずかりえないかもしれないが、それがここに示されたような形で、社会に由来することが科学的に理解され、自由な意志と理性によって受けいれられるなら、そのうえでの服従はもはや拘束とはいえない。それによって道徳に対する受動的服従は、能動的自律性に転化するとして、そのような形での「意志の自律性」が、道徳性の第三要素としてつけ加えられるのである。それは道徳についての知性と呼んでもよい。

このようにして、道徳教育の基礎としての道徳そのものの性格を導き出したあと、デュルケムは、学校におけるその具体的教育の方法を、生徒規則、賞罰、道徳の授業などにわたって、具体的に展開している。しかしわれわれとしては、今ここでその詳細に立ち入る必要はない。むしろ、ここまでの議論にうかがえる道徳と道徳教育のとらえ方こそ問題にしたいのであるが、それを論じる前に、このようなデュルケムの考え方を批判し、それと対照的な立場を打ち出しているピアジェの考え方をみておく必要がある。

2　ピアジェの研究

道徳が社会的な規則の体系であり、その本質が規則に対する尊敬にあるという点で、ピアジェの考えはデュルケムと一致している。しかし、デュルケムの理論が、大人の道徳についての緻密な社会学的論証によって成り立っているのと異なり、ピアジェは、子どもはどのようにして道徳的規則を尊敬するようになるか、ということを実証的研究によって示している。

これも周知のように、ピアジェは子どものマーブル・ゲームをとりあげ、子どもがどのようにそのゲームの規則を実践し、規則についてどのような意識を発達させるかを、子どもの年齢段階に即してみているのである。その結

規則の実践	年齢	規則の意識
第一段階〈自動的〉	1	
	2	
	3	第一段階〈無意識的〉
	4	
第二段階〈自己中心的〉	5	
	6	
	7	第二段階〈神聖視・一方的尊敬〉
	8	
第三段階〈協働的〉	9	
	10	
	11	第三段階〈相互的尊敬〉
第四段階〈規則制定化〉	12	
	13	

果をまとめてみると、およそ上の図のようになる。

まず規則の実践（遊び方）の方からみると、最初の段階においては、子どもは手にしたマーブルを他の何かにみたて、純粋に運動的に同じことをくりかえして遊ぶ（象徴化と儀式化）。しかしそれは、まったく個人的・自動的であり、規則性の芽はあってもそれへの服従や義務の要素はない。

ところが第二段階になると、他の子どもたちと単純なルールに基づいてマーブル・ゲームをするようになる。しかし自分のために個人的に（自己中心的に）遊んでいるにすぎない。競争して勝とうとするわけではないので、相手の規則との統一などは考えず、それぞれ自己流に遊んでいるにすぎない。

それが、第三段階になると、共通の規則を守りつつ、相手と競って勝とうとするようになる。それだけ遊びが社会的・協働的になるが、問題の起こらない単純な規則だけで遊ぶのである。さらにそれが第四段階に入ると、仲間全体が、あらゆる可能な場合を想定して、それを規則化することに興味をいだき、驚くべき細かな規則に基づいて遊ぶようになる。

他方、規則についての意識の方はどうかというと、初めてマーブルを手にしたときの子どもの儀式的行動は、自然現象や社会生活における規則性と同じように、規則の雰囲気をもつだけであって、まったく無意識的に行われるにすぎない。

それに対して、第二段階になると、子どもは規則を模倣して、それを自己流に適用して遊ぶようになるが、しかしそれでも、その規則は神聖にして改変できないものと考える。実際には規則を変更していながら、その事実を認めない。何故このようなことが起こるかというと、この段階の子どもは大人の絶対的権威のもとにおかれており、規則もそこに由来していると考えているために、それに服従せざるをえないからである。つまり子どもは、相互的協働的関係を確立できず、規則は子どもの意識に外在しているから、規則に完全に従っているという幻想をいだいてしまう、というのである。

しかし、規則の実践において協働が進むにつれて、自己中心性がなくなり、規則は外部的・強制的でなくなり、相互的な同意を得た限りで変更でき、またその限りで、規則を尊敬しなくてはならないとみなす、という第三段階に到達する。そして子どもは、この〝長老政治〟から民主制に変わる段階において、規則の存在理由を認識し、規則の真の遵奉とともに自律性をもつようになる、というのである。

ピアジェは、このような観察結果を敷衍して、社会的行為には三つの類型があり、そのそれぞれに三つの規則が対応していると、次のように整理しなおす。

(1)自動的行為――自動的規則
(2)自己中心的行為――強制的規則
(3)協働的行為――合理的規則

自動的規則は習慣と融合し、同化と適応の均衡によってもたらされる、ほとんど無意識的なものである。それに対して強制的規則は自己中心的行為に対応したものであり、自己に外在する規則による拘束と、それへの一方的尊敬に起因するものである。そこでは服従と義務の意識が支配的である。

しかし協働的行為は、規則そのものをつくり上げる方法を提供するものであり、意見の一致によってつくられた規則に対する相互的尊敬、という形で合理的規則が可能となる。そして注目すべきことに、この協働に基づく合理的規則は、新しいものの自由な創造という点で、強制的規則よりも、むしろ自動的規則に類似している、というのである。（それは、「すべての成人性は子どもに内在し、すべての児童性はなお大人に残存している」というピアジェの洞察とつながっている。）

そこでピアジェは、強制的規則と合理的規則の二つを改めてとり出して検討を加える。そして、同じ規則への尊敬であっても、前者は大人とか親とか年長者という、規則がそこから由来してくると考えられた人物に対する一方的尊敬にすぎなかったこと、それが相互的な集団的な尊敬になるのは、後者の協働の段階になってからであること、もしそうなら、道徳の規則についても、その二つを区別しなくてはならなくなるということ、などを指摘するのである。

そして最終的に次のような結論がひき出されるのである。要するに二種類の道徳が存在する。一つは拘束と一方的尊敬による「拘束の道徳」ないし「他律の道徳」であり、もう一つは協働と相互的尊敬に基づく「協働の道徳」ないし「自律の道徳」である。そして人間の発達のなかで、前者から後者への進化があるのであり、後者こそが真の道徳とみなさなくてはならない——というのである。

かくして、道徳の基本的な性格について、ピアジェはデュルケムと著しく異なった見地に立つことになるのであるが、ここでひとまず、ピアジェによるデュルケム批判を整理しておきたいと思う。

第一は道徳の基礎としての社会のとらえ方に関してである。道徳というものが社会的な規則の体系であり、その規則への尊敬に道徳の本質があるという点に関して、ピアジェはデュルケムの考え方を受けいれる。つまり道徳を社会生活との関連で説明し、社会の違いによって道徳も変わってくる、という基本的な見方において、両者は一致しているのである。しかし、その社会をどうとらえるかという点において、両者の見解は分かれることになる。

周知のようにデュルケムは、その初期の『社会分業論』において、社会の成員が没個性的・類似的であることによって成立する「機械的連帯」と、成員が固有の内的自由と人格をもち、その差異による分業で成立する「有機的連帯」とを識別した。しかし後には、そのいずれであれ、社会というものの本質を、個人に外在し優越して、個人に拘束を加えるというところに求め、それを強調した。ここでの問題である道徳も、そのようなものとしての社会に根ざすものとして説明されていたわけである。

しかしピアジェは、社会をそのような統一体の相でみようとするところからデュルケムの誤りが出てくる、と批判するのである。もしデュルケムが先の二分類に立って考えていれば、機械的連帯の社会においては、外的拘束による他律の道徳が、有機的連帯の社会においては成員の内的義務に基づく自律の道徳が、それぞれ対応していることに気づいたはずだというのである。また、現にある社会と、あるべき社会を区別すれば、アテネの世論（前者）よりソクラテスの方（後者）が道徳的に正しいということも、デュルケムよりもうまく説明できる、と考えるのである。

同様に、デュルケムは大人によって構成される社会しか考えていない、という点が指摘される。あたかも、個人が集団生活さえすれば、集団の圧力（拘束）が一様に働いて、義務と規則が生じるかのごとくみなされている。しかし実際には拘束は年長者から年少者へ、大人から子どもに、とりわけ強く働く。そこに人物への一方的尊敬が生じるのであり、それをデュルケムは集団への尊敬と見誤っている、というのである。ところが、すでにみてきたように、年長者の支配がなくなるにつれて、子どもは自律的な協働の関係を確立し、その中で規則についての相互的尊敬を実現し、獲得していくのである。要するに、大人の社会と子どもの社会とを区別し、その関係をみることによって、拘束（他律）の道徳と協働（自律）の道徳、という二種類を区別する必要性がはっきりした、というわけである。

ここから、批判の矢はさらに、義務と善の関係にも向けられることになる。デュルケムにおいては、社会は道徳によって個人に命令し、社会や集団のために行動する義務を課するが、そのことによって個人の幸福も可能になるという形で、義務と善は一体視されていた。しかしピアジェによると、確かに、望ましさ、善の感情がなくては道徳的義務の感情はありえないが、義務の要素がなくても善である行為は可能だとされる。なぜなら、義務は外からの命令体系の存在を想定しているが、善は自律性を必要とするものであり、それは拘束の結果ではなく、協働によってのみ説明されるからだ、とされる。ここでも、拘束と協働を区別しないことが、義務と善を同一視させる結果を招いているというのである。

社会と道徳についてみられるこのような基本的な見解の相違は、第二に、当然のこととして道徳教育の方法にも表われる。デュルケムは道徳教育において学校を重視し、社会の権威を体現する教師が生徒に規則を示し、規則への尊敬、規律の精神を学ばせてゆくことを求めるが、しかしそこでは、一つの規則、つまり、一方的尊敬による規則＝拘束の道徳しか考えられていない。ピアジェによると、生徒によって真に守られる規則とは相互的尊敬に基づく協働の規則である。民主的社会とは、まさに拘束の規則を協働の規則によって置きかえる社会であるから、協働の規則への教育によってこそ、子どもを民主的社会に向かって準備することができる、と考えるのである。

ピアジェにとって、教師は権威者であるよりも、生徒が協働を通して民主的社会の成員へと発達するのを助ける友であるべきである。さらにいえば、権威は道徳教育にとって妨げにさえなるとみなされている。その根拠は、マーブル・ゲームの研究とは別に、子どもにおける正義の観念の発達によっても示される。

その研究によると、小さい子どもにおいては、正義が大人の権威に服従することとみなされるが、長じるにつれて、つまり、子ども同士の協働が行われるにつれて、公平であるかどうかが、正義の基準とみなされるようになる。言い換えれば、親や大人から罰せられることが悪いことだという「応報的正義」から、大人との間にも平等を主張する「分配的正義」へと発達する。その移行は、大人の権威に対する服従と反比例し、子ども同士の協働・連帯と正比例して発達するというのである。

これを権威との関係でいえば、大人の権威は服従を義務として要求するものであるが、正義は平等と相互性に依存する故に、自由な同意によってのみ生まれるものである。したがって大人の権威は、たとえ正義と一致しても正義の本質と矛盾し、それを弱めるがために、大人の権威による教育は道徳とか正義感を形成するうえで不適切なものだ、というのである。

このようにして、規律の精神、集団への愛着の形成は、子どもたち自身における、拘束から協働的関係への移行に即して行われるべきであり、意志の自律性が科学的理解を通して形成されるなどというのは幻想にすぎず、協働のなかの服従こそが完全な自律である、と主張される。ピアジェによると、デュルケムは、権威に対する一方的尊敬にたよった教育によって自律の道徳に達しうると錯覚している、ということになるのである。

3　発達と社会化

すでに触れたように、デュルケムとピアジェは、道徳教育を考える出発点においては、基本的には同じ立場に立っていたと考えてよい。両者とも、世俗的道徳の教育を問題にしているのであり、道徳というものが本質的に社会的性格を帯びたものであることを認め、それの教育において、徳目主義があまり意味をもたないことも、共通に理解していた。

しかしそれにもかかわらず、一歩突き進んだところで、社会と道徳のとらえ方において、また道徳の内容に関して、さらには教育の方法について、大きな違いが露呈された。というよりは、ピアジェは最初からデュルケムの考え方に疑問をいだき、それを批判する意図をもって、自己の研究を始めているといってよい。社会学者として大人の社会の道徳を分析して、それを子どもに植えつけようとしたデュルケムの姿勢に、ピアジェは心理学者として反発し、子どもの遊びの分析を通して、子どものなかに道徳が発達してくる事実を、デュルケムに対して（といってもその時すでにデュルケムはこの世を去っていたのだが）つきつけたのである。

この二人の立場や見解の違いを、われわれとしてはどう考えるべきか。果たしてデュルケムは、ピアジェによって完全に批判しつくされたのであろうか。それともその批判は的を射ていないのか。この問いに答えることは、必ずしも容易なことではないし、またここでのわれわれの直接的な課題でもない。ただ、今日の社会化研究の段階から考えると、両者とも問題のとらえ方に不十分なところがある。そこで、その観点を導入しながら両者の比較検討を試みるなら、そのことを通して、逆に社会化の論理といったものが、よりよく浮き彫りにされるように思われる。

そのような意味で、まずわれわれとしては、ピアジェ自身の批判的見解を吟味することから始め、その後でデュルケムの理論に立ちもどって、社会化の観点からの検討を試みてみたい。(何故その順序がよいかは、後になってわかっていただけると思う。)

ピアジェにおける第一の問題は、〝子どもの遊びにおける規則〟から、道徳を導き出すことができるか、という点である。子どもの社会というものは、大人の社会にくらべて、生産、政治、法などさまざまな活動面で極めて低次・未組織である。そればかりか、子どもは大人による教育を通して、そのような大人社会に向かって準備されるべきものとして存在し、現にその一環として道徳教育も位置づけられているわけである。したがって、子ども社会の規則について観察されたことは、道徳教育を行ううえで参考にはなりえても、教育の目標としての道徳の内容を規定することはできないのではないか。

たとえそれが可能だとしても、それでもなお幾つかの疑問が残る。子どもというものが、おしなべて十二、三歳の年齢段階において、〝民主的〟な〝真〟の道徳としての協働の道徳に到達するというのなら、どうして大人社会のなかに非民主的・専制的な社会関係というものができ上がるのであろうか。子ども社会が大人社会に類似するという逆の関係の方が論理的にも、経験的にもはるかに成り立ちうることだと考えられる。とすれば、ピアジェの観察した子どもが、スイスの一定の社会階級の子どもだったからこそ、そのような結論をひき出せたのではないか。

この、被調査対象のもっている時代的・社会文化的制約については、U・ブロンフェンブレナーその他によって指摘されている通りだと思うが、それとは別に、もう一つの問題は、子ども社会のゲーム遊びのもっている制約である。J・ホイジンガの言葉を借りれば、「真面目」の領域としての道徳を、面白さの追求としての「遊び」の領域からひき出すことも問題なのであるが、そのことは、とりわけマーブル・ゲームの遊びとしての性格を考えるとき、もっとはっきりする。

ピアジェ自身の遊びの三分類からしても、「ルールのある遊び」としてのマーブル・ゲームは、確かに最も社会的で、道徳意識に関連した研究には、適当なもののようにみえる。しかし同じルールのある遊びでも、さらにそのなかを三つに分けたJ・M・ロバーツなどの類型に従ってみると、マーブル・ゲームは、体力のいる「身体的技能のゲーム」、頭を使う「策略のゲーム」、僥倖（ぎょうこう）をねらう「偶然性のゲーム」のいずれかに典型的に属するような性格のものではない。むしろ、技巧と偶然性が適度に混合した、協働と相互的尊敬の成り立ちやすいゲームである。おそらく団結と力による闘争が優越するゲームでは、拘束と一方的尊敬の要素がもっと強く出たのではないか、と考えられる。

ということで、第二に問題になるのは、協働の道徳のみを、真の道徳といってよいか、という点である。確かにデュルケムは一方的尊敬と相互的尊敬の区別を立ててはいない。しかし道徳は、子どもが生まれたときにすでに歴史・社会的に存在するものであり、ゲームのルールのように、その制定に参加することの困難なものである。大人にとってさえもそうである。したがって、道徳に関してその二つを区別するものは、その規則を個人が納得して受けいれるかどうかという違いにすぎないのではなかろうか。

しかも、たとえ相互的同意による規則であっても、次にそれが変更されるまでは（それが道徳の場合には、いつどこで行われるかが明確ではないのだが）、やはり一方的尊敬による規則と同様な仕方で個人を拘束するはずである。そもそも、相互的尊敬による規則というものに対する遵奉を要求するものは何であろうか。それを個人の同意だというのでは、あまりに単純であり、同意語反復にすぎない。ピアジェは相互的尊敬による規則（道徳）に関して、協働を可能にする「構成する規則」と、そこから生み出されたものとしての「構成された規則」とを区別しているが、前者の発達について多くを語ってはいない。

協働のなかで相互的意見の一致によって作られた規則であれ、ルールに従って協働的に行動することを要求する規則であれ、それが規則であるかぎり、それは個人に服従することを命令するという意味でデュルケムのいう権威をもっているのである。そして個人の側としては、それに応じた権威の感覚というものをもっていなくてはならないことになる。権威は正義や真の道徳にとって妨げになるというが、むしろ権威とその感覚こそが、そういうものにコミットさせることを可能にさせるのではないか。結局このように考えてくると、一方的尊敬・相互的尊敬というピアジェの区別は、それほど決定的な違いを意味するものではない。少なくとも、個人に命令し、拘束するものは必ず拘束の道徳だとか、相互的尊敬に基づくもののみが真の道徳だ、というふうに断定することはできないように思える。

そして第三に、すでに指摘したことからもうかがえるように、ピアジェの最も大きな問題点は、子どものなかに道徳が自然に発達してくるかのようにとらえている、ということである。ピアジェは、マーブル・ゲームにおける協働を通して、子どもが規則に対する一方的尊敬から相互的尊敬へと発達することを示したのであるが、その移行について、十二、三歳以上になると、マーブル・ゲームに興じる年長者が自然にいなくなるからだ、つまり子どもが権威から解放されて自律的になるからだ、と説明している。

しかし、大人や年長者という重しがとれたら、自律が自然に頭をもたげてくる、という保証はない。それが可能となるためには、子どものなかに自立を志向する傾向性が、前もってつくられていなければならないはずである。それはどこからもたらされるのであろうか。またピアジェは、すでにくり返し触れたように、子どものゲームにおける協働と相互的尊敬による合理的規則の形成から、自律の道徳、協働の道徳の発達をみている。しかし相互的尊敬による「構成された規則」は、ピアジェ自身も言及しているように、悪への協働（例えば非行）にそれることにもなりうるのであるから、ここにも、それがそのまま大人の社会の道徳的規則に発展する、という保証はないのである。意地悪くいえば、自然に発達するのであれば、道徳教育の必要もないし、逸脱に対する社会的統制も不要ということになるのである。

つまりここで問題になるのは、発達という考え方である。ピアジェは心理学者として、現実の子どもを対象にして、子どもにおいて道徳的観念がどのように現われてくるかをとらえているのであるが、そしてそれは心理学者として当然なことなのであろうが、その発達は何によってもたらされるのか、という問いは依然として残される、ということである。その問いに答えるためには、子どものなかにおける自生的な発達とは別に、子どもに対するまわりからの社会的働きかけの面に注意が向けられなければならない。ここに「社会化」の観点が導入されることになるのである。

それでは、社会化によって例えば、先ほどの自律性の発達はどう説明されるのであろうか。詳しくはT・パーソンズを参照していただきたいが、社会化の過程は人間の誕生と共に始まる。誕生によって、栄養の補給が臍帯から口唇に移ることが、自律的行動の最初の契機であるが、しかし子どもはまだ母親への全面的依存の状態にある。やがてそこに、離乳に続く排泄訓練によって、肛門括約筋の自己統御を課せられる。その達成を通して、子どもは他者（母親）との関係で初めて自律的行動を可能にし、同時に他者と自己との分化、他者との愛の感情の交換を開始し、他者と自己という社会的関係を確立するのである。

それに並行して言語の学習も進むが、その社会的関係のなかで、子どもは、歩行、就寝、起床、衣服の着脱等々さまざまな行動的自立を達成してゆく。そして「エディプス位相」において、父親の介入を通してようやく親からの精神的自立を達成し、仲間や学校など家族の外へと関係を拡大してゆく。

この依存から自律への社会化の過程において、重要なことは次の点である。第一に、それぞれの自立は、いずれも他者（親）からの要求として子どもに課されたものであること。第二に、自立を課されるたびに、子どもは多大の努力とともに安楽な依存を放棄するという犠牲を払い、その代償として自立を獲得したということ。第三に、その結果として自律性が価値として子どもに内面化されるということ。第四に、このようにして、自律性が価値となったとき、子どもは初めて、自分から自発的に自立の拡大を求めること。そして第五に、家族においてある程度の精神的自立が可能になったとき、それを基礎にして仲間との協働の関係をもつようになるということ。

要するに、ピアジェがマーブル・ゲームや正義観について観察した子どもの背後には、このような社会化の過程があったはずである。しかし、ピアジェはそれに目を向けることなく、子どもにおける発達の段階を把握したのである。ピアジェの研究には、少なくともこの外からの子どもに対する働きかけの面が欠けていることは否定できない。

4　教育と社会化

これに対してデュルケムは、最初から子どもに対する社会的な働きかけの面から、道徳教育の問題をとりあげていたといえる。大人の社会における道徳を分析し、それをいかにして子どもに植えつけるかという立場に立っていたからである。そのためにこそデュルケムは、ピアジェによって、道徳を既成のものととらえ、それを子どもの発達を無視して子どもに押しつけようとする、と批判されたわけであるが、しかしデュルケムの立論の方が社会化の論理に対して、より親和的なのである。

社会は完成された価値の統一体ではないというピアジェの批判に示されるように、確かにデュルケムは、社会と道徳を保守的にとらえ、「個人と社会」の関係について楽観的にすぎる見解を提示したかもしれない。しかし、社会を統合の相においてとらえたからこそ、世俗的道徳を合理的に基礎づけ、宗教的イデオロギー的対立を越えうるところで道徳教育を可能にする道を開いたのである。

しかしここでの主題は、道徳教育そのものの検討ではないので、その問題には立ち入らない。むしろ、ピアジェとの対比において、大人社会の道徳を中心にすえて、道徳というものに内在する権威を重視しつつ、それとの関連で道徳を子どものなかに形成する、という立場のもつ基本的な妥当性を問題にしたいのである。

そのようなデュルケムの観点が、社会化の論理と一致するということは、考えてみれば当然のことである。なぜなら、デュルケムこそ、教育を方法的組織的社会化として最初に定義づけた人だからである。ただここで注意すべきことは、彼は教育を社会化として規定したのであって、必ずしも社会化そのものの概念を展開したわけではない、という点である。つまりデュルケムは、道徳についての教育、とりわけ学校教育を問題にしているのであり、それだけに社会化の観点からいえば、ピアジェとは違った意味で不十分な点をもっている、といわなければならない。

それを端的に示すのが、道徳教育における家族集団の軽視である。彼にとっては、家族は社会の立場から子どもを形成するには不適当な場であった。なぜなら、家族における規律はインフォーマルであり、親族の集まりであるため、家族そのものは個人的利益追求の集団としての要素を多分にもち、しかもそこにおける子どもはいまだ幼く、原初的感情や観念しか理解しえない、とみなされたからである。

そこから、家族と総体社会との中間に位置し、後者と類似した性格をもった学校が重視されることになったのである。そのようなデュルケムの見方は、基本的に誤ってはいないであろう。しかし、社会化の観点からいえば不十分なのである。そもそも規律の精神という言葉で要約された、道徳の中心としての権威というものは、どのようにして子どもに形成されるのか、その子どもの発達に即したメカニズムがなんら明らかにされていないのである。学校における教師が社会の権威を代表し、体現して子どもに臨むとされるのであるが、それが子どもに伝えられるためには、子どものなかにそれを受けいれるべき素地、つまりピアジェ批判のところで指摘した権威の感覚が形成されていなくてはならないはずである。

社会化の観点からいえば、子どもにとって最初の権威は、父親との関係において体験される。つまり子どもは、エディプス位相と呼ばれる時期に、表出的な母親とは違った手段的役割を演じるものとして父親を識別し、その優越した父親との関係において、母親との埋没した愛着の関係を、まがりなりにも断ち切る（というよりは放棄させられる）のである。権威というものが、尊敬され受容された権力である限り、人間にとって、この時期の父親こそが権威についての原体験である。そこにおいて権威の感覚がつくられるからこそ、道徳の内面化としての良心が基礎的に形成されるのであり、学校に行ったとき教師の指示に従い、その権威を受けいれることも可能になるのである。

道徳性の第二要素としての、社会集団への愛着についても同様である。それが学校において教育されうるためには「肛門位相」における母親との関係を通しての愛の原体験があり、それが他の家族成員や仲間との関係に拡大されるものとしてよりよく説明できるはずである。

第三要素としての意志の自律性については、すでにピアジェに対する批判として、その基礎が家族において形成されることを指摘した。しかしさらにつけ加えるならば、子どもの抵抗を排除して、それが価値として最終的に子どものなかに確立するについては、この父親の権威と、母親の忍耐強い愛情とが、連動して子どもに働くことが必要なのである。それはもっぱら仲間集団のなかでの協働によって発達する（ピアジェ）のでも、また学校における社会的拘束についての科学的合理的教育によって形成される（デュルケム）のでもないのである。

要するに小論において、デュルケムとピアジェを批判的に検討することを通して示したかったことは次のことである。すなわち、社会化という視角は、子どもを、というより、人間を、ただ単に自生的に発達する個体としてでもなく、また外から意図的・計画的に教育されるものとしてでもなく、生活の日常的集団的過程のなかで、社会的に基礎的な形成をうけるものとして把握することを可能にする、ということである。社会化は、発達と教育の両方にまたがって、それをもう一歩掘り下げたところで、人間と社会の関係をとらえようとするのである。

参考文献
Durkheim, É., *L'Education morale*. 1923.（麻生誠・山村健訳『道徳教育論』一・二、明治図書、一九六四年）
Piaget, J., *Le Jugement moral chez lenfant*. 1932.（大伴茂訳『児童道徳判断の発達』同文書院、一九五四年）
Parsons, T., *Family, Socialization and Interaction Process*. 1955.（橋爪貞雄ほか訳『核家族と子どもの社会化』上・下 黎明書房、一九七〇年、一九七一年）
Herron, R. E., Sutton-Smith, B., *Child's Play*. 1971.

社会化の論理（二）
——全体的人間把握とのかかわり

人間は「社会的動物」として、社会のなかで生活し、社会によって生存を可能にさせられている。しかしそれと同時に一人一人がかけがえのない個人として存在し、社会生活を支えてもいる。したがって、そのような人間をとらえようとする場合、たとえその両面にまたがって、全体的把握をめざそうとしても、社会と個人のいずれかに重点がかかるのは、やむをえないことなのかもしれない。

ここで問題にしている社会化の観点は、社会に化するという言葉が示すように、基本的には人間の発達を社会の側から、または社会に力点をおいてとらえようとするものであることは、否定できないであろう。とりわけ社会学において社会化を問題にするときは、それは暗黙の前提であるといってよいであろう。

もちろん、ある場合には社会の側から、別の側面については個人の観点からというように、適宜に視角や立場を変えてアプローチするということも、必要なことかもしれない。しかし、ここでは、社会化を社会学的に論じるという課題に照らして、あくまで社会の観点から問題に接近し、それによってどこまで全体的人間の把握に迫れるか、という立場をとりたいと思う。それこそが学問的な方法として正統であり、また生産的でもあると考えるからである。

5　ホモ・ソシオロジクスの形成

社会ないし集団というものは、複数の個人の単なる集合としてあるのではない。そこにおいて協働生活が行われる限りにおいて、それら諸個人の間でみられる行為の交換、すなわち相互行為は、一定の仕方で分化し、かつ統合されて、一つの体系をなしていなければならない。そこからパーソンズは、社会は「社会体系」として存在し機能しているというのであるが、その相互行為における分化と統合を具体的に示しているのが、役割と役割の関係である。

その意味で、社会とは役割の体系であり、社会（体系）を構成する単位は個人そのものではなく、個々人が担う役割である。したがって、社会的役割こそが社会学的分析の基本的カテゴリーであり、そこでは、個人としての人間は、社会的に前もって形づくられている役割の担い手として問題にされることになるのである。

ドイツの社会学者ダーレンドルフ（R. Dahrendorf）は、そのような意味での人間モデルを、経済学における「ホモ・エコノミクス」や精神分析的理論に代表される「心理学的人間」にならって、「ホモ・ソシオロジクス」と呼んだ。もちろんそれは、経済学や心理学の場合にそうであるように、現実の人間そのものではなく、社会学的分析によって要請され想定された、科学的構成物である。

ホモ・ソシオロジクスは、決してもろもろの感情や欲求をもち、その充足を願う個性的存在としての全体的人間ではない。しかし個々人は、社会的役割の担い手としてのホモ・ソシオロジクスとしてのみ社会の構成員となり、社会学的分析の対象となるのである。そこから、ダーレンドルフは、ホモ・ソシオロジクスと全体的人間のもつ自由や主体性との矛盾・葛藤の問題が生じてくることを論じるのであるが、われわれとしては、その問題は一応先にのばして、ここでは、社会化の目標というものが、最低限ホモ・ソシオロジクスの形成にあることを指摘しておかなくてはならない。

社会的役割とは、いうまでもなく、社会のなかで個人がさまざまな形で占める地位に対して、期待される行動の束である。性別や年齢のように生得的に与えられる地位であれ、職業や役職のように努力によって獲得した地位であれ、個人は地位を占める限り、一定の役割を演ずることを期待され、それから自由であることは許されない。役割期待というものが不変不動のものであり、役割遂行に個人的自由の入り込む余地が皆無だというわけではない。しかし役割というものは、原則的に個人から独立したものとして個人の外にあり、その内容が前もって社会によって規定されており、それに従わないときには、必ずサンクション（非難・制裁など）を受けるという意味で、それはまさにデュルケムのいう「社会的事実」そのものである。

役割がそのようなものである限り、社会的動物であるといわれる人間も、子どもから大人になる過程で、その地位に応じて次々と役割を学んでゆかなくてはならない。その意味で社会化とは、なによりもまず役割の獲得である、といわなくてはならない。役割の獲得としての社会化によって、人間は外からの社会の命令を自らのなかに取り入れ、社会と媒介され、はじめてホモ・ソシオロジクスとなるのである。ダーレンドルフの言葉を借りれば、役割のない人間は、社会と社会学にとっては存在することのない人間なのである。

役割期待の底にあって、個々の役割の内容がどのようなものであるかを規定しているものを規範というならば、役割の獲得とは、同時に個人による規範の内面化ということができるが、パーソンズは、その社会化の内容をさらに細かく四つに分けて述べている。第一に社会的役割の遂行に必要な資質・技能というものがある。第二にはそのような資質・技能を、他者の役割との関係のなかで発揮してゆけるような「役割責任」ないし人間関係的性能が必要である。しかし、そのような資質・性能だけでは不十分である。さらに第三として、社会生活を成り立たせている基本的な諸価値にたいして、また第四に社会のさまざまな役割のなかでの特定の役割にたいして、コミットメントがなければならない。

確かに役割の獲得は、このような四つの面での社会化＝学習を伴わなければならないが、問題は、子どもにおける個別的な役割の獲得が、どのようにして、行為の体系としてのパーソナリティの発達になりうるか、という点である。それは次のように理解することができる。第一に、子どもが所属し参加する集団のなかで関係をもつ社会的対象（客体）は、役割単位としての他者であり、そこで子どもが自己の役割を演ずるということは、同時に他者の役割をとるということを意味している。したがって第二に、そのような社会的対象のもつ意味や価値が内面化されるということは、個々の対象ではなく対象体系のそれであるがために、はじめから一定の構造や組織をもっているのである。しかも第三に、子どものパーソナリティ内部においては、新しい要素が次々に累積的に内面化されるのではなく、すでに内面化されていたものを基礎として、それが二分化する形で取り入れられ、それが再統合されるものと考えられる。そして第四に、子どもが遭遇し参加する各社会体系は、低次のものから高次のものへと系列的に配列されているが故に、子どものパーソナリティはそれに応じて段階的に発達することが可能になるのである。

要するに役割の獲得ということは、パーソンズがいうように、人間のパーソナリティの第一次的構造が、社会的対象の体系の内面化をめぐって組織されてゆく、ということを意味しているのである。そのようにして内面化されるものは、単に道徳的規範にとどまらず、認識的、表出的（カセクティック）側面を含めた全面にわたるのである。フロイトの理論に結びつけていえば、社会化によって人間は超自我・自我・イドのそれぞれの面にわたって、社会的規制を受けるということであり、バーガーとラックマン（P. L. Berger and T. Luckmann）にならっていえば、「客観的現実としての社会」と対応した形で、個人のなかに「主観的現実としての社会」が成り立つことになるのである。

いずれにしても、社会の観点からとらえたとき、人間は以上のような社会化の過程によってホモ・ソシオロジクスとして形成され、役割を演じるものとして社会的に意味をもった存在となる。そのことは否定しえない事実なのであるが、しかしそれにしても、人間はどの程度まで社会化の産物なのであろうか。もし人間が社会化によって形成されるだけの存在であるとするなら、人間はあまりに受動的な生き物であり、またそれにしては、社会化が人間に与えなくてはならないことは、あまりに多すぎるといわなければならない。その辺のことをどう考えるべきか、ということが次の問題である。

6　一般的・基礎的能力の社会化

バーガーとラックマンは、「成功的」社会化によって、客観的現実としての社会と対応した形で、個人のなかに主観的現実としての社会が形成されることを述べたが、しかし、その二つの現実が完全な対称をなすものでないことをも、同時に指摘することを忘れなかった。なぜなら、社会化によって伝えられるべき内容は、「知識」がどのように社会のなかに分布しているかによって制約されるものであり、客観的現実というものは、個人の意識に実際に内面化される現実を常に凌駕しているからである。そしてまた主観的現実のなかには、社会化によってもたらされたものではない要素というものが見出されるのが普通だからである。

しかも大切なことは、その二つの現実の間の対称性は、ひとたびできあがったら変わらないというものではなく、実際にはいつもつくり直されているものだ、という点である。ここでとりあえずわれわれにとって関心のあることは、直接的な社会化経験によって主観的現実になりえなかった客観的現実の部分である。おそらくそれは、永久に個人の意識の外にとどまるかもしれないが、しかしその多くは、何らかの事情でひとたび個人の目に触れるや、たちどころに主観的現実にくみ込まれうるにちがいないものである。少なくともその可能性をもって存在しているにちがいないのである。なぜなら、そこに至るまでに、すでに個人は十分に社会化されており、それを可能にする能力をそなえていると考えられるからである。

ここでもう一度、ホモ・ソシオロジクスへと社会化されるのに必要な四つの側面（パーソンズによる）を考えてみよう。例えば役割遂行に必要な資質・技能といっても、役割そのものが極めて多様であり、役割の種類が変われば、当然それに必要とされる知識・技能も異なってくる。しかしそれらすべてを個別的に学ぶことはほとんど不可能であるし、またその必要もない。確かに特定の役割にのみ必要とされる専門的知識・技能もあるが、それと並んで、多くの役割遂行に共通に必要とされる常識のようなものもあるし、言語や計算のように、ある基礎を学ぶことによって無限に応用できるような技能もある。第二の、他者の期待に応じて、責任をもって行動できる性能にしても、特定の他者とだけではなく、必要に応じてどのような他者とでも協働できることが望ましいにちがいない。さらにコミットメントについてみれば、個々の価値や役割へのコミットメントよりも、コミットメントという行動そのものをもたらす社会化こそが重要になるであろう。

このようにみてくると、社会化によって個人が獲得するものは、個別的な諸資質と、それとは別のもっと一般的・基礎的な能力との二つに分けて考えた方がよいであろう。前者は個別的な限定性が強く、それだけ多様で人間に対する拘束性も強いのに対して、後者はより普遍的性格が濃く、それだけ広範な適用可能性をもっている。前者に注目したとき、社会化の決定性と人間の受動性が強く現われ、後者に焦点を合わせて考えると、社会化はより積極的な意義をもったものとして立ち現われることになるのである。

その意味で検討に値するのは、言語獲得の問題である。言語の獲得ということは、役割に含まれる個別的諸資質の内面化とは異なり、役割とその獲得をも規定する、より一般的・基礎的能力の獲得を意味しているからである。ところがいうまでもなく言語は、社会的産物としての文化の一部である。言語は経験を伝えたり、高度な思考を可能にさせるだけではない。文化の一部でありながら、それぞれの民族の長い歴史のなかで形成されたものとして、文化の本質的な部分とみなせる価値や観念（潜在的文化）と分かちがたく結びつき、それを表現するものである。「サピア=ウォーフの仮説」として知られているように、現実の世界というものは、かなりの程度その集団の言語習慣の上に無意識的に形づくられているのであり、われわれが外界を見たり経験したりする仕方は、言語によって前もって規定されていると考えられる。ということは、子どもが母国語を習得するということは、とりもなおさず、その社会の基本的なものの見方・考え方・感じ方、つまり文化の本質的部分を内面化し、社会化されることを意味しているのである。

つまり、その社会の文化との不可分性からみれば、結局、言語は、人間の精神に一定の枠を与え、われわれの思考や行動を規定することになり、ここでも社会化は、依然として人間にとって消極的な意味しかもたないことになる。そのことは、たとえ文化との関連を考えなくても、それぞれの言語は、本来、一定の文法規則をそなえており、それからはみ出すことを許さない、という意味でもいえることであろう。

しかしそれにもかかわらず、人間の自己表現の用具という点からみると、言語的社会化は、にわかに積極的な意味を帯びてくる。この面を最も鮮明に打ち出したのは、いうまでもなくチョムスキー（N. Chomsky）である。彼によると、言語というものは一度獲得してしまうと、今まで一度も自分が経験したこともない新しい表現を理解することができ、かつ、文法規則に拘束されながらも、直接教わったこともない新しい表現を無限に生み出すことを可能にさせるというのである。

つまり正常な言語表現というものは、常に改新的であり、外的な刺激による制御から自由であり、新しい不断に変化する状況に対して適切であるという形で、本質的に自由で創造的な活動なのである。それこそが人間の言語を動物のコミュニケーション体系から区別するものだと考えるのである。もしそうだとすると、社会化によるそのような一般的・基礎的な言語能力の獲得は、先のサピア＝ウォーフの消極的見方とはまったく違って、極めて積極的な意味を帯びることになるのであるが、果たしていずれが正しいのであろうか。

私見によれば、普遍文法の構築をめざすチョムスキーは、あまりに民族的自然言語（母国語）のもつ歴史＝文化的拘束性の側面を軽視しているように思える。確かに言語表現は創造的な活動であるが、それは多くの場合、日本語であれば、日本の潜在的文化という大枠の内部でのことであり、意識しないうちにその拘束を受けているのではあるまいか。もちろん日本語を用いて日本の文化をまったく越え出た表現を行うことも不可能ではなかろうが、それは日本語という言語の日常的使用によって自動的に達せられることではないであろう。それは日本語と日本の文化を相対化させ、普遍主義的であろうとする意識的・理性的努力によって裏づけられなければならないはずである。

いずれであるにしても、拘束しつつ創造を可能にし、創造を許しつつ拘束を課するところに言語の特質がある、といってよいのかもしれない。そこで次に問題となるのは、そのような言語の獲得は現実にどのようにして可能になるのか、ということである。この点についてチョムスキーは、それは単なる学習とか模倣によって行われるものではないと考える。よく知られているように、彼は、文の理解のために音声解釈にかかわる表層構造と意味解釈にかかわる深層構造という二つの層を識別し、文法の統辞部門が一方で深層構造を生成し、他方でそれを表層構造へと変形（写像）するものと考えた。そしてさまざまな言語は表層構造においては多様であるが、深層構造とそれの変形操作においては普遍性が著しいことに注目した。そしてそのことから、人間の精神には生得的に共通の言語性能がそなわっていると想定し、それが子どものうちに一定の言語に接触することによって、それなりの言語能力として展開してくるものと考えた。

もしそれが正しいとするなら、われわれは人間の社会化を追求するなかで、ここで最終的に生得的な要因に突き当たることになる。しかしわれわれは、そのような生得的能力が素質としてそなわっているか否かを速断することはできない。社会化研究の課題としていることは、むしろ、どのような形で言語能力が発現してくるか、ということの解明である。その意味でアメリカの社会学者シコレル（A. U. Cicourel）の考え方は示唆的である。

彼はチョムスキーの言語理論に触発されて、人間の社会的相互行為がどのようにして可能となるのかを解明しようとする。言語活動が文法規則に則って可能になるように、社会的相互行為も、役割を規定している規範によって秩序づけられている。しかし社会のなかに明確な形で役割や規範というものがあり、それが個人に内面化されることによって、自動的に秩序立った相互行為が可能になるというほど単純ではない。社会的相互行為を行う人間は、お互いに規範との関係で状況を解釈し、意味づけ、交渉することによって一定の行為をとっているのである。つまり、社会構造というものは行為者の認識過程に媒介されて存在しうる、と考えるわけである。そこから、ちょうど言語行動の場合と同じように、社会的行為についても、表層構造としての規範（的秩序）と区別されたものとして、基本的社会秩序としての社会構造（の感覚）というものが深層構造として想定され、それが「解釈手続き」によって媒介されるとみなすのである。表層規範と解釈手続きの接合こそ、行為者に社会構造の感覚を提供し、秩序立った相互行為つまり社会構造を確立するものである。

シコレルによると、言語行動と日常的な社会的相互行為がこのような類似性をもつだけではない。言語的規則の獲得と社会的規範の獲得は、共に解釈手続きというものを前提にしており、言語の獲得さえ解釈手続きなしには理解できないというのである。いうまでもなく、解釈手続きは社会化の過程によって早期に獲得されるものであるが、子どもにおける最初の単純な解釈手続きの獲得は、言語的規則（文法）の獲得に先行しているか、または随伴している、と考えざるをえなくなるのである。

このような理解は、社会化の観点からの一歩前進ではあっても、それによって言語能力の生得性を排除できたわけではない。もしかしたら、解釈手続きの先に、認識能力とか学習能力そのものの生得性を想定しなければならなくなるのかもしれない。現にソヴィェトの心理学者レオンチェフ（A. H. Леонтьев）は、社会的に形成される人間的諸能力の基礎に、それら形づくることを可能にする能力を、生物学的に所与の素質として認めている。確かに、何らかの単純な原初的能力を想定せずして、人間の社会化を説明しつくすことは、少なくとも今日の段階では無理なのかもしれない。しかしだからといって、社会化というものが人間を受動的立場におき、一方的に決定づけるだけの機能を演じるものと考えることはできない。むしろ社会化は、それらの生得的・原初的能力を活性化し、開発させることによって一般的能力を形成し、そこから人間を創造的・能動的なものへと形づくってゆく基礎を提供する、と考えるべきであろう。

7　全体的人間の問題

社会化の機能が、ホモ・ソシオロジクスの形成だけではなく、また、個別的諸資質を個人に獲得させるだけではなく、一般的・基礎的能力を形成し、人間を創造的・自己発展的なものにするからといって、それで全体的人間の問題が片づくわけではない。そこには依然として、社会と個人の問題、ないし主体的自我の問題が残るのである。社会化によって形成されるものを、個別的資質と一般的能力に分ける必要は、最近の社会化論の傾向であるが（例えば青井和夫や柴野昌山）、それと全体的人間における主体的自我の問題とは、次元を異にしていると考えなくてはならない。なぜなら、たとえ社会と個人が相互依存的に存立しあうものであったとしても、全体的人間としての個人は、社会に還元しつくせない実在だからである。

すでに述べたように、社会的役割は個人のつくり出したものではない。人間は社会のなかで生きる限り、社会が彼に対して演ずるように指定する役割から逃れることはできない。たとえ人生が舞台で演じられる劇に似ているにしても、社会的役割は、自由に取りはずしできるような仮面ではない。役割期待はがっちりと固定されたものではなく、変化しうるものであっても、また役割遂行に何ほどかの個人的裁量の余地があるにしても、また、そこから得られる利益のために、個人が自発的に役割期待に従ったにしても、それでもそれは全体的人間の本来の意志と完全には一致しない。そればかりではない。役割とは本来、その地位を占めるどのような人間によっても演じうるものであり、他者によって代行されることが可能なものである。

要するにダーレンドルフによると、ホモ・ソシオロジクスと、統合的・全体的人間とは「逆説的で危険な軋轢」のなかに併存しているのであり、人間の主体的自由の問題とは、「役割に規定された行動と自律性との均衡の問題」である。役割が全体的人間にとってそのようなものである限り、役割期待の学習とは、「人間が自己をホモ・ソシオロジクスへと疎外すること」であり、社会化の過程は、「つねに脱人間化の過程であり、この過程のなかで、個人の絶対的個性と自由は、社会的役割の統制および一般性へと止揚されていく」のである。

この見方は、ほとんど実存主義（哲学）における、個人と社会についてのとらえ方と同じである。役割行動の場合のように、誰でもがそうするように期待されているように行動するなら、それは非実存的な行動であり、そのように要求する社会というものは、個人の実存的領域とはあい入れないものとみなされる。実存の立場からすれば、社会化されるということは社会によって〝犯される〟ことであり、個人の社会への屈服を意味する。大人になるということは、サルトル（J. P. Sartre）の言葉にあるように〝恥ずかしい〟ことなのである。そのような立場からすれば、人間と社会についての実存主義の見方のなかに、社会化や社会的役割の事実についての欠落を指摘し、そのような社会学的概念への顧慮を求めることによって、デュルケム的社会学との統合を見出そうというティリアキアン（E. A. Tiryakian）の示唆は、あまりに逆説的に響くのである。

それにしても、そのように社会やホモ・ソシオロジクスと対立し、緊張関係に立つ全体的人間のなかの主体的自我は、一体どこから出て来るのだろうか。それは社会化とは無関係に、本来人間にそなわっている内的意識なのか。それが、前節で述べた一般的・基礎的な能力の社会化の延長線上にあるものでないらしいことは確かであるが、だからといって、社会化と何のかかわりをもたないものとも考えられない。

その辺の事情を解き明かす手がかりを示しているのが、ミード（G. H. Mead）の「自己」の発達についての理論である。彼は自己というものを、主（体）我としてのIと客（体）我としてのmeに区分し、自己の発達をIとmeの力動的関係のなかでとらえるのである。meとは、社会的相互行為（ミードにとって、他者の態度・役割をとるということが、そこで重要な意味をもっているのであるが）の過程において、他者から客体として扱われたり、裁定されたりする自分である。人間はそのようにして他者という鏡に映った自らの姿を通して、自分というものを知るのであるが、そのようなmeを認識し評価し、それに対して肯定的・否定的に反応し返す自分がIである。その結果としてIによって引き起こされる行為は、再び社会的場のなかで他者の反応に遭遇し、そこに形づくられるmeがまたIによって主体的に受けとめられる。ある瞬間においてIであったものが、次の瞬間にはmeとなり、そのmeがまたIにくみ入れられる、というダイナミックな過程を通して自己が形成されてゆく、というわけである。

これを社会化の過程におきかえて考えると、社会化されるものとしての自分は、明らかにmeである。しかしそのmeはIと結びつかなければ意味のないものであり、meによってIも変化するのであるから、同時にIも社会化のインパクトを受けるはずである。パーソンズが、パーソナリティは社会的対象の体系の内面化をめぐって組織されるといったとき、その新しく内面化するものを自己の内部において組織し、再統合を図るのは、このIの機能でなくてはならない。ほかのところ（『人間の発達と学習』第一法規）でも書いたように、ほぼこれと類似な関係は、フロイトの自我と超自我についてもいえる。超自我もmeも、社会的関係のなかで社会化されることによって形成されたものであり、個人の内なる社会として、自我とIを統制する。他方、自我とIは、社会的・集団的価値規範を代表する超自我とmeの表現に対して、主体的に自らを律しようとする。ただ両者の違いは、ミードの場合、イドに相当する部分に独自の位置を与えず、Iの表現のなかに含めているかのようにみなせることと、フロイトにおいては、人間の発達に関して、イドの発現とそれに対する統制に比重がかけられているという点であろう。

他方、周知のようにエリクソン（E. H. Erikson）は、自我同一性の確立を、青年期における中心的な発達課題とみなした。自我同一性とは、個人的な同一性の意識的感覚、人格の連続性を求める無意識的志向、自我統合の働き、特定の集団の理想と同一性の内的な連帯など、さまざまに定義されているが、自己の意味の内的不変性と連続性として要約できよう。いずれにしてもそれは、社会化の過程と密接に結びついている。つまり、子ども時代を通して身につけられる同一化群のなかから、有意義なものを選択的に強調し、自己像を次第に一個の同一性に向かって統合してゆくことによって成り立ち、そのようにして確立された自我同一性は、社会的現実のなかで、自我の下位体系として働くようになるのである。それでは、そのような自我同一性を実際に達成させるものは何なのか。その点について、エリクソンは、それは「中枢の組織機関」としての自我の内的機能以外の何ものでもない、と述べている。つまりここでも、自我同一性は社会化そのものによって形づくられるものではなく、社会化との関係によって主体的に形成される、というように考えた方がよいわけである。

かくして二つの点を指摘することができる。一つは、ホモ・ソシオロジクスと「危険な軋轢」をもつ全体的人間とは、そしてまた個人の自由と実存を脅やかされると意識する主体とは、自己のなかのＩであり、パーソナリティを再組織化し、自我同一性の確立を達成しようとするのも、主体的自我そのものである、ということである。そしてもう一点は、そのような主体としての自我は、必ずしも社会化の作用そのものによって、直接的・自動的に形成されるものではなく、それとの関連において発達してくる、ということである。それにもかかわらず、Ｉや自我にとって、社会化がホモ・ソシオロジクスへの疎外ないし「脱人間化」として、また社会によって〝犯される〟こととして意識されるのは、社会化というものが、主体性や自由を欲するＩや自我に対して強制力と同時に魅力（報酬や価値賦与による）をもっているからだ、と考えられる。ダーレンドルフが、社会というものの〝腹立たしさ〟という言葉をくり返すとき、そこには社会が個人に対してもつ、そのようなアンビバレントな意味がこめられていたにちがいない。

さて、Ｉや主体的自我が社会化との相互関連において発達してくるものであったにしても、そのＩや自我そのものを最初に形成したものは一体何なのか。最初から、その核のようなものが萌芽として存在していたのか、それとも途中から存在するようになったのか。われわれはここでまたしても、人間の生物学的所与性の問題に遭遇させられることになるのであるが、おそらく自我とIの原初形態は、生得性と社会化との両方にかかわっているにちがいない。

なぜなら、Iにおける自由の根源的感覚ないし願望というものは、あらゆる秩序や制約を無視して、ひたすら快感原則に則ってほとばしり出るリビドーの性格と見合ったものであり、それがイドに発する限り、そこに生物学的な所与性を考えるのが妥当だからである。しかし、そのような即自的・無意識的感覚が、対自的・自覚的な自由として意識されるためには、第一に、そのような願望をもったものとしての自己が、他者と分化して意識されていなければならず、第二に、その他者との関係において自己が自律していなければならないはずである。ところが、そのいずれも、社会化の過程において生起するものだからである。パーソンズが説明してみせたように、母＝子一体性という一単位のパーソナリティ構造から、自己と他者が最初に分化するのは、主として肛門位相における排泄訓練を通してである。そして、その後さまざまな形で課される自律的達成を通して、自律性が価値として子どもに内面化され、はじめて子どもは主体的に自律を追求するようになるのである。その点については、前号で述べたのでくり返さないが、いずれにしても、主体的自我としてのIがmeとの関係において急速に発達してくるのは、そのような初期社会化経験の後においてであると考えなくてはならない。そして、個人的実存の擁護や理想主義的志向や変革の行動というものは、そのようにして形成された主体的自我の意欲から発するものであって、一般的・基礎的能力の社会化からそのまま導き出されるものでないことは、いうまでもない。

8　教育の論理について

これまで、まずデュルケム、ピアジェの研究を手がかりとし、続いて社会と個人のかかわり方をみるなかで、社会化の論理というものを探ってきた。そこで最後に、教育の論理というものをとりあげ、それとの対比で、社会化のもつ意義をさらに鮮明にしてみたい。

お互いに密接な関係をもっているものではあるが、発達、学習、社会化、教育という四つの概念は、それぞれ独自の意味合いをもっている。少なくとも発達と学習は、個人において、ないしは個人の内部で生起するものであり、学習が個人のとる行動であるのに比して、発達は個人に現われる事態（結果）である。それに対して社会化と教育は、個人に対する環境からの作用（影響）に力点をおいた概念であり、どちらかというと発達や学習の先行条件となることが多い。その意味で社会化と教育は類似した性格をもっており、教育は時として計画的・組織的社会化と同一視されることになる（その代表はデュルケムである）。

確かに、そのようにいっていえないことはないが、両者の違いは単なる組織化の程度にとどまるものではない。個人が学習し獲得することの内容において、社会化と教育とでは大幅に重なり合うが、しかし完全に一致するものではない。その重なり合わないではみ出す部分の違いは、両者がそれぞれもつ基本的な志向ないし方向性の相違に由来するものと考えられる。教育が意図的・計画的に人間を形成するとしても、何をめざしてそれを行うかが問題なのである。

第一に教育は、社会化と同じように、認識的・規範的・表出的な側面だけでなく、人間の有機体的基礎としての身体にまでわたって形成し、さまざまな知識・技能を与えるが、絶えずそれらを知的・認識的能力の拡大という方向で統合しようとめざしている。ラスウェル（H. D. Lasswell）の用語に従えば、それは「開明」価値への志向ということである。それを欠いた教育は〝ほんもの〟でない（例えば〝詰め込み〟、〝洗脳〟などとして）とみなされるのが普通であるが、しかし、社会化にはそのような制約は課されていない。社会化はより自然的・即自的（ありのまま）である。パーソンズ的にいえば、それだけ教育は、普遍主義への志向が強いのである。

第二に教育は、現実志向的である社会化に比べて、より理念志向的であるといえる。計画的・意図的であるといわれる教育の底には、いつも現実を越えようとする一定の理念・理想があり、教育はそれによって方向づけられている。〝より善きもの〟をめざす教育の理念性は、当然所与としての現実の批判、現状の革新という志向と結びつくが、その志向は、実際に可能であるかどうかという現実的配慮によって沈黙させられることはない。同じことは教育の対象としての人間に対する見方についてもいえる。教育する者は、どんな子どもでも発達する可能性を秘めているはずである、という信念に基づいて教育を行っている。もし、その子どもの能力や素質の限度が科学的に示されたら、教育することをやめるという教育者がいるであろうか。要するに、日常的社会生活からの要請に発している社会化に対して、教育は可能性への信念に基づいているのである。〝教えとは希望を人に語ること〟という言葉は、教育の一つの本質をついているというべきであろう。

ところで、すでに述べたように、個人は社会に還元しつくされるものではなく、社会化によって全体的人間の形成を完全に説明しきることは無理である。社会化によって一般的・基礎的能力が獲得され、とりわけ第一次社会化によって主体的自我の基礎が形づくられるにしても、主体的自我の確立と拡大は、社会化との関連において可能となるものであった。バーガーとラックマンの言葉を借りれば、それは社会と個人の間の弁証法的関係において理解されるべきことである。

もし社会のなかに、制度として、この主体的自我の形成そのものを促進しようとする機会や機関があるとすれば、それは社会生活からの要請に発する日常的過程としての社会化ではなく、教育の領域においてであろう。公教育としての学校が、国家＝社会の必要にこたえて、社会化の機能を果たすことはまぎれもない事実である。しかし同時に学校には、国民の教育を受ける権利に基づき、一人一人の子どもの幸せを願いつつ、その可能性を最大限にひき出し、人格の完成を助けるという役割が期待されている。つまり教育の論理のなかには、社会の観点と同時に、個人の観点というものが含まれている、ということである。

そのような意味で、第三に教育というものは、主体的自我をも含めた全体的人間の形成を志向するという点で、社会化と識別されるべきだ、ということをつけ加えることができる。青井和夫は、社会化によって生じる「物化」「疎外」「特殊化」「条件づけ」等に対処し、社会によってつくられながら逆に社会をつくり変えていく人間を考えるためには、どうしても「非社会化」ないし「超越的社会化」の概念を導入する必要があるとしている。しかし私には、それはまさに、ここでいう教育の論理に属することのように思われる。

このように、社会化と教育の概念は、内容的に重なり合いながら、その志向において、大きく異なっている。少なくとも両者の間には、緊張関係があるのであるが、もしそうだとするなら、教育の理論と実践にとって社会化の研究はどのような意味をもつのであろうか。そもそも学校教育というものは、大なり小なり、良かれ悪しかれ、家族集団を中心にした第一次社会化を基礎にして成り立つものである。そこにおける言語の獲得と潜在的文化の内面化、家族的愛着からの自律、権威の感覚の体得等々の社会化なしには、学校教育は成り立たない。

よくいわれるように、教育の真のねらいというものが、人間が自己自身を把握すること（汝自身を知れ！）であり、教育というものが、〝腹立たしい〟社会化の拘束から人間を解放し、主体的自我の確立を助けようとするならば、それは何よりもまず、被教育者の側における社会化の過程とその事実を理解することなしには、不可能である。そしてまた、「経済社会の論理」とそれに対応した「家族の要請」の前に、学校教育がますます肥大し、受験体制化するなかで、学校が自らの社会化過剰性を自覚し軌道修正するためにも、社会化についての理解は不可欠なはずである。

参考文献

Berger, P. L. and Luckmann, T., *The Social Construction of Reality*. 1966.

Chomsky, N., *Language and Mind*. 1972.（川本茂雄訳『言語と精神』河出書房新社、一九七七年）

Cicourel, A. U., *Cognitive Sociology*. 1974.

Dahrendorf, R., *Homo Sociologicus*. 1959.（橋本和幸訳『ホモ・ソシオロジクス――役割と自由』ミネルヴァ書房、一九七三年）

Erikson, E. H., *Identity and the Life Cycle*. 1959.（小此木啓吾訳編『自我同一性』誠信書房、一九七三年）

池上嘉彦訳編、E・サピア、B・L・ウォーフ他著『文化人類学と言語学』弘文堂、一九七〇年

Tiryakian, E. A., *Sociologism and Existentialism*. 1962.（田中義久訳『個人と社会――社会学と実存主義の視座構造』みすず書房、一九七一年）

矢川徳光『教育とは何か』新日本出版社、一九七三年

4章 [付論] 日本人の経済的社会化序説

本稿は、未だあまり研究の進んでいない、日本人の経済的社会化の問題をとりあげ、その実証的研究に必要な概念的枠組みを整備し、かつその解明の方向について、およその見通しを与えようとするものである。

経済に限らず、人間の生活は、伝統的に形成された「文化(1)」をもった社会のなかで、そのような文化を内面化した人間によって営まれている。ところが周知のように、「正統」経済学のなかでは、純粋に合理的にセルフ・インタレストを追求する「経済人」(homo economicus) の仮説が維持されてきた。それにたいしては、制度学派や経済社会学の立場からの批判があるのであるが、今日改めて経済学の内部で、その虚構からの訣別が要請されている(2)。

本稿での関心は、経済学や経済そのものにあるのではなく、日本人の経済行動の特質が、日本の文化との関連で、どのようにして形成されるかにある。デボス (G. A. DeVos) の経済学にたいする批判の立場(3)をかりていえば、いわば「日本的経済人」の形成についての教育社会学的解明、といってもよいであろう。

1　経済行為と経済的社会化

ウェーバー（M. Weber）によれば(4)、経済行為とは、効用給付としての財・サービス・経済的機会の、ないしはその処分権の獲得を、主観的に第一次的な目標としており、かつその処分力の行使が平和的である行為のことである。そして経済とは、自主的に組織された継続的な経済行為のことである。

ところでパーソンズ（T. Parsons）は、この経済を経済体系と解して(5)、自己の社会体系論と接続させる。彼によると、経済は「適応」という緊急事態に即応する、社会の分化した機能的下位体系である。そこで経済体系の目標は、財およびサービス（経済的価値）の「生産」であり、その生産から消費への転移を、経済体系（A）と潜在的パターン維持と緊張処理の下位体系（L）との間の境界過程、A－L間のアウトプット・インプットの関係であるとみなす。

従ってそこでは、ウェーバーにあっては包含されていたはずの消費の面は、経済行為の概念のなかから除外され、生産と消費は別々の体系に属することになる(6)。しかし経済的社会化の研究においては、経済体系の担い手としての成人へ向かっての人間の発達を問題にするわけであり、しかも経済体系の内部における諸機能の分析をねらうというよりは、むしろパターン維持の体系での問題に主眼があるわけである。その意味では、生産と消費を経済体系の内部と外部に分離することなく、経済行為の概念のなかに両方を含めて理解する方が便利である。ということは、経済体系という言葉も、厳密にパーソンズの社会体系論にそってではなく、むしろウェーバーのいう「経済」と同じような意味にとどめて使用したいと思う。そしてまた、経済行為が継続的、複合的に行なわれる事態を指す場合には、経済活動という言葉を使用することにする。

他方社会化とは、生物学的個体として生まれてきた個人が、当該社会の文化を内面化し、社会的役割を獲得して、社会生活が営めるよう諸資質を発達させてゆく過程である(7)。総体としての社会化は当然人間生活のあらゆる側面にわたる過程であるが、そのなかで経済的社会化は、性別の社会化、道徳的社会化、政治的社会化、職業的社会化、法的社会化(legal socialization)(8)などと並んで、経済という側面についての個別領域的な社会化を意味している。従ってそれはとりあえず、個人が当該社会の経済体系を維持し、経済行為ないし経済的役割を遂行してゆくのに必要とされる諸資質を獲得してゆく過程である、と規定してよいであろう。

経済行為のかなりの部分が職業を通して行われるという点から考えて、経済的社会化は職業的社会化と密接な関連をもち、重なり合う部分も多い。しかし職業的社会化におけるほどは、特定職業集団への志向や、そこでの具体的な役割が関心の焦点とはならないし、また生産的活動に限定される度合いも少ない。経済的社会化は、それよりもより一般的・非限定的な性格をもつものであり、その意味ではむしろ政治的社会化と類似しているともいえる。しかし目標充足の機能をうけもつ下位体系にかかわる政治的社会化における程は、卓越した特定エリートとそれらの人物にたいする評価的・表出的要素が、重要性をもってはこないであろう。

いずれにしても経済的社会化は、他の個別領域的社会化に比べて、ほとんど未開拓な分野といってよく、経済的社会化という用語さえ、未だ使われてはいない状態にある。そこでわれわれなりに、もう少し経済的社会化の概念を深めておかなければならない。パーソンズによると、社会化の一般的な過程は、大きく二つの段階に分けられる。まず子どもの初期同一化を通して、基礎的パーソナリティ構造、つまり基本的な価値志向パターンの布置構造が形成される。この第一次社会化(primary socialization)のうえに、大人の役割がもつ、特定の状況や期待に応じた、より限定的な志向の獲得、つまり第二次社会化が行われるのである。

パーソンズは、この第二次社会化の例として「利潤動機」(profit motive)をとりあげ、それが形成される社会・文化的条件を分析している(9)。たしかに経済的社会化は、利潤動機をも含めて、第二次社会化の過程として生起する側面が多いかもしれない。しかし社会化は不断の生活過程であり、一定段階における社会化は、すでに先行の社会化によって内面化されて、パーソナリティの構成要素となっているものを基礎にしてしか起こりえないものである(10)。しかも、社会化の第一次エージェントとしての家族とその生活のなかにも経済は浸透し、子どもは早期からその影響のもとに発達する。そのような意味で経済的社会化は、第一次社会化の段階における、いわば「前経済的行為」にまで遡及させて把握する必要がある。

そこで次に、経済的社会化とはいかなる内容をもち、どのような領域にわたるものであるのか、その構造的枠組みを考えておきたい。大人の役割遂行に必須な資質を、コミットメントと性能に分けるパーソンズの理論(11)に従って、経済的社会化の内容領域を区分するなら、それは次のようになるであろう。

(1) 経済的価値パターンへのコミットメント――経済活動についての社会的意味づけやそれへの志向を内面化すること。例えば経済活動をカルヴィニズムや石門心学などの経済倫理に依拠させるとか、「経済的合理性」への志向を獲得することなどが、これに含まれる。

(2) 経済的役割へのコミットメント――経済体系における特定の役割、例えば企業家、技術者、家計管理者などの役割を選択し、それに専門に従事しようとすること。この面で職業的社会化と重なる部分が大きいことは、すでに触れた通りである。

(3) 経済行為の遂行性能――経済体系における役割を遂行するうえで必要とされる、知識・技能の学習である。例えば経済の仕組みについての知識、貨幣の意味と使用法、販売技術などの習得がそれである。

(4) 経済的役割関係における責任性能――経済的な相互行為の関係のなかで、他者の期待に即応して規律的に行動できる資質の獲得である。例えば経済上の債権者にたいする債務の履行、契約の尊重、信用の重視などはこれに入るであろう。

すでに明らかなように、この四つの領域のうち、最初の二つは経済活動への動機づけの社会化の問題であり、後の二つは経済活動の性能の社会化の問題である。しかし経済的社会化研究の固有の領域は、そのなかでもとりわけ

(1)の経済的価値パターンへの動機づけと、(3)の経済行為の遂行性能についての社会化にある、といってよいであろう。

いうまでもなく経済的社会化の研究は、もっぱら経済の領域において専門的・指導的に活動する人間、いわゆる実業人・経営者・企業家に関しての社会化だけを取りあげるものではない。もっと広く、一定の経済体系をもった社会のなかで生活する人間一般について、とくに経済活動に関した側面の社会化を問題にするのである。従ってそれは、経済と人間の関係についてのマンハイム（K. Manheim）の定式化によるならば、二つの方向性を含んでいる。つまり人間の精神的な要因が経済に影響を与える面と、逆に経済体系が人間の精神に影響を及ぼす面である。マンハイム自身はこの二つのうちの後者を問題にしたのであるが(12)、前者はウェーバーの資本主義のエートスの研究によって、典型的な形で示されたのであった。経済的社会化の研究のなかで、この二つの面を峻別することは困難であろうが、あえていうなら、経済活動への動機づけの社会化は、どちらかというと前者の人間→経済という面に、経済行為の性能の社会化は、後者の経済→人間という面と、それぞれ深く関わっているということになるであろう。

2　経済行為の性能の社会化

さて、以上のような概念的枠組みを基にして、経済的社会化の二つの中心的領域（前述の(1)と(3)）について、まず前者の面から、日本人の経済的社会化を解明するための仮説的モデルを構成する作業に入ってゆきたい。

ウェーバーによると、経済行為はその典型的な方法からみて六種類に分類されるが(13)、それらは貯蓄を除いて、いずれも実質的には交換として遂行される。また「家計」と「営利」という経済の二類型(14)に即してみても、同様である。とりわけ今日の市場的交換が支配的な、貨幣経済としての流通経済のもとにおいては、交換は唯一ではないまでも最も重要な経済的手段である(15)。たとえボールディング(K. E. Boulding)がいうように、愛や恐怖に基づく経済財の一方向的な移転としての贈与が、社会経済システムの本質的な部分をなしているにしても(16)、少なくとも個人の経済行為のレベルにおいては、二方向的交換が中心になることにかわりはない。かくして経済行為の性能の社会化は、家計と営利の両面にわたっての、交換の発達に焦点づけられることになる。

ところで、その面での社会化は、一般に経済が生産→流通→消費という過程で理解されているのと対比していえば、むしろそれとは逆に消費から生産へという過程をとるものと考えられる。何故なら、第一に子どもがそこに生まれてきて、最初に社会化をうける家族という集団は、経済単位としては、今日ではますます消費の場となってきているからである。第二には、子どもの発達は消費し、「遊び」をするものとしての生活者から始まり、やがて生産する者へと移行してゆくからである。遊びのなかでの道具の制作・発明などの経験は、人類史的にはともかく、流通経済のもとにおける現代の子どもの社会化においては、直接的に生産労働には結びつかない。つまり生産の経験は、子どもにとって間接的なものであるか、または後からつけ加わるもの、というべきである(17)。第三には、家族における消費生活のなかでは、貨幣による交換が比較的早期から体験されるのであるが、それは生産よりも流通や消費に結びつきやすい性格をもっているからである。

経済的社会化のそのような過程は、別の面からみれば、「家計」から「営利」へ、といってもよいのかもしれない。しかし、先の意味での家計は経済の機能概念であって、必ずしも家族という領域に限定されていないので、以下家族の家計という意味で、家庭経済(ないし家計)という言葉を用いたいと思う。このようにして、経済行為の性能の社会化は、家庭経済における貨幣所得の配分と交換(購買)という消費的行動を中心にして展開されるということになる。そしてその社会化の過程は次の三つの水準に分けて考えられる。

1　交換の前経済的水準

交換は経済の領域に限定された概念ではなく、例えば会話や恋愛や贈り物のように、行為の相互性を示すものとして、社会生活のなかに広く内在している。しかしブラウ（P.M. Brau）によると、経済的交換はそのような「社会的交換」（social exchange）とは、次の点で識別される。社会的交換においては、他者のある行為にたいして返すべき義務は個人の裁量にまかされ、その内容も限定されていないのにたいして、経済的交換においては、それがより正確に量的尺度によって明示されている。また社会的交換の場合には、そこに義務や感謝や好意などについてのパーソナルな感情がうみ出され、それが重要な要素となるが、経済的交換においては、そのようなことは必須な要件とはみなされないのである(18)。

そのような両者の違いにもかかわらず、発達的にみたとき、社会的交換の根は人間関係や行為における「相互性」（reciprocity）にあり、経済的交換の前に社会的交換についての社会化経験が存在することは確かである。交換の原初形態は、母子関係における期待の相互性と母子の相互行為のなかに求めることができる。そこには社会的交換がみられるのみならず、経済的交換の前提となるべき基本的な要素が用意されている。まず自己保存欲求に基づく幼児におけるセルフ・インタレストの追求があり、母親のサービスに由来するものとしての効用給付についての子どもの認知があり、そして財やサービスについての専有の意識がみられる。フロイト（S. Freud）やパーソンズが指摘しているように、母親の愛育に応える形で排泄が行われ、排便が母親にたいする「贈り物」としての意味をもつ(19)とすれば、おそらく「肛門位相」を通過することによる自律性の獲得が、一つのエポックを画するものと考えられる。しかしそこには、相互性に基づく交換の意識がみられるというだけで、交換の内容についての等価性は、必ずしも期待されていない。つまりこの時期の母子間にみられる交換は、非対称的であるという意味で、前経済的水準に留まっているというべきである。

2　交換の準経済的水準

自律性に加えて、認識的能力と子どもをめぐる社会的関係の進展に伴い、次の段階になると、他者によって提供されたものに見合うだけのものを返す、という企てがみられるようになる。とくにそれを可能とする条件は、子どものなかに、親－子という優位・劣位の縦の関係とは別に、きょうだいとか遊び仲間のような、等位の者同士の横の関係が成立してくる、という事実のなかに求められる。

そこで、他者の給付にたいして、自由な意志によって等量の反対給付を行おうとするとき、それは次の二つの方向をとる。㈠互酬的交換(20)＝例えば誕生日に際してのプレゼントの交換や友だちとのお土産の交換などにおけるように、「釣り合い」の原則によって行われる財やサービスの交換である。これは自己の欲望充足やセルフ・インタレストの拡大を、第一次的に目標としたものではないという意味で、非営利的交換であり、むしろ社会的交換に属するものである。しかし、等価性の重視と、未開社会における贈与の交換や農村におけるサービス交換としての「ゆい」など、大人の社会にみられるものとの連続性をもつがゆえに、それは発達過程のなかで一定の意義を有するものといえる。

㈡偶発的・実物交換＝この言葉自体はウェーバーが経済史的概念として使用しているものであるが(21)、ここでは経済的社会化の一つの段階を指すものとして用いたいと思う。つまり、自己のもっている効用給付に余剰があった場合、それと引きかえに、他者のもとにある効用給付を手に入れようとして行われる交換である。例えば友達のもっている玩具が欲しくても買ってもらえないとき、自分のいらなくなった玩具で相手の欲しがりそうなものとの交換を申し出る、といった場合である。子ども同士のおやつの交換、親にたいする手伝いと遊園地に連れていってもらうこととの交換など様々な形態がありうる。いずれにしてもそこでは、互酬的交換とは異なって、当事者双方にとっての効用を満たすような条件にもとづく交換によって、自己の欲望充足とセルフ・インタレストの拡大が明瞭に志向されている。そのような打算性やかけ引きと妥協があるという点で明らかに経済的交換なのであるが、しかしそこには貨幣の使用と「市場機会」が一般的な形で存在せず、またそれに志向していないという意味で、準経済的水準にあるといってよいであろう。

3 貨幣による市場的交換の水準

交換の手段であると同時に支払いの手段でもある貨幣を使用し、市場機会の存在と関わって行われる交換が、経済行為の社会化過程の最後に位置している。それは貨幣経済のもとにおける経済行為の主要な形態であり、そこでは利潤・コストの原理が支配し、価格をめぐってのかけひき・競争・妥協が随伴する。貨幣の使用により、売り手と買い手の人格的分離、購入と販売の時間的・場所的分離が実現され、交換可能性は著しく増大し、同時に「貨幣計算」による行為の「計算合理性」(形式合理性)が高められる(22)。ここに至る社会化の過程としては、当然、子どもにおける、貨幣の機能や意味の学習(23)が不可欠の要素となるが、それは次の三つの局面に分かれるであろう。

(一) 物(財)と貨幣の交換をめぐって＝これは売買とか消費行動に関する側面であるが、幼児が貨幣についての知識をうるのは、一般的には、母親に連れられて買い物に行ったり、もらった小遣いを使うことを通してである。そこでは、(i)物を買うときにお金が必要であるということは分かっているが、しかしお金を支払ったりお釣りをもらったりということは、物を買うという行為に伴う一つの儀式のように理解されているにすぎない。そこから一歩を進めて、(ii)物を買ってお金を払わないということ、お金を払わないで物をもってくるということは、道徳的にいけないことだという考え方に移行し、さらに(iii)物には値段というものがあり、買う物によって支払う金額がちがうということ、つまり物とお金を交換しているのだということが認識されるようになる。

他方では売る側についての理解が加わり、(iv)店の人も、客からもらったお金で商品を買ってきていること、またその店で買い物をするときには同じようにお金を払わなければならないことが分かってくる。さらにそこから(v)店の人は自分が買ってきた値段で売るのではないことにも、考えが及ぶようになるのであるが、その際の〝儲け〟については、〝ずるい〟という判断から、必要なことだという理解への転換が行われ、利潤についての認識が可能となる。そして最終的に、(vi)お金さえあれば誰でも、どこからでも、またいつでも必要な物を購入することができるという理解に達し、交換の一般化された、インパーソナルな手段としての貨幣についての認識を獲得するようになるのである。

(二)労働(サービス)と貨幣の交換をめぐって＝これは生産労働に伴う所得に関係した側面であり、前項(v)の販売労働における利潤とも結びつきうるものであるが、より一般的には、購買に必要なお金はどこからくるか、という文脈で学ばれるものと考えられる。(i)最初幼児にとって、お金はどこか(例えばたんすの中とか銀行とか)にあるものである。そこでは所得の源泉ではなく、所在だけが意識されているわけであるが、玩具・食べ物・衣服など欲しいものが何でも買ってもらえるわけではないという現実から、(ii)お金はいくらでもあるものではないということを知らされる。そしておそらく「エディプス位相」を通して、子どもの前に父親が登場し、その役割が認識されるのと軌を一にして、(iii)お金は父親がもってくるものであることが分かるようになる(例えば月給日などの経験によって)。父親は誰かからお金をもらってくるのであるが、それが(iv)父親の労働サービスにたいする反対給付であるということを具体的に理解できるようになる契機は、日常の家庭生活における大工・電気工事その他の労働サービスにたいする支払いや、子ども自身の〝お手伝い〟にたいする金銭的報酬(〝お駄賃〟)などの経験を通してである。そこからさらに、それは好意としてのサービスにたいする単なる謝礼ではなく、(v)労働と貨幣の交換としての賃金であり、それには労働サービスの質によって差異があることへと、認識の発展がみられることになる。

(三)貨幣と貨幣の関係をめぐって＝これは広い意味での金融に関連した側面であるが、その基礎をなすのは信用の観念と利子の概念である。それは社会化過程としては、貸借と貯金という二つの面で、それぞれ並行して学習されると考えられる。まず貸借関係についての信用は、(i)きょうだいや友達の間における物の貸し借りとして経験される。それは利害の関心に基づくものではなく、親しい者同士が便宜を提供し合うというパーソナルな道徳的関係であり、貸した物は返してもらえるという仲間への信頼感に基づいている。そして貸借されるものは、(ii)特定の品物から、より一般的交換可能性をもった金銭へと進む。貨幣のそのような性格からして、そこではリスクが大きいのに対応して、信用の問われる度合いも大きい。そして子どもの世界では、それは親に内緒で行われるのが普通である。

ここまでの貸借関係においては、実物交換的な相互性が強いのであるが、それでもお金を借りた場合、単に同額のお金を返せばそれで〝あいこ〟だといって済まされないものが残る。何故ならそれによって自己の欲望充足が可能となった分だけ、相手のそれについてのチャンスが延期ないし抑制されたということを意味するからである。つまりそこには、(iii)借りた額にプラス・アルファがついてはじめて等価交換的になるという形で、利子についての萌芽的な観念が成り立つ契機がひそんでいるのである。

他方貯金についてみれば、(i)まず貨幣そのものについての信用の発達が前提にされなくてはならない。しかしそれについては、前述の物と貨幣の交換の面での購買行動において、お金をもっていけば、いつでもどこでも欲しいものが手に入るという認識として、子どものなかにはより早期に成立しているものである。そこから子どもは、(ii)その交換可能性をもったお金を将来の欲望充足のために保蔵することを考えるようになる。それに親からのすすめが加わって、銀行や郵便局に預金するということになるのであるが、おそらく子どもにとっては、それは最初のうちは、お金が紛失するのを防ぐ方便としてしか意識されないにちがいない。

しかし(iii)その預金をおろして、欲しい物をまとまった形で購入する事態に直面したとき、預けたお金が確実に払い戻されるということと、しかも預金したお金が増えていることとを発見する。そして前者によってインパーソナルな金融制度についての信用を獲得し、後者によって利子というものを現実的に知ることになる。この段階の子どもにとって何故お金を貯金しておくと増えるのかを理解するためには、大人による説明が必要であることはいうまでもないが、しかしその理解の一つの基礎は、前述の金銭の貸借関係における(iii)の段階の感覚であるといってよいであろう。

貸借や貯金についての以上のような直接的社会化経験を基にして、さらに(iv)家庭経済の内部における、金融機関からの借り入れによる家の建築や、自動車その他の月賦購入などについての、子どもにとっての経験的事実が加わることになる。そのような一連の出来事を基礎にして、貨幣の増殖（利殖）や流通・信用制度についての、より進んだ学習が行われるのである。

貨幣による市場的交換の水準における、経済行為の性能の社会化について述べてきたわけであるが、それですべてが尽くされたわけではない。ここで取りあげてきたのは、主として第一次的な社会化の段階であって、より高度な経済のメカニズムについての専門的知識・技能に関する第二次社会化（とりわけ学校教育や職業集団における）の側面には、ほとんど触れないできた。そのような過程がさらに加わることによって、貨幣についての威信シンボル、成功尺度としての意味の獲得や、生産関係の認識や、貨幣の資本としての性格の理解などに関して、より高度の社会化が遂行されるのである。しかしここでは、もう一つの残された領域としての、経済的動機づけの社会化の領域に入ってゆきたいと思う。

3　経済活動への動機づけの社会化

社会学的な意味で動機とは、行為者自身または観察者にとって、当該行為の適切な根拠とみなされる、主観的な意味の複合体である(24)。従って動機づけとは、行為者が行為にたいして、一定の意味づけを与えることを指している。このような動機についての規定は、フロイトの無意識的動機や、マックレランド（D. C. McClelland）の「達成動機」などに典型的にみられるような、個人の内部に隠されている「真の動機」を問題とする心理学的概念とは、際立った対照をなしている。

社会学的な意味での動機とは、一定の状況のなかで、何故そのように行動するのかという疑問が提起されたとき、個人がそれにたいして自らの行動を解釈してみせる答えとしてとらえられるものである。つまりそれは、象徴的相互行為論（symbolic interaction theory）に即していえば、社会的状況のなかで人びとが行為を組織化し、またそれについて社会的に承認がえられるように、類型的に使用する語彙（vocabulary）なのである。従って、一見同じに見える行為も、様々な動機に基づいてなされうるわけであり、そのときになされる言語化の過程が動機づけである、といってよいであろう。そのようなものとしての動機は、当然時代と社会の構造によって異なってくるものであって、生得的に個人のなかにあるものでも、また一定の状況のなかで自生的・恣意的に現れてくるものでもない。換言すれば、「言語構成体」としての動機は、社会のなかに用意されているということであるから、それは個々人によって、社会化の過程を通して獲得されるものなのである。そのような動機づけによって、人びとは行為を秩序づけるとともに、そこに社会的な統合がもたらされるのである(25)。パーソンズが問題にしている「制度化された動機づけ(26)」も、実質的には、それと大差はない。

そのような動機づけの社会学的概念は、当然経済的動機づけについても、適用されなければならない。パーソナリティ個体の水準で経済行為をとりあげたとき、そこに、セルフ・インタレストに基づき、合理的行動によって、それを最大化しようとする形での動機を想定することもできるかもしれない。しかし経済活動は、社会の「制度」的枠組みのなかで行われるものであって、それによって正統的なものとして認められている規範的パターンからの規制を無視することはできない(27)。従ってセルフ・インタレストの追求という動機づけも、制度的パターンによって方向づけられたものとしてあらわれざるをえず、ミルズ（C. W. Mills）に従っていえば、経済行為について動機の語彙が必要となるのである(28)。

ところで、この制度的パターンによる動機づけは、パーソンズとはやや違った意味で、二つの水準において生起するものと考えられる。つまり経済体系の水準と全体社会の水準である。経済行為は経済体系において遂行されるために、その水準においては、まず経済的役割にたいして動機づけられねばならない。それは職業選択または職業的（役割への）社会化に関わる側面であって、職業の類型によって異なってくる(29)。しかしそのような職業的役割の多様性にもかかわらず、いずれの職業活動も、経済体系に組み込まれている限りにおいて、そこで支配的な価値パターンとしての「経済的合理性」によって貫かれる。従って個人は何らかの程度において、経済体系に制度化されているその価値パターンを内面化し、それにコミットしなければならないことになる。（おそらくそれは経済行為の性能の社会化とも、密接な関連があるにちがいない。）

さらに経済活動を動機づけるもう一つのレベルがある。すなわちそのような経済体系における経済活動を、総体として価値あるものとして意味づけ、それに向かって人びとを駆り立てるような、全体社会における動悸づけである。それは当該社会の文化が、様々な価値のヒエラルヒーのなかで、経済活動そのものにどのような価値づけを与え、それをどのような意味合いで正統化し、かつ奨励するかに基づいている。それは単にパーソンズがいうような、社会の価値体系が、「経済的機能（従って経済的合理性）」に高い位置を与えているかどうか(30)、という問題であるに留まらない。あまりに有名なウェーバーの「利害」にたいする「理念」という言葉(31)を使っていえば、むしろそれは、基本的に「利害」の問題であるセルフ・インタレストの追求としての経済行為について、ある意味では経済的合理性をも含めて、その軌道の方向を決定する転轍手としての「理念」に関わることがらである。より正確にいえば、経済活動を方向づけ、人びとにそれへのコミットメントを行わせるような、伝統的に形成された、その社会の文化的パターンの問題である。そのような文化を内面化することによって獲得される動機づけこそ、経済活動の「起動力」たりうるものであり、パーソナリティ水準でのマクレランドの研究(32)では欠けていた側面である。

1　日本人における経済的動機づけ

そこで次に、日本人の経済活動への動機づけの社会化を解明する前提として、その動機づけの内容的特質を把握する必要がある。周知のように、資本主義の精神とプロテスタンティズムの倫理との間の親和的関係を明らかにすることによって、経済発展における「非経済的要因」、さらには動機的側面の重要性を提起したのは、ウェーバーであった。その後ウェーバーのこの研究については、多くの議論がなされてきた(33)のであるが、そのうちとりわけ重要なのは、ベンディクス(R. Bendix)の指摘(34)である。

彼はウェーバーのAntrieb(起動力)の概念をとりあげて、その曖昧さを衝き、教義のもつincentiveとそれが個人に内面化されたimpulseを区別すべきだったとしながらも、研究自体の意義を次のように評価する。つまり、資本主義の精神は、キリスト教における反物質主義の伝統と、彼岸における救済への一貫した関心によって、直接的に(世俗内禁欲という形で)もたらされた、ということを明らかにした——という点において重要であった。いいかえれば、それは、伝統を支えていた文化理念から近代を支える文化理念が生みだされるということ、一定の社会の近代化への発展は、その社会の伝統的な価値を基礎にしてもたらされる、ということを意味しているというのである(35)。

このことは、日本のように欧米の影響のもとに急速に近代化を遂げ、経済発展を達成した社会を問題にするとき、基本的に重要なことである。それがいかに飛躍的な発達であっても、少なくとも文化的側面においては、伝統的なものを基にしてしか、新しいものを受容することは不可能だからである。その意味で、逆説的ではあるが、ウェーバーの研究モデルにならって、日本の宗教のなかにプロテスタントの経済倫理の対応物を見出そうとする試みは、そのまま肯定するわけにはいかない。何故なら、そのような研究が成り立つとすれば、それは日本の宗教的伝統の意義ないし伝統的文化における宗教そのものの位置が、欧米社会と同じであることが確認された場合に限られるからである。

オディ(O'Dea, Th. F.)による「超越宗教」(transcendentalist religion)と「偏在宗教」(immanentist religion)という類別(36)をかりれば、西洋のキリスト教は前者である。そこでの神は、万物の創造主として唯一絶対、全知全能であって、人間に究極的な価値を啓示し、それに背反する人間を断罪する。人間はそのような超越的神の意志によって生き、神の栄光をまし、神による救済を願って生活する。そのようなキリスト教は、経済の領域をも含めた人間のあらゆる活動にたいして、トータルで普遍主義的な規制力、アイゼンシュタット（S. N. Eisenstadt）の言葉でいえば総体的な「変形能力(37)」を本来的に備えた宗教なのである。

これにたいして、日本の宗教的伝統は「偏在宗教」であり、神は「この世」に内在しているかその近くにおり、人間の世俗的願望の達成に手をかしてくれるものとしての性格をもっている（〝神だのみ〟宗教）。そこでは究極的価値の提示と断罪よりも、挫折にたいする現世的救済の機能が優越している。神は超越的存在とみなされるよりは、人間の延長線上に考えられる。さらには人間が神をつくり出し、神に位階を与え、神を移住させ、仏と同一化し、人間が神になる(38)。この人間本位の「世俗的宗教」のもつ「変形能力」は当然脆弱であり、人間にたいするその規制は個別主義的である。そこからもたらされるものは、原理的な敷衍的合理性というよりは、むしろ実用的な「状況的合理性」とでもいうべきものである。

このような宗教のもつ性格の相違を考えたとき、ベラー（Bellah, R. N.）の研究(39)には、それが優れた業績であるにもかかわらず、何か不調和というか、もどかしさのようなものが感じられるのである。ベラーは自ら明言している通り、日本社会の近代化を内から支えた伝統的要素を明らかにしようとしたのであるが、それを宗教のなかに求めたのである。ところが、その宗教は神学的教理ではなく、「日本における社会的実在過程の一構成部分」として完全に日本化された宗教であり、超越性の要素は「現世肯定という日本的伝統の基礎低音」によって、常にかき消されてしまうような性格をもったものである(40)。ベラーはそのことを確認していながら、実際には教義的な面を問題にしているのである。結果的には、日本社会における「政治価値」の優越性と合理化傾向がとりだされるのであるが、後者については丸山真男の指摘(41)があるように、必ずしも十分なものではなかった。ベラーによって明らかにされたそのような面に限っていえば、日本の宗教的伝統の性格から考えて、それは必ずしも宗教の領域のなかに求めなくても、得られたのではなかろうか。むしろ日本の場合には、宗教という範疇によってではなく、宗教をも包みこんでいる伝統的文化（「潜在的文化」「基層文化」）としてとらえた方が、実態に合っているのではないかと思う。そこでわれわれとしては、日本人の経済活動への動機づけについても、そのような宗教的枠組みにとらわれないで、われわれなりの見解を示すことにしたい。

さて、人びとの世俗的・現世的生活にたいする基本的な態度という面からみた場合、欧米キリスト教社会にあっては、超越的なものによる否定を媒介にした肯定があったといえる。つまり人びとの究極的な関心は、神の栄光をますことと神による彼岸的救済にあって、世俗的な職業的経済生活そのものにおかれてはいなかった。しかし職業を神の「召命」によるものとするカルヴィニズムが台頭するに及んで、世俗的生活は逆に積極的・肯定的に意味づけられ、そこから神への証しのために、勤勉・倹約というような世俗内禁欲の倫理が要請されたのであった。

しかも人間は、超越神との関係において、相互に対等で独立的な個人となり、社会はそのような諸個人を単位として、諸個人の関係として秩序づけられた。そこで、このあらゆる生活領域における個人主義的でかつ普遍主義的な行動様式の一般化傾向と、さきの世俗的活動の肯定とが結びつくことになる。つまり経済活動は、独立的個人の私的利益の追求として肯定され、「経済的個人主義[42]」が正統化されるのである。「経済人」の概念も、そのような西欧文化において成り立つのである。

これにたいして、日本社会においては、西欧におけるような否定的媒介項なしに、世俗的生活はそのまま肯定され、人びとの関心はストレートに、世俗内的繁栄に向けられた。しかしそれは、そのまま個々人の経済的繁栄が第一義的に奨励され、社会の価値体系において、経済価値が最高位に位置づけられることを意味しなかった。キリスト教的超越神をもたない日本の社会は、個人を単位とすることなく、集団と集団の関係として秩序づけられており、個人は常に具体的な生活の場における所属集団とそこでの人間関係を離れては存立しえないものとされていた。そこでは、個人の現世的・世俗的繁栄の前に、集団のそれが優先され、集団の繁栄あっての個人の繁栄と考えられた。

つまりベラーのいう社会体系の目標充足としての「政治価値」、作田啓一のいう集団目標への「貢献価値(43)」が、何ものにもまして強調されることになる。そして経済活動は、「政治価値」に貢献する限りにおいて、いわば「政治価値」の栄光のために第二義的に評価され、かつ正統化されたのである。

そのことを典型的な形で示しえたのは、支配階級として政治価値を体現していた武士の倫理であった。武士道の中心的徳目としての廉恥・自負心・克己・勇気などは、いずれも主家の繁栄（という集団目標）のために、命をもかえりみず貢献しようとする絶対的忠誠に収斂するものである(44)。そしてそれをおびやかしたり妨げるおそれのある人欲の二大領域、つまり肉欲と物欲（財貨の追求）をそれ自体としては蔑視し、それを人倫の外にしめ出したのである(45)。

日本においては、経済活動はそのような形で消極的に意味づけられ、それ自体として欧米社会におけるようには倫理化されることはなかった。しかし次の三つの点に注意しなくてはならない。一つは個人的・社会的なレベルで経済活動ないし経済的繁栄が即自的・放恣的に肯定されたのではないということ、つまり「政治価値」「貢献価値」に従属させられるという形で制御されたという点において、超世俗的なものに従属せしめられて制御された欧米社会の場合に、結果的には類似している、ということである。第二には、政治価値や集団目標の充足という面（〝公義〟）からの要請がある場合には、経済活動は公認され、いつでも第一義的な正統性を与えられうる、という点である。幕末から維新にかけて、それまで最下層の町人の活動とされていた経済の領域に、武士層がコミットするようになり、日本の企業家精神の核に、武士の倫理がみられる(46)——という謎を解く重要な鍵は、そこにあるのではないかと考えられる。そして第三には、世俗内繁栄における「政治価値」の優先との関係において、業績性が一般的に重視されただけではなく、勤勉・質素・倹約という世俗内禁欲の態度が奨励されたのであるが、それらもまた、プロテスタントの倫理におけるそれと、類似の機能を発揮しうるものであった、という点である。

ところで集団を単位として、集団と集団の関係として秩序づけられた社会関係のなかで、集団の目標充足が第一次的に優先される日本の伝統的社会のなかでは、個人の生活はあらゆる領域にわたって個々の所属集団によって規制され、当然その行動様式は著しく集団本位のものになる。そこでは普遍主義的でかつ個人主義的な行動様式が生み出されることは困難であり、代わって個別主義的でかつ集団主義的な行動様式が支配的となる。柳田国男による「オヤ・コ関係」、有賀喜左衛門による「同統関係」や「公・私の連続性」、川島武宜による「家族的擬制」、中根千枝による「場の原理」、石田雄による「同調と競争」、クレイグ（Craig, A. M.）による「集団の要請」、アイゼンシュタットによる「集団的一体化」等々、日本人及び日本社会の特徴についての様々な指摘は、言葉は異なるが内容的には、集団主義として一括しうるものであろう(47)。宗教を原点においてみるベラーでさえ、日本の伝統的特質として、この集団本位制を宗教以前のものとみなしている節がある(48)。

そのような文化的伝統のなかでは、経済活動においても、個人本位の私的利益の追求は、それ自体としては正統化されず、集団（と成員）のための利益が強調される。かくして経済活動の「政治価値」による正統化と集団主義とは、極めて適合的に結びつくことになる。そしてそこでは、プロテスタンティズムにみられたものを「超越的個人主義」とすれば「世俗的集団主義」、経済的個人主義との対比でいえば「経済的集団主義(49)」、とでも呼ぶべきパターンが制度化されることになるのである。日本において個別主義と業績性が際立つのも、「政治価値」のパターン変数属性としてよりは、むしろそのような結合の結果として理解することができる。「日本株式会社」の〝社員〟として、欧米とは「違うルールで経済ゲームを演じている(50)」といわれる日本人とは、そのような制度的動機づけをもった人間なのである。それはまた、「経済人」との比較でいえば、「日本的経済人」といってもよいものであろう。

そのような動機づけの特質は、次のように整理しなおすことによって、さらに明確になる。まず超越的なものの媒介によって世俗的経済活動を正統化するかしないかの軸に関して、「超越性」と「非超越性」とを分け、また経済活動の遂行規範の軸に関して、「個人主義」と「非個人主義」（ないしは「個人志向」と「集団志向」）識別し、両

	超越性	非超越性
個人志向（個人主義）	Ⅰ　プロテスタンティズム（超越的個人主義） →	Ⅱ　経済合理主義
集団志向（非個人主義）	Ⅲ　超越的集団主義	↑ Ⅳ　世俗的集団主義（経済的集団主義）

者を組み合わせる。それを使うことによって、全体社会のレベルにおける経済活動への動機づけのパターンは、上の図のように四つに類型化することができるのである。

ⅠとⅣについては、今まで論じてきた通りであるが、ⅡとⅢとは説明の必要があろう。ウェーバー自身がその社会経済史の最後のページで述べているように、新教的禁欲主義の理想は、「もはや決して禁欲的ではないところの世界観に解消」し、今日の経済倫理からは、宗教的意味は脱ぎ棄てられてしまっているのである(51)。ここで「経済合理主義」と名づけたものは、経済生活の超世俗的なものによる意味づけと、その限りでの財貨の個人主義的な追求によって特色づけられた、プロテスタンティズムの倫理を継承するものではある。しかしそれは、その結果としての経済の発展自体によって、逆に超越的宗教的要素が弱体化せしめられ、もっぱら「経済的合理性」という自律的な価値パターンによって支配されるようになった、今日の高度な資本主義社会(52)において、典型的にみられる動機づけである。

他方、ここで「超越的集団主義」として類別されたものは、それに近いものを現実に探すとしたら、おそらく現代中国経済のなかに見出されるであろう。中国的集団主義は、個人主義的な経済活動を否定し、「政治価値」優先のもとに集団本位の形態をとるという点では、日本的集団主義に似ているかもしれない。しかしそこには、とくに文化大革命以後、経済活動から利潤追求の要素を払拭し、金銭的・物的インセンティブを排して、一切を「人民への奉仕」に服させるという独特の超越性がある(53)。そしてその大原則に基づく経済活動の非営利的な遂行は、個別主義的な集団本位性とは違って、普遍主義的志向を内包しているといってよい。そのような意味で、それは日本の「世俗的・経済的集団主義」とは、制度的・動機的に区別されなければならない。

また日本の「世俗的・経済的集団主義」についていえば、「プロテスタンティズム」の倫理が「経済合理主義」に移行したのと同様に、経済の発展そのものが条件となって、それ自身のなかの伝統的武士的倫理が稀釈され、個人本位の志向が強められ、経済的合理性の貫徹につれて、徐々に「経済合理主義」への移行が進行するとみてよいのかもしれない。(それと対応して、中国経済の高度化・工業化によって、そこでも「経済合理主義」への移行がおこるのかどうかはわからない。けれども利潤概念導入以後のソヴェート経済が、何ほどか「経済合理主義」に傾斜した要素をもったものであることは確かのように思える。)とはいえ日本のそれは、欧米におけるように、経済活動そのものについての倫理化を経ていないという意味で、アノミックなもの(例えば〝エコノミック・アニマル〟!)になる危険性を内臓している、という点に注意が払われるべきであろう。

2 パラダイムとしての日本の家

日本人の経済活動への動機づけとその社会化を問題とする場合、そのパラダイムとして家とその制度をとりあげないわけにはいかない。ここでパラダイムというのは、問題として取りあげようとしている具象が具体的かつ典型的な形であらわれ、それを原点とすることによって、問題がよりよく理解できる母型、といった程度の意味である。家をパラダイムとする理由は、第一に家とその制度は、日本の経済発展と極めて適合的な関係にあり、かつそれを支えた重要な要素の一つである、と考えられるからである。そして第二には、社会化のエージェントとして、家族は第一次的な重要性をもつものであり、日本の伝統的な家族は家として存在してきたからである。

家制度とは、家族生活の統率者としての家長を中心にして、家産に基づいて家業を経営し、先祖を祀り、家族が世代を超えて存続・繁栄してゆくことをめざす制度であり、そのような制度をもった家族としての家は、家政はもとよりのこと、家連合の単位として、日本の社会構造や社会関係において、重要な位置を占めてきたものである(54)。このような家とそれをめぐる意識は、次の諸点において、世俗的「経済的集団主義」と名づけた動機づけのパターンと、極めて適合的な性格をもっているのである。

第一に、家における先祖の祭祀は、日本人の宗教生活の中核をなすものと思われるが、それは仏教・神道・儒教などの諸要素を混淆させた「家族宗教」（ベラー）である。超越性の稀薄な遍在宗教であり、人間本位の世俗的宗教そのものである。

第二に、家の存続と繁栄という目標は、家長の行動をも拘束するものとして至上のものであるが、それは必ずしも直接的に先祖の祭祀に従属させられ、それによって一貫して規制されるものではなかった。むしろ本来的に現世的・世俗内的繁栄を意味するものであり、それこそが先祖の意志にそうことであると解されていた。しかもそれは、「政治価値」だけでなく「経済価値」をも評価しうる、つまり目標充足の領域と適応の領域のいずれにおける繁栄をも包含しうるほど非限定的性格をもっていた。家は単なる消費共同体としてではなく、家業を中心にした生産的な経営体としての性格を強くもっていたのであるが(55)、さればといって家の名誉や体面よりも、経済的利益を優先させたわけでもなかった。しかしそこでは、勤勉や倹約などの禁欲的態度が強調され、結果的には武士的倫理と両立しうる要素をもっていたのである。

第三に、家は必ずしも外部にたいして閉鎖された私的な生活領域ではなく、家連合にもみられるように、国家・社会という公的領域にも拡大されてゆきうる開放性をもっていた。有賀喜左衛門の指摘した、本末の系譜を重視する「同統関係」と、上位者の私が下位者の公となるような上位優先の公私の関係によって、個々の存続・繁栄は、国家―社会の繁栄に接続され、それに貢献するように制御されえたのである。つまり、適応の領域で家業に専心することが「殖産興業」に、また目標充足の領域で家の社会的地位つまり家名の向上を計ることが「忠君愛国」につながる（「忠孝一致」）という形で、家の繁栄は国家の繁栄としての「富国強兵」に接合されたのである(56)。かくして、経済活動は家の内部においてその繁栄のために遂行されるだけでなく、家の外部においても（全体社会のレベルで）、「政治価値」優先のもとに正統化されるのである。（そこでの動機づけの性格は、基本的には個別主義的であるが、それが普遍主義に似た傾向をもつことは、ベラーが指摘した通りである)(57)。

第四に、オヤ・コ関係が、本来血縁を越えた社会的関係であったこととあいまって、家の存続・繁栄という至上目標は、必要に応じて家のなかに非血縁的成員をとり込むことを可能にさせた。そのことは家における業績性の重視を意味すると同時に、日本の企業発展にとってもプラスの機能を演じた。

第五に、家の行動様式は基本的に集団主義的であった。成員個人の幸福より集団としての家の繁栄が優先され、成員は集団としての家と同一化し、家をはなれて個人はなく、個人は家の代表として行動する。そして個人の業績は家への貢献として意味づけられ、成員の和に基づく他の家(家連合)との間の対抗・競争にエネルギーが集中される。経済活動の面でいえば、それは「家族利益」(ベラー)の追求として行われることになる。さらにはそれは村の利益、会社の利益、国家利益へと拡大されうるものであって、そこにおいては業績性は個別主義と結びついている。

このように家とその制度や意識のもつ諸特質は、日本人の経済活動への動機づけのパターンとしての「世俗的集団主義」と極めて整合的な関係にあるのである。一定の文化型のもとにおいて、家族もしくは親族の優性関係とその諸属性から社会的連帯の原理や第二次集団の原組織の性格が規定される、というシュー(Hsu, F. L. K.)の理論(58)からすれば、それは当然のことともいえる。しかしいずれにしても両者が、日本の経済発展を積極的におしすすめるような形で、連動していたことは確かのように思える。そのような意味で、「世俗的・経済的集団主義」の動機づけの解明にあたっては、そのパラダイムを家に求め、そこでの第一次的社会化の過程によってその基礎が形づくられる仕方を明らかにする——ということが必要になるのである。その基礎の上に、また中心過程をめぐって、学校、仲間集団、マス・メディア、職業集団を通しての経済的社会化が進められるのである。

しかしここで、もう一つ考えておかねばならないことは、戦後における家の変容である。ごく大雑把ないい方をすれば、戦前の家族は、禁欲的な低賃金労働力を再生産するという形で、日本の経済の発展を支えてきた。ところが経済の発展そのものによって家の制度は崩され、そのような機能は弱体化された。ところが、資本のための商品市場として開発された戦後の家族は、「物価的所有の幻想」に駆られて労働に邁進するという形で、再び経済発展を支えることになったのである[59]。

そのような事態の進行のなかで、たしかに家にみられた超世代的存続性や非血縁性は稀薄となり、代わって私的閉鎖性は強められてきているかもしれない。しかし他の諸特性や意識については、すでに紙数がなくなったために詳述はできないが、基本的には変わっていないように思える。家のもっていた諸特質は、今日の核家族のなかでも、形を変えて持続している。ただ経済活動への動機づけとの関連においていえば、動機づけの具体的な焦点は家そのものではなく、そこから今日的な家族、とりわけそのなかの重要な成員へと移行せざるをえなくなってくる。例えばそこで、母親が重要な意義を帯びてくることにもなる[60]。しかしだからといって、経済的動機づけの問題は、例えばそれを父親への失望を息子への期待に向ける母親の態度に求めるハーゲン（E. E. Hagen）の研究[61]や、子どもにおける母親への罪悪感のつぐないのなかに見出そうとするデボスの研究[62]などにうかがわれるように、あまりに心理学的に解釈してはならないであろう。

［付記――本稿は日本経済研究奨励財団の助成による研究の一部である。］

注

1 経済・政治・教育・芸術なども、それ自体文化としての側面をもつが、ここでいう意味での一般的・基礎的文化は、クラックホーンのいう「潜在的文化」（implicit culture）である。「基層文化」（宗像巌）、「精神構造」（神島二郎）、「文化（の）型」など様々に呼ばれるが、ほぼ同様の意味に解してよいであろう。

2 西部邁「虚構としての〝経済人〟」『展望』第一七八号、一九七三年。

3 DeVos, G. A., *Socialization for Achievement*, 1973, esp. Chap. VII.

4 Weber, M., *Soziologisch Grundkategorien des Wirtschafens*, in Wirtschaft und Gesellschaft, 1922. 富永健一訳「経済行為

の社会学的基礎範疇」(『ウェーバー』中央公論社、一九七五年所収)、及び Wirtschaftsgeschichte, 1924. 黒正・青山訳『一般社会経済史要論』上巻、岩波書店、一九五四年を参照。

5 Weber, M., *The Theory of Social and Economic Organization* (translated by A. M. Henderson and T. Parsons), 1947, p.158.

6 Parsons, T. and Smelser, N. J., *Economy and Society*, 1956. 富永健一訳『経済と社会I』岩波書店、一九五八年、三三一－三八頁。

7 詳しくは拙稿「発達の社会的過程」『人間の発達と学習』(滝沢・山村編著)第一法規、一九七五年、三一－六〇頁参照。但しそこでは「社会の一人前のメンバーとして必要とされる諸資質」という規定がなされているが、一人前という限定は、必ずしも適当ではないので、ここでは排除した。

8 cf. Tapp, J. L. (ed), *Socialization, The Law, and Society*, The Journal of Social Issues, Vol.27 No.2, 1971.

9 Parsons, T., *The Social System*, 1951, esp. pp.243-248.

10 Parsons, T. and Bales, R. F., *Family: Socialization and Interaction Process*, 1956, Chap. II.

11 Parsons, T., *Social Structure and Personality*, 1964, p.130.

12 Manheim, K., *The Nature of Economic Ambition and its Significance for the Soscial Education of Man*, 1930, in Essays on the Sociology of Knowledge, 1952, pp.230-275.

13 前掲訳書『一般社会経済史要論』上巻、九－一一頁。

14 同訳書、一七－一八頁。

15 前掲訳書「経済行為の社会学的基礎範疇」三〇四頁参照。

16 Boulding, K. E., *The Economy of Love and Fear*, 1973. 公文俊平訳『愛と恐怖の経済』佑学社、一九七四年。

17 この事実と、子どもになるべく早期から生産労働の体験を与えるべきである、という教育学的思想とは別の問題である。

18 Blau, P. M., *Exchange and Power in Social Life*, 1964, pp.91-97.

19 Parsons, T. and Bales, R. F., *Family: Socialization and Interaction Process*, 1956, pp.70-72.

20 Smelser, N. J., *The Sociology of Economic Life*, 1963. 加藤昭二訳『経済社会学』一九六七年、一四一頁。

21 『一般社会経済史要論』上巻、一一－一四頁参照。

22　同訳書、一二-一九頁参照。

23　これに関連した研究は、従来少数ながら心理学ないし社会心理学の領域において行われてきた。例えば Strauss, A. and Schuessler, K., *A Study of Concept Learning by Scale Analysis*, American Sociological Review, 1950, 15, pp.752-762; *Socialization, Logical Reasoning, and Concept Development in the Child*, A. S. R. 1951, 16, pp.514-23; Strauss, A. L., *The Development and Transformation of Monetary Meanings in the Child*, A. S. R. 1952, 17, pp. 275-86; Danziger, K., *Children's Earliest Conceptions of Economic Relationships*, The Journal of Social Psychology, 1958, 47, pp.231-240. などがある。これらは経済的な面における子どもの社会化そのものを主題にしているというよりは、子どもにおける「概念」の発達過程をみるために、その一つのケースとしてお金や経済的場面を取りあげているにすぎない。しかし以下の叙述のなかでは、それらの研究結果を部分的に参考にしている。

24　これは『社会学の根本概念』におけるウェーバーの定義であるが、パーソンズたちの訳によった。Henderson, A. M., and Parsons, T., op. cit., p.98.「意味複合体」は清水幾太郎訳（岩波文庫、一九七二年、一九頁）では「意味連関」となっている。

25　Mills, C. W., *Situated Actions and Vocabularies of Motive*, A. S. R. 1940, 5, pp. 239-52; Cressey, D. R., *Role Theory, Differential Association, and Compulsive Crime*, in Role, A. M., （ed）, Human Behavior and Social Processes, 1962. pp.451-3.

26　パーソンズ、前掲訳書『経済と社会I』二七一頁。

27　Parsons, T., *The Motivation of Economic Activities*, 1940, in Essays in Sociological Theory （rev. ed.）, 1954, pp.50-68.

28　Mills, op. cit., p.116.

29　この点については Parsons （1940）, op. cit. pp.62-64 を参照されたい。またマンハイムは、成功との関係で、政治権力的な領域と経済生活と官僚制的な経歴の三つをとりあげている（Manheim, op. cit., pp.240-249）。

30　パーソンズ、前掲訳書『経済と社会I』二六二頁参照。われわれは経済的価値の制度化と経済活動の動機づけについて、それをパーソナリティと経済体系と全体社会の三つの水準で考えるという点で、パーソンズにほぼ従ったのであるが、結局この最後の点でパーソンズの見解から離れることになる。彼は、三つのレベルを通じて、一貫して経済的合理性という面に力点をおいているわけである。

31 Weber, M., *Die Wirtschaftsethik der Weltreligionen—Vergleichende religionssziologische Versuche—Einleitung*, 1920. 林武訳「〈世界宗教の経済倫理〉序説」『ウェーバー宗教・社会論集』河出書房、一九六八年、一三〇頁。

32 McClelland, D. C., *The Achieving Society*, 1961.

33 例えば Eisenstadt, S. N., *Political Sociology of Moderarization*, 1967. 大森他訳『近代化の政治社会学』みすず書房、一九六八年所収の「分析的・比較的文脈における〈プロテスタンティズムの倫理〉説」において、その概観がなされている。また日本でのごく最近のものとしては、間宏「文化と企業者活動についての諸理論の検討――M・ウェーバー以後の理論的展開」『経営史学』一〇巻一号、一九七五年をあげることができる。

34 Bendix, R., *A Case Study in Cultural and Educational Mobility: Japan and the Protestant Ethic*, in Smelser, N. J., and Lipset, S. M. (eds.), *Social Structure and Mobility in Economic Development*, 1966, pp.262-279.

35 この場合、鶴見和子たちにならって、伝統もちこし型と伝統の形骸否定的蘇生型とに分けるとすれば（鶴見和子・市井三郎編『思想の冒険――社会と変化の新しいパラダイム』筑摩書房、一九七四年一七－一九頁）、ベンディクスの立場は後者に属することをつけ加えておく。

36 O'Dea, Th. F., *The Sociology of Religion*, 1966. 宗像巌記『宗教社会学』至誠堂、一九六八年、八五－八六頁。

37 アイゼンシュタット、前掲訳書、一一二頁以下。

38 堀一郎『聖と俗の葛藤』平凡社、一九七五年、第Ⅲ部参照。

39 Bellah, R. N., *Tokugawa Religion*, 1957. 堀一郎他訳『日本近代化と宗教倫理』未来社、一九六二年、を指している。内藤莞爾「宗教と経済倫理――浄土真宗と近江商人」『年報社会学』八輯、一九四一年や、大野信三「禅宗の倫理と東洋における資本主義の精神」（『仏教社会・経済学説の研究』有斐閣、一九五六年）などについても同様である。

40 Bellah, R. N., *Values and Social Change in Modern Japan*, 1962. 武田清子編『比較近代化論』未来社、一九七〇年、九五－一六三頁所収。

41 丸山真男「ベラー〈徳川時代の宗教〉について」ベラー、前掲訳書（一九六二年）所収。

42 Marshall, B. K., *Capitalism and Nationalism in Prewar Japan*, 1967. 鳥羽欽一郎訳『日本の資本主義とナショナリズム』ダイヤモンド社、一九六八年。

43 作田啓一『価値の社会学』岩波書店、一九七二年、「Ⅶ価値体系の戦前と戦後」。

44 新渡戸稲造『武士道』岩波書店、一九三八年、奈良本辰也『武士道の系譜』中央公論社、一九七五年、参照。

45 丸山真男『日本政治思想史研究』東京大学出版会、一九五二年、一三三頁。ほかに日本人の否定的な金銭観については、多田道太郎「金銭観の問題」『近代日本思想史講座6』筑摩書房一九六〇年、一四六－一七二頁。拙稿「日本人の金銭観とその教育」『家庭科教育』一〇月増刊号、一九七四年、一六五－一九三頁。

46 例えばベンディクスは、前掲論文においてプロテスタントの倫理に対比しうるものとして武士の倫理をとりあげている（しかし必ずしも説得的ではない）。他方ヒルシュマイヤーによると、明治二八年までの日本の指導的企業家の五〇人をとると、そのうち二三人は武士出身であり、その他に農民一三、商人一二、不詳二となる（Hirschmeier, J., *The Origins of Entrepreneurship in Meiji Japan*, 1964. 土屋喬雄・由井常彦訳『日本における企業者精神の生成』東洋経済新報社、一九七三年、二二一－二二二頁）。またマーシャルによると、日本のビジネス・アイデオロジーにおいては、利潤動機を正当なものとして主張する立場は、ほとんどみられなかった（前掲訳書、五三頁）。

47 紙数の関係で、ここではそれら相互の内容的異同の検討は省略する。なおそれを、日本の社会移動の様式との関連で、集団に支えられた「代表移動」として分析した拙稿（「日本における社会移動の様式と学校」『教育学研究双書』の一部として第一法規集団出版より近刊予定）を参照されたい。

48 武田清子、前掲訳書、一二六－八頁をみられたい。

49 このような世俗的な政治価値による経済活動の正統化と集団主義の結合としての「経済的集団主義」の把握は、結果的に *The Economist, Consider Japan*, 1962.（河村厚訳『驚くべき日本』竹内書店、一九六三年）、間宏『日本的経営』日本経済新聞社、一九七一年、伊藤長正『集団主義の再発見』ダイヤモンド社、一九六九年、マーシャル、前掲訳書などの見解とほぼ同じである。しかし超越性との関連における経済活動そのものについての価値づけを結合させている点で、間たちの経営の問題としての集団主義のとらえ方と異なる。その点ではマーシャルの「愛国的動機づけ」の方に近いが、そこでのナショナリズムの視点より、より包括的であるといえる。

50 *Japan, The Government-Business Relationship*, 1972. 中尾光昭訳『日本株式会社（米商務省報告）』毎日新聞社、一九七二年、二頁。

51 『一般社会経済史要論』前掲訳、下巻、二五八頁。

52 スメルサー、前掲訳書、一七六頁参照。

53 現代の中国の経済制度については、Wheelwright, E. L., and McFarlane, B., *The Chinese Roads to Socialism—Economics of Cultural Revolution*, 1970. 山田坂仁訳『中国経済の解剖』サイマル出版会、一九七二年、Robinson, J., *Economic Management China* 1972, 1973. 八木甫、鈴木良尚訳「中国経済入門」『中央公論』一九七三年一二月号が詳しい。いずれにしてもそのような中国経済のあり方は、経済行為の概念の根本にかかわるのであるが、「他人の利害に純イデオロギー的に指向している経済行為が存在するということはたしかであろう。と同時に、一般大衆はそのようには行為せず、あらゆる経験に照らしてそのように行為しえず、したがって今後もそのようには行為しないであろう、ということも同様にたしかである」というウェーバーの言葉（富永、前掲訳、四八一頁）にかんがみても、未曾有の実験であるといってよい。

54 森岡清美「家族の形態」大橋薫他編『家族社会学』一九六六年、一－二五頁、松島静雄・中野卓『日本社会要論』東大出版会、一九五八年、第二章参照。

55 イザヤ・ベンダサン『にっぽんの商人』文芸春秋社、一九七五年、八八－九〇頁。家族全員が企業者意識をもっていた、と指摘されている。

56 このような観点から戦前の日本の学校教育と家の関連を分析した拙稿「学校教育の展開と〈家〉観念」『講座家族』八（青山道夫他編）、弘文堂、一九七四年、七九－九八頁を参照されたい。

57 ベラー、前掲訳書（一九六三年）四二－四四頁。

58 Hsu, F. L. K., *Clan, Caste, and Club*, 1963, *Japanese Kinship and Iemoto*, 1970. 作田啓一他訳『比較文明社会論――クラン・カスト・クラブ・家元』培風館、一九七一年。

59 玉城素他「家は日本の経済発展にどのような役割を果したか」『日本人の経済行動』上、（隅谷三喜男編）一九六九年、九一－一二八頁参照。

60 拙著『日本人と母』東洋館一九七一年、においては日本の母親のコンセプションの一部として、「動機のなかの母」が取りあげられているが、経済的動機づけとして分析されたものではないので不十分である。

61 Hagen, E. E., *How Ecomomic Growth Begins: A Theory of Social Change*, in Ness., G. D., (ed), The Sociology of Economic Development, 1970, pp.163-176.

62 DeVos, G., *The Relation of Guilt toward Parents to Achievement and Arranged Marriage among the Japanese*, in Smelser, N. J. and Smelser, W. J., (eds), Personality and Social System, 1963; pp.150-167 (also in DeVos, op.cit.).

第Ⅱ部　方法論

5章 解釈的パラダイムと教育研究
――エスノメソドロジーを中心にして

一九七七年に、カラベル（Jerome Karabel）とハルゼー（A. H. Halsey）とによって出された教育社会学のリーディングス(1)は、一九六〇年以降一〇数年間のこの学問の成果を収めたものとして、重要な文献である。とりわけ、二人の編者によって冒頭に付された序論（日本語訳では「教育社会学のパラダイム展開」）は、教育研究上の流れを機能主義、人的資本論、方法的実証主義、葛藤理論、「解釈的」（「新しい」）社会学の五つに分けてレビューを行ったものであるが、教育社会学の動向を鳥瞰するうえで、極めて有意義なものである。

しかしそれを読んでみると、解釈的パラダイムとりわけエスノメソドロジーに関する限り、彼らの理解と評価は、必ずしも当をえたものとは思われない。それは、五つの立場を横に並べて論評するのではなく、解釈的パラダイムを他の四つと対置して考えようとすることからくる違いかも知れない。また彼らがレビューした時点から、今日さらに何年かが経過している、ということもあるかもしれない。いずれにしても、カラベルたちの論を手がかりとして、部分的にそれに依拠しつつ、他方ではそれに異をとなえるという形で、現代の教育研究におけるエスノメソドロジーの位置づけと評価を、私なりに試みてみたい。

1

社会学における統計を用いた調査研究の古典ともいうべき、デュルケーム（E. Durkheim）の『自殺論』が出されたのは、前世紀末の一八九七年であった。それはまさしく、二〇世紀における社会学の隆盛の開幕を告げるものであったと同時に、その後の社会学的研究というものの輪郭を予告するものであった。社会生活の中に生じる様ざまな問題を、実態に即して数値を用いて分析し解明してみせるという仕事は、今日の社会学的調査研究の大多数を占めているからである。

デュルケーム以後、事実ないしはデータ収集に基づく、数量的実証研究は徐々に発展し、今世紀の中葉には、ミルズ（C. Wright Mills）をして、ＩＢＭ＋現実＋ヒューマニズム＝社会学といった等式(2)を書かせるまでになった。社会学的研究をするとは調査をすることであり、調査をするとは現実を数量的に分析してみせることである、という通念が成り立つこととなり、やがて調査は社会学からも切り離されて、一人歩きをするようになった。

投票行動や政治意識を中心にした世論調査、商品の開発や販売に関する市場調査、人びとの生活満足度や価値観などについての選好度調査、行政上の関心や必要に基づく意識調査等々、その種類も増大した。しかしたとえそれが社会学の専門的知識や技法に基づいて行われ、またそこに実際に社会学者や心理学者が参加して行われたにしても、それらは第一次的に学問的問題意識に発する調査とはいいがたい。企業や行政などの主動によって行われる調査である。しかもそのうえに、そのような現実的必要や社会的需要に応じるべく、社会調査業務を専門的に請負う機関が、企業組織をとって、様ざまな形で社会の中に登場してきたのである。

もちろん、そのような大規模な専門的調査でなければ、ＰＴＡが父母や子どもにたいして行う意見調査、会社が従業員に行う意識調査、学校新聞が生徒や教師に行うアンケート調査等々、いたるところで数えきれないほど行われている。調査というものが、いかに日常生活のなかに定着しているかは、たとえばマス・コミの記事や報道をみれば明らかである。今手許にある新聞の朝刊(3)にざっと目を通しただけでも、そこには七つの調査の結果が報道されたり、記事の中で紹介されたりしているのである。

このように、行政機関、企業から任意団体にいたるまでにみられる調査の隆盛は、何を意味しているのであろうか。恐らく、そのような流れの底には、事実に基づいて、科学的・合理的に物事を処理しようとする時代精神、一方的押しつけでなく、人びとの欲求や願望に即応すべきだとする態度の一般化、などがあるであろう。そのような傾向に、それを具体的に表現する技法を与えたのが調査であり、その調査にモデルを提供し、それを方向づけてきたのが社会学的調査であり、また実際に調査に参加し、協力してきたのも、多くの場合社会学者であった。そのような調査の日常化傾向の中から、今日調査の実施とその結果のコンピューター処理を代行する専門的機関が企業として成立するにおよんで、今や調査は完全に社会の中に制度化された、といわなければならない。それはグールドナー（Alvin W. Gouldner）に従って、「社会学の制度化」と呼んでもよいかもしれない。しかしそこには、社会学だけではなく、心理学や統計学なども関与しているのであるから、そしてまた、調査は社会学のすべてではないのであるから、正しくは「調査の制度化」と呼ぶべきであろう。

ところが、調査の制度化により、社会学的な調査とそれにたいする行政や企業の要請が強まるのに応じて、学問的研究としての調査との関係をどう考えるか、また両者をどう識別するかが、問題にされなければならなくなる（それを示すのが、研究者の業績目録における「調査報告書」類の別扱いである）。行政や企業が必要とする調査には、それが満たすべきいくつかの条件というものがある。第一に、当然のことながら、調査内容が実際的関心にこたえ、実践上の問題解決に資するものであることが必要である。そうでなければ、調査に予算をつけたり、調査費を支出することは困難であろう。第二に調査は容易に実施できる種類のものでなければならない。調査会社の専門調査委員が行うにしろ、アルバイターが使われるにしろ、ともかく調査は実施しやすいものであることが望ましい。第三には、それに関連して、調査の結果が比較的短期間に出ることが必要である。多くの場合一年という期間がその目安となるが、予定された時期までに結果がまとめられない、またはまとめにくいような調査であっては困るのである。それから第四には、データは主観の入り込む余地のない手続きで処理され、その結果は数量的に明白な形で表示されるものであることが望ましい。つまり自然科学と同じような方法をとることによって、調査結果に一般的な信頼性を確保する必要があるのである。

行政や企業が委託する調査とは異なり、財団や政府の研究費助成による調査には、必ずしもそのような条件を満たすことが要求されないかもしれない。しかしこれら四つの条件をそなえた調査プロジェクトである方が、助成を受けやすいということはいえるであろう。いずれにしても、ここで重要なことは、それら四つの条件は、どれも本来のアカデミックな研究においては、必須なものではないということである。そこにおいては、まず研究者自身の研究上の必要によって設定される課題があり、それを解明するためには何が最善かという基準だけに基づいて、適切な方法がとられるのである。従ってもし、先にあげたような諸条件が前提となり、その枠の中で調査がすすめられるということになれば、研究の本質がゆがめられることになるであろう。

このようにしてわれわれは、調査が一つの制度として社会の中に確立された今日の状況を前にして、改めて学問的研究としての調査と、現実的要請に基づく業務ないし作業としての調査とを、分離・識別する必要に迫られるのである。つまり行政や企業等の現実的要請に応じてなされる調査とその結果として提供される情報の世界というものをアカデミズムとは別個の一つの領域として認知するということである。そのような新しい領域を一括して呼ぶ適切な言葉は、未だつくられていないようである。ここでは仮にそれを〝リサーチズム〟(research-ism)ないし〝ポウリズム〟(poll-ism)とでも呼ぶことにしよう。〝リサーチズム〟における調査のデザインや技法は、アカデミズムにおけるそれと無関係ではなく、実際に学者がそこに参加していることが多いにしても、仕事の性格として両者は基本的には別個のものとみるべきである。

両者の関係は、ジャーナリズムとアカデミズムのそれに、類似しているかもしれない。ジャーナリズムとアカデミズムが、相互に影響し合いながらも、それぞれ境界維持的に、緊張関係をもつことによって発展しうるように、〝リサーチズム〟とアカデミズムも癒着してしまってはならない。アカデミズムはジャーナリズムから鋭い現実感覚を受け取り、逆にその研究成果をジャーナリズムに送り返す。しかし、本来新しさやうけることに志向するジャーナリズムに振り廻されてしまっては、真理の追求というアカデミズムの使命を果たすことはできない。それと同様に、アカデミズムは〝リサーチズム〟に調査の基礎を与え、そこから研究の機会や資金を得るにしても、アカデミックな研究そのものが〝リサーチズム〟のもつ条件や枠に、意識せずに従属してしまっているようであってはなるまい。そのような癒着した関係の中で、いくら大規模な調査が積み重ねられても、それはアカデミズムにとって生産的成果はもたらさないであろう。そしてまたそこから、体系的理論の発達を望むこともできないであろう。

2

以上は社会学的研究をめぐる、または社会学的研究がそこで行われている、現代の社会的状況である。小論において意図しているのは、教育の社会学的研究の方法論的検討なのであるが、それにもかかわらず、研究をとりまく外的状況から考え始めたのは、今日の教育社会学研究も、以上のような社会的状況を色濃く反映していると考えたからである。現在の教育社会学研究が置かれている一種の惰性的状態から抜け出し、研究の新しい地平を切り開くためには、どうしても調査の制度化という状況を問題にしないわけにはいかないからである。

ところで、この調査の制度化の中で、中心となって教育研究を支えてきたのは、カラベルとハルゼーも指摘しているように方法的実証主義であり、さらにウイルソン(T. P. Wilson)の用語によれば規範的パラダイムである。カラベルとハルゼーは、方法的実証主義が教育研究、とりわけ学校教育と不平等の問題に大きく貢献したことを認めつつも、その特質を次のように指摘している。方法的実証主義は、形而上学的な理論に対する懐疑と実証的方法の評価というアングロ・サクソン文化の伝統に基づき、かつまた知的な挑戦の産物として、数量的分析を発達させてきた。とりわけ教育学や社会学においては、自らが科学であることを証明してみせるために、「時として、実証的であることと統計的であることとを取り違え、量化のむずかしい問題は無視してしまう場合が、少なからずあった」。しかしそれは、研究の中立性を強調し、自らを政策作成のための手段に限定することによって、行政の利益に見事に合致した。そしてそのことによって、政府からより多くの研究資金援助を獲得し、ますます発展してきた――というのである(4)。

学校や教育の研究分野において、この方法的実証主義が具体的にどのような形（デザイン）をとって現れたかといえば、メハン（Hugh Mehan 正しくはミアン）によれば、「相関的研究」（correlational studies）ということになる。相関的研究は、例えば教師の出身階層・年齢・性別、生徒の能力・在学年数、学級規模などをインプット要因（独立変数）とし、生徒の成績、経済的機会、職業経歴などをアウトプット要因（従属変数）として設定し、両者の関係の強さを、多様な技法を使って検証しようとする。

相関的研究は、大規模調査として実施されることが多いが、しかしそれらはデータや出てきた結果について、あまり多くのことを説明しない。そしてまた、同一の問題についてなされた諸研究の結果が同じにならないことも多く、同じデータや結果について相互に矛盾した解釈をくだすことさえ稀ではない。さらに、相関的研究から得られる結果は、静的であり、確率論的であり、抽象的でもある。しかし何よりも問題なのは、それらが教育そのものの過程をとらえることができず、学校がいつも、インプット要因とアウトプット要因の間でブラック・ボックスとして扱われてしまうという点である。そのことをメハンは、教育研究における「方法論的アイロニー」だというのである(5)。

そのような難点をもちながら、相関的研究がなお支配的であり続けたのは、そこにすでに述べたような調査研究をめぐる社会的背景があったからである。しかしそれとは別に、方法的実証主義による相関的研究の底には、それを学問的に支え、方向づけてきたものとして、「規範的パラダイム」があったからである、といってよいであろう。規範的パラダイムは、社会的相互行為の過程を本質的に規則（規範）によって支配されているものとみなし、その前提のもとに自然科学的なまた演繹的な仕方で諸事象を説明しようとする(6)。その代表は、パーソンズ（T.Parsons）をはじめとする機能主義的社会学である。そのような体系的理論がパラダイムとしてあることによって、変数というものの選択・設定が容易となる。そして研究の結果として導き出される、変数間の数的・抽象的相関関係の内容は、社会的事実によってというよりは、そのような理論によって埋められ、説明されうるかのように考えられたのである。

学校内部の教育過程がブラック・ボックスのまま残されているという指摘は、メハンだけでなく、カラベルたちによってもなされている、彼らによると、それは教育研究における機能主義理論、人的投資論、方法的実証主義、葛藤理論などに共通した問題点であるとされる(7)。私としては、このような教育の社会学的研究をめぐる状況において、つまり調査の制度化による〝リサーチズム〟との関係で、どのようにしてアカデミックな研究を蘇生させるか、そして学校をブラック・ボックスとすることなく、いかにして教育の過程そのものを研究の対象に据えうるかという二重の問題意識のなかで、改めて注目されるのが、「解釈的パラダイム」とそれに基づく研究ではないのか——と考えるのである。

解釈的パラダイムは、いうまでもなくウイルソンによって、規範的パラダイムとの対比において使われた言葉である。マッケイ（Robert M. Mackay）のように「解釈的社会学」と呼んだり(8)、ボグダン（Robert Bogdan）らのように「現象学的アプローチ」と名づけることもあるが(9)、いずれにしてもそこに、現象学的社会学、エスノメソドロジー、象徴的相互行為論、およびその変種ともいうべきドラマトゥルギー・モデルやラベリング理論までが含まれることについては、ほぼ一致しているとみてよい。それらはおしなべて、社会的相互行為というものを、本質的に解釈的過程としてとらえる。つまり、人間の行為は、人びとがお互いにその日常生活世界を解釈することによって生み出されるものとみなすのである。

とくにエスノメソドロジーにおいては、表面的事象はその底にあるパターンの表出ないしは記録とみなされ、その底にあるパターンの確認という形での「解釈の記録的方法」(documentary method of interpretation)、意味の状況や文脈への依存としての「見出し性」(indexicality)(文脈依存性)が強調される。しかも、そのような相互行為の特質に対応して、研究自体も、演繹的にではなく、相互行為参加者の立場(観点)に即してなされるべきであり、行為の意味の把握は、まさに行為者と同じ記録的方法によって、解釈的記述として行われるべきものとされる(10)。そのような方法は、よく指摘されるように(11)、基本的にはウェーバー(M. Weber)の「理解(了解)」(verstehen)と同じであり、それをさらに精錬したものとみなすことも可能である。

解釈的パラダイムがそのような視角に立つものであるとすれば、それに則った「新しい」教育社会学が「なによりもまず、学校の内部的な働きかたそのものに直接目を向けた」(12)のも当然といわなければならない。そこには、カラベルたちのいうように、「新しい」教育社会学が教員養成大学から登場したという事情も作用していた(13)かもしれない。しかしそれ以上に、相互行為を解釈的過程とみなし、その解釈的過程そのものをとらえようという志向をもっていたからこそ、解釈的パラダイムは、学校における教育の過程に目を向けることが可能になった、と考えるべきである。

カラベルたちによると、解釈的アプローチは、教師－生徒間の相互作用と、教師の使用するカテゴリーないし評価枠組、それにカリキュラムという三つの問題領域、その中でもとくにカリキュラムを主要な研究テーマとして取り上げた、とされている(14)。たしかに知識社会学とのつながりの強いイギリスにおいてはそうであろうが、しかし解釈的パラダイム、とりわけその立場をつきつめた先鋭な形で提示しているエスノメソドロジーの理論的特質からすれば、むしろ前二者、つまり教室内の教師－生徒の相互行為過程やそこで教師の用いる評価枠の解明の方が、よりふさわしいはずである。

そもそもエスノメソドロジーという言葉それ自体が、日常生活のなかで人間が社会的相互行為を成り立たせるときの方法――という意味で鋳造されたものであった(15)。そこからも推察できるように、それが明らかにしようとしたのは、状況の中の行為の意味というものが確定しているものではなく、参加者相互の間でネゴシエイト(negotiate)され、常に実践的に「成就」されなくてはならないものであること、また日常生活の秩序を成り立たせている規範の適用や常識的理解というものが、いかに不確かなものであるか、という事実である。そのような意味で、日常生活の秩序を前提にして、社会化の面から秩序形成の機能を担う教育過程は、エスノメソドロジーにとって格好な研究の場となりうるだけでなく、エスノメソドロジーの視角は、教育の過程分析そのものにとっても、有力な武器を提供するものと考えられる。

〔補注〕

他の社会学的・心理学的理論と同様に、エスノメソドロジーにも culture bound な要素がないわけではない。例えばとくにサックス(H. Sacks)の「会話分析」などには、日本にみられる以心伝心のコンセンサスを尊重する心情志向的文化よりは、日常生活のなかで絶えず納得のいく「説明」を求めあう合理性志向のアメリカ文化に、より適合的なものが感じられる。同じことは、ガーフィンケルが「エスノメソドロジーとは日常生活の中での……見出し的表現や他の実践的行為の合理的な特性の探求を意味する」(Garfinkel, H., *Studies in Ethnomethodology*, 1967, p.11)というときにもうかがうことができる。しかしそれにもかかわらず、日常生活の自明性を前提にするのではなく、常識的で自明的なもの自体を掘り返して、その根拠を明らかにしようとするエスノメソドロジーの現象学的視座の故に、それは教育過程の分析に適用された場合、かえって現代日本の教育における日常的な常識性のもつ病理と同時に、集団主義という文化的特質をも析出する可能性をもっている。しかしそのためには、エスノメソドロジカルな研究の重点は、相互行為の形式よりはその実質的内容の分析におかれる必要があるであろう。

カラベルとハルゼーが、解釈的パラダイムに基づく「新しい」教育社会学は、「徹頭徹尾イギリスの産物であって、いままでのところアメリカの教育研究には、ほとんど取り入れられてはいない」と書いた(16)以前に、すでにアメリカでも教育社会学会（Sociology of Education Association, Barkeley）の第2回年次大会（一九七四年）において、五つのセッションの一つとして「エスノメソドロジーと教育」が取り上げられている(17)。そこではスペイズマン（William Speizman）の司会のもとに、メハンが報告を行い、それに対してエリクソン（Frederik Erickson）、キッセ（John I. Kitsuse）など四名の討論者がコメントを加えている。

メハンはそれまでの教育におけるエスノメソドロジカルな研究を、①教育上の決定（educational decision making）の研究、②テストにおける言語と意味の研究、③学級内の相互行為の研究、の三つに分け、「教育的〝事実〟が参加者の相互行為的活動によって組み立てられる仕方を調べた研究」の概括を行っている。そこで取り扱われている研究の数は多くなく、大部分はその時点で未公刊であったシコレル（Aaron V. Cicourel）らとの共同研究に基づいた検討であるが、そこでは教師－生徒間の発問・応答、テストによるふるい分けなどの相互行為によって、学級が構造化（structuring）される過程が問題にされているのである。

ところで、そのシコレルを中心とした共同研究(18)は、教育の場におけるエスノメソドロジカルな研究としては、最も大きな成果の一つであった。それは単に、組織的な実証研究であるという意味で画期的であったばかりではない。メハン、マッケイ（Robert Mackay）、レイター（K. C. W. Laiter）など、後になって教育研究におけるエスノメソドロジストとして著名となった人びとを擁した共同研究であった、という点でも注目すべき業績である。それは内容としては、加州南部の学校での、テストの実施を中心にした日常的教育場面を主としてビデオを用いて、社会的相互行為の観点から、綿密に観察し、分析したものである。

当然この研究は、カラベルたちによっても取り上げられている。しかし、「このエスノメソドロジストの接近方法は新しく、その洞察もまたいくつかの点では極めて新鮮である」としながらも、彼らのこの業績にたいする評価は、異様なまでに厳しい。「要するに著者たちは、どの章でもどの章でも繰り返し、テスト場面という社会的場面が、生徒の成績を左右する〔テストの成績は社会的文脈と言語上の誤解によって歪められる〕という、これまで繰り返しいわれてきた命題を反復しているだけである。……一体、ストロドベックとかカールなどの「伝統的教育社会学」の代表者たちの研究成果とくらべて、どこが新しいというのだろうか。解釈的アプローチが、この問題にどれだけ新たな貢献をしたのか、それを発見することはほとんどできない」(19)というのである。

この批判におけるカラベルとハルゼーの関心は、もっぱら研究の結果ないしそこからえられた命題にある。それだけをみて、エスノメソドロジストの研究には、伝統的教育社会学のそれに比べて何の目新しさもない、といっているのである。しかしそれでは、エスノメソドロジストを正しく評価したことにはならないであろう。何故なら彼らの研究の意義は、社会的現実についての彼らの厳密な理論と、それとの一貫性においてとられる方法の独自さにあるからである。そのような研究と、それとまったく違った前提に基づく研究とを、単なる結果だけの比較として論じることは、極めて不十分なやり方といわねばならない。ストロッドベック（Fred L. Strodbeck）やカール（Joseph A. Kahl）の研究(20)は、実験的手法や面接法をも用いてはいるが、方法的実証主義といわれるものに属する典型的な「伝統的教育社会学」の業績である。それに対して、シコレルたちの研究は、それまでのデータの収集と解釈を徹底的に批判した『社会学における方法と測定』(21)を前提として、教育における相互行為場面そのものを直接的にデータとして取り上げ、分析したものである。もしそれが評価されるとしたら、そのような一貫性をもった理論的立場と方法にこそ重点がかけられるべきであり、それを抜きにした論評は、あまりに皮相的であるといわなければならない。

〔補注〕

エスノメソドロジーの大きな特徴は、それが独自な社会学的理論を提示しているだけではなく、いわば研究の手の内をも公開の場に出していることにある。それは一つには、〝doing sociology〟という言葉の使用にもうかがわれるように、日常生活における行為者の探求と社会学者の研究とを異質のものとしてとらえないで、むしろ社会学者の研究そのものをも問題意識の中に含めていることにあらわれている。それと関連したもう一つの点は、社会的相互行為場面そのものを直接的にデータとして収集し、データをそのまま提示しながら分析を加えてゆくという手法である。

この後者との関連で重要な意味を帯びてくるのが、データ収集における視聴覚器材の利用である。何故ならテープレコーダーやビデオカメラを用いることによって、相互行為の過程そのものをほぼ現実のまま切り取ることが可能になるからである。そこには今日未だ技術的制約があるとはいえ、ウェーバーもデュルケームもそのような可能性を知らないところで研究方法を論じていたことを考えると、それは社会学的研究において画期的なことであるということができよう。一度そのような形でデータ収集が行われると、それは様々な角度・視点からの分析に転用されうるだけでなく、メハンも指摘しているように、ベールス的方法におけるような on the spot coding をしなくてもすむ。ビデオを繰り返し視て行う分析は、今までの数量的データ処理のもっていた客観性を補償するだけでなく、現実に数量的処理をも可能にするものである。

さらに先の引用に関連してカラベルたちは、日本語訳においては省略されている脚注において、次のような論評を加えている。すなわち、(エスノメソドロジストをはじめとする)解釈的パラダイムの信奉者たちは、これまでの研究者たちによって取り上げられてきた、学力差を生み出す要因としての家族の役割に目を向けることを避け、学校そのものの領域内に留まるという傾向をもつけれど、それは彼らが、学校の外部(の要因)への言及をイデオロギー的に好まないからだけではない。対面的「相互行為」とか、「状況の定義」とか、「現実の構成」とかに基づく

（解釈的）パラダイムの枠組の中では、家族と学校というような制度間の関係を説明することは困難だからだ、というのである(22)。

しかしここにもまた、カラベルたちの誤解があるといわなければならない。エスノメソドロジストが、生徒の学校での成績の差を問題にするのに、家族的背景に関するデータの収集から始めないのは、それが困難だからというよりは、それは研究の方法として一貫していないと考えるからである。つまり、学校における生徒の成績というような「客観的社会的事実」は、学校の中での参加者の相互行為過程において成就（accomplish）されたものであり、そうである限りそれは、学校内の相互行為過程そのものを第一次的なデータとして、その中で把握されるはずの事象である、と考えるからである。より具体的には、教師や生徒の行う相互行為の中に現れないような、外的要因や背景的変数を、最初から研究者が持ち込み、それを行為者に押しつけるようなことをしてはならない、という方法上の原則に基づいているのである(23)。決して、家族的要因は関係ない、などとアプリオリに決めているわけではない。

それとやや類似した議論は、エスノメソドロジストの数量的データの使用についてもみられる。カラベルたちによれば、エスノメソドロジスト（解釈的社会学者）たちは、「方法論的実証主義者が測定不能な関係をすべて現実的でない」と思い込むのと逆に「不完全とはいえ測定可能な関係はすべて非現実的のものときめつけ……これまで蓄積されてきた測定への努力をことごとく否定し去ろうとしている」(24)という。しかし彼らは測定をすべて否定しているわけではなく、「専断的測定」（measurement by fiat）(25)の不当を主張しているのであり、社会的相互行為の解釈的本質に即した数量化の可能性について、厳密で慎重な態度をとっているだけのことである。計量的方法を安易に求め、あまりに操作的な方法を許すということは、折角構築した理論的立場を、自分から放棄することになるからである。彼らが必ずしも測定への努力を否定しているわけではないことは、メハンの学級研究(26)にも示されている。その分析の結果があまりに形式的であることに不満は残るが、そこでは、ベールズ（R. F. Bales）の方法とは異なって、分析カテゴリーがデータ（相互行為過程）に即して、事後的・内在的に形成され、それに基づいて生徒－教師関係のやや計数的な分析がなされているのである。

このようにみてくると、カラベルたちの解釈的パラダイムにたいする偏った評価は、一つにはイギリスの「新しい」教育社会学に比重がかけられていることによるが、それと並んで、とくにエスノメソドロジーに対する彼ら自身の理解に、不十分なものがあることに由来するように思われる。そのことをうかがわせるもう一つの点は、社会化研究についての言及である。彼らは解釈的パラダイムに基づく「新しい」教育社会学が新鮮な研究テーマを提起したことは認めつつも、そのことによって「選抜とか社会化といった伝統的教育社会学の主要テーマ」の重要性が薄れたかのように述べている(27)。しかし事実はまったく逆であり、解釈的パラダイムの興隆によって、社会化研究は規範的パラダイム（構造＝機能主義の社会学）や方法的実証主義におけるのとは異なった形ではあるが、やはり重要な位置を与えられることになるのである。

ミード（G.H. Mead）を初めとする象徴的相互行為論において、社会化が重要な意味をもっていたことは周知の通りである。そしてバーガー（Peter L. Berger）とラックマン（Thomas Luckman）の現象学的社会学においては、社会化は現実を個人に内面化させ、主観的現実としての社会（society as subjective reality）を成り立たせるものとして位置づけられた(28)。またエスノメソドロジーにおいては、社会の文化や規範の子どもへの一方的内面化を当然の前提とするのではなく、社会化は子どもが大人との関係の中で能動的に相互行為能力（interactional competence）を獲得することとみなされる(29)。いうまでもなくその中心は、規範を考慮し、生活世界に意味を付与するべく解釈手続きを使う能力、すなわち解釈能力である(30)。「解釈手続き」（interpretive procedures）という概念を初めて提起したシコレルは、チョムスキー（Noam Chomsky）の文法理論との関連で、それを表層構造としての規範と深層構造としての社会構造（の感覚）とを媒介するものと考える。解釈手続きは社会的規則だけでなく言語的規則の獲得・運用にも不可欠なものであり、人間の社会化の非常に早い時期に、言語の獲得と同時か、またはそれに先行して獲得されるものとみなされる(31)。そのようにして、やはり解釈的パラダイムにおいても、社会化研究は重要な意味を帯びることになる。

4

すでに明らかなように、カラベルたちは、エスノメソドロジーに対してだけではなく、方法的実証主義に対しても厳しい評価を下している。例えば「統計的厳密によって、あたかも理論的イマジネーションの欠如をカバーできるかのように思い込んでいる抽象的実証主義、これが現代の主流になっている」(32)というような辛辣な指摘さえなされている。つまり、両者を同時に切って捨てているのであるが、しかし少なくともエスノメソドロジーに関する限り、どうみてもその批判は適切さを欠いているように思われる。

エスノメソドロジーに対する彼らの理解にそのような偏りを生じさせた最大の要因は、結局、彼ら自身がとっている基本的な立場によるのではないか、と考えられる。彼らの立場は必ずしも明瞭に表現されているわけではないが、彼らのデュルケームに対する高い評価に、それをうかがうことができる。彼らがバーンステイン（Basil Bernstein）に、「新たな統合の先駆者?」を見ようとするのも、一つにはそこにデュルケーム社会学の継承があると考えるからである。しかし加藤春恵子氏も指摘しているように(33)、社会的事実を物として扱おうとするデュルケームと、現象学的系譜に立つガーフィンケルらのエスノメソドロジーとは、研究の方法も発想も極めて対照的である。従って、前者の立場に立って眺めたとき、後者を評価できないのは、当然の帰結ともいえよう。

しかし、だからといって、エスノメソドロジーが絶対的に正しいとか、そこに何の問題もない、などと言おうとしているわけではない。意味のネゴシエーションや状況の定義をめぐって、社会的相互行為の当事者間にみられる権力分布の相違、さらにはその社会的相互行為過程が全体として包み込まれている、〝大状況〟としての政治的支配の構造や経済的生産の様式の影響、といった問題をどう考えるかは、カラベルらの指摘をまつまでもなく(34)、未解決のままである。さらに、エスノメソドロジーにおいては、データつまり観察された相互行為過程に、分析を加えて一定の結果を引き出す際の手法・手続きが定型化されていないことも、現実的な問題として残っている。

　また、解釈的パラダイムという言葉を振り廻してきたからといって、それこそ教育研究に「新たな革命」をもたらすものであるとか、それ以前の研究とはまったく断絶したものであるなどと、思っているわけでもない。むしろ、規範的なパラダイムというものが、機能主義的社会学を中心にして確かなものとして形成され、支配的理論となっていたからこそ、それとの対抗関係の中から、解釈的パラダイムの意義とその批判的性格が形づくられえたのではないか、と考えているのである。

　しかし今日緊要なことは、規範的パラダイムとの、また巨視的レベルの分析と微視的レベルの分析との統合をはかるあまり、その理論的根拠や問題意識の相違を無視して、安易な折衷を試みることではない。むしろエスノメソドロジーのもつ理論的立場を貫ぬいた、またその調査上の厳密さに基づいた、実証研究の積み重ねこそ（そして日本においては、まずその種の研究に着手することこそ）必要とされるのである。そうすることによって、学校をブラック・ボックスにすることなく、教育の過程をとらえるための道が開けるにちがいない。さらにそれだけではなく、小論の最初に戻って、調査の制度化という今日の状況から考えても、そこにエスノメソドロジカルな研究への要請がみられるのである。

　実証研究のすすめは、実はカラベルたちによっても述べられているのであるが、しかしそれはまったく違った文脈においてである。彼らによると、（エスノメソドロジーをはじめとする）解釈的社会学は、学級内のプロセスに焦点をあてた研究をすることによって、まさに学業成績の階級差・人種差といった不平等の解消をめざしている政策決定者や官僚の関心に合致し、彼らにとって役立つ可能性が強い。従って、「もし教育社会学が福祉国家の期待に応ずる応用社会学的基礎を提供するとしたら、それができるのは……大変逆説的ではあるが、……まさに「新しい」

教育社会学をおいて、他にない」[35]と断言する。そして今のところは、解釈的アプローチはまだそれだけのものを生み出していないから、だから「ともかく実証的研究を進めることである」[36]というのである。

この部分は、カラベルたちのレビュー全体の流れからみると、大変奇妙な論評だという印象を与える。何故なら彼らは今日の教育社会学研究をめぐる状況について、そのレビューの最後で次のように述べているからである。つまり、現代においては、研究者にとって資金援助は決定的な意味をもっており、「その結果、研究者の活動は、彼自身の考える研究上の必要に応じてではなく、支配勢力の政策上の必要に応じる、応用的で非理論的、計量的研究へと歪められている」。しかし、「既成の社会秩序に対する批判者という社会科学の伝統的役割」を維持するためには、「研究者は行政のなかに組み込まれてしまってはならない、と警告している[37]からである。

そこにはもしかしたら、伝統的教育社会学に対する厳しい批判者として登場した「新しい」教育社会学が、これから果たすことになるかもしれない役割についての皮肉が込められているのかもしれない。しかしそれ以上にそこには、少なくともエスノメソドロジーなどに関する限り、またしても曲解ないし無理解があるように思える。何故なら現象学的社会学としてのエスノメソドロジーの研究は、社会的秩序の成立の根拠とか日常生活を支える規則の理解といった純粋に学問的な関心に発しているということは、明白な事実だからである。その研究は、本質的にwhat や why の探求に属するのであって、how という政策科学的研究には結びつきにくい性格をもっている。そのことは、社会的相互行為（実践行為 practical action）の研究においては、人びとの行為の成功・不成功、価値、適切さ、必要性・重要性等についての判断や評価を控えるという「エスノメソドロジカルな無関心」(ethnomethodological indifference)[37]が、基本的研究方針として掲げられていることからも、わかるはずのことである。しかも、そのようなエスノメソドロジカルな研究は、最初に指摘したような制度化された調査に要求される四つの条件を、おいそれと満たすとは考えられないのであるから、それが実際的関心に基づく行政や企業の利益と密接な関係をもつようになるとは予想しがたいのである。以上のような意味で、カラベルたちとは逆に、エスノメソドロジーにはむしろアカデミックな研究を〝リサーチズム〟から擁護し確保するという形で、教育社会学への貢献をこそ期待できるのではないか、と考えるのである。

注

1 Karabel, Jerome, and A. H. Halsey（eds.）, *Power amd Ideology in Education*, 1977. 潮木守一他編訳『教育と社会変動』（上・下）、東京大学出版会、一九八〇年。

2 Mills, C. Wright, "IBM plus Reality plus Humanism＝Sociology", 1954 in Mizruchi, Ephraim H.,（ed.）, *The Substance of Sociology*, New York : Appleton-Cenyury-Crofts, 1967, pp.60-66.

3 朝日新聞、一九八二年四月一九日付（千葉県版）。日本人事行政研究所が、民間企業人事担当者を対象として行った、「公企体の給与制度についての調査」、英語不得意者同盟が関東の中学生に対して行った「英語意識調査」、千葉県庁社会部が行った「青少年意識調査」、それに韓国で行われた「理想の夫の条件についての調査」の四つが単独の記事として、また、国土庁の豪雪地域の基礎調査、大東文化大学の行った中学生の意識調査、総理府の行った青少年の国際比較調査の三つが記事の中で引用、紹介されている。

4 カラベル、ハルゼー、前掲訳書、二一―二三頁。

5 Mehan, Hugh, *Learning Lessons: Social Organization in the Classroom*, Cambridge, MA: Harvard University Press, 1979, pp.2-9.

6 Wilson Thomas, P., "Normative and Interpretive Paradigms in Sociology", in Jack D. Douglas（ed.）, *Understanding Everyday Life*, London: Routledge & Kegan Paul, 1970, pp.57-59.

7 カラベル、ハルゼー、前掲訳書（特に五四―五五頁）。

8 Mackay Robert, W., "Conceptions of Children and Models of Socialization", in Turner, Roy,（ed.）, *Ethnomethodology*, Harmondsworth, UK: Penguin, 1974, pp.180-193.

9 Bogdan, R. & Taylor Steven J.（eds.）, *Introduction to Qualitative Research Methods*, Boston: Allyn & Bacon, 1975, pp.13-21.

10 Wilson, *op. cit.* 詳しくは Garfinkel, Harold, *Studies in Ethnomethodology*, Englewood Cliffs, NJ: Prentice-Hall, 1967（esp. chap. 3).

11 例えば、Outhwaite William, *Understanding Social Life*, London: Allen & Unwin, 1975, p.106, Bogdan & Taylor, *op. cit.* p.14, Wilson, *op. cit.* p.70.

12 カラベル、ハルゼー、前掲訳書、六二頁。

13 同前。

14 前掲訳書、五八、六四－六五頁。

15 Garfinkel, Harold, "The Origins of the Term 'Ethnomethodology'", in Turner（ed.）, *op. cit.* pp.15-18.

16 カラベル、ハルゼー、前掲訳書、五八頁。

17 O'shea David, E.（ed.）, *Sociology of the School and Schooling*, Proceedings of Annual Sociology of Education Meetings, Washington, D. C.: National Institute of Education, 1974. V. Ethnomethodology and Education（Address by Hugh Mehan）, pp.140-259.

18 Cicourel Aaron, V., et al., *Language Use and School Performance*, New York: Academic Press, 1974.

19 カラベル、ハルゼー、前掲訳書、六八頁。

20 Strodbeck Fred, L., "Family Integration, Values, and Achievement", Kahl Joseph, A., "'Common Man' Boys", in Halsey, A. H., et al（eds.）, *Education, Economy, and Society*, New York: Free Press of Glencoe, 1961, pp.315-366.

21 Cicourel Aaron, V., *Method and Measurement in Sociology*, New York: Free Press of Glencoe, 1964. 下田直春監訳『社会学の方法と測定』、新泉社、一九八一年。

22 Karabel and Halsey, *op. cit.* pp.55-56.

23 この立場は Mehan, H., *Learning Lessons* においても、明瞭に貫かれている（cf. p.23-24）。

24 カラベル、ハルゼー、前掲訳書、七〇頁。

25 シコレル、前掲訳書、二四－二五頁。

26 Mehan, H., *op. cit.*

27 カラベル、ハルゼー、前掲訳書、六四頁。

28 Berger Peter, L. and Thomas Luckman, *The Social Construction of Reality*, Garden City, New York: Anchor Books, 1969. ほかに Rafky David, M., "Phenomenology and Socialization"; O'Neill, Jahn, "Embodiment and Child Development", in Dreitzel, H. P., (ed.), *Childhood and Socialization*, New York: Macmillan, 1973, pp.44-84. など。

29 Speier Matthew, "The Everyday World of the Child", in Douglas (ed.), *op. cit.* pp. 188-217.

30 Mackay, *op. cit.* p.186.

31 Cicourel Aaron V., *Cognitive Sociology*, New York: The Freee Press, 1974. esp. pp.42-73; 山村賢明「社会化の論理（二）」『青年心理』第二三号、一九八〇年、一七六－一九三頁。

32 カラベル、ハルゼー、前掲訳書、九二頁。

33 加藤春恵子「エスノメソドロジー」、安田三郎他編『基礎社会学』第一一巻、東洋経済新報社、一九八一年、一七二－一九一頁。

34 カラベル、ハルゼー、前掲訳書、七一－七三頁、ほかに例えば、Outhwaite, *op. cit.* Draitzel, H. P. (ed.), *Patterns of Communicative Behavior*, New York: Macmillan, 1970 など。

35 同前。前掲訳書、七五頁。

36 前掲訳書、九四－九五頁。

37 Garfinkel Harold, & Harvey Sacks, "On Formal Structures of Practical Actions", in Mckinney John, C. and Edward A. Tiryakian (eds.), *Theoretical Sociology*, New York: Appleton-Century-Crofts, 1970, pp.345-346.

6章 教育社会学の研究方法
——解釈的アプローチについての覚え書き

1 研究の基本的方針

二つのパラダイム

教育社会学に限らず、どの学問分野についても、その研究方法を包括的に述べることは容易なことではない。何故なら、研究方法とは、狭義の学問論から具体的研究技法におよぶさまざまなレベルで問題にしうるものであり、また研究主題に応じて多様な形をとりうるものだからである。そこで以下においては、社会的、教育的事象にたいする基本的な見方との関わりで、研究の一般的方針ないしパターンについて考えてみたい。

それは、クーン（T. S. Kuhn）によって普及されるようになった便利な言葉でいえば、パラダイムの問題である。そして、社会学における研究パラダイムということからいえば、やはりウイルソン（T. P. Wilson）が行った類別——規範的パラダイムと解釈的パラダイム——から論をすすめるのが便利である。

彼によって規範的パラダイムと名づけられた伝統的、正統的社会学は、構造-機能主義理論に代表されるように、二つの基本的前提に基づいている。一つは、社会的相互行為は規則に支配されている、という考えである。一定の状況の中で相互行為が安定して行われるとき、規則は個人に内面化されてその欲求性向を形づくり、社会体系に制度化されて役割期待を規定するという形で、行為を支配する。またその限りで、行為者相互の認識も一致する、というのである。

第二には、そのような行為パターンの社会学的説明は、自然科学に特徴的な演繹的モデルに従ってなされるべきである、という考えである。これは第一の前提とも関連して、「科学的」調査研究と体系的理論の展開を促進することになる。その典型としてあげられているのがパーソンズ（T. Parsons）の社会学であり、心理学ではスキナー（B. F. Skinner）である。

これにたいして解釈的パラダイムは、そのような伝統的、正統的社会学の前提を疑い、それと異なる見方を対置することから始まる。それによると、社会的相互行為は、一貫して一定の共有された規則に支配されて行われるのではない。行為者はお互いの行動を意味あるものとして認め、それを解釈したり、定義づけたりしながら、相互行為をすすめる。つまりそれは本質的に解釈的過程なのであり、行為者は外に現れたものを手がかりとし、それを分脈や状況との関係で解釈し（indexicality）、その底に一定の意味やパターンを探りながら（documentary method of interpretation）、相互行為を持続させてゆくのである。意味も規則も、その過程において確認され、再定義され、変更されてゆくものと考えられる。

社会的相互行為がそのような特質をもつものである限り、その研究においては、行為者自身の観点が重視されなければならず、研究者によるそれへの接近の仕方も、生活者が日常的に用いている方法と無関係なものではありえない。つまり、社会学的研究においては、演繹的説明ではなく、「解釈的記述（interpretive description）」こそがなされなければならない、と考えるのである。そのような立場をとる代表的社会学者としてミード（G. H. Mead）、シュッツ（A. Schutz）、ガーフィンケル（H. Garfinkel）その他があげられている。

教育社会学の場合

このような現代社会学についてのウイルソンの識別（T. P. Wilson, "Normative and Interpretive Paradigms in Sociology", in J.D. Douglas（ed.）, *Understanding Everyday Life*, 1970. を参照）は、当然教育社会学についてもあてはまる。周知のように、カラベル（J. Karabel）とハルゼー（A. H. Halsey）はそのリーディングス（*Power and Ideology in Education*, 1977）の中で、教育社会学の主要な学派として、機能主義、人的資本論、方法的実証主義、葛藤理論、「解釈」社会学の五つをあげて、その動向を概観している。この整理はウイルソンのそれほど原理的ではなく、より現象的で、理論、方法、研究主題などを混在させている。この中の最後の「解釈」社会学は、イギリスを中心にした「新しい」教育社会学とも呼び直されているが、同時にそれは（彼らは直接ウイルソンには言及してはいないが）、解釈的パラダイムとか、解釈的アプローチという言葉でも表現されている。

したがって、形式的にみれば、ウイルソンの規範的パラダイムと解釈的パラダイムは、カラベルたちの分類では機能主義と解釈社会学に相当する。しかしそれとは別に、カラベルたちの場合は人的資本論と方法的実証主義と葛藤理論が入っているので、それらと二つのパラダイムとの関係をどう考えたらよいかが問題となる。

ウイルソンとカラベルたちとでは、類別のねらいが違うのであるから、その二つを統一することは当然無理がある。また、個々に具体的研究をとりあげてみると、それがどの分類カテゴリーに属するかをいうことはさらに困難となるにちがいない。しかしそのような無理を承知のうえで、ここでのわれわれの主題である研究方法という面からいえば、人的資本論、方法的実証主義、葛藤理論と名づけられたものは、そして、そこに分類される研究の多くは、おおざっぱに規範的パラダイムに属させることが可能であるように思われる。

何故なら、カラベルたちの検討結果が示しているように、解釈的アプローチを除く他の四つは、いずれも学校の内部的働きをブラック・ボックスとした研究である、という点で共通しているからである。そしてそれは、まさに教育を相互行為の過程、とりわけ解釈的過程として分析の対象にしないという、それらの立場がとる方法から由来しているからである。また個別的にみれば、マルクス主義的葛藤理論にはその「対応（correspondence）」の考え方にうかがえるように演繹的説明をとる傾向が強いとか、人的資本論、方法的実証主義、葛藤理論のいずれにも機能主義理論が浸透している、という点もつけ加えることができる。

しかしそれらと並んでもう一つ重要な点は、方法的実証主義と人的資本論はもちろん、葛藤理論に立つ研究の多くも、実際には「実証的データ」に依拠する度合がますます強くなってきている、ということである。そのことはカラベルたちによっても指摘されているのであるが、ここで実証的データとは、「精緻な統計的技法」の利用を意味しているのであり、その点ではいずれも、自然科学的モデルに従った研究として特徴づけることも可能なのである。

このように考えると、教育社会学における研究について、解釈的アプローチ以外の四つのものを一括して、規範的パラダイムに属するものとみなすとしても、それほど無理なことではない。しかしそうした場合、ウェーバー（M. Weber）やミルズ（C. W. Mills）の位置づけがややこしくなるが、ここではそのことには立入らないこととしよう。むしろ注目すべきことは、そのような形で規範的パラダイムをみたとき、その内部で、機能主義理論と方法的実証主義とがもつ親近性である。

理論と方法的側面

すでに触れたように機能主義ないし構造－機能主義は、社会学の伝統的、正統的理論であった。そしてその社会学はデュルケーム（E. Durkheim）以来実証的調査研究を特色として発達してきて、その結果として「精緻な統計的」計量的研究に到達したのである。したがって方法的実証主義は、もともと機能主義理論との間に深い結びつきを保ってきた。

むしろそこには、機能主義理論は方法的実証主義によって実証的データを与えられ、逆に方法的実証主義は機能主義理論から研究の主題を引き出し、調査結果の説明の仕方を与えられるという形で、共生関係があったというべきであろう。換言すれば、機能主義が規範的パラダイムの理論的側面を代表するとすれば、方法的実証主義はその方法的側面をあらわすものともいえる。ただ、この方法的実証主義（methodological empiricism）という言葉は、カラベルたちによって作られたものと考えられるが、簡単に「実証主義（positivism）」というのが普通であるので、以下ではその用語に従うことにしたい。

他方解釈的パラダイムの方も、必ずしも一様ではない。その中には、アメリカ土着の理論ともいえる象徴的相互行為論、その一面の発展としてのラベリング理論、ヨーロッパ哲学の流れをくみ、理論的色彩の強い現象学的社会学、実証性を重視しながら相互行為の方法（形式的構造）を問題とするエスノメソドロジーなどいくつかの系譜が含まれ、相互の間に関心の違いや影響のし合いがみられるのである。しかし先にウイルソンによって指摘されたように、解釈的過程としての相互行為という見方（理論）と、それにたいする解釈的記述という方法においては、基本的に一致している。そこで、解釈的パラダイムの方法をあらわすきまった言葉があるわけではないが、規範的パラダイムの方法的側面としての「実証主義」と対応させて、ここではそれを、「解釈的アプローチ」ないし「解釈的方法」と仮りに名づけておこうと思う。

「実証主義」と解釈的アプローチに関連した概念として、統計的研究法と事例研究法、定量分析と定性分析、量的データ分析と質的データ分析、マクロとミクロ、といったような対もよく使われるが、必ずしも、それらの前項を「実証主義」、後項を解釈的アプローチとみなすわけにはいかない。何故なら、機能主義に基づく事例研究や質的データ分析があるのと同様に、研究の過程に量的データ分析や数的処理を組み込んだ解釈的方法もありうると考えられるからである。またミクロ－マクロの対置は、一般には研究対象と結びついた問題であり、その意味ではミクロな統計的分析も、マクロな問題への解釈的アプローチということも十分可能ということになる。ただそれらの対の前項と「実証主義」とが、また後項と解釈的アプローチとが、よりなじみやすいとはいえるかもしれない。

2　社会学的方法の社会学

「実証主義」の背景

科学や学問の研究は、真空の中で行われるわけではない。一定の社会・文化的条件のなかで、それによって規定されつつ行われる。逆に、学問によって産み出された成果は、社会・文化的条件に影響を与え、それを変化させる。またさまざまに分化している学問・科学は、一様に発達してゆくわけではない。発達はふぞろいであり、進んだ科学が後進科学に影響を与え、そのモデルとなる。

教育社会学の研究を考える場合にも、そのような一般論があてはまる。「実証主義」が支配的になるについては、明らかに進んだ科学としての自然科学がモデルとして設定されている。それは教育社会学に限らず、社会科学全体についていえることであるが、とりわけ、カラベルたちも指摘しているように、遅れた学問としての（教育）社会学は一人前の科学としての自己を示すために、ひたすら高度な数学的・統計的手法を援用した研究につき進むことになった。それは自然科学とそれに基づく技術によって繁栄を続ける産業社会の中にゆきわたった科学信仰とも合致するものであり、研究者自身も数量的大小に還元しない限り、ないしは数式による関係の決定なしには、ものごとを認識しえたとは信じないようになってきた。計量的にきめないものは科学的研究として認めなくなってきたのである。

さらにそのうえに、研究をめぐる社会的条件の変化が、「実証主義」を促進するように作用した。社会学的調査研究が発達・普及し、社会学をめぐる研究と教育の組織化がすすみ、社会学的学問が社会的に制度化されたのである。そのことによって一方で社会学的研究（調査）への社会的需要が増大したが、「実証主義」的研究の結果はその需要に最もよくこたえるような形で供給された。他方で（教育）社会学的研究を産み出す専門研究者とその予備軍にとって、自らの業績を認めてもらうためには「実証主義」的研究こそが、捷径となった。学会の研究大会の限られた時間内に研究成果を発表し要約するためだけでも、それの方が有利である。

さらにもう一つの条件が加わる。アンケート方式の調査にみられるように、統計的処理を意図した研究は、手続き的に共同研究を可能にすると同時に、経費面でそれを必要とさせるものである。そして共同研究は次第に大規模化していくが、公私の科学研究費の獲得の面からは、コンピューターによる大規模調査ほどアピールする度合も大きく、その分有利になるという傾向も出てくる。

しかもそのような大規模共同調査は、現代社会においては、研究者によって調査の企画、実施、集計、分析までが一貫して行われることは事実上不可能となる。そこで研究者に代って、調査を請け負い実施する機関や営利会社が介在することになるのであるが、そうなると「実証主義」以外の研究パターンをとることは、極めてむずかしくなり、研究者自身は調査の最初の企画と最後のコンピューターによる集計結果の解読に関与するだけということにもなる。

要するに、「実証主義」は単に学問的要請のなかから出てきただけではなく、現代の社会・文化的条件に見合ったものとして、発展してきたものということができる。その意味では、それは極めて現代社会に適合的なものといわなければならない。しかし問題は、そのような研究パターンが、研究の主題、内容、結果といったものに、どのような影響を及ぼしているか、研究本来の目的にどのようなインパクトを与えているか、という点である。

自然科学といってもさまざまな領域に分かれているが、一部の高等動物を扱う分野などを除いて、基本的に、研究対象は主体的意思によって行動することのない「物」として扱われる。そこでは、関連があると予想されるいくつかの変数をとりあげ、それぞれについてのデータを数量化し、変数間の関係を確率的、統計的に処理し決定する、という方法が極めて適合的である。「実証主義」はその方法を、教育を含む人間生活の研究に導入するのであるが、

図1　家族における価値伝達の枠組

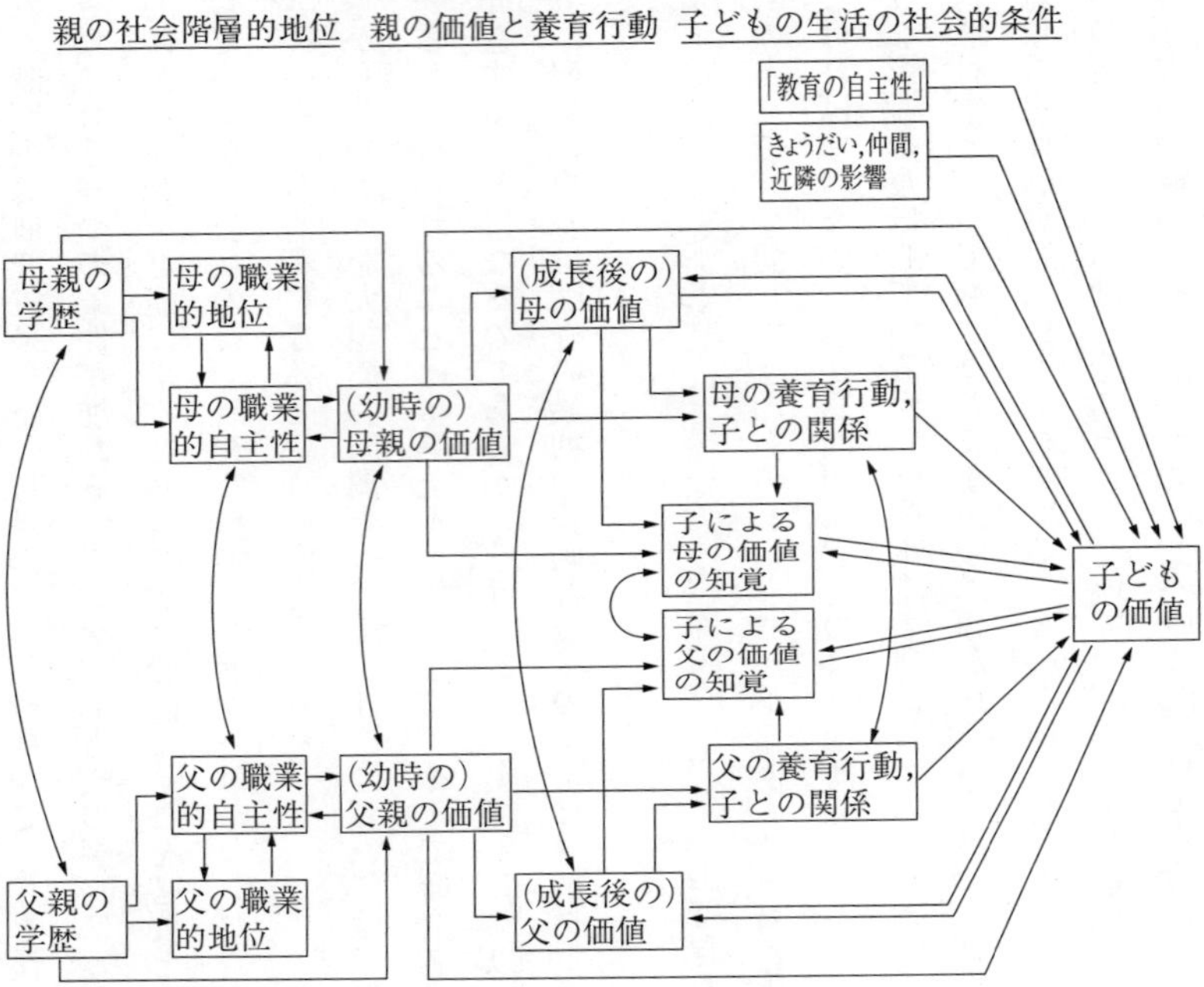

出所：M. L. Kohn.

それは社会学の研究対象としての人間の行為の特質、つまり行為者が主観的な意味を付与している人間行動（ウェーバー）とも、解釈的過程としての相互行為とも、必ずしもうまく適合するものではない。

いくつかの変数を設定しておいて、変数間の関係を量的データによって統計的に確定しようとすると、変数間の関係は静的な相関関係が中心となり、相互行為の動的な過程は把握しにくくなる。例えばコーン（M. L. Kohn）は、家族のなかでの子どもにたいする価値の伝達を分析するために、既存の研究を整理して、図1のような複雑な変数関係を設定し、それを数量的に実証しようと意図している（A. C. Kerckhoff (ed.), *Research in Sociology of Education and Socialization*, Vol.4, 1983, p.6.）。これは今日ではありふれた研究パターンであるが、しかし、どのようにその図式を詳細にしても、親の価値と子の価値を対置し、それに関わる諸変数間の関係を数量的に決定するだけでは、家族の中でどのような価値がどのように子どもに伝達されるか、という過程を示すことはできないであろう。社会変動や不平等をめぐる「実証主義」的研究などで、学校（の内部で行われる教育）がブラック・ボックスのまま残されている、といった批判がなされるのも、やはりそれと同じような研究の方式がとられていることに起因している。

またデータの代表性を確保するためにサンプリングの精度を高め、数値の信頼度を高めるために調査対象の数を増やしても、結果として出てくる数値の大小を基準にするだけでは、重要な問題が見落されたり、落ちこぼれるおそれが多分にある。例えば、子どもを厳しく叱るとき、日本では家の外に出すのにたいして逆にアメリカでは家の外に出さないというボーゲル（E. Vogel）の観察には、子どもの社会化についての日米間の重要な文化的差異についての洞察が含まれている。しかしそのような認識は、どのような大量調査であっても、数量的データ分析からは直接出て来にくいものである。何故なら日本であれアメリカであれ、方針として、またはその場の都合によって、子どもを外に出さない（または出す）という親は一定数存在するであろうし、そもそも、子どもを叱るときに家から出したり出さなかったりする頻度は、子どもを叱るという行為全体の中では、日米ともに高い比率で出現するとは限らないからである。

統計的手法のなかには、研究主題にかかわる変数を予め研究者が設定しておかない場合もある。統計的処理の結果として、研究者の予知し（え）ない要因が提示された時、研究者はそれを日常生活の現実に合うような形で解釈し、説明することを迫られることになる。そのことによって研究対象の中の新しい関係に気づかされるという利点はあるが、しかしそこでなされる、いわば受動的説明は、初めから社会的現実に即してなされる「解釈的記述」とは逆の手続きであり、現実との関連は一貫性を欠いて恣意的なものになるおそれが大きい。そのことは、例えば数量化三類などを用いて、得られた「軸」を読みとり、それに一定の日常用語を当てはめて結果の解釈を試みる場合などに、典型的にみられる（だからといって、そのような軸への命名なしには、その意味を一般的に理解し伝達することができるかどうかも疑問である）。

さらにつけ加えるなら、数量的方法の発達に伴い、次々と開発される手法を、競って調査に適用することから、本来研究の手段であったものが自己目的化する傾向もでてくる。その結果、ますます社会的・人間的リアリティから遠ざかり、研究に値する重要な問題であるかどうかより、計量的に扱えるか否かによって研究の主題を選ぶ、というようなことにもなりかねない。

3　解釈的アプローチの特質

内在的分析

解釈的アプローチの最も基本的な特徴は、社会的相互行為や日常生活世界を研究するに際して、それらが実際に生起している仕方に適合した方法をとろうとするところにある。すでに触れたように、社会的相互行為は解釈的過程としてあり、行為者は誰でも、お互いに行為をその分脈や状況とかかわらせて、またそれを手がかりとして解釈し、その背後にある一定の意味やパターンをとらえている。つまり、「記録的解釈（documentary interpretation）」によって、日常生活的に「社会学を行っている（doing sociology）」のである。

そこで、研究者としてそれを研究する場合にも、それと同じような仕方で観察し、「記録的解釈」を行い、そこから一定のパターンや規則性・類型性を導き出そうとするのである。それがシュッツ（A. Schutz）によれば、日常生活の中で現実にみられる「常識的構成概念」と一致するものとして、「二次的構成概念」をつくりあげるということである。それは、科学的概念として（1）論理的一貫性をもつものでなければならないが、さらに、（2）主観的意味の解釈に関わるものとして、また（3）日常生活の常識的解釈によって理解しうるものとして、（つまりそれら三つの公準に従って）構成されるべきものである。

当然そこでは、研究者によって予め構成された枠組を、観察された事実（データ）に外から押しつけたり、一般図式によって「演繹的説明」を行うことは避けられねばならない。可能な限り、データ内在的に、行為者自身の立場に即して、そこに一定の構造や関係が探られなければならない。パイク（K. L. Pike）の用語でいえば、エティック（etic）な枠組による分析ではなく、エミック（emic）な視点からの分析を重視する、ということである。

問題は、そのような研究方針のもとで、具体的にどのような研究手続きをとるか、という点である。そのような手続きの定式化の努力は、例えば、ある種類の言葉の使い方から、人びとが自分たちの日常世界をどのように経験し、認識しているかを解明しようとする認識人類学や、日常生活における人びとの相互行為の成り立ち方を問題とするエスノメソドロジーの中にみることができる。フレイク（C. O. Frake）の対立分析（constrastive analysis）やサックス（H. Sacks）の会話分析の方法などは、その代表である。

解釈の手続きと妥当性

しかし、そのような名称の与え方やカテゴリーの運用といった言語的側面の研究を除いて、一般的には、解釈的パラダイムに基づく研究手続きが確立されているわけではない。周知のようにウェーバーは、社会的行為を主観的に考えられた意味をもった行動として規定し、理解（verstehen）すなわち意味や意味連関を解釈によって把握することこそ社会学の方法だと考えた。そのことによってウェーバーは、解釈的アプローチを明確に打ち出した最初の社会学者といえるのであるが、その解釈の手続きは、ウェーバー以来、基本的にはそれほど進歩しているとはいえない。しかしかってウェーバーは次のような主旨のことを述べた。生物学においては細胞の行動を理解するということはなく、まずそれを機能的に把握し、その過程の規則によって確認するだけである。しかし社会学においては、人間の行動を理解することができるし、また理解しなければ意味がない。社会学的認識の面目は、そのように自然科学が永遠になしえないことを行うところにあるのだから、解釈によって得られる結果が、仮説的であるというマイナスが伴っても仕方がないではないか、というのである（清水幾太郎訳『社会学の根本概念』岩波文庫、一九七二年）。

確かに、主観的に考えられた意味をもった行動を中心におき、行為の意味や意味連関を解釈により把握しようとする限り、それは一種の主観主義である。したがって、データの処理と分析の過程において、科学的研究の最低限の条件として客観的態度を保持したとしても、解釈によって得られた一つの説明や結論が、唯一の正しいものであると主張することには困難を伴う。もちろん解釈の妥当性は、得られた結果が他の諸事実と整合的に一致し、どれだけの説明力をもつかによって、また何よりも「事実的経過の結末」によってテストされるものである。しかしそれでも「解釈的記述」というものは、基本的に再定式化され、書き変えられるべき暫定的結論ないし仮説としての性格をまぬがれない。しかしそれは、解釈的アプローチの限界というよりは、むしろ対象を「物」のように扱えない（扱わない）社会学的研究の特質というべきであろう。自然科学的、「実証主義」的手法により、たとえ表面的には計量的にきめたようにみえても、行為の意味や意味連関の理解に到達しえないのでは、それも同様に不十分なのである。

解釈のレベルとデータ

ところで、研究としての「解釈的記述」ないし「理解的意味解釈」（ウェーバー）は、対象となる事実や行為について、一つのレベルだけで行われるとは限らない。それをどのような分脈や状況と関わらせるかによって、いくつかのレベルで行うことが可能である。これまで論じてきたのは、主として相互行為の生起する直接的状況や分脈との関わりで行われる解釈であった。しかし、ある一連の相互行為の分脈や状況というものは、切り離されたものではなく、一定の歴史的、社会・文化的条件のなかで連続的広がりをもつものである。

その状況や分脈をどこまで広げ、どこで区切るかは、研究目的に応じた、研究者の解釈意図によって変ってくる。例えば高校受験の問題で三者面談をとりあげたとき、三者面談という直接的分脈の中で、教師や生徒の行為を解釈することは当然であるが、しかし三者面談という場面は、受験体制と呼ばれるような受験をめぐる今日の競争的事態や文化という、いわば中状況（中分脈）の中の一齣であり、同時にまた、高度工業化社会にみられる高学歴化とか「資格社会」化といった大状況によって浸透された小状況とみることもできる。つまり三者面談のなかでの行為は、そのようなより大きな状況や分脈にひそむパターンのドキュメントとして解釈することも可能なはずである。

研究者によるそのような意味解釈は、直接的分脈との関わりで行われる意味解釈と無関係に行われるべきではないが、しかし行為者の行う解釈を一次的とし、それについての研究者の解釈手続きを二次的とするなら、それはいわば三次的である。そして直接的分脈と離れる分だけ解釈の「明確性（明証性 Evidenz）」は薄れ、仮説としての性格が強くなることは避けられないかもしれない。私としては、かかる三次的レベルでの意味解釈の重視を「解釈学的パラダイム」（山口節郎）と呼んで区別するかどうかにはこだわらない。ただ、直接的分脈と関わりなく、社会・文化的大状況を前提にして、そこから演繹的説明をするようになると、もはやそれは解釈的アプローチそのものから離れたものになる、ということは指摘しておく必要があるであろう。

どのようなレベルで、どのような視点（問題意識）からの意味解釈がとられるにしても、解釈的アプローチにおけるデータ蒐集は、社会的相互行為とその過程の分析ができるように、現実の相互行為の分脈や状況から切り離されることなく、それらを含めた形で行われることが望ましい。何故なら分脈依存性こそが、記号論的にいえば、「解釈」の本質だからであり、具体的な社会的分脈から切り離されたアンケート式データに基づく場合、どうしてもコード依存的な「解読」にならざるをえないからである。

行為の分脈・状況ごとデータをとろうとするとき、技術的にみて最も確かな方法は、ビデオカメラや録音機による記録である。それは分析のために文字化されるとき厖大な量となるが、それでも複数研究者による反復検討が可能な点で、参与観察にまさる利点をもっている。面接で行うにしても、事実の経過や意図の細かな追求（probe）とそれにたいする自由回答からなるインテンシブな調査となるため、やはり録音機の使用が必要となる（もちろんそれなりのマイナスも伴うのではあるが）。

解釈的アプローチにおいては、多肢選択的な質問紙法は、避けられるのが普通である。何故なら「引き出す反応を規定するような工夫を――観察に前もって――しておくということは、この方法論の論理からすれば許されないこと」（C・O・フレイク、池上嘉彦訳編『文化人類学と言語学』弘文堂、一九七〇年）だからである。

データ分析にあたっては、いずれの場合も、そこに内的構造や意味連関を探るという意味で、エミックな視点から広義の内容分析が行われることになる。しかし解釈的アプローチにおいては、データの数量的扱いや計数が行われない、ということではない。そのことはシコレル（A. V. Cicourel）、キツセ（J. I. Kitsuse）、メハン（H. Mehan）その他の研究をみても明らかである。ただ一般的には、分脈ごと大量のデータを集めることは困難であり、主観的意味の解釈という作業にとって数量的処理はなじみにくい。そのため、単純な計数から離れて、社会過程それ自体にみられる数量化を越えるような「方法的数量化」に基づき、「対象の間に成立する関係を数量的法則として数式に表現する」ような高次の方法（竹内啓『社会科学における数と量』東京大学出版会、一九七一年）までは、とりにくいのである。

二つのアプローチの関係

以上、「実証主義」と対比し、かつ問題点を指摘する形で、解釈的アプローチの特質をみてきた。最後に問題となるのは、教育社会学の研究において、両者はどのような関係に立つのか、という点である。両者を一つに統合することは、その発想の違いからして、簡単なことでないことは明らかである。今はっきりしていることは、両アプローチは、同一の問題の同じ側面を違った方法で攻めているというよりは、同じ問題（時には違った問題）の違った側面を違った方法で解明しようとしている傾向が強い、ということである。

実証主義的方法が最もよく適用されうるのは、年齢、人口、学歴、職業、性別、収入、その他の特定することが容易で数量的に扱い易い事象にたいしてである。そしてそれが明らかにしてみせるのは、個々人としての行為者が往々にして意識することのない、また個々の主観的行為の集合的結果として現れる客観的関係や構造である。それはいわば「社会物理学」であって、主観的行為を問題とする理解（解釈）社会学とは次元を異にしているといえる。例えば非行という問題の研究をとりあげてみよう。正統的な「実証主義」に立つ研究においては、社会の中で非行として扱われている事実やそれについての統計的「事実」を所与として認め、その上に立ってそれら非行の実態や要因を定量的に分析し、非行問題解決に役立ちうるような結果を導き出そうとする。それにたいして、ラベリング理論（または constructionism）に典型的にみられるように、解釈的アプローチにおいては、社会の中で一つの行動がどのようにして非行と定義され、非行として扱われ、非行の統計数字となって出てくるのか、といったようなより基本的事実を明らかにしようとする。それはその限りで、社会の常識に基づく前者のタイプの研究にたいして、その根拠の薄弱さを批判することができる。しかしそこからは、非行の増大にたいする現実的対応策などは、ほとんど出ては来ないであろう。

つまり、「実証主義」は社会の常識的な知識や行動様式に依拠して、またそれを前提として研究をするが故に、広義の政策的必要にも応えうるのにたいして、解釈的アプローチは、その底にある日常性そのものを分析の対象にすえ、認識的関心に徹しようとする。そのような違いのために、両者の安易な折衷を図るよりは、当面、両者は緊張関係のもとに相互に刺激し合いながら、それぞれ適切な問題領域で、それぞれの方法で研究を深めることの方が、より生産的であるように思われる。

参照文献

1　Cicourel Aaron, V., *Method and Measurement in Sociology*, New York: Free Press of Glencoe, 1964. 下田直春監訳『社会学の方法と測定』新泉社、一九八一年。
2　山村賢明「解釈的パラダイムと教育研究――エスノメソドロジーを中心にして――」『教育社会学研究』第三七集、東洋館出版社、一九八二年。

3 Cicourel A. V. and J. I. Kitsuse, *Educational Decision-Makers*, New York: Bobbs Merill, 1963. 山村賢明・瀬戸知也訳『だれが進学を決定するか—選別機関としての学校—』金子書房より近刊。

4 Garfinkel, H., *Studies in Ethnomethodology*, Englewood Cliffs, NJ: Prentice-Hall, 1967.

5 Douglas, J. D.（ed.）, *Understanding Everyday Life*, Aldine Publishing Co., 1970.

第Ⅲ部　子ども論・家族論

7章 集団の情動的側面と母子関係

一 集団の深層理論ないし深層分析というものがあるとするなら、それは集団の無意識的・情動的側面をぬきにしては考えられない。一般に深層心理学 depth psychology といわれるものが、人間をつき動かしている無意識的メカニズムを問題にするのと同じように、集団についてもその意識的活動としての仕事や課題解決を制約し、またそれによって自らも変容される、非合理的なものの存在が想定されるのである。それをレードル（F. Redl）は集団情動 group emotion と呼び、集団情動を体現する人物が核となって、集団が形成される十個のケースを摘出した(1)。またビオン（W. R. Bion）は、これとほとんど同じような集団の側面をベーシック・グループ basic group と名づけ、人々が集団に集まるときの無意識的な期待とでもいうべきものを、依存 dependency・結合 pairing・闘争＝逃避 fight-flight に分け、それを集団の意識的活動としてのワーク・グループ work group との力動的な関係という形で、集団の動きをとらえようとした(2)。

これらの研究は集団についての代表的な深層理論というべきものであるが、レヴィン（K. Lewin）などの合理的アプローチを中心とする group dynamics を大きく前進させたものということができる。集団の深層理論は、ビオンにしてもレードルにしても、主として精神分析的な集団心理療法およびそれと類似の集団経験のなかから出てきている。だから結局は、フロイトがパーソナリティを三層構造としてとらえたように、集団についても集団情動（ベーシック・グループ）・集団自我・集団超自我というような枠組で分析することになるといってよい(3)。他方では、ビオンの理論を実験的場面のなかで確かめ、またそれをとり入れて集団研究を進めようとする試みもいくつかでてきている(4)。

集団をこのようにオーヴァートな面とカヴァートな面に分けてみるという立場は、考えてみると、必ずしも画期的なものではないともいえる。例えばホーソン実験などから帰結された「能率の論理」と「感情の論理」、バーナード（C. I. Barnard）の「有効性」と「能率」、さらには課題遂行機能と集団維持機能など、さまざまな形で問題とされてきている。ただ精神分析的な視点の導入によって、理論的により深みを増したということである。

しかしそれにしても、集団の深層分析として、はたしてそれで十分なのであろうか。といっても集団が置かれている社会的状況や、集団が直面する社会的現実的問題が欠落しているということをいっているのではない。私が疑問に思うのは、集団の深層としての集団情動やベーシック・グループが、文化の相対性の問題をまぬがれうるものだろうか、ということである。げんにビオンの場合であれば、イギリスの Tavistock Clinic における経験が、レードルの場合には、アメリカの児童についての観察が、それぞれ基礎になっていたのであり、そこには当然特定の文化的風土が背景となっていたはずである。彼らの理論形成は、そのようななかから、一般的妥当性をもつと思われるような抽象のレベルにおいてなされたものである。実際それ以外に手はないのであるが、そのような理論も、人間のつくる集団である限りにおいて、どこの社会にでも妥当するような、通文化的普遍性というものをもっているにちがいない。しかしそこに、何ほどか個別文化的な特性というものが、しのび込まないという保証はない。何故なら、抽象的集団というものはあり得ず、集団は特定の社会のなかに存在して、それを構成する個々人は、その社会の文化を内面化することによって「社会化」されているからである。もし集団の深層理論というものが、そのような文化的被拘束性を捨象してしまったところに成り立つものであるとするなら、それはいきおい心理学的にならざるを得ず、それだけ現実の集団分析にたいしての有効性を低めることになるであろう。

二　このような面からの検討は、人間科学・行動科学といわれる領域における、一般的理論を志向するすべての研究について、多かれ少かれなされなくてはならない。例えばレヴィンたちのリーダーシップと集団雰囲気についての研究にしてもそうである。専制的リーダーシップより民主的リーダーシップがより優れているという結果が出たとしても、それはその実験に参加したメンバーたちが、民主的行動様式を身につけている限りにおいてそうなのであろう。権威主義的な文化とパーソナリティが支配的なところでは、むしろ専制的なリーダーシップが歓迎されるかもしれないことは、フロム（E. Fromm）の研究をまつまでもなく、想像できることである。つまりそこには、アメリカ文化を基礎にした理論化があるといってよいであろう。

同様のことは、パーソンズ（T. Parsons）などの general theory とかカテゴリー体系についても指摘できるように思う。例えば、五個のパターン変数のなかの自己中心的志向－集合体中心的志向 self-orientation–collectivity-orientation をとってみよう。集合体中心的志向とは、行為者がその成員である集合体の、他の成員と分有する関心・目標・価値に優位を与えるものであり、自己中心的志向とは、そのような考慮なしに、個人的・私的な関心に優位を与えることである。また他の説明によると、前者は積極的に集合体の成員であるという状態をさすもので、高次の体系の規範および価値が、低次の行為を積極的に規定するのにたいして、後者はそういうことなしに、高次の体系の規範や価値は、ただ当人の行為の境界を定めるだけのものとみなすようなジレンマである(5)。

パーソンズによると、パターン変数は五つしかなく、そのどれも完全な二分法 dichotomy であり、二者択一的なものであって、その両極の間に、連続的移行は考えられない。もしそうであるなら、母親は子どもを生き甲斐とし、子は母によって精神的に支えられ、母のために自らのアチーブメントを達成しようとする――という日本の母子関係をめぐる社会的観念(6)はどうであろうか。そこでは子や母における個人的私的な関心が優越してはいないが、そうかといって、集合体の価値や関心に志向しているともいえないのではなかろうか。母は他者ではあるが、必ずしも共通の価値を分有し、連帯性をもった集合体ではない。もし母・子の関係を家族という集合体の下位体系としての集合体とみなすとしても、ここでの母と子の関係は相互行為の状況に限定されてはいない。両者のそのようなかかわり方は、しばしば時間的にずれているのである。高次の体系としての母・子という集合体が、低次の体系としての子のアチーブメントないし母の生き甲斐を、積極的にかつ母子の双方にとって明確な形で規定しているとはいえない。従って、集合体中心的志向における集合体を家族、母子、父子、夫婦などというように分化してかかるか、集合体と自己との中間に「他者」をおき、〝他者包絡的志向〟とでもいうべきものを考えるかいずれかでなければならない。私としては、母・子に限らず、日本人の生き方、存在感覚、他者とのかかわり方の特徴を把握するためには、後者をとるべきであり、それを集合体中心的志向のなかに括ってしまっては、その概念的道具としての精度を失うものと考える。集合体と自己というように、志向を二者択一的に二分できるとするのは、個人主義的に自我の確立された社会を前提にして、はじめて可能になることではあるまいか。さらに飛躍することをゆるされるなら、それは唯一神との関係を、特別なものとして人間相互の行為関係から一応除外しうるときのものであり、唯一神を欠くためにそれと類似のものが日常的人間関係そのもののなかに潜在し、機能しているときには、二分法では不十分なのかもしれない。げんに生き方という問題に限ってみれば、母は日本の社会において、人間に究極的価値を示し、人間を挫折と失意から「救済」するという意味において、「宗教的」な機能を演じているといえるのである。

行為の一般理論や図式的カテゴリー体系がもつ、抽象度の高い水準における普遍性や包括性、その heuristic な価値を否定するものではない。しかしそれらを研究の頭初から適用したり、それに合わないデータや現実をニグレックトするようなことは控えなくてはならないであろう。

三　さらに、集団の深層理論とより直接的に関係のある精神分析や心理学的技法についても、同様な指摘ができるであろう。周知のごとく、つとにマリノウスキー（B. W. Malinowski）などの研究で、母系制社会としてのトロブリアンド島民にあっては、エディプス・コンプレックスがみられないことが明らかにされ、フロイトの理論の社会的制約性が問題とされてきた。そして他方では、そのあまりに汎性欲主義的な考え方も、多くの批判をあびてきた。しかしそれでもフロイト理論は、パーソナリティの力動的な構造を示していること、発達的な視点をもつこと、人間関係のなかで人間をとらえること、性愛という bio-psychological なものを中心に据えることによって、かえって比較文化的な研究への視野を開いたことなどの諸点において、重要な意義をもっている。そして心理=性的な事実や抑圧のメカニズム、無意識の理論などについてのフロイトの貢献は否定されるものではないであろう。

しかし、それにもかかわらず、日本では、精神分析療法というものを、純粋な形で行っているところは、今日ごく少ないのである。日本における精神分析の発達は、アメリカなどと比較して、それほど遅れてはいなかった。すでに一九三〇年代にはフロイトの主要著書が翻訳され、古沢平作のように、生前のフロイトから直接精神分析を学んだ人もいて、その紹介と実践は早くから行われてきた。第二次大戦後は、アメリカの精神医学その他の影響で、それはさらに普及された。それにもかかわらず、精神分析の断片的な知識は別として、本来の精神分析の理論的発達と、精神療法としての発展があまりみられなかったのであるが、それを土居健郎は日本の社会文化的特殊事情が作用しているからであると考える(7)。

彼によると、日本の社会には、精神分析への抵抗がない。西欧にみられたような、それにたいする強い社会的反対運動がなかったし、個人的には、精神分析が治療の手がかりとするような、精神的葛藤があまりみられない、というのである。たしかに日本においては丸山真男が指摘したように、物欲や性欲のような人欲というものが、人倫の外に追放され、人倫の枠の外では、それは「欲望ナチュラリズム」として自由に追求されえた。それはベネディクトのような欧米の学者の眼には、日本人は性的に厳しくないものとして映るようなものであった。このような精神的風土のなかでは、性をめぐる抑圧や罪悪感はゆるやかであり、精神分析がその機能を発揮し難いということは十分ありうることである。

また土居の観察によると、日本の患者は治療の過程で、〝今までは自分がなかった、この頃やっと自分ということを考えるようになった〟という表現をするという。そしてそれは、初めから自己というものを強く意識していて、それを表面に押し出してくる欧米の患者とは、かなり異なったものだとも述べている。

　このようにみてくると、結局精神分析療法というものも、西欧のキリスト教を基礎とした個人主義的文化に、かなり対応したものであることが理解できる。古沢平作とか大槻憲二というような日本の精神分析の先達が、精神分析を究極的には仏教的理想と一致するものとみなし、その真の精神は西欧的論理をこえたところにあるとするとき、そこには精神分析の文化的相対性、被拘束性を見落していることからくる、日本的拡大解釈が感ぜられるのである。

　以上のことは、精神分析療法に限らず、ロジャース（C. R. Rogers）の non-directive counseling などについてもいえるであろう。これにたいしては、専門のカウンセラーがいない、十分長い時間がかけられない、一般の理解がたりないなどが、日本での問題点としてあげられることが多い。しかし、この極めて心理学的な方法の基礎にも、自我意識の確立、個人主義、言葉を通じての合理主義への信頼といったものがある。これは、かつてわれわれが調査した日本の「内観法」とは著しく対照的である。内観法は個人と社会の関係における社会の重視、自己卑下、他者への感謝など、その性格はきわめて社会的、道徳的である(8)。この調査において副次的に観察されたことは、信頼にたる親友として、自分のためを思って真剣に説教してくれる人をあげることが多いということであった。これは親友というものは、自分のやることにとやかく口出ししない（容認してくれる）ものであるというアメリカの場合とは異っている。ここには、カウンセリングと内観法の、それぞれ背後にある文化的差異がうかがわれる。

　もしこのように、心理学的理論や技法というものが通文化的共通性をもちながらも、西欧文化によって基礎的な規定をうけているとするなら、日本における精神分析的治療やカウンセリングやT・グループなどの過程には、西欧におけるそれとはちがった特徴が観察されるにちがいないと思うのであるが、そのような観点からの報告は、それほど多くはないようである。同様にまた、行為の総合理論のカテゴリー体系なども、西欧的理論の枠組のままでは、日本の現実の諸関係を説明するものとして、必ずしも十分とはいえないであろう。このことは逆にいえば、日本の人間関係や集団の情動的側面、およびそこにおける個人の心理構造や感情の動き方は、日本の個別的な文化によってそれなりの潤色をほどこされているのではないか、ということである。従来でも家族制度、労使慣行、村落構造など社会の表層に現れているような面については、そのような文化的・社会的差異についての考慮は当然のこととされてきた。しかし、理論的枠組とか概念とか心理的要素は、とくに小集団研究などの領域においては、そのような配慮を要求されることは少なかったように思える。集団の深層分析として集団情動、ベーシック・グループという心理学的深さにまでおよぶことは研究上の発展であるが、さらにそれが文化によって滲透され、情動が特定の表現形態を与えられるという面までも含めた分析がなされなくてはならない。それこそが、社会学に要請される仕事であり、社会学的な意味での集団の深層分析なのではあるまいか。

四　意識・無意識というような心理学的意味での深層分析とは別の次元での深層分析というべきものは、すでにいくつかある。例えばギュルヴィッチ（G. Gurvitch）は「深さの社会学」という構想で、社会の表層としての形態学的基盤から、集合的価値観念や集合的心性のような深層までをとらえようとした。クラックホーン（C. Cluckhohn）は文化を「顕在的文化」explicit culture と「潜在的文化」implicit culture に分けて考え、また最近ではレヴィ・ストロース（C. Lévi-Strauss）の構造主義人類学が注目をあびている。潜在的構造や機能の理論については、その外にもいくつかあげることができるであろう。しかしここでは、むしろ社会化 Socialization という観点から考えてみたいと思う。

社会化とは生物学的個体として生れた人間が、その社会で伝統的に形成された文化を内面化することによって、その社会の一人前の成員、われわれの場合であれば、日本人という社会学的個体にまでなる過程のことである。それは生れた瞬間から家族集団のなかで開始されるのであるが、カセクシス的、認識的、評価的すべての面にわたって行われる。その過程の一つの特徴は、低次の個別主義的なものから始まって、普遍主義的な高次のものにまで分化し一般化されてゆくということである。従って、文化の中核としての潜在的文化や「常識的観念」common sense knowledge の内面化は、非常に早期から行われると考えられるのであるが、それを可能にし促進するのは母国語の習得ということである。言語こそは精神形成のメカニズムであり、媒体でもあるからである(9)。

快・不快の感情とか、性・攻撃性・怒りといった情動や欲求それ自体は生物=心理学的な普遍性をもつにしても、それを表現する対象や時期や状況といった方法は文化的規範の制約をうけている。感情表現を意味づけ解釈するのもまた特定の文化であり、それは母国語を除いては、不可能に近いであろう。そのことはとくに、高級な感情といわれる情操において明らかであり、例えば、「無常感」、「わび」、「甘え」、「おくゆかしさ」、「かわいそう」などを考えてみても、文化のなかにそういうボキャビュラリーがなかったら、理解することもコミュニケートすることもできないにちがいない。つまり、文化におけるボキャビュラリーの分化の度合に応じて感情も分化し、それは言語によって、それに対応したものとして個人のなかに形づくられるようになるといってもよい。集団というものは、そのような特定の社会の文化を内面化し、一定の精神的心理的構造をそなえた社会化された人間によって構成されるのである。情動や感情は、そのような集団における共通の文化と社会化を基盤として、その人間関係において具体的に現出し作用し合うものなのである。

人間の第一次的社会化は、いうまでもなく家族集団のなかでおこなわれる。家族そのもののなかには、それがおかれた社会の諸関係や文化が貫徹しているばかりか、子どもにとっては、その後のほとんどあらゆる人間関係の萌芽的形態を内包した集団である。家族における社会化は、親子関係を中心として行われるが、それは精神分析がそれからの転移現象として、集団一般の人間関係を説明できるとするほどに基礎的である。とくに母子関係は、あらゆる人間にとっての原体験であり、パーソンズはそこからの分化の過程として社会化をとらえている。私には、パーソンズとはやや違った意味で、この母子関係を中心にした親子関係のなかにこそ、日本人の行動や人間関係を解く一つの鍵があるように思える。そこで以下においては、そのような面から社会学的意味での集団の深層分析の一つの方向を探ってみたい。

五　まず、日本の集団における、リーダーおよびリーダー・フォロワーの関係の特質をとりあげたいが、この点については、すでに中根千枝のすぐれた考察がある(10)。彼女は、社会構成や集団結合の基本的原理として、「資格」と「場(枠)」の二つを識別する。西欧や印度の社会は資格を重視するのにたいして、日本の社会においては、場の原理が優越する。従ってそこでは、集団は異質的なメンバーをかかえこむことになるため、集団の一体感とか情緒的な和がことさら強調され、集団はどうしても親分子分的なタテ組織をもったものになるというのである。これは同族的結合を主従的系譜関係ないし「同統意識」の重視として説明した有賀喜左衛門や、日本社会の構成を家族的擬制とみた川島武宜の理論を、さらに深化したものということができる。

彼女によると、タテ組織の集団においては、リーダーは通常一人であり、集団はその親分を中心にして階統的に構成されるが、リーダーが底辺フォロワーを直接把握することは少なく、フォロワー同志の横の関係も薄弱なものとなる。そのためそこには、サブ・リーダーたちのいずれかを中心にした派閥形成の不可避性と、全体としての集団の分解可能性というものが、つねに伏在することになる。そして、その上にのっかったリーダーは、つねにフォロワーを掌握している直属幹部(サブ・リーダーたち)からつきあげられ、リーダーの行動の自由はフォロワーによって拘束される度合が大きくなる。これは構造的な面からの見事な説明であるが、しかしこの日本のリーダーの弱さは、社会化の観点から、親子関係のあり方によっても説明できるように思われる。

日本の親子関係をめぐる意識としては、父－母－子という三者の関係のうち、父＝母(夫＝妻)関係よりも母＝子の情動的な関係が強く、シンボリックな意味で夫・父不在の状況とでもいうべきものが見出される(11)。それは父自身が子どもから遠ざかるか、結果的に母が子どもを父から遠ざけて自分に引き寄せるようになるかのいずれか、またはその両方なのである。ともかくそこには父＝母連合 coalition of parents(12)よりは、母＝子連合が成立しやすく、父という道具的リーダーよりは、母という表現的なサブ・リーダーが実質的な力をもつ。(ここでパーソンズのように父親を道具的リーダー instrumental leader、母親を表現的リーダー expressive leader と規定することが問題となるが、今はそれに触れないでおこう）。社会化の過程において、このような関係が内面化されたとき、リーダーの権威の形式化とその反動としての威圧的支配がもたらされるが、いきおい陰のリーダー、黒幕的人物、女房役といったものが実質的にリーダーシップをとり、形式的代表者として集団から浮き上ったリーダーは、それらに依存することになるであろう。子どもが母を介して父に何かを述べ、父も母を通して何かをいわせるのと同じように、フォロワーはリーダーのところに直接いかないで、身近かなサブ・リーダーに取り入る。〝口をきいてやる〟〝口をきいてもらう〟というパターンが成りたつことになる。もしそのようなサブ・リーダーがないとすれば、道具的リーダーはそれを補償するものとして、おのずから表面化せざるをえないであろう。

このことの結果として、集団における規範意識の薄弱さがもたらされることになる。一般に集団の方向性とか思想的原理というものを提示し、それをみずから体現して集団に規律をしくのは、道具的リーダーの役割に属する。家族集団においてそれを期待されるのは父親であるが、そのような父親とそれに協力する母親との連合があるとき、子どもにたいする規範的要求つまり社会化はスムーズに行われる。しかし母親と子どもの情動的関係が強く、母子の短絡によって母＝子連合が成立しているところでは、社会化は非効率的なものにならざるを得ない。道具的リーダーとしての父親の司祭する規範や原理は、例えば父親が子どもを叱っているときに、母親が子どもの代りに詫びたり、父親にとりなしてやったり、陰にまわってそっと慰めたりするというような形で、母によってなしくずしにされることになる。そのことによって、子どもは少なくとも精神的・心理的に遵法の厳しさを緩和され、避難場所を得て、原理的要求から逃れることが可能になる。

社会化の過程におけるこのような行動様式ないしは状況認識は、正面からいってだめそうなら裏口からいくとか、誰かに手をまわしてもらうとか、顔のきく人に口をきいてもらうとか、さらには〝将を射んと欲せばまず馬を射よ〟というような行動様式と深く結びついているにちがいない。いずれの場合にも個人のそのような期待に応えてくれる人は、ワーク・グループのリーダーではなく、母親のように表現的役割を演じることを得意とする人間である。かくして集団の規律はゆるめられ、規範はたてまえ化されることになるのであるが、それは社会一般における法意識・規範意識の弱さをも形づくることになるにちがいない。

集団におけるこのような人間関係のあり方や行動様式は、決して家族における社会化の経験を意識的反省的に反復しようとするものではない。それは常に無意識的過程であり、不随意的でさえあるであろう。それは日本人の精神構造に深く根づいているという意味で、それを問題にすることは集団の深層分析の仕事である。そこで次に、個人や集団の情動的側面といわれるものが、いかに文化によって滲透されているかを、より直接的に示す例として、「甘え」の問題をとりあげてみることにしよう。

六　「甘え」ないし「甘える」という概念に最初に着目したのは、土居健郎博士である(13)。土居は精神分析療法を日本の患者について試みているうちに、転移感情として甘えが基調となっていることを発見し、それが欧米語に対応語をもたない日本語独特のものであることに気がついた。そして甘えの概念を使って、森田療法を精神分析的に理解し直し、さらにはそれを一般化して、精神分析理論そのものを本能の観点から再構成しようとする。それは、西欧的文化と論理では十分に把握できないが故に日本独自のものとして発見された甘えを基礎にして、逆により普遍的な理論を作り上げるという試みである。私にはその可能性もそのような努力の意義も必ずしもよく理解できるわけではない。ただ私自身の日本の母子関係の研究(14)のなかでも、甘えの問題は基本的な重要性をもったものとして出てきているので、ここではあくまで日本の個別文化的特殊性という立場から、日本人の行動様式や人間関係を解く一つの鍵として考えてみたい。

甘えとは何か。土居はそれを精神分析的に、口唇期的な受身的依存の感情と考える。甘えはたしかに依存の欲求と無関係ではないであろうが、しかし、なによりも人間関係的であり、特定の他者が自分を特別に受容してくれることを求め、その結果として依存することになるというべきなのではなかろうか。甘えは、自分が無理や我儘をいっても、それは別の他者や世間や公の場ではとても受け入れてもらえないようなものなのであるが、自分との関係では特別に容認してほしいという期待の感情である。それはすぐれて社会的な欲求であり、相手がそれを受容してくれて、それに伴う義務とか義理とかいう規範の適用を免除してくれたとき、個人は初めて安心するのである。つまり甘えは他者との信頼感を確認するあかしであり、それに基づいて安定した依存的人間関係を持続的に保ちたいという願望である。

しかも重要なことは、甘えにはある種の相互性 reciprocity がみられるということである。単に自己が他者に一方的に甘えるだけではなく、他者の側にも甘えて欲しいという見合った感情があるのである。相手が甘えてくるということは、自分と特別に親密な関係に入るということであるから、そういう関係を望むなら甘えてくれる人がいなくてはならない。そして相手の甘えを受け入れたとき、自分も甘えて無理をいうこともできるようになるかもしれない。甘えたい欲求と甘えてほしいという期待があいまって甘えは実現されるが、しかしその相互性は等価・対等でないのが普通である。何故なら依存ということが基本的に誰かが誰かに依存することであるように、より多く依存し甘えるものと、より多くその甘えをゆるす（つまりより少なく甘える）ものとが分化されるからである。いずれにしても、甘え・甘えられる相互的関係ができたとき、両者はともに他者と完全に融合し得たと感じ、孤独感から解放され、確かな存在感覚をもつことができる。逆にいえば、甘えの関係が満たされているところでは、個人の自我意識は、西欧的なそれとはかなり違ったものになるにちがいない。

七　かつて九鬼周三が『いきの構造』を書いたように、いつか『甘えの構造』が書かれる必要があるであろう。しかし、とりあえずここでは、土居の考えを参考にしながら、より社会的なコンテクストのなかで、私なりに考えてみた。

ところで社会化の過程から眺めるなら、そのような精神形態と人間関係のもち方の原型は、やはり母子関係のなかに求められなくてはならない。日本の母のコンセプションの中核には、どんな苦労でもじっと耐えて、子につくす母のイメージがあり、そのコロラリーとして、父とは違って、どんな我儘でも無理でも受容してくれる、心から甘えられる存在としての母の観念がある。そのような子どもにたいして、母の方も心から甘えて欲しいと思い、他方では、いつかは子どもが自分の無理をきいてくれる、自分の苦労を分かってくれるにちがいない、という甘え的な感情がある。子どもにとっては、甘えがそのようにして最初から何の疑問もなく満たされるために、それは当たり前のことのように受けとられ、母はますます子の甘えを引き受けなくてはならなくなる。子どもが取りかえしのつかないこととしてそのことに思い到るのは、はるかに後になってであるが、そこに日本の母の悲劇と、子としての日本人の罪の意識の主要な根源の一つがある。

原体験としての母子関係において刻印された甘えは、その後のさまざまな男性と女性の関係における愛の形態を特色づけるばかりか(15)、およそ親密な信頼関係というものを、甘えの実現として無意識的に反復させることになると考えられる。だから集団におけるリーダーというものはフォロワーを甘えさせるものでなくてはならないし、フォロワーもそれを期待することになる。少しぐらいへまをやっても、無理をいっても、受け入れてくれてもよいはずである。そう思い、それを容認するのが人情というものである。そこではワーク・グループの規範・ルールは貫徹されにくくなるし、相互的甘えが満たされたとき「慣れ合い」関係が生れる。甘えさせない人間は「よそよそしい」し、甘えない人間は「水くさい」のである。かくして道具的リーダーの力は再び弱体化させられるが、それでも大リーダーとなると、他者に甘えさせはするが、自分は控え目にしか甘えないような人間である。

ここで重要なことは、日本の社会においてどこでも・誰れにでも甘えられるのではないということである。公や義理の世界では甘えられないからこそ、甘えられるのが特別な関係になるのであり（公のなかに甘えが入ったとき公は私化される）、〝甘えるんじゃないよ〟はわれわれにとって、非常につき離した冷たいことの代表的コトバである。つまり甘えのグみさかいなく甘える人間も、うまく甘えられない人間も、ともに日本の社会では不適応をおこす。つまり甘えのグラマーがあるのである。ところがこのグラマーは、とくに日本社会の身分階層制と職業の要求する自律性との関係において、不透明で複雑な性格をもつために、たえず人に人間関係を「気にする」ようにしむけ、それに「こだわる」ことを多くする。自己に許容される甘えの量をおしはかって「ひがみ」、甘えの期待がはずれたときに「すねる」ことになる。

要するに甘えは、日本の集団や人間関係における情動の特徴的な発現形態であり、それは日本の文化によって深く滲透されているといわなくてはならない。それはビオンの集団理論でいえば、ベーシック・グループの「結合仮定」に関連したものであろうが、しかしそのような一般的カテゴリーに還元してしまっては、その本質的意味を見落してしまうことになる。

社会学的な意味で集団の深層分析を行おうとするなら、以上述べてきたような、潜在的文化と情動的側面との接点が問題にされる必要があるように思われる。

〔附記〕小論は第四一回日本社会学会大会のテーマ部会『小集団研究の新分野』において報告した「集団の情動的側面と文化の問題」を、編集委員会からの要望によりまとめなおしたものである。

注

1 Redl, F., "Group Emotion and Leadership", in Hare, A.P. et al., eds. *Small Groups*, 1955.
2 Bion, W. R., *Experiences in Groups and Other Papers*, 1961.
3 拙稿「集団の深層理論について」『教育社会学研究』第一五集、一九六〇年。
4 青井和夫「小集団の構造と機能」(『今日の社会心理学』第三巻、培風館、一九六二年)参照。
5 Parsons, T. and Shils, E.A., *Toward a General Theory of Action*, 1954. Parsons, T. and Smelser, N. J., *Economy and Society*, 1956.
6 後の注14をみよ。

7　土居健郎『精神分析』創之社、一九六七年。

8　J・I・キツセ、山村賢明「現代日本における個人的責任の意識」『社会学評論』五三号、一九六三年。

9　拙稿「パーソナリティの社会的形成」馬場四郎他『社会学』玉川大学、一九六八年。

10　中根千枝『タテ社会の人間関係』講談社、一九六七年。

11　後の注をみよ。

12　Parsons, T. et Bales, R. F., *Family, Socialization and Interaction Process*, 1956.

13　土居前掲書。Doi, L. T., "Amae: A Key Concept for Understanding Japanese Personality Structure", in Smith and Beardsley, *Japanese Culture*, 1962. Ditto, "Giri-Ninjo: An Interpretation".

14　「親子関係と子どもの社会化――文化の観点から」『教育社会学研究』第一九集、一九六四年、「テレビ・ドラマのなかの母」『人間の科学』一九六四年五月号、「テレビにみる母の虚像と実像」同八月号、「〝知名人〟にみる日本の母のコンセプション」『社会学評論』六五号、一九六六年など。これらの結果を一般向きに要約的説明したものとして、「子どもはほんとうに母親が好きか」『婦人公論』、一九六八年、九月号。

15　拙稿「性差を規定するもの――その社会学的考察」『児童心理』一二月号、一九六八年。

8章　現代日本の子ども観

人間の生活というものは、必ずしも科学的原理や理論というものによって営まれているものではない。体系だった単一の思想によって導かれているものでもない。むしろ、人間の日常生活の相当部分は、歴史の流れのなかで自然に形成され、その社会の人々に共有されるようになった、常識的な諸観念というものにのっかって動いているように思われる。

もちろん偉大な思想家のうみ出した思想が、一定の時代の一定の社会の生活にインパクトを与えるということはあったし、学問研究の成果が導入されて、社会生活が変えられるということも事実である。

しかし社会についてのどんな思想や理論も、それを生み出した人間の生活していた（している）社会において、疑いようもないほど常識であるとみなされているような、そういう基礎的諸観念から、完全に切れおおすことはできないであろう。また科学的学問的研究の成果が社会のなかに取り入れられるといっても、その社会のそのような常識的諸観念との接合なしには不可能なことである。そのようなものが社会の基層に様々なかたちで存在しているということが、政治・経済的側面に革命的変化があっても、なおその社会が一定の同一性（identity）をもったものとして存続しうる理由の一つである。

このことは、いい方をかえれば、表面上どんなに合理的に組織され、科学的根拠に基づいて行なわれている社会的活動でも、その皮を一枚ずつはがしてゆけば、結局常識的な諸観念にゆきつく、ということである。そのような基層は、クラックホーン（C. Kluckhohn）によって「潜在的文化」と呼ばれたものである(1)。それは不変なものでないまでも、変化しにくいものであり、社会の表層的変化と同じ歩調で変わってゆくものでないことは確かである。

ところで、ここで取りあげようとする「子ども観」というものも、実はそのような常識的観念の一つであるといえよう。どの社会にも、〃子どもとはかくかくのものである〃という一定の社会的観念があって、それはふだんはとりたて問題にされることもないような常識的な観念として人びとの間にわけもたれている。親が自分の子どもをしつけようとするときにも、他人の子どもをほめるときにも、そして教師が教室で児童の教育を行なうときにも、そのような観念が無意識に前提されているのである。教育の専門家としての教師の場合や、さらには子どもを研究対象としている心理学者の場合などにおいては、そのような観念が意識化されたり、科学的知識によって変更されたりすることはある。しかし日常生活の場における親子関係などのなかでは、常識的観念としての子ども観がはたらく度合ははるかに大きいであろう。

このように子ども観は、子どもとはこんなものであるという文化による定義なのである。一般に子ども観ないし児童観というときには、ルソーの子ども観とか、貝原益軒の児童観というように、思想としての子どもの観方をいうことが多い。しかしここでとりあげようとするのは、いわば「社会的事実」としての子ども観であり、それが日本の社会においてどのようなものであるか、またとくに今日のような変革期において、それがどのようなものになりつつあるかを考えてみたいと思う。「社会的事実」としての子ども観ということは、日本の子ども観についての階層による違いや個人差をみるということよりも、むしろ共通性の相においてそれをつかまえるということでもある。子どものしつけや扱い方において、それから著しく逸脱したときには、社会的な非難をうけたり、周囲に違和感を与えたりするような性格をもったものである。子ども観といっても、心理学などからみれば、最近波多野完治氏が問題としているように、子どもの発達段階に応じて幼児観と児童観とを区別する必要があるであろう(2)。しかしここで子ども観というときには、おとなと区別されたものとしての子ども、おとなになる以前の存在としての子どもといった、おおまかな意味に理解することにしたい。

そして、子ども観といってもさまざまな側面をもっているが、とりあえず次の六つの面に限って考えてみたい。

(1) 子どもを生むことの意味、
(2) 子どもの本性をどうみるか、
(3) 子どもの成長・発達の仕方、
(4) 子どもはおとなとどう区別されるか、
(5) 子どもは親とどんな関係にあるものと考えるか、
(6) 社会的存在としての子どもの見方・扱い方。

1 「生まれるもの」と「産むもの」

子ども観を考えるにあたっては、まず子どもがどのようにして生存するようになるかということ、つまり赤ん坊の生まれ方についての観念を問題にしなくてはならない。それについて長いこといわれてきたことは、子どもは「恵まれるもの」、「さずかりもの」であるということであった。

といっても、かつてマリノウスキー(B. K. Malinowski)の調査したトロブリアンド島民のように、妊娠についての生理学的知識について無知であったわけではない。よく知られているように、トロブリアンド部族の場合には、子どもの出産について父親は全然関係のないものとみなされ、赤ん坊はまったく母親のなかで単独に、その血液から生成されてくるものと考えられていたのである(3)。そのきっかけをつくるものは聖なるバロマ(霊魂)であるから、その場合には、まさに子どもは授けられるものであったといえるのかもしれない。

しかし妊娠の知識のあるわれわれの社会において、「さずかりもの」というときには、子どもは生まれるものであるという観念が前提になっていたにちがいない。たしかに妊娠は両性の性的結合の結果おこることではあっても、逆に性的結合が必ず妊娠と出産をもたらすとは限らない。そこにはまだ受精のタイミングの問題があり、さらに妊娠したにしても、なおめでたく出産するまでにいたるさまざまな身体医学的な障碍もあった。つまり、確実に子どもをもうけるという確率は、今日よりはるかに低かったという意味で、なお「恵まれるもの」「さずかりもの」という意識が働く余地が残されていた。子授けや子安についての神仏への祈願と感謝の諸習俗は、そのことを示している。そこには、単に子どもを得るということが、親の意志一つでできることではないというだけではなく、天ないし神仏によって授かるものであるが故に、そうして生まれた子どもはだいじに育てられなくてはならない、という意味がこめられていたのである。

そういう意識は、社会＝経済的水準が向上し、医学の進歩した今日では、当然稀薄化するが、さらにそれを決定的にしたのは避妊の知識・技術である。人間にとって避妊による計画出産が可能になったのは、およそ八〇年前といわれるが、毎日新聞社の人口問題調査会の全国調査(4)によると、昭和四四年の日本の避妊経験者は、有配偶女子の七一・二パーセントにのぼっている。これとは別に人工妊娠中絶も、やや減少傾向にあるとはいえ、四三年度だけで七五七、三八九件を記録しているが、闇で行なわれたものが少なくともそれと同数位あると推定されている。(結局年間出生人口とほぼ同数の中絶が行なわれているとみられ、まさに日本は〝堕胎天国〟といわれるゆえんである。)

その結果として、日本の出生率は一八・四(四三年度の千分比)となり、一人あたりの女子の出生力は世界でも最低の部に落ち込み、人口の静止限界を割ってきた。そこで人口問題審議会では、日本の人口を維持するためには、近い将来死亡率が改善されることを考慮しても、日本の女性は、平均二・一三人の子どもを産む必要がある、と強調するまでになったのである。

それにしても七〇パーセントを越える避妊の経験率は、昭和二五年の二八・六パーセントに比べて著しい伸びを示しており、避妊を経験しないものの多くが子どもを望んでいる人たちであることを考えると、産児調節を必要とする者のほとんどが避妊を実行していることがわかる。また、同じ毎日新聞の調査には、避妊に失敗して妊娠したらどうするか、という質問がある。これにたいして、その時は「子どもを産む」というもの四二・八パーセント、「中絶をうける」というもの三七・五パーセントという回答がなされているが、これをみても、かなりのものが避妊―失敗―中絶という手順を踏んでいることがわかる。さらに、四一年の丙午（ひのえうま）の年には一三・七四とかってない低い出産率であったものが、翌年には一九・三〇とはね上ったことからも、いかに出産がコントロールされているかがうかがえるであろう。

ようするに産児調節、計画出産という考え方は、日本の社会のなかに定着したのである（それを肯定するものは八四・六パーセント）。それは妊娠から出産、育児にいたる医学的知識・技術の向上とそれによる安全性・確実性の増大とあいまって、子どもを生むことについての観念を大きく変えることになったのである。つまり妊娠・出産は自然的なものから人為的なものになり、子どもは「生れ授かるもの」から「産むもの」になってきたのである。その辺の実態を私自身も企画の段階で参加した全国教育研究所連盟の第一次共同研究(5)でみると、愛知県の場合次のようになっている。子どもはさずかりものだという考え方をどう思うか、という質問にたいして、そう思うというもの三九・四パーセント、親の意思で産むものと思うというもの五一・七パーセント、その他九・四パーセントである。意思によって産むものと考える方が全体として多いのであるが、その内容をさらに細かくみると、母親より父親においてやや高く、農山村部より都市化地域において、また年輩者より年少者において、かなり「産むもの」と考える率が高くなっている。このことから、現在でも四割近くの人が「授かりもの」と考えているにしても、今後、親の意思で産むものだとする意識がさらに一般化する傾向がみてとれる。すでに母胎による人工授精が許容され、これから体外受精が可能になるとすれば、ますますその傾向は支配的になるであろう。

そこまでいかなくても、ともかく今日の親にとって、子どもを産むか産まないかは、身体的、経済的その他の諸条件と照らし合わせて、意思決定すべき問題となった。その意思決定をめぐって、今日の親は、出産が不可避的自然であった時代の親が味わった「子だくさん」による苦しさとは異質的な、悩みと不安と罪悪感にとらえられることになる。それが最も深く現われるのは、避妊の失敗の結果としての人工妊娠中絶のときである。さきの毎日新聞の調査でも、六二・六パーセントの人が条件つきで中絶を認めながらも、中絶経験者の六三・七パーセントが罪悪感を表明している。日本のように産児調節についての、宗教的戒律の厳しくないところにおいてさえ、そのことを「別に気にとめなかった」という親は一五パーセントにすぎないのである。

中絶は合理的計画出産のもつ平静さを、ときとして奥深いところでゆさぶるような不安を、親とくに母親のなかにうえつける。しかしそれにいたる以前の、子どもをつくるべきかどうかという日常的問題自体も、現代の親にとっては悩みの種である。ごく最近新聞に現われた次のような「身上相談」にも、それがうかがえる。

「三十歳を越したばかりの夫婦で、四歳の男の子がおります。結婚四年目に家を建て、出産をしました。計画に従えばもう一人出産の予定でしたが、現実問題として借金に追われ、とても二人目どころではありません。注意が足りず二度中絶しました。……もう一人産んで育てなければならない義務があるでしょうか……」。(埼玉県・T子(6))

子どもをつくるべきかどうかの悩みは、このような経済的条件だけでなく、その他住宅事情、親の年齢、子どものきょうだい数などとの関連においても、しばしば問題とされるところである。しかし子どもをつくることが、このように人為化され計画化されたとき、それを一歩おし進めると、子どもを産むこと自体の意義が問われるようにならざるをえないのである。現代日本の母親たちは、平均して二人の子どもを現実に産み、彼女たちの約半数は、理想として三人の子どもを望んでいる。しかし今日の親にとって、その子どもはどんな意味をもったものとみなされているのか、そこにどんな期待がこめられているのであろうか。

トロブリアンド島民においては、女性は子どもを多く産むことがほめられるべきこととされていたが、それは、人数がふえることによって、その親族が強固なものになる、と考えられていたからであった。それと類似の考え方はかつての日本においてもみられた。子どもが多いということは、何か事があったとき、またはいざというとき、力になるといわれたものである。そしてより一般的には、子どもは労働力の補充であり、家のあとつぎと考えられたのである。

よくいわれる「一姫二太郎」ということばには、最初が女の子であった方が親にとって育てやすいし、女の子の方が比較的小さいうちから母親の役に立つという意味がこめられているようである。しかし男の子の方が後で生まれた方がよいということには、家長がまだ若いうちに男の子があまり早くおとなになってしまうと、家の継承の問題が出てくるので都合が悪い、という意味が含まれているという（松原治郎氏による）。いずれにしても、子どもが「家」との関係において意義づけられていたことは確かである。家とは家長をたて、先祖の祭礼を行ない、家業・家産を中心にして、家長の統率のもとに家族が世代を超えて存続・繁栄してゆくことを重視する制度体である。そのような家にとっては、子どもが生まれるということは、最低必要条件だったのである。子どもによってまず家の血筋を絶やさないですむ。家長の統率のもとに多くの子どもが力を合わせて労働することによって、家の繁栄がもたらされ、親の生活と死後の祭りは子どもによって保障されるのである。「子宝」に恵まれるということは、まさにそういう子どもの意義を、包括的に表現したものである。木下竜太郎氏によると、近世の農民にとって、「子宝」は現世と来世との二重の意味での未来を保障する生きた財宝であって、そういう未来への期待が彼らの生活での、ほとんど唯一の心の支えになっていた(7)という。

しかし、産業・経済の発展とともに家の制度が崩壊し、家庭が主要な生産の場ではなくなり、家族構成において核家族化が進行するとき、当然家との関係における子どもの意義づけも変わってこなくてはならない。質問の出し方に多少問題はあるが、先の全国教育研究所連盟の調査によると、子どもを生み育てることの意義として、育てること自体に楽しみがあるとするものが三二・六パーセントで最も多く、次に、子どもは親にとって愛情の対象となるというものが二〇・五パーセントを占め、自分のできなかったことをやらせるとか、家をつがせるためとかいうものは、それぞれ一六〜七パーセントにすぎない。とくに農家と団地とを対象とした調査の場合には、(前の調査とカテゴリーが違う点が問題ではあるが)、子どもを育てることを楽しみとして意義づけるものが全体で五四パーセント、自分の家をつがせるものとしてみるもの二〇パーセント、自分のできなかったことをやらせたいと、老後の面倒をみてもらいたいというものがそれぞれ一三パーセントとなっている。家をついでもらうものという点については、農家の場合にはまだ三六パーセントあるのに、団地ではわずかに四パーセントである。しかし別の質問をみると、長男が生まれると「後つぎができた」と喜ぶものが、農家で七六パーセント、団地で六〇パーセントもいるのであるから、必ずしも額面通りには受け取れない微妙さがあるのかもしれない。同じことは、老後の面倒を子どもに期待するかどうか、についてもいえるであろう。(しかし毎日新聞の全国調査によると、老後について子どもを頼りにしているというものは、昭和二五年の六〇パーセントから、四四年には二九パーセント弱に減少していることが示されているのである。)

このように、家との関係で子どもをみる観方はそれほど多くないのに反して、特徴的なことは、子どもを楽しみの対象としてみる者が著しく多いということである。それは当然「子宝」的子ども観のなかにもあったであろうが、今日ではむしろそれが前面に出てきているところに特徴があるといえそうである。ここでやや古いが、デニソン(C. P. Dennison)という人が一九四〇年に発表したアメリカでの調査結果をみてみよう。四〇〇人のプリンストンの大学院生が子どもを望む理由は次のようなものである。子どもと親密な交わり companionship が得られるから

—八二パーセント、家系 family line を存続させるため—六六パーセント（これは意外であるが、一つには調査の方法や対象に関係があると思われる）、新しい生命の創造発達の楽しみ—六三パーセント、老後に子どもとの親密な交わりがえられるから—四八パーセント、その他となっている。家族社会学者ウインチ（R. F. Winch）は、この結果を要約して、アメリカ人にとって子どもをもつということの意味は、精神的なものであって、経済的なものではないと述べている(8)が、同様のことが、今日の日本における子ども観についてもいえるようになってきているものであろう。

核家族化の進行のなかで、子どもは家との関係づけから解き放たれ、主として親の精神的楽しみの対象とみなされているというところに、今日の子ども観の一般的傾向があるように思える。しかし楽しみということになれば、親はその対象を子どもに求めなくてはならないという必然性は、必ずしもないということになる。つまりそれは親の価値観や人間としての生き方の問題にかかわってくるのである。核家族というものが、夫婦の愛による結合を中心にして形成され、その自由な生活を楽しむことが第一義的目標となるとき、子どもを生み育てることは、あまりに大きな負担となることに、改めて気づかされることになる。今日子どもを欲しくないという妻は〇・七パーセントしかいないが、男性ではその比率はもう少し大きくなるであろうし、今後その傾向は増えることはあっても減ることはないであろう。そこでは子どもをいつ何人生むかが計画されるのではなく、そもそも子どもをつくるかつくらないかが選択されるのである。

そのようなラディカルな形での悩みは、現代の日本において、それほど表面化しているわけではないが、夫婦の生き方に関連して、とくに妻が職業をもち、社会的活動に自分自身の人生の意義を見出している場合には、すでに子どもは相当な障碍として意識されていることは多い。出産と育児によって、それだけ自分が社会から取り残されていくという不安とあせりが生ずるのである。かくして現代社会においては、子どもを生み育てるということは、改めて考えるのもおろかなほどの自然性をもったものから、自覚化されたものとなった。そして子どもは、主として精神的な楽しみの対象として、親の意志によって計画的に産むものとなってきているが、同時に他方では、親自身の生活の楽しみを、何ほどか延期させひかえさすようなものとして、観念されるようになってきたのである。最近の「今日は赤ちゃん」というＮＨＫテレビの教養番組で、ある夫婦が語った次のような言葉のなかに、今日の日本の子ども観の一般的あり方が象徴的に示されている。

「自分たちの生活の充実のために、やっぱり子どもは欲しい……」

「夫婦の楽しみはしばらくおあずけです。子どもたちが大きくなったら、自分たちだけの時間をもちたいです。……それでも子どもはさずかりものですからね。おかげさまで皆いい子に育って……」。

２　子どもの本性と大人

さて、子どもを産むということが、どのように意識され意義づけられるかということの次に問題になるのは、そのようにして生まれた子どもは、一般にどんな本性 nature をもったものとみなされるか、ということである。その意味での子ども観は、社会によって異なることはもちろんであり、またその社会の基礎的な人間観というものと、深く結びついているにちがいない。しかしここでは、日本の社会において常識的に、おとなとの関係で子どもとはどんな性格をもったものであるとみなされているかを中心に考えてみたい。

そのような点についての研究は、今までのところそう数多くあるわけではないが、育児についての考え方を通して子ども観をみようとする試みがいくつか出されている。たとえばアメリカについては、サンレイ（R. Sunley）やウォルフェンシュタイン（M. Wolfenstein）によって育児についての雑誌や書物の内容分析が行なわれている(9)。

サンレイは一九世紀前半の育児書の分析を通して、当時のアメリカの子ども観は、カルヴィニズムの教義に支配されたものであることを明らかにした。つまり子どもというものは、生まれつき邪悪なものであり、危険な衝動をもっているので、放っておけば一生堕落してしまう。それをさけるには、慎重な注意と厳格なしつけが必要であるというのである。

このような子ども観は、ルソーの思想やフロイドの学問がひろまると、修正をせまられることになる。それでもウォルフェンシュタインによると、一九四〇年頃までは、子どもの強烈でしかも危険な衝動を、どのように処理するかが親たちの重要な関心事とされていた。しかし一九四二年以後になると、子どもはほとんどまったく邪悪なものではなく、衝動は偶然的であり、エロティックな行為もむしろ子どもの探求心や退屈からくるものだとされるようになった。したがって、それは子どもの遊びの一種であるから、その楽しみは満たされることがよいことであり、親の育児も子どもと一緒に楽しむというような形で行なうべきだ、というような考えに変わってきたというのである。

このような研究をみて波多野完治氏は、結局アメリカの児童観には、カルヴィニズム対汎愛主義という二つの流れがあるとみる(10)。ウォルフェンシュタインのいう fan morality までも汎愛主義のなかに含めてよいかどうかは疑問のあるところであるが、さらに同氏は日本ではルソーより数十年前に、すでにそれに類似した対立がみられたということを指摘している。つまり貝原益軒と中江藤樹との対立がそれだというのである。『和俗童子訓』の中での益軒の考え方は、「いとけなき時より、はやく気ずいをおさへて、私欲をゆるすべからず。愛をすごせば驕出来、其子のためわざはひとなる」というような幼時からの厳しいしつけである。それにたいして『教子報』における藤樹のそれは、「童部わざ、たはぶれごとなどをば、その子の心にまかせてあながちにいましめ制すべからず。いかんとなればこれらのわざは年たけぬればをのずからなをるものなり。……幼少の時より成人のもののふるまひをさせんといましめるによって、その心すくみ気屈していなものになるものなり。」というように小さいうちは放任がよいというものであった。

たしかに、アメリカにしても日本にしてもそれぞれの二つの考えの間に違いがあることは否定できないであろう。しかし私としては、両社会における対立的考え方の類似性よりも、むしろアメリカと日本とでは、二つの対立的な考え方のいずれに比重がかけられているかに関心をそそられる。つまりその社会の伝統的・常識的な子ども観としては、二つの観方のうちいずれが一般的かまたは根強いかということである。そのようなことを軽々しく断定することは困難かもしれないが、あえていえば、アメリカなどにおいては「性悪説」的な子ども観が強く、日本の社会においては、「性善説」的な子ども観の方に傾いているといえるのではなかろうか。

波多野氏もいっておられるように、ルソーの思想がアメリカ東部などにおいて非常ないきおいでひろがり、小学校などでは、子どもを自然のなかにおいて、自由に育てるということが行なわれたにしても、家庭でのしつけは、依然としてカルヴィニズムの禁欲的考え方で行なわれてきた。そして後にフロイド学説が普及することによって、子どもの衝動を一方的に抑圧するという仕方に変更が加えられたにしても、そもそもフロイド説は、小児に性欲や破壊的衝動を認めるという点で、やはり「性悪説」として機能したといわなくてはならない。ウォルフェンシュタインも、アメリカの育児観の変動をみるなかで、「ピューリタニズムからなされる衝動の非難は、この〔子どもの衝動は無害なものだという〕置き換えにもなお執拗にくいさがってくるようだ」と述べている。

これにたいして、日本の子ども観は民衆の常識的観念としては、むしろ伝統的に「性善説」的なものではなかったかと思われる。たしかに貝原益軒の思想においては、子どもが「悪にうつらざる先に」早くから厳しくしつけてしまわなければならないということが強調されてはいる。しかしそれは決して子どもの本性を邪悪なものとみていたわけではない。むしろ石川謙が言及しているように(11)「養ハ謂フ下涵育薫陶ノ之功無クシテ二間断一。而俟ツヲ中其自上他化スルヲ。」という考え方が基礎にあったのである。その上で早期に方向づけをすることによって、「おのずから善にすすみやすし」と考えたのであり、内からなる力の自然の発展をまとうとしたのである。

さらに注意すべきことは、益軒の『和俗童子訓』には、当時の民衆の一般的常識的観念にたいする批判の意味がこめられていたということである。「凡（そ）小児のおしえ（教）は、はやくすべし。しかるに凡俗の知なき人は、小児をはやくおしゆれば、気くじけてあしく、只、其心にまかせてをくべし、後に知恵出くれば、ひとりよくなるといふ。是必（ず）、おろかなる人のいふ事なり。此言大なる妨なり(12)」つまり「凡俗」の民衆は益軒のようには子どもをみていなかったということである。この意味では、益軒が批判者であったとすれば、中江藤樹はむしろ、一般民衆の子ども観の代弁者であったといえるであろう。藤樹によっていわれた「年たけぬればをのずからなをるもの」だ、小さいときから大人のように行動させようとしつけると、かえって「その心すくみ気屈していなものになる」という考え方の奥には、子どもの本性にたいする楽観的な観方がある。それは子ども「性善説」とまでいえないにしても、少なくとも邪悪視していないことはたしかである。

そのような子ども観は、今日なお生きつづけているように思われる。たとえば書物片手に、または科学的知識をたよりに、子どもを基準に合わせてしつけようとする若い親たちをみて、祖父母たちはしばしば、〝そんな小さいうちからしたらかわいそうだ〟〝子どもにそんなことをいっても無理だ〟〝大きくなれば、ひとりでにわかるようになる〟というようなことばをもらす。そこには子どもの善なる自然への信頼があるのである。またあんまり子どもをコントロールするとかえって駄目になるという点に関しては、次のようなことが思い出される。かつて非行少年たちに彼らが受けたしつけについて面接調査していたときのことである。彼らは非行化する一連の過程のなかで、しばしば親たちから叱られるのであるが、そのなかで、父親または母親が「（何々といって）それ以上おこらなかった」というような陳述をすることがある。それにたいして「それはどうしてだと思いますか」という質問をすると、彼らの何人かは、「（父または母は）それ以上おこると、子どもがかえって反抗的になり悪くなると思ったから」というように答えるのである。これは子どもの側からの解釈であるが、それは親の思考様式を反映したものとみてよいであろう。親がそれ以上おこるとかえって子どもが悪くなり、ひねくれると考えてコントロールをひかえるのは、やはりそれによって子どもの善なる本性をそこなうことをおそれるからだ、といえないだろうか。

〔補注〕

もちろんそこには、子どもの非行をなるべく家族内にとどめて拡大を防ごうという配慮もあるであろう。しかしそれ以上に、より直接的には、子どもを讃めたりおだてたりしてしつけるという、日本の子どもの社会化の一般的テクニックに関係していると考えられる。だから親は「よい子」だという子どもの自己概念の枠による自己統御が放棄されるのをおそれるという解釈もなりたつ。しかしそれにしても讃めることによる社会化というものは、やはり子どもを本来善とみなすという仮定に合わせてなされているといえるであろう。

しかしながら子どものなかに邪悪な本性を認めず、放っておいても自然に善なるものが現われるという考え方は、フロイド学説や発達についての心理学的研究が普及するにつれて、またそれを背景とした「教育熱」のたかまりによって、変わってこざるを得ない。参考までに、全国教育研究所連盟の第二次全国調査(13)によって、それに関連した考え方をみてみると次のようになっている。

1　子どもは親があまり手をかけなくてもひとりでに育ってゆくものである。……父親＝11％　母親＝9％
2　子どもは小さいときに、親がしっかりしつけておく必要がある。……父親＝75％　母親＝73％
3　どちらともいえない……父親＝14％　母親＝18％

子どもの育て方についてのこの質問における選択肢は、ここで私が問題にしてきたものとはかなり違った性格をもったものである。「手をかけなくとも育つ」というのと、時がくれば自然にわかるようになる善なる性をもつというのとの間にはかなりの距りがあるし、また「小さいときに……しっかりしつけておく必要がある」ということと、堕落した悪の本性を幼時のうちに矯めなくてはならないということとの違いも大きい。そういう意味で、この調査項目の焦点は漠然としているが、それでも、幼時にきびしくしつけようという今日の傾向性だけはうかがえそうである。そうだとすれば、アメリカ社会などの子ども観が、「性悪説」的なものから、子どもの本性を無害な好ましい（beneficent）ものとみる観方へと移行するのとは丁度逆の形で、日本の子ども観は、「性善説」的なものから、子どもの本性のなかに悪への傾向を認めるものへと傾いてきた、といえるかもしれない。しかし思想や意見としてはともかく、現実の日常生活のなかで、はたしてどれほど「しっかりしつけて」いるかには、疑問の余地がかなりある。たとえば私自身の日本の母親についての一連の研究(14)などを通してみてもそうである。子どもを甘やかすのは母親の当然の資質の一つのようにみなされ、母親はためには非人間的とさえいえるような子どもの過度の「甘え」にたいしても、子どもに直接面と向ってそのことの自覚を要求することは少ない。母親はそのうちにいつかは、子どもも自分の苦労をわかってくれるようになるに違いないと考えているのであり、そのしつけは明示的というよりは、むしろ黙示的ですらある。そこにはなお、ここでいう意味での子ども「性善説」的なものが多分に感じられるのである。

そのことは、視角をかえて、子どもはおとなとどのような違いをもったものと一般的に観念されているか、という面から日本の子ども観を考察したときに、もっとはっきりするであろう。

どこの社会においても、子どもというものは、大人と比べて無邪気な汚れないものと映ずる面をもっているにちがいない。いかに子ども「性悪説」的な観点に立つ社会であっても、大人の目に子どもがそのようにうつる瞬間や一定の状況というものはあるにちがいない。失われた子ども時代へのノスタルジーをこめて、文学作品や映画などのなかで、子どもはそのようなものとして描かれることが多い。ウォルフェンシュタインは、現代の欧米四カ国の映画にあらわれた子どものイメージを、それぞれ次のように分析している(15)。イタリア映画においては、子どもは救済者（saviour）として現われ、その苦しみや犠牲ないしは無垢な魂によって、人びとを悪から目覚めさせる。フランス映画においては、子ども時代の失望を喚び起すものとして描かれる。子どもの愛の夢は破られ、それは大人の性格との対比で心をうつものではあるが、大人を変えるようなものではない。それと対照的にイギリス映画においては、子どもはおとなにたいして信頼と尊敬を寄せ、おとなはそれを裏切らないように、良心的にまた自己犠牲的にこたえようとする。またアメリカ映画では、子どもは英雄のイメージの担い手として現われる。子どもは自分の父親を越える人間を夢みるのであるが、幸いにもそういう理想的人物が現われて、子どもに光明を与える。

このような社会によるニュアンスの違いはあるが、しかし子どもたちは、概しておとなよりもノーブルなものとして描かれ、それぞれに美徳や善行の試金石という機能を演じ、道徳的理想を表現しているという。同様のことは、日本の映画をも含めた佐藤忠男氏の興味深い評論『映画子ども論』においても指摘されている。どこの社会においても子どもがそのようなものとして描かれることに関して、ウォルフェンシュタインは、一つにはフロイドのいう「幼時健忘症」(infantileamnesia)によって、大人は子ども時代のうごめく欲望を忘れてしまうからであり、二つには、おとなのいだく善なるものへの願望が、子どもによって引き起こされ、子どもにプロジェクトされるからであると説明している。たしかにそうであろうが、しかし日本の場合、他の社会とは違った文化としての特徴が見られるように思う。

そのことは、日本の映画のなかの子どもについての、佐藤氏の指摘にもうかがえる。彼によると、日本の映画には子どもというものは、例外はあってもたいていの場合、おとなの失ってしまった純真さの美徳の権化のような役割を担って登場する。そしてそこには、おとなが子どもをどう教育していくかという主題より、むしろ子どもの純真さにおとながどう心を洗われるか、という主題が前面に出てくる。親と子の関係にしても、だらしない親と賢明な子どもを対比させた作品が主流をしめ、その方が立派な親を出すよりも、芸術的にリアリティがあり、迫真力のある作品になっているという。しかも、もし立派な親が登場する映画であっても、母親のやさしい愛情といったものが主となり、人生とはこういうものだ、だからこう生きなければならない、ということを諄々と子に説き聞かせる父親が登場するなどということは、滅多にないという。

たとえば、子どもの登場する西部劇の名作『シェーン』は、日本でいえば一種の股旅ものであるが、これについての佐藤氏の指摘は説得的である。（この映画は、ウォルフェンシュタインの分析でもとりあげられている）。日本の股旅ものであれば、やくざは俺も小さい頃はこのように純真で汚れなかったものだ、と感慨にふけるような対象として子どもは登場する。そして自分の現在を恥じているから、シェーンのように、子どもに拳銃の射ち方など教えはしない。むしろ、おじさんのような人間になってはいけないよ、といったことをいうのである。シェーンも最後には拳銃つかいに憧れてはいけないといったことを述べて、子どもの前から去るが、しかしそれは自分の生き方を恥じているからなのではない。拳銃つかいの本来の生き方はこういうものだ、人生とはこうも厳しいものだ、人間は孤独にたえて生きる豪毅な精神をもたなくてはならない、ということを身をもって教えようとしたからだというのである(16)。

ここで重要なことは、日本の場合には子どもが善であるということが、おとなはそれに比べて駄目だということの強調において観念されているということである。子どもは単にイノセントでものを知らないということだけでなく、おとなは知ってもらっては困るようなうしろめたさをもったもの、本来子どもにとって恥ずべきものという考え方が強いのではないかということである。大人の生活についての、臆するところのない肯定がみられない。そこから、なるべく子どもには大人の生活をみせたくない、子どもに大人の世界を知らせるのを遅らせたいという傾向が生まれることになる。そしてそれは、親が、あるところまでゆくと、それ以上子どもをコントロールすることを控える、という先に触れた問題とも無関係ではないのかもしれない。

しかしそれはともかくとして、子どもを大人とは違ったものとみる日本の子ども観は、民俗学においては、さらに徹底したものとして捉えられている。柳田国男をはじめとする民俗学者たちが一致して認めるところによると、日本の伝統的社会においては、子どもはほとんど神と同一視されていたのである。大人と違って汚れなきものとしての子どもは、神のそば近くつかえるというだけではなく、地域社会の神社の祭礼においても、家庭における多くの年中行事のなかでも、子どもは祭り事の最も重要な部分を担当することが多かった。そして「依りまし」の役割を負って、子どもは神意の代弁者とみなされたのであり、とくに七才までは地方によっては、子どもは「神のうち」とされたのである(17)。

宮本常一氏によると、子どもにたいするそのような神聖観がくずれたのは、明治以降の近代教育のなかであるというが、たしかに今日それは表面的には影をひそめてきた。しかしそのような文化的伝統を背景にして、現代の日本の子ども観が、なお多分に「性善説」的な性格をとどめていることは確かである。少なくとも子どもを、性来悪をもったもの・堕落したものとみて扱おうとはしていない。もし悪い子どもがいるとするなら、そしてそれは事実否定できないことではあるが、それは環境や大人の影響によって後からそうなったのである。朱にまじわったからだと考えるのである。そこから、子どもの本性を善とみながら、しかも教育やしつけを重視するという、一見逆説的な事態がみられるようになる。そこで次には、子どもを親や社会との結びつきのなかでどうみているか、という側面を検討しなくてはならない。

3　子どもの社会的位置づけ

子どもは、いうまでもなく特定の親のもとに生まれるが、親と子は家族という集団をなしており、その家族は一定の社会の中に存在している。だから子どもは当然その家族だけでなくその社会のメンバーとなってゆくものである。そこで子どもは親、家族、社会との関係で、どんな位置づけや関係づけをうけているか、ということが問題となる。

子どもが家との関係において意味づけられることはすでに述べた通りであるが、社会の人々からは、子どもはまずその親と同一視されるのが普通であった。日本には古くから「縁坐」の思想があり、一人が何かの罪を犯した場合、その近親者も罰せられるということが行なわれてきた。それはとくに武家社会において厳しく、後にはその連累（けいるい）は一族だけでなく、近隣社会にまで及んだ。それはもちろん社会統制上の便宜にもとづくものであったが、しかしそれには個人と集団を同一視する観念があずかっていたと考えられる。とくにそれは親子の間において強く働いていた。今日では親の罪によって子まで罰せられるということは法的にはなくなったが、子どもが罪を犯すのは、たとえその子が大きくなった段階でも、やはり親が悪いのだという考え方は、まだかなり残っている。そのような場合、親は道義的責任を感じて、職を辞するということがよく行なわれる。

親と子が社会的に一体視されるということは、親の社会的地位が、そのまま子ども同士のランキングをつくるということにもなる。かつて武士層におけるほどひどくはないにしても、例えば会社でのハイアラーキーをそのまま持ち込む今日の社員住宅地などでもその傾向はみられる。そこでは本来対等であり、「達成された地位」（achieved status）をうるべき子どもが、親の位によって支配されることになる。さらに一般的な例をあげれば、日本の村落社会における「子供本位家族呼称法」ということがある。人を呼ぶのに、子どもができる前にはその名前や苗字で呼んでいても、子どもができると、「誰々のお父さん」、「誰々のお母さん」というように、子どもの名前を冠して呼ばれるようになるのである(18)。

このような社会の側からする親子の一体視とともに、親自身も子どもを自分と一身同体のようにみなしていた。人の短所を笑うときにはその母親のことが引き合いに出され、けんか口論のときには、自分の息子の自慢をして相手をへこまそうとする(19)。子どものけんかに親がかってでることも一般的であり、子どもの失敗には、そばから親が子に代わってあやまるのも普通である。そのような子どもを自分の一部分とするような傾向は、母親において特に顕著であるが、父親とて、職業移動の激しくない時代には、自分の家のあとをつぎ、自分と同じような人間になるものとして、子どもとの一体感を強くもっていた。

ところで、日本の伝統的な「常識的観念」としての子ども観は、単に親や家との一体性において子どもをみるだけに留まらない。さらに一族や地域社会全体との関わりにおいて子どもを位置づけるところに、その重要な特徴があるのである。それは民俗学が伝えるような、子どもの誕生から一人前になるまでの、さまざまな慣習のなかに現われている。

たとえば生後三〇日前後に行なわれることの多い宮参りは、その子どもを氏子として登録すると同時に、村人として承認を求める儀式である。だからなるべく人の目につくような派手ないでたちをし、またよその家を訪問したり、他人と飲食を共にする。柳田国男はとくにその際の掛衣裳に重要な意義を認めて、「この子は育てる子どもである、大きくなって村人になる子供であると云ふことを、氏神様にも、又近隣故旧の間にも承認して貰ふ」のだとしている。七日目に行なう名付け祝いのとき、近隣の人々が「名訊き」にくる習慣も、子どもが産れた時の「産立飯」はなるべく多く炊いてできるだけ多くの人に食べてもらうということも、まったく同様である(20)。いくつかの通過儀礼に伴って、さまざまな仮親が立てられるということも、それによって子どもを社会的網目のなかにより深く位置づけ、子どもがおとなになることにより多くの他人の力をかすという意味をもっていた。捨子の慣行でさえ、子どもにたいする社会的配慮のもとに行なわれたのである。若者宿の制度に典型的組織的にみられるように、村の生活においては、自分の家の子・よその子の区別もなく、おとなが年長者として子どものしつけに当ったのである。だから親だけでなく村人の誰れでも、子どもを呼びすてにし、どこの子どもでもたしなめることができた。「家々で勝手に躾けることはなく、村人の生き方(21)といふものに従って教育せられていた」といってもよい。

そもそも日本の社会においては、親子という関係に、特殊な文化的背景があったのである。柳田国男によれば、オヤとは本来労働指揮権の所在をさすことばであり、コとは労働組織の一単位をさすことばとして使われていたという(22)。有賀喜左衛門氏はこの柳田説を前提にして、オヤ・コは生物学的血縁の関係をも含めて、さらにそれを越えて広がる「社会組織における身分関係」としてとらえた。だからこそ、それは血縁を越えた「家」という社会的結合の基礎になりえた、と説いている(23)。ここで述べた、子どもを地域社会全体の配慮のもとにおくという子ども観も、深いところでそのようなオヤ・コ関係と結びついているのかもしれない。

しかしそれにしても、今まで述べてきたような子ども観の側面と、この子ども観とは、一体どんな関係に立つのであろうか。この一見矛盾した二つの側面は、どのような意味でバランスをとりうるのか。これまでみてきた子どもについての諸観念は、いわば子どもの私有性に関わる側面であり、それはまさに「子煩悩」ということばに集約的にシンボライズされるような性格をもったものであった。子どもは本来善であり、汚れなきものであるが、おとなは駄目なものである。抑えるとかえって悪くなるが、放っておいてもいつか自然にわかるようになるものだ。しかもそのようなものとしての子どもは、親や家族にとってさずかった宝であり、かつ親の一部のようなものとみなされた。そうであればこそ、「人の親の心はやみにあらねども　子を思ふ道にまよいぬるかな」（藤原兼輔）とか、「いきとし生けるものに、子に迷はざるは一人も無し」（『本朝町人鏡』）ということになる。たしかに他方には「餓鬼」というようなことばもあった。しかしそれは食を泣き求める幼児の姿から連想された一時的・状況的な卑称である。階層的事実として低い層にそのようなイメージがあったかもしれないが、むしろ一般的には、自分の子どもや子ども時代を卑下したことばとして使われることの方が多かったのではなかろうか(24)。

ともかく日本の子ども観が、その半面において、一つの煩悩のように「子に迷ふ」傾性をもったものであるとしたなら、子どもを独立した一人前の大人にしつけることは、一つの家のなかの親だけの手にはあまることになる。そこで子どもを地域（それは有賀喜左衛門氏などのいうように家連合としてあった）全体のものとみなすという、子ども観のもう一つの半面が、その機能を補うことになるのである。「子に迷ふ」親の甘やかしをコントロールするものとして、地域の共同体的配慮による、「児やらい」があったのである。「児やらい」とは子育ての意味にもつかわれるが、もともとは柳田国男によると、親が子どもをある時期がきたら追いたてつき放すことである(25)。親は思いきって子どもを手放すことによって、子どもを自立へと仕向けなくてはならないのであるが、その時に家族外のものが、その子どもを自分の子どものようにみなすという子ども観があったのであり、事実そのようにしつけたり面倒をみる制度が用意されていたわけである。だからこそ可愛い子には旅をさせろとか、他人の家のメシを食わなければ一人前になれないということがいわれたのであり、男の子も女の子も各種の奉公に行くことがすすめられたのである。それらはすべて、自分の親ではなく他人や世間による人間教育として行なわれたのである。

しかし現代においては、日本の子ども観がもっていた二つの側面のバランスは崩れたといわなければならない。子どもを社会のものとみて、他人が自分の子のようにしつけるという側面が、著しく衰弱したからである。産業・経済の発展につれて地域共同体と家とが相たずさえて崩壊し、それに伴う生活意識の変化もあって、子ども観のそのような側面は、現実的に機能できなくなったし、その必要性も少なくなったのである。そして個々の「家族」が独立的な生活を営むようになったなかで、もう一つの子どもの私有性に関わる側面だけが肥大化してきているのである。そこに生じたアンバランスを補うものとして子どもの社会的意味づけや位置づけが、憲法・児童福祉法・児童憲章などによって法的に行なわれ、子どもは次代の国民として国家的保護をうけ、権利主体として、また大人と同等な人格として認められる方向に進んでゆくことになる。それは時代の流れとして当然のことであるが、しかしそれが現実的に保障され、一般民衆の意識のレベルで子ども観として定着するまでは、なお子どもを道連れにした親子心中というような日本的(26)現象が続くことであろう。

そして他方、この私有性に関わる側面においては、すでに示唆されたように、私有性はそのままにして、別の変化が進行している。すでに子どもは親の意志によって計画的に産むものとされ、子どもの心理についての知識とテクニックが普及されてきた。そして子どもの将来については、親とはちがった仕事にたずさわる人間になることが当然とされ、有利な職業移動に向って、〃ともかく自分の子どもだけは〃という準備が早くから競争的、計画的に行なわれる。社会経済的には、子どもは人的資源として開発されるべき存在とみなされる。こうして、子どもは大人とは異なる特別な、かつゆるされた存在だとする観方が薄れ、通過儀礼などの社会的装置もとりはらわれて、その意味では、子どもとおとなとの間はかなりのっぺりと連続したものとなってきたといえよう。もしそうだとすれば、幼時から追い立てられるように育つこれからの人間にとって、その子ども時代は、かつての人間におけるほどには、懐しさにあふれたものではなくなってくるのかもしれない。

注

1 Kluckhohn, C, "The Study of Culture", in D.Lerner and H. D. Lasswell (eds), *The Policy Sciences*, Stanford Univ. Press, 1951.

2 波多野完治「幼児とはなにか――構造主義的アプローチ」思想、五四二号、一九六九年。

3 Malinowski, B. K, *The Father in Primitive Psychology*, 1927. 青山道夫・有地亨訳『未開家族の論理と心理』法律文化社、一九六〇年。

4 毎日新聞、一九六九年八月二十一日号。

5 『日本の家庭の教育機能に関する調査研究』教育研究所協会、一九六八年。

6 毎日新聞、一九六九年十二月三十一日号。

7 国民教育研究所編『日本の幼児』明治図書、一九六八年。

8 Winch, R. F., *The Modern Family*, Henry Holt, 1952.

9 Sunley, R., "Early Nineteenth-Century American Literature on Child Peering", M. Wolfenstein, "Fun Morality: An Analysis of Recent Child Training Literature", in M. Mead and M. Wolfenstein (eds), *Childhood in Contemporary Cultures*, University of Chicago Press, 1955.

10 波多野前掲論文。

11 石川謙『我が国における児童観の発達』振鈴社、一九四九年。

12 貝原益軒『養生訓・和俗童子訓』岩波文庫、一九六一年。

13 『全国サンプリング調査による家庭教育の実態に関する調査研究――I解釈篇』教育研究所協会、一九六八年。

14 例えば拙稿「〝知名人〟にみる日本の母のコンセプション」社会学評論、六五号、一九六六年。

15 Wolfenstein, M. "The Image of the Child in Contemporary Films" in Mead and Wolfenstein, *op. cit.*

16 佐藤忠男『映画子ども論』東洋館、一九六六年。
17 柳田国男「小さき者の声」『定本柳田国男集』第二〇巻、筑摩書房、一九六七年、井之口章次「幼少年期」『日本民俗学体系』4、平凡社、一九五九年、宮本常一『日本の子供達』岩崎書店、一九五九年、その他。
18 宮本前掲書
19 宮本常一『家郷の訓』三国書房、一九四三年。
20 柳田国男「小児生存権の歴史」『定本柳田国男集』第一五巻。
21 大藤ゆき『児やらい』三国書房、一九四四年。
22 柳田国男「家閑談」『定本柳田国男集』第一五巻。
23 有賀喜左衛門『日本家族制度と小作制度』河出書房、一九四五年。
24 この点について、前掲『日本の幼児』における「子宝」と「餓鬼」を対置してみる子ども観には賛同しかねる。
25 前掲『児やらい』における柳田国男の序文及び「家閑談」。
26 この点については大原健士郎『日本の自殺』誠信書房、一九六五年を参照。
明治以降今日まで、母子心中は年々増えこそすれ、まだ減少する傾向はみられない。

9章 現代家族における社会化問題

1 家族のパーソナリティ機能

社会を構成するほとんど無数の集団のなかで、家族は最も基本的な集団の一つである。それの出現は、人間の歴史とともに古く、かつそれを欠いた人間社会というものも存在しない。そして人間は生まれたときから死ぬまで、何らかの形で、家族という集団に所属して生活する。定位家族（または養育家族）のなかに生まれ育ち、生殖家族を形成して子どもを産み育てるのである。その意味で家族は、人間社会にとって普遍的・基礎的であると同時に、人間個人にとって運命的・基礎的である。

家族とは、森岡清美によれば、夫婦関係を基礎として、親子・兄弟など少数の近親者を主要な構成員とする、第一次的な福祉追求の集団である(1)。この定義において、前半は家族という集団の成員構成を限定したものであり、後半は、集団としての機能を述べている。家族の機能を「第一次的な福祉追求」に求めたのは、家族が個人に対して果たしている多面的な諸機能を包括的に規定するためである。そのなかには家族でなくても果たしうるさまざまな機能も含まれるが、家族においては、それらが成員の福祉実現という包括的な機能に方向づけられているという点にこそ、その固有の特徴があるとみているのである。

たしかにその通りであるが、それでは家族における福祉追求は、特にどのような面において際立っているのであろうか。現代社会において支配的な家族の形態は、核家族であるが、夫婦と未婚の子どもたちによって、構成される、この最も単純化された家族が、社会にとっても個人にとっても果たしている、必須不可欠な機能を特定するとしたら、それは何であろうか。そのことは、パーソンズ（Parsons, T.）たちのＡＧＩＬ図式によって、的確に説明される。全体社会を一つの社会体系としてみた場合、家族はその一つの下位体系である。社会体系は一定の環境のなかで存続してゆくために、四つの「機能的要請（命令）」（functional imperatives）に従い、それに伴う問題を処理してゆかなければならない。すなわち、適応・目標充足・統合・潜在性の四つである。

「適応」とは、体系が目標を達成してゆくために、それがおかれている環境を知覚し、さまざまな手段や資源を動員し、それらを合理的に操作してゆくという問題であり、それを主として受け持つのが経済体系である。「目標充足」とは体系の目標達成に向けて活動や行為を推進させるという問題であり、それを主として受け持つ部門は政治体系である。「統合」とは体系を構成する単位の間の情動的な関係や社会的な関係を適切なものにし、連帯をつくりあげてゆくという問題であり、統合を受け持つ下位体系がそれに当たる。「潜在性」とは、一方においてメンバーたちに生じる不満や緊張を処理し、他方でメンバーたちの動機づけや価値志向（コミットメント）を、体系全体の潜在的価値パターンに合致させるという問題であり、緊張処理とパターン維持の下位体系がそれに当たるのである。

そしてパーソンズによれば、現代の（核）家族は、それ自体一つの社会体系としてこの四番目の下位体系に属するものであり、パターン維持（pattern maintenance）と緊張処理（tension management）という機能によって、上位の全体としての社会体系に貢献しているというのである。パターン維持は、その社会体系に制度化されている価値パターンを各人に内面化させることによって、その動機づけや価値志向を形成すること、つまり社会化によって可能となる。また、緊張の処理とは、目標充足や適応の下位体系での活動から生じるメンバーのストレスやフラストレーションを解消し休息を与えるということ、つまりパーソナリティの安定化（Stabilization）を意味している。かくして、社会の下位体系としての核家族の主要な機能は、子どもの社会化と大人のパーソナリティの安定化の二つということになるのである⑵。

しかし家族は、総体社会のなかでそのような機能を果たしているだけではなく、それと同時に、他の家族外の下位体系との間で機能的相互交換を行っている。つまり家族は外の体系にたいして貢献するかわりに、外の体系から報酬を受けており、その相互の貢献の間には、一定の均衡が保たれているのである。ベルとヴォーゲル（Bell, N. W. and Vogel, E. F.）は、パーソンズの社会体系に関するＡＧＩＬ図式にならって、経済、政治、地域社会、価値体系という四つの機能的下位体系を想定し、それと核家族との相互交換を、次のように整理している⑶。経済体系が核家族に賃銀と財貨をもたらすのにたいして、核家族は経済体系に労働と支出を提供し、政治体系からの指導と決定にたいしては、忠誠と服従を示し、地域社会による支持と地位の提供にたいしては、集団参加と帰属を行い、価値体系から与えられる基準の提示と承認にたいしては、基準の受容と随順を示す、という具合である。

ここで二つの点が注意されるべきである。一つは、家族は「開かれた体系」であるということである⑷。今日の家族は、その形態が小規模化し、その構成が単純化してきているが、それでもなお孤立した体系ではなく、他の社会体系との密接な相互的機能的連関のなかで存在しえている集団である。もう一つは、家族の機能は、一般にいわれているほどには縮小していない、ということである。森岡が指摘しているように、企業・学校・娯楽など家族外の諸制度の発達によって、「家族を場として果たされる機能」は少なくなってきたが、しかしそれは家族が個々に調達するにふさわしくない機能を、家族の責任で外に出し肩代わりさせているということである。つまり家族の機能の遂行の仕方や個別機能のあり方が変わってきたということであり、必ずしも機能が縮小してしまったということではない(5)。

家族機能をめぐるそのような点を前提にしたうえで、われわれは、現代家族の機能的特質を、そのパーソナリティ機能に求めなくてはならない。家族と外部社会との開かれた機能的連関性が失われたり、家族機能そのものが縮小してしまったわけではないにしても、社会の工業化のなかで、地域社会における個々の家族の具体的な協同関係は後退し、生産の場と消費の場の空間的分離と前者の組織化が進み、人間の移動性が激しくなり部分人格的関係が増大するという事態が出現した。それに伴って結果的に、個々の家族の間の現実の結びつきは薄れ、それぞれの家族の内部における人間関係と生活は、私的な性格を強め、その人間関係における情動的結びつきのもつ意義が高まってきた。つまり今日の家族においては、子どもの社会化と大人のパーソナリティの安定化というパーソナリティ機能が、その中心的位置を占めるようになってきたのである。この二つの機能をいかに適切に発揮できるようにするかが、家族生活のあり方についての基本的な問題となってきたのである。

家族も一つの社会体系である限り、それ自体として先の四つの機能的要請に従い、それに伴う機能的な問題を処理してゆかなければならない。ベルとヴォーゲルは、それらを手段的(道具的)な仕事の遂行、家族のリーダーシップ、家族の統合と連帯、家族の価値体系(パターン維持)の四つに求め、さらに一つの体系としてのパーソナリティとそれら四つの家族の下位体系の間の相互交換の過程の素描を試みている。子どもの社会化と大人のパーソナリティの安定化という家族のパーソナリティ機能も、そのような総体的な過程のなかで営まれているわけであるが、ここではそのような分析的な枠組を適用して、家族の機能のあらわれ方を細部にわたって掘り下げようとは思わない。むしろ、社会化の面に限定して、家族における子どもの発達の過程を概観し、そのうえにたって、現代家族の問題状況を明らかにしてみたい。

2　家族における社会化と発達課題

人間の発達の過程は、従来、個体としての子どもの状態が、年齢のすすむにつれてどのように変化してゆくかを観察し記述する、という形でとらえられてきた。しかし子どもは、社会的・集団的生活のなかで、他者との相互行為を通して、社会的対象のもっている意味を「内面化」してゆくということの結果として発達してゆくと考えるとき、それは社会化（Socialization）の問題ということになる。そこで社会化の過程としてみたとき、子どもの第一次的な発達は、何よりもまず子どもが最初に所属する家族のなかで行われるとみなさなければならない。そして前節で述べたように、家族の側からみても、そこでは子どもの社会化がその主要な機能とされているわけである。

このような家族における子どもの社会化の過程を、社会学的な視点から包括的に把握したのは、周知のようにパーソンズである(6)。彼は第一に、子どもを社会化するもの（家族においては親）の態度は、逸脱にたいする社会的統制を行うもののそれと同じであるとして、その原型を精神分析的な心理療法に求める。つまり社会化は、許容→支持→相互性の拒否→報酬の操作という四つのステップ（位相）を踏むと考える。第二に社会化の過程を、子どもが新しい課題を課せられ、飛躍的に新しい水準に進む移行の危機と、パーソナリティを再組織化し新しい水準に習熟する安定状態との繰り返しとみなす。そして、フロイト（Freud, S.）の心理＝性的発達段階説においては必ずしもそれが明確に区別されていなかったとして、移行の危機として「口唇危機」、「肛門位相」、「エディプス位相」、「青年期」の四つを、また安定状態として「口唇依存期」、「愛依存期（愛着期）」、「潜在期」、「成熟期」の四つを識別し、それを交互に組みあわせるのである。さらに第三に、自らの社会体系論を導入し、一方で家族の役割構造との関連で子どもにおける対象体系の内面化の意味内容を、また他方では、家族の外部体系との関連づけで社会化のひろがりを明らかにしようとする。そして第四には、全体としての社会化の過程を、遂行過程としてのＡＧＩＬという位相運動と逆の形で一致するものとして説明するわけである。このような道具立てのもとにとらえられた、核家族を中心とする子どもの社会化の過程は、ほぼ次のようなものである。

誕生は人間にとって最初の移行の危機であり、母胎の外に出ることによって、栄養補給の機関は臍帯から口唇に移らなくてはならないという意味で、それは「口唇危機」と名づけられる。しかしその後も新生児は、口唇を通じて母親に完全に依存し、母胎の連続のような受動的状態にあるため、母親と自己の区別も知らない。その状態は、母子一体性のなかで、口唇を通して母親に依存しつつ生存を続けるという意味で、「口唇依存期」といわれる。

しかしそのような形での安定状態は、一歳前後における排泄訓練の開始によって破られる。肛門括約筋の自己統御という困難な学習に象徴される、この「肛門位相」において、子どもは最初の自律性を獲得する。それと同時に、自分に要求を課するものとしての母親と、それにこたえるべき自分の役割との関係のなかで、母子一体性は他者としての親と自己に二元分化する。しかも排泄の自立的遂行は、子どもにとって母親の愛育にこたえて母親を喜ばせるという意味をおびるが故に、そこには愛の感情の交換が行われることになる。かくして、母親と子どもの間に、真の意味での社会的関係が成立することとなり、子どもは再び、「愛着期」という安定した段階に入るわけである。

子どもが飛躍的な発達を課される第三の移行の危機は、四、五歳頃の「エディプス位相」である。このフロイトによって特別に重要視された時期において、子どもが直面する問題の基本的な特質は、一つには親からの精神的な自立である。それは、親との埋没的な愛着の関係からひとまずきれて、親以外の家族を越えた世界のなかでの他者との関係にすすむという問題である。二つには、性別役割の獲得である。いままでいわば無性別的な存在として生きてきた子どもは、この段階において、男らしさ・女らしさの社会的な性別概念に応じて、自己を分化させる必要に直面する。

この両面における子どもの発達に関して、初めて父親が意味をもった存在として、子どもの前に登場することになるのであるが、それは、核家族の構造のなかに子どもが正式に位置づけられるということでもある。一般に集団は、勢力（power）という軸による指導するもの（優位）と指導されるもの（劣位）の分化と、それに交叉して、機能に関する手段的と表出的という分化がみられるのであるが、家族に関しては、前者は世代つまり親と子に、また後者は性つまり男性と女性の分化として現われる。

かくして、この段階において、父親は何よりもまず、手段的優位者として、母親にたいする子どもの独占的・埋没的な愛着の関係を左右しうる力を発揮するものとして意識される。そして父親がそのような手段的役割において専門化したものとして登場するのに応じて、それまで子どもにとってすべてであった母親は、表出的役割において専門化した存在となる。そして男の子（息子）は手段的劣位者として「われわれ男性」という家族の下位体系に組み入れられ、手段的な役割において父親と同一化し、また女の子（娘）は、表出的劣位者として「わたしたち女性」という下位体系に組み込まれて、表出的な役割において母親との同一化を行い、それぞれの性別において社会化されてゆく。

このような移行の危機を通過することによって、子どもは親から離れて学校という集団に通い、他方同性の友達と仲間集団（peer group）を形成して遊ぶという段階、つまり「潜在期」という安定した段階に到達するのである。しかしそれも、中学校を終わる年齢になると、いわゆる思春期をむかえ、再び不安と精神的動揺の激しい「青年期」という第四の危機的状態に突入することになる。

いうまでもなくこの時期は、異性にたいする関心のたかまりと接近によって開始されるが、それはペアー（pair）の選択的形成→結婚→新しい家族（生殖家族）の形成という方向に向かっての発達という側面を示している。しかしそれと並んで、職業選択→就職→労働による経済的自立というもう一つの側面も含まれている。それは一般に〝社会に出る〟ということばで表現されている面であるが、この両面を一緒にして、この時期において志向されているものは、定位家族そのものからの自立であるといってよいであろう。

それが現実に達成されるのは、この後の「成熟期」においてであるが、しかし一人前の社会のメンバーとしての大人への社会化ということに限れば、この青年期は、ほとんど最後の移行の危機である。そこでこの時期を特徴づける大きな問題は、一個の自立した存在としての自分についての確認、つまりエリクソン（Erikson, E. H.）のいう「自我同一性」（ego-identity）の形成ということである。それがどのように達成されるかにより、その後の「成熟期」やさらには「老年期」のあり方も大きく変わってくる。その意味で、人間の発達にとって青年期は極めて重要な意味をおびているといわなくてはならない。

ところで、以上のようなパーソンズの社会化理論が基本的にはその社会体系論から発しているのにたいして、エリクソンのそれは、どちらかというと、個体としての人間の発達に焦点をすえている。いわば前者が社会学的であるとすれば、後者は心理学的である。しかしそういう違いがあるにもかかわらず、両者の間にはかなりの類似性もみられる。パーソンズが飛躍的に発達をとげるいくつかの時期を移行の危機とみなしたのと同様に、エリクソンも人間のライフ・サイクルというものを考え、そこにいくつかの段階（ステージ）を設定し、人間は成熟のために、各ステージごとの課題を次々と達成するという心理・社会的危機を乗り越えてゆかなければならないと考える。したがって、人間の社会化の過程は、そのような一連の発達課題の達成という面からも分析されうる、ということになるのである。

エリクソンは、次のようにライフ・ステージを八つに区切り、それぞれに対応した八個の課題を想定しているが、そのおのおのは、自我が肯定的―否定的という対をなす特性間の葛藤を解決し、パーソナリティを統合してゆかなければならない危機であるとみなされる。

Ⅰ乳児期―信頼対不信、Ⅱ幼児期―自律性対恥と疑惑、Ⅲ遊戯期―自発性対罪意識、Ⅳ学童期―勤勉対劣等感、Ⅴ青年期―同一性対同一性拡散、Ⅵ成人前期―親密性対孤独、Ⅶ成人期―生産性対停滞、Ⅷ老年期（円熟期）―統合性対絶望。これらの発達課題ないし発達上の危機は、各ステージで出会う重要な他者ないし集団との関係において生起してくるとされるが、例えばⅠでは母親、Ⅱでは父親、Ⅲでは家族、Ⅳでは近隣や学校、Ⅴでは仲間集団などであり、それらは大筋においてパーソンズの図式と異なってはいない(7)。

このような、個人の発達過程における発達課題は、このほかにもさまざまな形で整理・分類されうるものであり、その試みもなされている(8)。しかしいずれにしても、家族という集団に限ってみると、そこにはライフ・ステージ（世代）と性を異にする複数の人間が集まって生活しているわけであるから、それぞれの成員はそれぞれ異なった発達課題をかかえて相互作用を営んでいることになる。したがって成員間には、支え合いと同時に葛藤も生じる。例えば、デュヴォール（Duvall, E. M.）があげているように、青年期における若者は親の権威から自分を解放し自立することを発達課題としているのにたいして、親の方はまだ大人に達していない子どもにたいする指導と監督という課題を遂行してゆかなければならない(9)。またもっと前の段階であれば、社会的な活動によって成熟を達成しようとする母親の発達課題は、乳児における「信頼対不信」の危機の克服と抵触するかもしれないのである。

発達課題をめぐる家族の成員相互の関係は、このような例からもうかがえるように、当然家族周期（family life cycle）の段階によってその様相が異なってくると考えられる。そこでデュヴォールは、現代家族がその成員の一生を通じての発達の促進ということを、重要な機能としているという観点から、個人の発達課題とは別に、家族そのものの発達課題というものを想定している。つまり家族の発達課題とは、ある家族周期の段階において生ずるところの、成長にかかわる責任であり、その達成は満足感とその後の課題の成功へつながり、その失敗は不幸と社会的非難とその後の課題達成の困難さをまねくものとみる。そしてその課題の内容は、家族成員の生物学的な要件、文化的な要請、個人的な願望と価値によって規定されるとして、新婚夫婦から祖父母の段階にいたる八つの家族周期ごとに、その課題を整理している(10)。

このように家族のパーソナリティ機能としての人間の社会化とその過程は、社会体系の機能的要請としても、また個人の発達課題の達成としてもとらえることができる。しかしいずれにしても本稿においては、その過程そのものを追求するというよりは、むしろ社会化の視角からみた場合、現代家族はどのような問題に直面しているのか、家族を中心とした現代の社会化にとって何が問題なのか、という面をとりあげ、より具体的な考察を行ってみたい。

3　現代家族の状況

現代の日本の家族について、観察しうる最も大きな変化の一つは、家族規模の縮小ということである。大正九（一九二〇）年の第一回国勢調査以来、日本の一世帯当りの人員は、多少の上下はあったにしても、ほぼ四・九人であり続けた。ところが昭和三〇年代の日本経済の再編と急激な成長のなかで、三五年には四・五人に減り、昭和四〇年には四・一人、さらに四五年には三・七人と急減した。これは昭和三〇年からの一五年間に一・三人減少したことを意味しているが、「同じ減少を達成するのに、アメリカでは一八八〇年から一九四五年ころまで、ほぼ六五年を要したことを思えば、最近の日本の世帯規模縮小の激しさ」が分かるであろう(11)。

他方家族構成についてみても、夫婦家族的世帯のしめる割合が増大してきている。大正九年に五四％であったものが、戦後の昭和三五年には六〇％を越え、四五年には六三・四％に達した。これは家族形態の面での「核家族化」といわれる傾向であるが、そのまま家族の制度としても、直系家族制から夫婦家族制への移行を意味しているとみてまちがいない(12)。

マードック（Murdock, G. P.）によれば、夫婦と子どもによって構成される核家族は、人間社会のあらゆる家族形態のうち、それ以上分割できない基本的単位である。したがって、日本の家族生活は、多くの工業化社会におけると同じように、それぞれ小規模でかつ最小の単位として営まれるようになりつつあるわけである。このような核家族化をもたらした要因は、よくいわれるように二つである。一つは、伝統的家族を支えていた経済的基盤の変化である。「家制度」の本質は、家産・家業を中心にして、家長の統率のもとに家の存続・繁栄をはかるということにあった。しかし資本制経済の発達に伴う産業構造や就業形態の変化によって、家産・家業は解体を余儀なくされ、多くの家族成員が家長の統率のもとに協力してゆく必要性は喪失した。そして個々の成員が経済的に自立するとともに、生活水準や生活様式の向上は、家族生活を最小の単位によって営むことを現実的に可能にするようにもなったのである。

第二に、戦後の諸変革のもとにおける、人々の意識の変化である。憲法や家族法の改正、新教育の実施などを通じて、個人尊重の民主主義的考え方や理念が民衆のなかに浸透し、とりわけ若い世代にそれが定着するようになった。それに伴って新しい家庭のあり方が求められ、伝統的な家族意識や家族内の人間関係が〝封建的〟なものとして批判され、それを支えていた家制度や直系家族的形態は、〝古い〟ものないしは〝わずらわしい〟ものとして忌避されたのである。

かくして単純化された核家族形態のもとで、経済的水準の向上による快適な文化的生活を、他からわずらわされることなく、「友愛」的雰囲気のなかで楽しむ、という〝マイ・ホーム〟が、現代家族の一般的イメージとなるに至った。少なくともそうありたいというのが、民衆の願いであった。団地や郊外住宅地、さらにはマンションなどの新しい家族生活は、その具体的姿を示すものと考えられた。しかし人々のそういう夢や願望にもかかわらず、現実の家庭生活は、それほどバラ色に彩られたものではない。たとえその願望が実現されるとしても、それは多大の代償を払って獲得されねばならないものである。むしろそこには、現代家族をめぐる深刻な問題状況が露呈されているように思える。

日本の資本主義は、戦前から家を低消費・低賃金の労働力再生産の場とすることによって発展してきた。しかし戦後の経済の高度成長の段階において、資本は家庭を重要な商品市場として開発し、みずからの蓄積・増殖運動のなかに組み込んだ。その結果として、戦前には想像もつかなかったような消費の拡大が起こり、〝三種の神器〟とか消費は美徳とか、レジャー・ブームとかの言葉に代表されるような消費革命がひき起こされた。それは日本の低賃金構造と矛盾し、同時に伝統的な家の変質を促進した。そして生活水準の向上、賃金の上昇とともに、欲望の肥大化によって相対的に窮乏感も増大し、家族はあくなき「物的所有の幻想」にかり立てられることになった。

かくして、マイ・ホーム主義の底にひそむ現実は次のようなものとなる。「かれらは、擬似所有を本当の所有にしたいという欲求不満にかりたてられ、産児制限をしたり、カギっ子を作ったりして共ばたらきにはげみ、その便利のために電気製品や自動車や住居を月賦などで買いこむことによって、さらに労働にかりたてられる。また少なく生んだ子を過剰保護あるいは過剰教育の重みで押しつぶしている。これらは、すでに人間の生産または再生産という家族本来の性格からは、はるかに逸脱した空洞家族の姿である。にもかかわらず、こうした家族が範型となって、農村青少年を都会に吸引し、農村家族自体の都市家族化を進行せしめる(13)。」

このような、現代家族の課題領域（A・G）における問題状況とならんで、社会情動的領域（I・L）においても、事態は深刻である。つとにバージェス（Burgess, E. W.）によって、制度から友愛へという言葉に指摘されたように(14)、近代的家族というものは、なによりも男と女の愛情の結実によって形成され、愛情によって維持されるべきものとされるようになってきた。かつての結婚が、親族や近隣からの強い支持を背景にして、経験豊かな第三者の仲介によって、家と家との社会的関係として慎重に調整されたのにたいして、今日のそれは著しく私的なものとなり、愛情という本来外部から規制し難いものに基づくことになった。そのために今日の夫婦関係をめぐる問題は、当事者同士の個人的責任において処理されなければならず、その意味では大変こわれやすいものとなったといわなければならない。しかも性の解放に伴って、夫婦の性の問題がクローズ・アップされるとともに、家庭外での性の関係の自由度も増大した。愛情のさめた結婚を持続することは罪悪として意識されるようにさえなり、そこに離婚への傾斜が生まれる。日本の離婚率は、欧米諸国に比べると例外的に低いままに留まってきたとはいえ、経済水準の向上、社会移動の増大、法的保護の整備、都市化といった条件を考えると、今後日本においても離婚率は当然高まると考えるべきである。

さらに、核家族化を促進した当の産業・経済の仕組みは、別の面からも、輩出された個々の核家族を不安定なものにするのに力をかすことになる。それぞれの家族が地域共同体から独立することによって孤立するだけでなく、家族の成員もまた、家の存続に奉仕し、家長の支配に服する必要がなくなるのとひきかえに、かつての家成員が享有していた生活保護の特権を失うことになる。社会保障が制度的に充実していない今日においては、特にそれは失職時や老後の不安の問題として伏在している。

また家族の諸機能が家族の外に移され、家族外就労が一般化することに伴う問題もある。夫＝父親にとって家庭は〝ねぐら〟に近いものとなり、就業形態に規定されて、家族生活のリズムは著しくそこなわれ、家族成員相互のコミュニケーションのチャンスが減少させられる。それは特に共働き、出稼ぎ家庭において深刻である。そのほかにも、個々の家族成員の生活圏の多様化や関心領域の個人主義化からくる家族の共通性・一体性のゆるみがある。それは外部社会における変化のテンポの速さを背景として、家族内における世代間の〝断絶〟にまで及び、また家庭の団欒のほとんどはマス・コミ、とりわけテレビによって占領され、それがふりまく害悪から子どもを防衛する術は無きに等しい。

要するに、最も単純ですっきりした形態の核家族になり、マイ・ホーム主義に彩られた現代の家族は、皮肉にもその内部にさまざまな不安定要因を随伴しているのであり、その底には「家族解体」への危険性を宿しているのである。第一節に述べた家族の機能そのものについてすら、それは社会学者による中流階級的願望の投射にすぎないとする見解さえだされているのである(15)。あたかも、一人子であるということ自体が問題的だといわれるのと同じように、現代の家族であるということ自体が問題性をはらんでいるといってよいであろう。

それでは、そのような状況にある現代家族は、教育環境として子どもの社会化に、どのようなインパクトを与えているのであろうか。以下においては、その主要な問題を三つの側面からとりあげ、より詳細に検討してみることにしたい。

4　核家族化に伴う問題

前節で述べたように、現代の家族はその形態において核家族化の傾向をたどっているわけであるが、その影響は、子どもの社会化に現われる前に、まず親自身の社会化の問題として現われる。他の動物と異なり、人間にとって親とは、単に子どもを産み出したという生物学的事実を意味するものではない。親とは子どもにたいしていかなる行動をとり、いかなる感情をいだき、また子どもからどのようにしてもらえるものであるか、というようなことが、社会的に、文化によって規定されている。つまり親とは社会・文化的な事実なのであり、生物学的なオヤは、そのような文化を内面化し、親へと社会化されることによって、はじめて社会学的な意味において親たりうるのである。直系家族形態においては、そのような親への社会化は、親の先達としての老親（子どもにとっては祖父母）の育児への参加と協力によって、自然に達成されたのである。しかし老親との別居に基づく核家族においては、オヤは親への社会化を自力によって達成しなければならない。核家族においては、どの親も育児の初心者として、孤立無援の状態におかれざるをえないからである。

科学・技術の急速な発達に伴う工業化社会の変動の激しさは、たしかに育児のベテランとしての老親の知識・技能を姑息なものにしてゆく。とはいえ、物的生産技術と異なり育児やしつけというようなものは、基本的に科学的知識以前の問題であり、常識的文化的事実であり、人間関係的な含みの濃厚な営みである。それへの老親の援助や関与の排除は、民族的遺産や伝統の稀釈化をもたらさずにはおかないものである。

ともあれ、自己流に親にならなければならない今日のオヤは、マス・コミや育児についての情報を提供する専門的機関に頼らざるをえないのである。母親になる妻はもとより、父親予定の若き夫まで、何冊も赤ん坊やしつけに関する書物を読破し、母親は育児書を片手に子どもを生み育てるという、「書物による育児」が一般化することになる。

マス・コミの提供する育児知識は、当然のことながら「科学的」であるが、第一次的に伝統的文化の継承に動機づけられていないという意味では、無色透明な性格をおびている。（松田道雄の『日本式育児法』などは、むしろ例外的である。）しかもそれだけに留まらず、無限に多様な現実に対応できないが故に標準的になり、科学的に完璧を期するが故に理想的にならざるをえない。

たしかに赤ん坊を細菌から守り、衛生に気をくばるためには、外出先から帰った母親は手を消毒し、哺乳びんも熱湯消毒しピンセットで扱った方が理にかなっているかもしれない。しかし人類は何千年来そのようにして専門家的に赤ん坊を育てては来なかったのであり、むしろ生活のなかでの仕事と平行して育児を行ってきたのである。生後何か月の子どもが、何ccのミルクを飲み、何キログラムの体重になるかの標準を統計的数値として示されても、自分の子どもが必ずしもその通りになるとは限らない。たとえそのような数値と大幅なズレを示す子どもでも、健康であり、もっと後になってから標準以上に成長するということだって、いくらでもありうる。

赤ん坊のさまざまな泣き声を、その原因と結びつけて収録したソノシートを何回きいたとて、必ずしも自分の子どもがその通りの泣き方をしてくれるとは限らない。赤ん坊の病気についての医者の見立てが、書物に書いてあることとくい違うことだって、いくらでもあるにちがいない。

マス・コミの提供する育児についての情報が、すべてそのような性格のものであることは、いたしかたのないことである。しかしそうであるからこそ、核家族における「書物による育児」は、結果として育児不安をもたらすということも、また避けられないことといわなくてはならない。子どもをめぐるいたましい出来事を報ずる記事のなかに、母親の〝育児ノイローゼ〟という言葉がしばしば登場するという事実も、その辺の事情を示している。また昭和四七年に東京都が始めた「赤ちゃん一一〇番」の電話サービスが好評を博し、その利用者が多いため最近その事業を拡大したということも(16)、いかに今日の親が、育児をめぐる不安にとりつかれているかを示しているであろう。

ところで核家族は、家族成員の構成に関する概念であるから、必ずしも小家族を意味するものではない。戦前のように子どもの数が多ければ、一〇人以上の核家族もめずらしいことではなかった。しかし今日の核家族化は、同時に小家族化を伴って進行しているのである。そこに第二の問題がみてとれる。

昭和四五年のセンサスによると、日本の既婚女性一人当りの子どもの出産数は二・七人である。一〇年前（三五年）のそれが三・二人であったのと比べて、大幅に少なくなっていることがわかる。今日では子どもの数は二人が標準であり、三人はすでに多い方に属する。少なく生んで良く育てるというのが、現代の傾向として定着している。それ自体は結構なことであるが、しかしそれは同時に、子どもの側からすれば、ストレスの増大を意味している。

かつてのように、子どもが数名いると、親はそのなかから一人ぐらいは出来のよいのが出てくるかもしれない、という期待をいだき、それを楽しみに子どもを育てることができた。しかし、一人ないし二人の子どもであれば、そんなのん気なことをいってはいられない。必ず優秀になってもらわなくては困るのである。つまり生産現場での用語を使えば、何としてでも〝歩止り〟をあげなくてはならないのである。

そこから〝頭のよい子に育てる方法〟が熱心に求められ、少しでもよい学校に入れ、一流会社に就職させることができるように、子どもの能力適性も無視して、教育に拍車がかけられる。いわゆる〝教育ママ〟の出現となるわけであるが、今日の母親には、それを可能にする条件が整っているのである。核家族化によってわずらわしい嫁しゅうと関係から解放され、家事の合理化・電化によって自由時間が増大し、そのエネルギーをすべて、一人か二人の子どもの〝教育〟に注ぐことができる。（他方では、前節で指摘したような状況のなかで、母親の就労も促進されるが、その理由も、主観的には子どもの教育費の捻出ということが大きな部分を占める。）

その結果、子どもへの母親の配慮は、すみずみまでゆきとどくことになる。というよりはゆきとどき過ぎるのである。戦前の日本の母親とて、できることならそのように子どもを育てたかったのかもしれない。しかし日常の生活に追われ、その配慮や意向は十分には実現されえなかった。たとえそれが可能であったにしても、子どもの数が多かったために、一人当りの子どもへの配慮は、物理的に何分の一かに削減されざるをえなかった。今日では事情は一変し、現実に母親の手はとどき過ぎることになる。

しかも遊び場を奪われて、狭い住宅のなかにとじ込められがちな子どもにとって、それは〝密室的状況〟のなかで行われるのである。子どもは自分で失敗し、そこから何かを学びとるというチャンスをもちえない。そのようなリスクは、事前に母親によって取り除かれ、独力で困難を克服する前に、母親の手がさしのべられる。かくして今日の小家族のなかにおいては、育児不安に加えて過剰育児・過保護は自然の勢いなのである。子どもの逞しい発達と自律性の社会化は阻害される。その意味で、今日の家族には、常にひ弱な〝甘え人間〟が形成されるメカニズムが内蔵されているといってもよいであろう。

第三に、それに関連して、小家族化によってもたらされる問題として、きょうだい間での社会化のチャンスの減少をあげることができる。きょうだいは、社会体系としての家族のなかで、親との関係において「われわれ子ども」という下位体系を構成するものである。そしてフロイトによれば、きょうだい関係においてこそ、公正や正義の観念についての最初の社会化が行われる。どの子どもも親からの特別の配慮をより多く享受することを期待するが、親がそれを許さない。そこで、それなら他のきょうだいも自分と同じ扱いをうけるべきことを要求するというところから、反動形成的に他のきょうだいとの同一化が行われ、公正の観念が形成されるというのである。

たしかにきょうだいは、人間にとってほとんど最初の競争的他者であり、嫉妬や敵意や愛情の複合のなかで、切磋琢磨し合う対象である。そのなかから非血縁的他者との競争事態における逞しさも形成される。ここで重要なことは、親密さのなかでの敵対・競争であるが、きょうだい関係を欠く場合には、そのような経験をもたないということである。最近よく、マス・コミに報道される、友達を時には死に至らしめるような残酷な仕打ちは、おそらく、そのようなきょうだい関係の欠如と無関係ではあるまい。

さらにまた、弱者にたいする庇護的役割の社会化も、深くきょうだい関係に基づいていることを指摘しなければならない。子どもとは親から世話をうけ庇護される役割のなかにあるものであるが、大人になるためには、他者にたいして庇護する役割がとれるようにならなければならない。それは成熟への発達課題である。その最初の経験は年少のきょうだいにたいする世話であり、そのなかで子どもは、子どもでありながら親のような役割をとることを学ぶのである。その経験が基礎になって、仲間集団（peer group）のなかでの劣位者にたいする関係へと拡大され、さらにより一般化された庇護的態度として社会化されるわけである。

きょうだい関係におけるそのような社会化のチャンスの喪失は、仲間集団の社会化機能の一般的低下傾向とあいまって、専ら配慮をうけることだけを期待しそれを当然とする利己的な〝甘え人間〟を作り出すことに力をかすことになるにちがいない。きょうだいが多いと、ある機会における一人の子にたいする賞罰が同時に他の子どもにたいしても同じ効果を生み出すという「代用的社会化」(17)によって、親のしつけの経済性に資するということもある。しかし以上の点は、人間の社会化にとってはるかにそれを上まわる重要性をもつものというべきである。

5 「見えない父親」の問題(18)

第二節において触れたように、父親が子どもの前に登場するのは、「エディプス位相」においてである。もちろんそれ以前にも、子どもは父親の存在を知覚してはいる。しかしそこでは、たとえば朝出かけて夜帰ってくる人、ときどき母親よりもぎこちない仕方で自分の世話や相手をしてくれる人、といった程度の意味しかもたない存在として意識されているにすぎないであろう。

しかし四、五歳の段階になると、子どもをめぐる状況が変化してくる。子どもの行動の最終的統制について、母親はそろそろ父親の力に頼ろうとするようになり、またその決定権にまとうとする。子どもは、母親の愛情の独占を父親によって中断させられることも経験する。そして父親が自分たち家族の生活の支え手であり、母親以上に力をもった存在であることをも意識するようになる。つまりパーソンズたちの用語に従っていえば、父親が「手段的役割」の遂行者として立ち現われるわけであり、それに応じて母親は「表出的役割」において専門化した人物として、その性格が特定される。

このような役割の分化を通して、子どもにとって父親は成立するが、それでは、そのような父親は、子どもの社会化過程において、いかなる意義を有するか。第一には、性別役割の社会化における男性モデルである。父親と母親の分化と前後して、子どもは息子であれば、自分が男であることを、また娘であれば女性であることを知らされる。男の子が〝めそめそ〟してはならず、女の子が鉄砲などふりまわしてはならない、という個別的な指示とならんで、男の子だから父親と一緒に風呂に入り、女の子だから母親の手伝いをするというような、親の側の類別的表現を通して、子どもは男とは父親のようになることであり、女の子とは母親のようになることであることを学ぶ。かくして同性の親との同一化に基づく「われわれ男性（女性）」という下位体系の形成と、父母＝夫婦の関係を通しての異性関係の第一次的社会化が行われるのであるが、いずれにしても、父親は子どもにとっての最初の男性モデルである。

第二に、父親は職業＝社会人である。最近職業にたずさわる母親が、いろいろな形で増加してきているが、それでも一般的にいって、一家の生計は父親の職業によって維持されている。その意味で父親は、子どもにとって職業をもった大人というものの原型であり、世の中に出てからの生き方のリーダーである。父親の職業というものは、子どもがそれを肯定するにしろ否定するにしろ、子どもにとって将来の職業選択や、進路決定の基準になりうるものである。子どもは直接父親の生き方を見ることによって、また父親の体験を聞くことを通して、人生の先輩としての父親から、社会というものを知り、処世の術をも学ぶことができる。

第三に、それと関連して、父親は社会にたいする家族の代表者であると同時に、家族という集団の統率者である。

家族は人間にとって私的な生活領域ではあるが、父親は職業を通じて家族を経済的に支えるという意味で一家の〝大黒柱〟であるだけではなく、家族と社会をつなぎ、家族を外に向かって代表するのである。家族の階層的地位は、ほとんど父親の社会・経済的威信によって決定されてくるし、地域社会の重要な諸活動に家族を代表して出てゆくのも父親である。たとえ経済その他の面で母親＝妻が優越しているような家族においてさえ、家族は父親によって代表されるのが普通である。

そして最後に、以上の役割の総合として、子どもにとって父親は権威の原体験である。父親は単に子どもを抑えつけるパワーをもった大人としてだけではなく、母親もそれを認め、自分もそのおかげで生存していけるような、そういう実力をもった人間として、まさに権威の体現者である。このような父親の権威が人間の第一次的な発達にとってもつ意義について、最も深い洞察を加えたのは、おそらくフロイトである。それによると、子どもにとって父親というものは、自分に卓越して、自分を抑圧する憎い人物であるが、同時に自分を庇護してくれる力をもった人間として、敬愛の対象でもある。このようなアンビヴァレントな存在としての父親との関係によってこそ、子どもはエディプス状況を克服して、精神的自立を達成することができる。また良心（超自我）を形成して、自己をコントロールし、自我理想として自らの向上をはかることも可能になる――と説いたのである。

しかし、この権威という観点からみたとき、父親にたいする子どもの態度は、三つの段階を通るといえる。第一段階は、まさに子どもにとって、父親の絶対的優越性が認められ、父親が権威そのものとしてうつる時期である。子どもは父親を敬愛し、そのきげんをそこねることを恐れる。そして父親のもっている強さや偉さを自分のものにしようとする。しかし子どもの自律性が増大するに伴って、親は冷徹な批判の目で眺められるようになる。親についてのこうなって欲しいというかつての注文は、今や親にたいする非難となり、不必要なまでの嫌悪感となって表現される。事ごとに親の統制に逆らい、また親を恥ずべきもののごとく避ける。この第二段階において、父親は絶対的敬愛の対象から反抗の対象へと変化するのである。親の庇護と権威に服したまま親から自立することは困難であるが故に、同じ立場にある仲間への忠誠や連帯をてことし、親や大人の権威を一括して拒否することを通して（いわばその反動をつかって）自立を達成しようと試みるわけである。そして自分自身が大人になる第三段階において、父親は再び受容されるようになる。それは第一段階におけるような一種の虚像としての父親にたいする服従ではなく、長所も弱点も共に認めたうえでの、ありのままの父親にたいする共感をこめた尊敬の念である。

もちろん権威の問題は、性別の役割の社会化の場合と同じように、父親だけにかかわる問題ではない。教師とか先輩とか、上司とか国家元首とかいうような、経験の拡大に伴う発展的系列のなかで考えられなくてはならない。しかし権威というものの感覚を、最初に子どもに与えるのは父親であるし、後の発達は、それを土台として行われるといわなければならない。父親が権威の原体験であるというのはその意味であり、これこそ、子どもにとっての父親の役割が、母親のそれと大きく異なる点であると考えられる。

父親によってこそよりよく果たされる役割というものは、一般論としては以上のように考えられる。しかし今日の社会のなかで、また現実の家庭のなかで、父親はそのような形で機能しえなくなっているところに、今日の深刻な問題があるのである。たしかにどの父親も、職業生活を通じて、経済的に家族を支えているかもしれない。しかし子どもの社会化に直接関わる面で、父親はどのような役割を演じえているのであろうか。父親の主観的意図とはかかわりなく、現代の工業化社会において、「機械による大量生産と複雑化した集団管理に結びついた分業の発達、住居と労働場所との分離、自立生産者から消費的な賃金労働の被傭者の立場への変化は、父親の権威の空虚化と父親の家庭内および家族外の威信の失墜とをたえず促進してきた。……露命をつなぐための重要な生活実践、父親の職業行為はもはや子どもには直接にみることのできないものである。しかし父親はおそらくまだそれらを教えたり、習得した手先の器用さを家族のまえでいくらかは示しうるであろう。〔ところが〕管理体制化の技術化という次の歩みが職業を規定するようになると、そういうことは父親にとってまったく不可能になる。なぜなら、父親の職業それ自体が、もはや具象的ではなくなるからであり、彼が家庭へもちかえりうるものは、怒りと職場の噂話でしかないのである[19]」。

要するに、今日の子どもにとって、父親の真実の姿は「見えない」のである。父親は物理的・空間的に家庭から引き離されただけではなく、たとえ家庭に存在したとしても、精神的に不在なのである。家庭に帰ってきて寝ころがってテレビばかりみている父親が（実際現代の父親は、自己の最低の姿しか子どもにみせてはいない）、男性のモデルになりうるだろうか。急激な社会変化のなかで、確たる将来の見通しももちえないまま、適応力においても若い世代に遅れをとる父親が、職業＝社会人として、人生の先輩として、生き方のリーダーたりうるであろうか。家庭の通常生活のほとんどが母親＝妻によって切りまわされているなかで、父親は集団としての家族の真の統率者たりうるであろうか。そして「見えない父親」、物理的にも精神的にも不在の父親が、権威の感覚についての原体験たりうるであろうか。

ことがらをあまりに単純化して考えることは危険であるにしても、それでもこれらの問いにたいする答えは、いずれも否定的にならざるをえないであろう。少なくとも、父親がそれらの役割を発揮するのに、困難な状況にあることだけは確かである。それは工業化社会というもののほとんど不可避的な傾向なのであるが、日本の場合には、さらに二つの要因が、それを促進するように作用しているように思える。

一つは敗戦による、家族制度を含む、伝統的な価値体系の崩壊である。工業化社会における激しい価値変動とそれにたいする父親の適応不全とは別に、そのことによって、日本の父親の権威は、著しく失墜した。そしてそれに続く民主化のなかで、父親的要素の多くは、〝封建的〟というレッテルをはられ、父親は萎縮させられた。そしてもう一つは、日本の家族における母子関係の濃密さである。中根千枝も指摘しているように、伝統的に日本の父親は、子どもにたいする父権としてよりも、家の「家長権」として大きな力を与えられていたのである[20]。その権威は天皇制国家原理によって支えられていたとはいえ、父親個人としては、〝地震・雷・火事・親父〟的な、一過的自然現象と同列のものとしておそれられていたにすぎないともいえる。それにたいして母親の方は、子どもとの強い情動的な結びつきをもとにして、実質的な影響力をもち、それによって父親の権威はしばしば形骸化されてしまったのである。

このように、日本の社会と家族における独特な条件を、さきの工業化社会における傾向と重ね合わせて考えるとき、父親不在の現象は、他の工業化社会におけるより、日本においてはより増幅された形で現われてきているのではないかと想像される。そこで改めて問われなければならないことは、そのような父親の権威の喪失は、子どもの社会化と発達にとって、どのような効果を及ぼしているのか、という問題である。

自らの体験に基づく社会的な確信と子どもに感受されるべき権威の基盤を失った父親が、時として家庭にあって子どもと接触するときに示す態度のなかには、いきおい表出的要素が強くなる。ものわかりのよい〝友達のよう〟な父親、甘えられる優しい父親、遊び相手としての父親等々の言葉によって、今日の父親はイメージづけられる。それは子どもの欲望を厳しく抑圧する威厳に満ちた父親とは異質のものである。おそらくそのような父親との関係のなかで形づくられる人間は、父親にたいする畏敬と怖れによって行動の自己統御を行い、父親と同一化し、父親を自我理想として自己形成を行おうとしたフロイト的人間像とは、かなり距ったものであるにちがいない。そこでは、強度の抑圧からもたらされる神経症と、そのメカニズムの理性的理解による解放としての治療という古典的関係は、稀薄なものとならざるをえないであろう。

そのことはまた、先に述べたような、青年期における権威にたいする反抗をてことした自立の達成という社会化の図式にも、多分変更をせまることになる。何故なら、過保護に育った現代の子どもたちは、自立への志向が稀薄なうえに、自らの力によって越えるべき明確で身近な権威の目標を欠くことになるからである。自律性の内面化を迫ると同時に先走り的な自立を抑制する権威が目前にないとき、反抗は宙に浮き、その企ては空転を余儀なくされる。

そしてそのことは、単に父親の不在化のみならず、社会における権威そのものの存在形態の変化によって、さらに深刻なものとなる。伝統的な社会においては、父親は確かに権威の原型であったが、それと同じ形において、教師、先輩、職業集団の長、さらには天皇というように、権威は具体的個人に体現されて存在していた。それらは、ハイアラーキカルな人格的関係のなかで、相互に連動していたのである。ところが、現代において、権威は組織のなかに拡散され制度化されて、官僚的権威として存在するようになってきた。父親が見えなくなっただけでなく、権威は全体として不可視的なものとなるのが、「父親なき社会」の特質なのである。

ここにおいて、若者の反抗はその照準を失い、多くの論者によって指摘されているように、そこからくる若い世代のあせりと苛立ちは、ラディカリズムとなり、みさかいのない暴力、破壊となって爆発する(21)。そしてまた、代償的にマス・コミの提供するヒーロー(とりわけ劇画における)との同一化が求められることにもなる。もしそうでなければ、"しらけ"や"三無主義"に象徴されるような、社会的現実からの離脱感となって現わされるのである。

権威の感覚というものは、人びとの規範への順応(compliance)を容易にし、社会的秩序や節度ある行動の基礎を形づくる。そして人格に体現された権威は、その人間への尊敬を引き起こし、卓越した人間との距離をちぢめ、それに接近しようとする自己向上的努力をもたらす。しかし権威の喪失は、自己の周囲の等位の他者への同調、つまり他者志向的人間を生み出す。ミッチャーリッヒ(Mitscherlich, A.)はリースマン(Riesman, D.)を引用しながら次のように述べている。「強制的な、明らかに父親的な指導は日常生活に欠けているから、つまり信頼しうる伝説はもはや存在しないから、同時代の人びとは相互に定位し合う。凝視集団、すなわち学校と近隣―そして職場における同時代人の集団が行動の規準となる。このことはおとなにも、また子どもにもあてはまる。そしてまさにその結果として、両親は子どもが命令(内的規範)にそむいても、彼らが他の子どもたちと仲良くしたり、あるいは「人気者」になったりできないときほどには叱らない」(22)。

かくして、同一化しうる権威を見失った「父親なき社会」は原理的には、「きょうだい社会」となるとされる。

しかしそのような父親なき子としての現代の若い世代の同調行動を、その根底において規制するものは何であろうか。権威の感覚に代わって人びとをつき動かすのは、利害の感覚ではないのか。科学・技術主義の隆盛、貨幣・商品経済の発達、権利意識の拡大などによって特徴づけられる現代社会によって生み出され、またそのような現代社会に最も適合的な原理は、ギブ・アンド・テイクの損得合理性である。権威の感覚に基づく人格的尊敬と順応が喪失した今日、利害の感覚に基づく非人格的な所有への羨望と同調こそが、ますます支配的になってきているように思われる(23)。

利害の感覚それ自体は、必ずしも否定さるべきことではないかもしれない。しかしそれによって人間の行動が支配されるとなると、問題は別である。何故ならつとにデュルケームが論証しているように、利害は道徳に従属させられるべきはずのものだからである。道徳は権威をもった命令の体系であり、道徳的行為とは超個人的な利益を志向して、しかも自律的な意志によってとられる行動であるからである。道徳がひとたびその高みから呼びかけると、あらゆる個人的利害は沈黙させられる。つまり道徳は、それ自体の権威によって貫徹されることを要求するのである(24)。デュルケーム自身は、家庭というものを、道徳教育にふさわしくない私的な領域として消極的にとり扱ったが、しかし道徳の基礎としての権威についての感覚が原初的に形成されるのは、家族における父親との関係を通してであることは、否定しえない事実である。そうであるとするなら、権威の原体験を欠き、利害の感覚によって支配される父親なき子どもたちは、「道徳的色盲症」におちいっているのであり、「父親なき社会」とは、必然的に道徳の下落する社会ということになるのである。

6　母親支配の問題

現代の母親の子どもとの関係における立場は、父親のそれと極めて対照的である。父親が家庭において不在化するのと逆に、母親はますます顕在化してきている。それは、父親の権威喪失が、工業化社会の一般的傾向に加えて、日本の特殊的な条件によって増幅されているのと軌を一にしている。日本の母親は、工業化社会における核家族化によってわずらわしい人間関係から解放され、家業から切り離され、計画出産と家事合理化により自由時間を獲得しただけではない。伝統的に、濃密な母子関係によって子どもにたいする実質的な影響力をもっていたうえに、戦後の民主化によって、その地位を著しく向上させたのである。

母親についての日本の伝統的・正統的な観念（文化）は、次のようなものである。母親とは何よりも子どもの成長を自らの生き甲斐として、子どもに尽くし、耐えるという形で苦労する、報いられることの少ない存在である。しかしそれなるが故に、母親は子どもにとって、困難を乗り切って生きてゆくうえでの精神的な支えや救いとなり、すまないという罪の意識の根源ともなり、ひいては子どものアチーヴメント達成の動機ともなる。つまり母親とは、情動性を色濃くもった、おかしえない神聖な価値とみなされてきた、といえるのである(25)。日本の母親が、すべてそのような存在であったというのではない。しかし母親とはそういうものであると、伝統的に思念されてきたのであり、それが現代にもなお生きているということは、日常的に観察しうるところである。

しかしさきに述べたような状況のなかで、現実の母親像は、徐々に変わってきつつあることも事実である。そして母親のあり方は、マス・コミなどを通じて、社会的にも大きな問題とされているが、今日の母親は三つの類型に分けることができるようである。第一は「いらだった母親」である。これは数において最も多く、自分の子どもが将来安定した職業的地位につくようになることを願って、なんとかして健康で勉強のできる子に育て、少しでもよい学校に入れようと、それぞれにあせっているのである。彼女たちは、自分の子どもの養育や〝教育〟にかまけ、子どもたちに希望を託して生きているという点において、まさに正統的母親像の継承者である。

第二の類型は「自己中心的母親」とでも呼ぶべきタイプである。自己の欲望や幸福のために、子どもを殺したり、置去りにして蒸発したり、〝未婚の母〟になったりする母親である。それが正統的母親像の支配してきた日本の社会に与えるショックは大きく、マス・コミに大きく報道されるのは、まさにこのタイプの母親である。そしてもう一つの類型は「社会的活動に生きる母親」とでもいうべきものである。それは奉仕的活動、社会・政治的活動、職業生活、創作的活動などさまざまな領域に見出されるが、いずれにしても主婦であり母親でありながら、同時にそのような社会的活動に生きることに意義を見出そうとしている母親である。

このうち第二と第三の類型を区別するものは、同じく自己の願望の実現をめざしながらも、「自己中心的母親」がそのために子どもを犠牲にしたり手段にしたりするのにたいして、「社会的活動に生きる母親」は、子育てを自己の生き方のなかに包摂し、その二つを両立させようとしている点である。しかしこの二つの類型は、ともに通常の家族生活のなかでの子どもの成長だけを生き甲斐にしていないという点において、新しい母親像ということができるのであるが、とりわけ前者は社会的に問題にされるほどには、まだ数のうえからは多くはないといってよいであろう。

その意味では、「いらだつ母親」と名づけたものこそ、正統的母親像の系統に立つものであり、いわばそれの現代版ともいうべきタイプである。ただ彼女たちを伝統的母親から区別させるのは、その異常なまでの子どもにたいする熱意と、焦躁感である。伝統的母親が、概して子どもの健やかな自然の成長を楽しみにし、嫁しゅうと関係、夫への服従、家事や家業による労苦のなかで、子どもを生き甲斐にしたのにたいして、解放された今日の母親は、あらゆる手だてを尽くして、人為的に子どもを仕立てあげ、勉強に向かって駆立てるのである。そのためには、教育ママと呼ばれ、テスト・ママとそしられ、ママゴンと揶揄されようとかまわない。むしろこんな程度でよいのだろうか、よその子に負けてしまわないだろうか、もっと効果的な方法はないのか、といった不安と焦りにつきまとわれているのである。

すでに触れたように(第四節参照)、そこから過保護がもたらされ、〝甘え人間〟が作り出されることになる。この「いらだつ母親」は、一見「自己中心的な母親」と全く逆なタイプの母親のようにみえる。しかし子ども自身の側からみれば、前者は母親の願望によって一方的にいじり回され、自律性をそこなわれるという意味で、また後者は母親の利己的目的のために人格を踏みにじられるという意味で、ともに類似した点をもっているのである。今日の子どもたちが、そのような母親のもとにおかれているとするなら、現代という時代は、子どもにとって、まさに受難の時代であるといわなければならない。

さて、現代の家族において前節でとりあげたように、父親が不在化し、逆に今みたように母親が顕在化するという状況が一般化しているとするなら、それは子どもの社会化と発達にとって、どのようなインパクトを与えることになるのであろうか。子どもは事実上、表出的役割において専門化している母親によって、終始コントロールをうけ、その支配に服することになるのであるが、それは子どもにどのような効果をもたらすのであろうか。はたして母親による支配は、「見えない父親」の役割をカヴァーし、権威の原体験たりうるのであろうか。以下においては、そのような問題を検討してみなければならない。

父親が子どもにとって権威の原体験であるとするなら、母親は愛の原体験である。そして父親が最初の男性モデルであったように、母親は子どもにとって最初の女性モデルである。母親がどのようにしてくれるかによって、息子は女性からどのようにしてもらえるものかを学び、娘は母親との同一化によって、子どもや男性にどうしてやるべきかを身につけるのである。これにさらに父親と母親の関係がつけ加わって、男性と女性の関係のもちかたの原型が形づくられる。愛するとは母親のようにすることであり、愛されるとは母親からしてもらうようにされることであるということから、日本の伝統的な母親のあり方が日本的な愛の形態を深いところで規定することになる。つまり日本の男女の関係において、女性が母親的に、男性が子ども的になってくるのであるが、今はその面には深く立入らないでおこう。

むしろすでに何回か触れたように、そのような母親の愛情表現が、現代においては、過保護をもたらし、そこから自律性志向の稀薄な〝甘え人間〟が作り出される、という面を問題にしたい。つまり母親支配が徹底するとき、それは単なる保護過剰に留まらない効果を子どもの人格のなかに生み出すという問題である。母親の保護が子どもの生活のすみずみまでゆきわたったとき、子どもは一個の人間存在として発達してゆくのに必要な内面的な核までも失うことになる。子どもはあらゆる私的な秘密をはぎとられ、まるで裸の状態で母親の管理化におかれることになるのである。次のような母親の事例がそのことを象徴的に示しているであろう。

母親である「私」は息子の部屋を掃除していて、たまたま息子が隠していたヌード写真誌を見つける。そこで「〝敵もお年頃か〟こちらも負けずに作戦を立てなくっちゃというわけで、私は本屋にとんで」いって「新鮮な」ヌード写真を買ってきて、部屋に堂々とかかげておくのである。「ひそやかな楽しみを取りあげ」られ、「あけっぴろげ」にされてしまった息子は、それをみて当惑する。しかし結局は、父親のとりなしもあって、「私のアイデアは三日目にオクラ入りになった」（毎日新聞昭和四九年一一月一一日付「女の気持」欄）――というのである。青年期にある息子の心理を考えたとき、そこにはたかがヌード写真の問題といってすまされないものがある。彼は異性に秘すべき性の秘密を、異性としての母親によって白日のもとにさらされたのである。同様のことは、おそらく子どもの日記や私信や友人の秘密についても、チャンスさえあれば起こるにちがいなく、すべてにわたって子どもは母親によって先手をうたれ、すみずみまで管理されつくすことになる。

このように人の大切な場所にどかどかと踏みこんでくるようなことが、母親の愛情ある〝教育〟的配慮のもとに行われるとするなら、それはもはや過保護というより、文字通りの支配である。それは子どもの精神の核に介入し、子どもを全人格的に親に隷属させ、依存させるようにしむけるという意味で、グリーン（Green, A.）の言葉でいえば、personality absorption である(26)。おそらく人間は、心のなかにそのような内面的・私的領域を留保しておくことなしに、強固な自我の確立と「同一性」を獲得することはできないにちがいない。登校拒否児のようなひ弱な自我も、そのような支配的母親の存在と深く関係していることを内外の研究が示している(27)。

さらに母親支配の問題は、性別役割の社会化にも、大きな影響を与えている。「見えない父親」は息子の男性モデルとして不適切であることはすでに述べたが、さらに母親による支配のもとにおかれることによって、男性らしさへの社会化は阻害される。しかもそれは家庭内に留まることなく、学校へ行っても女教師によって継続されることになる。男の子たちは女性支配のもとにありながら、自らの男性らしさを形成しなければならず、女の子はそのような男の子を支配するものとの同一化によって、女性であることを学ぶのである。

さらにこのような現代における性別役割の社会化は、男性が子どものように、女性によって母親的に支えられるという「妹の力」（柳田国男）の伝統的文化と重なる。そこに生まれるものは、〝女性上位〟という言葉に象徴されるような、また現代の若者風俗にみられるような、女性の男性化と、男性の女性化（〝優しさ〟）という現象である。中性化といってもよいかもしれないが、それは両性の対等な人格的関係とは必ずしも同じものではない。

ところで、そのように顕在化した支配的母親は、子どもにとって、愛の原体験たるに留まらず、「見えない父親」に代わって権威の原体験たりえないのであろうか。これはむずかしい問題であるが、次のような理由により、おそらく現状においてはそれは無理ではないかと思われる。

たしかに母親と子どもの関係は、生物学的事実であり、動物一般に共通する確かな結びつきであるが、父親などそばにいなくとも子どもは成長することができる。また動物のオスはメスを所有するが、人間の場合のように養いはしない。その意味で、ベンソン（Benson, L.）がいうように、父親の役割は、有機的な要請に直接に従ってはいないのであり、父親というものは、人間文化の発達における戦略的な発明に属するのである(28)。しかし人間が性の排他的独占と経済的協同に基づく結婚と家族の形成を行い、両性の間の役割の分化と統合のもとに文化を作り上げたとき、父親と母親の存在は決定的なものとなったのである。そしてゼルディッチ（Zelditch, Jr. M.）の五六の社会についての通文化的検討によれば、ほとんどの社会において、母親＝妻が表出的役割において専門化しているのに対応して、父親＝夫は手段的役割をとっているのである(29)。

ところで父親の権威というものは、この手段的役割に由来するものではあるまいか。権威とは受容され正統性を与えられた権力であるから、その基礎には他者に対して強制を行える力がなければならない。子どもとの関係において母親はそのような力をもちうるが、しかしそれは子どもが幼いうちだけであり、成長した子どものコントロールに際しては、母親自身が父親を呼び出し、その力にたのむことになる。それ以後の母親の子どもにたいする影響力は、哀願や涙やうるささなど、主として弱さによるコントロールであって、権力とは異質のものである。

もちろん女性でも権力と権威を体現することが不可能ではない。例えば女医とか女性科学者、女流作家、女性国家元首などをみれば明らかである。しかしそれは職業的その他の社会的地位として獲得されたものであり、一般の家庭のなかにおける母親としての権力や権威とはいいがたい。もし母親が子どもにたいして権力を行使し、権威を要求したとしても、それはしばしば〝ヒステリー〟とか〝ママゴン〟などという形で受けとられてしまう。それは社会的な正統性をもたないのである。ということは、父親の権威というものも、同時に社会的な承認に基づいているということを意味している。つまり父親の権威というものは、単にその手段的役割に由来するだけでなく、男性本位に構成された社会そのもののあり方と、どこかで、深く結びつくことによって成立していると考えられるのである。

このようにして、少なくとも現代においては、支配的な母親であっても、子どもにとって本来の意味での権威の原体験にはなりがたいであろう。それは単に困難であるというばかりではなく、一人の母親が表出的役割と同時に父親の手段的役割をもとるということは、子どもの社会化や発達にとって、望ましいことであるとはいえないのである。コーザー（Coser, R. L.）はこの点に関連して、次のように述べている(30)。父親と母親が役割対偶者（role-partner）として別々の役割をとることによって、子どもは、おのおのの親の期待に、違った仕方で順応する余裕を与えられる。つまり子どもは自らそれらの期待を組織化する（役割を分節化する articulation of roles）ための、距離をもつことができる、というのである。もし母親が表出的と手段的（今問題にしているのは権威なのであるが）の両方の役割をとるとき、例えば〝安心して勇敢に立向え〟というきっぱりした態度と〝よくよく気をつけてね〟という心配とを同時にとらなければならない場合が生じる。つまりそれは、矛盾し合う期待が同一の人物から発せられるという事態であり、マートン（Merton, R. K.）のいう、「社会学的アンビヴァレンス」におちいるということである。それを避けるためには、やはり父親と母親がそれぞれの役割を別々にとることが必要であり、それによってこそ、社会化の途上にある子どもはそれぞれの期待に順次に応じつつ、それぞれの意味の違いを識別して、役割分節を行うことが容易となるのである。そのようにして、より高次の発達が可能になり、また自己の「同一性」の意識も確立をしやすくなるわけである。

7　家庭教育の回復のために

以上、現代家族における子どもの社会化の問題を、親子関係を中心にして論じてきた。そこで明らかになったことは、現代社会の構造そのものが、人間の家族生活に深刻なストレスをもたらしていること、そしてそれに伴う家族の変貌は、その形態の縮小の面において、また父親と母親のあり方の面において、子どもの社会化過程に大きなインパクトを与え、人間形成を大きくゆがめてきている――ということであった。そこで最後に、それを家庭教育の問題としてとらえ直すことによって、小論を閉じたいと思う。

家族における子どもの社会化を問題にするということは、子どもの発達を家族の日常生活のなかでの自然の過程として現実の事態に即して、社会（学）的に分析することである。他方家庭教育問題としてとらえるということは、子どもの発達を、親を中心とする家族の意識的な努力として把握し、そのあるべき姿を構想するということである。しかし家庭教育というものは、教育の専門機関としての学校における理念的・組織的な活動とは基本的に異なっている。家庭というものは、第一次的には、家族成員が生活を共にし、心おきなくくつろぐことのできる、私的な領域である。したがって、意識的に行われたといっても、やはりそのような日常生活をそこなわない範囲において実践されなければならない。つまり家庭教育は、何よりも家族における社会化の現実に即してとらえられなければならないのである。そして学校教育というものは、そのような家庭教育における人間の基礎的な形成を前提にして、はじめて成立しうるはずのものなのである。

ところで、前節までのわれわれの分析からすれば、家庭教育というものも、極めて困難な状況のなかにあることになる。それはすべて、現代社会の構造的変化と、それに伴う家族の変貌のなかで、いわば時代の趨勢としてもたらされたものであるが故に、個々の家庭の意識的努力によるだけでは、容易に対処できないような性格をおびている。そこでわれわれのとりうる道は、二つに一つである。もはや家庭教育を回復するなどという企てはやめるか、それとも、困難を承知のうえで、家庭教育を回復する方途をさがすか、である(31)。しかし子どもの健全な、人間的な発達を望む限り、後者の立場にたたざるをえないであろう。

そうだとすれば、今日の家庭教育においてまず確立されるべきことは、その基礎としての親の子ども観である。子どもを親の私的所有物として自らと一体視するのではなく、子どもを親とは別個の独立した人格的存在として認識することである。親の自由意志によって計画的に子どもを産むという現代社会の既定事実は否定すべくもないが、一たび産み出された子どもは、親の恣意を離れた存在であり、親はそのようなものとしての幼い生命の成長・発達に責任をもたなければならない。確かに親の愛情は、子どもの発達にとって重要なものであるが、今日の家庭教育の基礎に置かれるべきことは、子どもとの一体化に基づく肉親的愛情の原理ではなく、むしろ責任の倫理ではあるまいか。

愛情とは本来無限定的なものであり、日本の親の子ども観の伝統のなかで今それを強調することは、親の人生を再び子どものためのものに閉じ込めてしまうことになる。そして、親が子どもだけを生き甲斐にして生きることによって、子どもは「真綿で首をしめられるように」(A・カミユ)、その人格的自律性を奪われることになるおそれが大きい。自分の産み出した子どもを、別個の独立した人格的存在として尊重するということは、逆に親にも独立した人格として自分自身の人生を生きることを要請するにちがいない。かくして子どもを産み育てるということは、親の人生のすべてではなく、その重要な一部分として位置づけられなくてはならなくなるが、その親に要求されるものは、何よりも子どもにたいする責任の倫理でなくてはならない。いくら「自己本位の母親」を責めても、愛情は外から押しつけられるものではない。それは自然に生れて、そのような相互人格的な関係での親と子の間を満たすはずのものである。

さてそれでは、親の責任としての子どもの社会化（＝家庭教育）にとって、最小限必要なことは何か。具体的な行動面についてのしつけは当然のこととして、一般的な価値態度の形成の面についていえば、それは次の三点に要約できる。

その一つは、人間的な愛を子どもの心のなかに刻みこむことである。愛の感情は、人間に本能的に備わっているものではなく、すでにみたように、幼時における第一次的社会化の過程で、条件的に形成されるものであった。愛を受けて育った経験なくして、人を愛するようになることは困難である。家庭教育において親の愛情が強調されなくてはならないのは、それなくしては子どもの生存が保たれないからという以上に、子どもの心に人間的愛が育ち難いからである。そして幼児期の家庭におけるそのような愛の経験は、やがて他者一般への優しさや思いやりや共感、さらには集団や共同体にたいする愛や連帯感へと拡大されてゆくはずのものである。今日のような小家族と個人主義的競争が苛酷でアノミックな社会において、この教育はとりわけ大きな意義をもっている。

二つ目は、権威の感覚ないし規範意識の形成である。それは権威主義的な人間の形成とは全く異質のものである。権力をもったものに依存したり、それにたいして卑屈になったりということではなく、卓越したもの、優れたものにたいする一種の感受性、ないし畏敬の念である。それがあることによって、いわゆる良心の声に順応したり、価値的・道徳的な原理に照らして行動を律したりすることが可能になる、そういった性格のものである。権威の感覚が内にあってこそ、人は外からの強制によってではなく、内面的な自発性によって、コミットメントを行うことができる。また権威あるものとの距離感とそれへの尊敬によって、自己の人格を向上させることも可能となる。それはまさに利害の感覚の上位にあって、それを統御するべきはずのものである。

もう一つ、自律性の形成である。それによって人は依存性への回帰を断念し、甘えを排除し、権威主義への傾斜をチェックすることができる。自律性こそまさに子どもから大人への発達の過程を貫く基調である。それはまず、肉親との第一次的愛着から子どもを解放させることから出発しなければならないのであるが、それを家庭という情緒的な満足と安定の場で行わなければならないところに、社会化のパラドックスがあるのである。

それは親にとっても子どもにとっても、困難な課題であるが、それはとりわけ、現代の小核家族において問題的である。しかしパーソンズがいうように、家族とは本来「自己清算的集団」(self-liquidating group) なのである。彼によると、家族における子どものエロティックな充足は、その発達にとって必要欠くべからざる手段であるが、同時にそれは成熟にとって深刻な障害となるものである。だからこそインセスト・タブーがそれを規制するものとして存在する。それによって、家族の自己清算が保証されると同時にパーソナリティ形成も可能となる――というのである(32)。つまり親は、愛情によって子どもを育てるのであるが、その営みは、子どもをそのような肉親的愛情から解放し、自立できるようにすることをめざして行われなければならないということである。この矛盾した課題を遂行しなければならないところに、現代の家庭教育の基本原理として、愛情より責任の倫理を優先させなければならないとしたことの、もう一つの根拠があるのである。

現代の家庭教育への要請は以上のようなものであると考えられるが、それらはいずれも人間の成熟にとっての発達課題でもある。家庭においてその第一次的達成が計られてこそ、その後の学校教育は健全な展開をみることができる。今日の家庭教育は、そのような家庭における基礎的社会化機能を棚上げにして、もっぱら学校教育の下請け機関になってしまっている。そればかりか、その学校教育にさえも不信感をいだき、塾や家庭教師などによる受験勉強に血道をあげ、学校にはむしろ子どものしつけを期待するという倒錯した傾向すらみられるのである。

いずれにしても、家庭におけるそのような基礎的形成なしに行われる知的教育はそれがいかに科学・技術を動員して行われようと、というよりそれが効率的に行われれば行われるほど、ゆがんだ奇形的なものになる。人間的愛の感情を忘れたところで行われる教育は、冷酷な能率主義的・目的合理主義的人間を、権威の感覚を欠いたところで行われる教育は、利害によってしか動かない不遜な人間を、自律性の内面化のないところで行われる教育は、ひよわな依存的甘え人間を、それぞれ生み出すことになるにちがいない。

家庭教育における親の役割という面からいえば、人間的な愛の感情は主として表出的役割において専門化している母親の問題であり、権威の感覚は手段的役割において専門化しているものとしての父親の問題であり、また自律性は核家族のなかでの父親と母親の協力において可能となる問題である。しかしすでにみてきたように、今日そのいずれも阻害状況にあるのである。そしてそれは、現代社会の構造的変化とそれに伴う家族の変貌によってもたらされたものであった。そのような状況のなかで家庭教育が回復されうるとするなら、まず経済的物的生活の向上を優先させる社会のあり方そのものが変えられなければならないことになる。そしてまた、能力主義的な学歴本位の社会の仕組やそれらに対応する学校のあり方、わけても受験体制というものが変革される必要があるであろう。さらに、現代社会のあり方をラディカルに問い直すという問題と並んで、家庭のあり方そのものも同時に再検討されなければならない。そこで最後に、とりあえず家庭で何が可能か、何をなすべきかという観点から、家庭教育回復の緒を探ってみたい。

その意味で何よりもまず必要なことは、平凡なことのようでも、一人一人の親が以上に述べてきたような、家庭教育の役割とそれにたいする親の責任を再確認すること、合わせて、家庭教育が危殆に瀕している状況そのものを認識することである。そこに生まれる深い危機意識こそが、蘇生の第一歩であり、〝流れ〟を変える始動力となるにちがいない。

そのうえで、それぞれの家庭がおかれている生活の現実から家庭教育のあり方を構想することである。家庭教育というものは、本来寛ぎの場としての家庭のなかで、日常的に行われることであるからである。どこかに理想的な家庭教育があるかのように思い込み、何かの本に書いてあるモデル的な家庭での教育を、自分の家庭にあてはめようとしても、所詮無理である。それぞれの家庭は、それぞれのっぴきならない条件のなかで生活を営んでいるのであり、親は精一杯生きているはずである。そうだとすれば、そのこと自体が、すでに子どもにとって大きな教育的意義をもっているのである。親がいい加減な生き方をしていて、子どもだけ立派な人間に育てるなどということは望めない。

伝統的な日本の母親が、さまざまに批判されながらも、ともかく子どもにたいして絶大な影響力をもちえたのも、彼女たちが苦しい人生をひたすら生きた、という一点にかかっていたのである。それは〝三食昼寝つき〟などという生活とは、およそ対照的なものであった。だから、もし日本の母親の伝統から継承すべきものがあるとするなら、それは彼女たちの生き方の厳しさである。そして小核家族化と民主化と生活の向上という、苦労しなくてもよい客観的条件の出現のなかで、今日それを継承するとするなら、それは自己の人生にたいする母親の自覚的な取組みによってであろう。それは、子どもの養育と社会化を、親の責任として自己の人生の重要な一部分に位置づけたうえで、主体的に選択した何ものかにコミットしてゆくという生き方、そしてそこからくる苦しさと厳しさ、とでもいうべきであろうか。

次に父親についてはどうか。不在化する父親にとってまず必要なことは、自己を少しでも**見える**父親にするような、父親自身における意識的な努力である。今日の日本の家庭のなかで、自然にまかせていれば、ほぼ必然的に父親の影は薄くなるという事態を認識し、自覚的に自己の存在を子どもに開示するということである。それは必ずしも休息を返上してまで子どもや家庭にサービスをすることを意味しない。例えば、仕事のことは一切家庭では口にしないという慣習が変更されてしかるべきである。自分の仕事の性格や職場での出来事、職業上の苦しみや喜びや怒りを、支障のないかぎり、たとえ子どもに分らなくてもよいから話すべきである。そのような積み重ねを通して、子どもは父親を人間として理解することができるようになるにちがいない。

さらにそのうえに、母親の側の配慮が働く必要がある。母親も現代の家庭における父親の立場を理解し、意識しない間に自分一人で事を処理してしまうという傾向を反省して、母親自身が、意図的に父親を子どもの前に引き出す努力を払うべきである。単に子どもの問題を父親と相談して、その結果を子どもに伝えるというスポークスマンとしての役割をとるだけでなく、直接父親を子どもの前に登場させるという〝工作者〟的配慮が望ましい。さらにそれに関連して指摘したいのは、日本の家庭においては母子連合がつくられやすいという問題である。小集団は「アイデア専門家」と「最も好かれる人物」の協力と提携によってよりよく機能していく、というベイルズ（Bales, R.F.）の研究が示すように、家族における子どもの社会化も、父＝母連合の確立によってこそ効率的に行いうるのである。

さらにもう一つの点をつけ加えるとするなら、子どもを家庭生活のなかに参加させ統合するということである。いうまでもなく家族は一つの社会体系であり、さまざまな役割の体系として成立っている。家庭教育も社会化も、そのようなものとしての家族の日常生活の営みのなかで行われるものである。しかし今日の子どもは、必ずしもそのような家族生活のなかに統合的に参加してはいない。むしろ家族そのものの役割体系からはずされ、もっぱら勉強する人形か機械のような処遇をうけている。勉強するということは、子どもの重要な役割の一つであるにちがいないが、それは家庭内部の協同生活に由来するというより、どちらかといえば、外部社会としての学校と結びついた役割であろう。

確かに現代の都市家庭においては、かつての農村家庭におけるような家の生産活動への、子どもとしての役割参加の機会は少ないかもしれない。しかし今日の消費的生活協同体としての家庭のなかにも、子どもの役割がないわけではない。例えば庭仕事でも、日曜大工でも家事でも留守番でも、いくらでも子どもの参加する余地は残されている。それをそうさせないのは、家庭を当然のごとく学校教育の下請けないし促進のための機関とみなしている親の態度と、苦労しなくてもよい条件に恵まれた母親が、全部自分の手でやってしまっているからである。子どもに自律性をつけさせ、ひいては逞しい生活力をもった人間に育てていくことが、家庭教育における親の重要な責任の一つであるとするなら、あえて家庭生活に子どもを参加させ、役割を分担させて、喜びや苦労を共にさせるようにすることが、それ自体親の役割であるはずである。

このように考えてくると、家庭教育というものは、理念的に構想されすぎてはかえって逆機能的になってしまうものであるにもかかわらず、今日の事態は、親の側でのかなり自覚的・人為的な配慮によってしか、その本来の日常的機能を果たしえないところにまで立ちいたっているのである。ここで述べたような手立てによって、果たして危機に瀕する今日の家庭教育が回生されうるかどうか、その保証はない。しかし、そのような企てを執拗に試みる以外に、われわれに残された道はないのではあるまいか(33)。

注

1　森岡清美編『家族社会学』(社会学講座3)東京大学出版会、昭和四七年、三－四頁。
2　この辺のより詳しい解説は、橋爪貞雄「現代家族の機能論――パーソンズを中心に」『講座家族』2(家族の構造と機能)弘文堂、昭和四九年、八三－九六頁を参照されたい。
3　N. W. Bell and E. F. Vogel, "Toward a Framework for Functional Analysis of Family Behavior", in N. W. Bell and E. F. Vogel (eds.) *A Modern Introduction to the Family*, New York: The Free Press, 1968.(山根常男訳編『家族の社会学理論』誠信書房、昭和四六年、一九－六〇頁「家族行動の機能分析――その枠組をめざして」)
4　青井和夫『家族とは何か』講談社、昭和四九年、二二－二三頁。青井はそのことを、機能的な面だけでなく、婚姻制度について血縁的にも開かれている、と指摘している。
5　森岡前掲書、二一六頁。
6　T. Parsons, and R. F. Bales, *Family, Socialization and Interaction Process*, 1956.(橋爪貞雄他訳『核家族と子どもの社会化』上、黎明書房、昭和四五年)

7 E. H. Erikson, "The Problem of Ego Identity" in *Psychological Issues*, 1959, Vol.1, Identity-Youth and Crisis, 1968.（岩瀬庸理訳『主体性』北望社、昭和四四年）

8 例えばC. Tryon and J. W. Lilienthalは、ライフ・サイクルを乳幼児期、児童前期・児童後期、青年前期、青年後期、成熟期、老年期の七つに区分し、それぞれに関して、一〇個の人間行動の領域ごとに、より具体的な多数の発達課題を設定している。cf. E. M. Duvall, *Family Development*, 4th ed. Lippincott, 1970, pp.146-147.

9 Duvall, *op. cit.*, p.148.

10 Ditto, pp.149-151.

11 森岡前掲書、一三〇-一三一頁。

12 同書、二一二-二一三頁。ここで森岡は、現代日本の家族として、①夫婦家族制に立つ夫婦家族、②夫婦家族制のエトスをもった直系家族、③夫婦家族制を拒んでいる直系家族の三つがあることを示唆している。

13 「家は日本の経済発展にどのような役割を果したか」（隅谷三喜男編『日本人の経済行動　上』東洋経済新報社、昭和四四年、九〇-一二八頁）における、玉城素子及び毛利明子の発言参照。

14 E. W. Burgess and H. J. Locke, *The Family—from Institution to Companionship*, American Book, 1953.

15 B. Moore Jr., *Thoughts on the Future of the Family*, 1958.

16 東京だけでなく、この種のテレホン・サービスは各地に広まっているようである。

17 W. W. Lambert and W. E. Lambert, *Social Psychology*, 1963.（末永俊郎訳『社会心理学』岩波書店、昭和四一年、三〇-三一頁）

18 この節は拙稿「現代家族における父親の役割と子ども」（『児童心理』昭和四七年三月号）と多くの部分において重複していることを、おことわりしておく。

19 A. Mitscherlich, *Auf dem Weg zur Vaterlosen Gesellschaft*, 1969.（小見山実訳『父親なき社会——社会心理学的思考』新泉社、昭和四七年、一五九、一六三頁）

20 中根千枝「〝家〟の構造」東京大学公開講座『家』東京大学出版会、昭和四三年、青井和夫「現代日本の親子関係」東京大学公開講座『親と子』東京大学出版会、昭和四八年、参照。

21 例えば永井陽之助「解体するアメリカ」中央公論、昭和四五年九月号。

22　ミッチャーリッヒ前掲訳書、一六一頁。

23　拙稿「子どもの社会化とその現代的特質」佐藤忠男・山村賢明編『現代社会と子ども』東洋館出版社、昭和四五年。

24　E. Durkheim, *L'Education Morale*, 1923.（麻生誠・山村健訳『道徳教育論（1）』明治図書、昭和三九年）

25　詳しくは拙著『日本人と母』東洋館出版社、昭和四六年。

26　A. W. Green, "The Middle-Class Male Child and Neurosis", *A.S.R*, (February 1946) pp.31-41.

27　例えば深谷和子「登校拒否児にみる母親の型」『児童心理』昭和四八年四月号をみよ。

28　L. Benson, *Fatherhood—A Sociological Perspective*, 1968.（萩原元昭訳『父親の社会学』協同出版、昭和四八年、四四－五二頁）

29　M. Zelditch, Jr., "Role Differentiation in the Nuclear Family", in T. Parsons and R. F. Bales (eds.), *Family*, 1956.（橋爪貞雄他訳『核家族と子どもの社会化　下』黎明書房、昭和四六年）

30　R. L. Coser, "Authority and Structural Ambivalence in the Middle-Class Family", in R. L. Coser (ed.) *The Family, Its Structure and Functions*, New York : St Martins Press, 1956, pp.370-383.（山根常男前掲訳編、一四九－一六三頁）

31　例えば森岡清美は、現代及び未来の家庭には、しつけを担当する能力はないとして、それを家庭外の機関に求めるという立場をとっているが（『児童心理』昭和四四年一〇月号）、これについての筆者の見解については「現代の家庭教育」（『児童心理』昭和四九年七月号）を参照されたい。なお本節はほとんどそれに依拠して書かれている。

32　T. Parsons, "The Incest Taboo in Relation to Social Structure and the Socialization of the Child", in *Social Structure and Personality*, 1974, pp.57-77.

33　本章の論旨は、注の中で明記しなかった部分についても、筆者がこれまで雑誌『児童心理』などにおいて、断片的に書いてきた考え方と、大幅に重複していることを、改めて、お断りしておく。

10章 学校文化と子どもの地位分化

――ガキ大将の行方をめぐって

大人たちは時として、仲間と野山や町中を自由に遊びまわった子ども時代を想い出し、そのことをノスタルジーをこめて子どもたちに語る。そのようなとき、必ずといってよいほど子どもたちが聞かされたのが、ガキ大将という言葉であった。しかし今、子どもたちの世界から、ガキ大将が消えたといわれる。

一体、ガキ大将とは何であったのか。それが現在どうして存在しえなくなったのか。それに代わる新しい子どものタイプが育ってきているのだろうか。そのような疑問を、もう一つの子ども像であった優等生とからめて探ってゆくなかで、一つの事実が浮かび上がってくる。

現代におけるガキ大将の不在は、単なる一つの子ども像の消長の問題などではないのだ。それは、高度工業化社会の出現という、大人社会の変動のあおりを受けて、子どもと子ども社会のあり方が根本的に変化してしまった、ということの象徴なのだ。

1　学校化と子ども

子どもというものは、すべて学校へ行くものであり、学校へ通うことと切り離して、子どもの生活は考えられない。それが現代の常識である。しかし子どもについてのその常識が、人間の歴史の中で、かなり新しいものであることは、アリエスの『〈子供〉の誕生』が示している通りである(1)。

彼によると、中世においてはそもそも「子ども（時代）」という意識がなく、「小さな大人」として早くから親や家族から引き離され、徒弟修業によって社会化されていた。つまり、子どもたちは最初から大人たちの中に混じり、大人たちの仕事を手伝いながら発達したのであり、そこには年齢階級のシステムなど成立する余地はなかったのである。

ところが十八世紀以後、教育の手段として、学校が徒弟修業にとってかわるようになった。それにともなって、子どもたちは大人やさまざまな年齢層の混じり合った生活から引き離され、次第に類似年齢の者同士が学校の中に隔離されることになり、その隔離期間は徐々に延長されるようになった。

このような子どもの生活の「学校化」と同時に、他方では子どもの属する家族の意識が変化してきた。それまで家族は、家産の維持、生活上の相互扶助、名誉と生命の防衛などのために必要とされてはいたが、感情の交流は家庭の外に求められていた。ところが夫婦、親子の間での感情の交流が、家族の生活にとって必要とされるようになり、家族は感情教育の場となり、子どもをめぐって組織されるようになってきた。

それはいわば家族の「私生活化」であるが、それと、さきの「学校化」があいまって、現在の意味での子ども（時代）が成立し、その子どもの生活は、学校というものと切っても切れない関係になったといえる(1)。そして今日の高度工業化社会において、子どもにとっての学校の意義は、極点に達するのである。

ところで、子どもたちを長期にわたって実社会から隔離し、彼らを一つの年齢階級として現出させた学校とは、一体いかなる機関なのであるか。その中で子どもたちの生活は、どのような枠づけをされるのか。すべての子どもたちに、毎日通ってきて、その中で生活することを義務づける学校という場所は、ゴフマンが「全生活的施設」(total institution) と呼んだもの(2)と、いくつかの点で類似している。

「全生活的施設」とは、同じような状況にある多くの個人が、かなりの期間にわたってより広い社会から切り離され、一緒に囲われ、規則的に管理された生活を営む(居住と仕事を共にする)場所である。例えば、精神病院、刑務所、少年院、修道院、老人ホーム、兵営、客船等々である。寄宿学校は典型的な全生活的施設の一つであるが、一般の学校はどうであろうか。

ゴフマンも指摘しているように、近代社会においては、睡眠と広義の仕事と遊びとが、それぞれ別の場所において別の人々と自由に行われるのが普通である。しかし、全生活的施設においては、それらを相互に隔てている壁が取り払われ、同一の囲いの中で、生活全体が一つの組織として計画的に営まれるところに、その特徴がある。その意味では、生徒たちが家庭から通ってくる普通の学校は、「全生活的施設」とはいえないかもしれない。

しかし通学という点を除けば、学校の中では、子どもたちの全生活は、学習(仕事)も遊びも含めて親密に営まれるよう計画的・合理的に配慮されている。とりわけ教育のあり方として、学校の勉強が、家庭や地域における生活のすべてに優先することが当然とみなされている日本の場合(3)には、学校は全生活的施設に近い性格をおびてくるであろう。

さらにその上に、「全生活的施設」のもう一つの特質として、そこに収容され管理される多くの成員と、彼らを監督する比較的少数のスタッフとの分裂という点がつけ加わる。例えば刑務所であれば囚人と看守、精神病院であれば病人と医師、老人ホームであれば老人と職員などのように、管理される者とする者は截然と区分される。両者の距離は越えがたく、そこには往々にして隠された敵意ないし対抗意識が横たわっている。

もちろん一般の学校の場合には、生徒と教師の間は愛情で結ばれ、両者の「利益志向」は一致するものとみなされている。学校というものは、そのような約束の上に成り立っている集団である。しかし教師と生徒の間にも、教育する者とされる者、評価する者とされる者、管理する者とされる者、という裂け目はやはり存在するのである。そのことを否定することは、現実的とはいえない。

最近問題になっている生徒による教師に対する暴力は、そのような亀裂が師弟間の約束事を崩して、あらわになってきた事態を示しているのであろう。いずれにしても、このように考えると、学校というところは「全生活的施設」そのものではないまでも、それと極めて似た性格をもっている機関である。このことは、これから子どもの社会における地位分化を考えていく上での、重要な基礎である。

学校はいうまでもなく教育の専門機関であり、子どもたちを教育するためにつくられた集団である。その中心は、生徒（集団）と教師（集団）という性格を異にする二つの要素が含まれており、教育をするのは教師であり、教育を受けるのは児童・生徒である。つまり、学校における支配的勢力は教師集団であり、教育が広い意味での文化の伝達であるかぎり、彼らは社会の文化を代表して、子どもたちに向かうのである。

他方子どもたちは、そのような教師によって学習することを期待され、課題を提示され、組織される対象として共通性をもつ。そして教師とは異なる発達段階にある弱者として、相互に同一化し、集団として結合する。当然そこには、彼らなりの仲間文化（peer culture）が生まれ、それが共有される。

このようにして、他の「全生活的施設」の場合と同様に、学校にはさきに述べた亀裂にそって、教師によって代表される「学校大人文化」と児童・生徒によって共有される「学校仲間文化」という二つの文化(4)が併存することになる。もちろん、学校という組織集団の中では、「学校大人文化」が正統性をもつのであり、「学校仲間文化」はそれに表面的には従属することになり、多くの場合、正規の教育活動場面からは隠れている。

その意味で前者が学校の〝おもて文化〟であるとすれば、後者は〝うら文化〟といえる。しかし単におもて・うらの関係というよりは、すでに指摘したように、支配し管理する者に対する、される者からの反発という契機こそが重要である。もしそうであるとするなら、裏としての「学校仲間文化」は、むしろ主流文化としての「学校大人文化」に対する一種の「対抗文化」(counter-culture)として理解すべきである(5)。「学校仲間文化」の内容は、すべてが児童・生徒によって創り出されるものであるとはかぎらない。とくに現代のようにマス・メディアが極度に発達しているときには、商業主義的なねらいで、大人が加工したり、子ども向きに創り出したりしたものが少なくない。しかしそれにもかかわらず、それらは正統的な「学校大人文化」との対抗関係において、彼ら自身によって選びとられたものであるという意味で、やはり「学校仲間文化」というべきである。

要するに、学校という集団が教師と児童・生徒という二つの異質的構成要素から成り立っているように、学校文化というものも二重構造をもっているのである。そして、アリエスのいう意味で「学校化」された今日の子どもたちは、学校内外での生活を通して、生徒でありつつ仲間であり、「学校大人文化」と「学校仲間文化」の両方にかかわっている。

そのような学校社会と学校文化の中で、ある子どもは巧みに両方に適応し、他の子どもは一方に適応しても他方から落ちこぼれる。皆が同じように学校生活を楽しむのではなく、ある生徒はクラスの人気者となり、他の生徒はのけ者にされる。これらは、すべて生得的に決まっているのではなく、直接的には、その子どもの遂行(業績達成)の結果として現われてくるのである。

この業績本位性こそ、学校社会と同輩集団を特徴づけ、それらを家族集団のあり方から区別する大きな差異である。それでは何についての、どんな種類の業績達成であろうか。学校社会の文化の二重性に対応して、子どもたちの業績も当然両面をもつ。すなわち「学校大人文化」の期待する業績と、「学校仲間文化」にかかわる業績である。

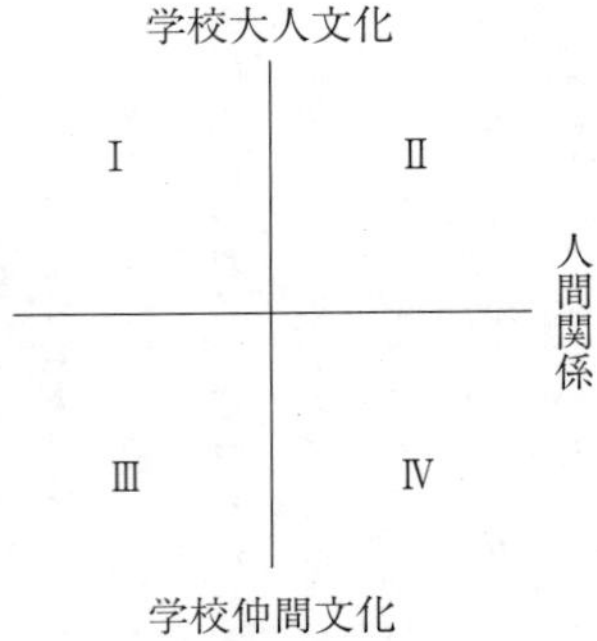

子どもの地位の類型

一人の子どもが、この両面において同時に高い業績をあげることもないわけではないが、二つの文化の対抗性によって、業績はともすると片方に偏る傾向がある。そして、いずれの文化における業績であれ、大きく分けると二つずつの領域をもっている。一つは知識・技能的業績であり、もう一つは人間関係的業績である(6)。前者は、例えば教科の成績とか流行についての知識であり、後者は、腕力とか指導性などを意味している。

個々の子どもの示すそのような業績は、教師や仲間によって裁定（評価）され、それに応じてそれぞれの子どもは、学校・学級の中で一定の地位を与えられ、それなりの役割を獲得することになる。最初同じ一年生として一緒に入学してきた子どもたちも、時間の経過とともに、その地位が分化し、やがてそれが固まってきて、一定の地位の体系（階層性）が成立することになる。要するに、業績に応じて子どもたちの地位が分化してくる際、二つの軸にそってそれが現われる、ということである。一つは「学校大人文化」―「学校仲間文化」の軸であり、もう一つは、知識・技能―人間関係の軸である。そこでこの二つの軸を組み合わせることによって、「学校化」された子どもたちの業績に応じた地位の分化について、四つの類型を得ることができる。

Ⅰ　「学校大人文化」にそった知識・技能的業績にもとづく地位
Ⅱ　「学校大人文化」にそった人間関係的業績にもとづく地位
Ⅲ　「学校仲間文化」に即した知識・技能的業績にもとづく地位
Ⅳ　「学校仲間文化」に即した人間関係的業績にもとづく地位

これらは、学校社会を中心にしてみたときの、子どもたちの地位であると同時に役割の類型でもある。したがって、子どもの世界で際立った地位を占め、指導的な役割を演じる子どものタイプも、そのいずれかに属するものとして把握することができる。

　そこで以下においては、まず、子どもたちの世界で、伝統的に支配的な存在であったガキ大将と優等生という二つのタイプをとりあげ、それがどのような意味をもった地位＝役割であったかを探ってみたい。そして、何故それが子どもたちの世界から消えていったのか、それにとってかわって、今日どのようなタイプの子どもが出現するようになったのか、という点を考えてみたいと思う。

2　ガキ大将と優等生――二つの地位の様態

　学校社会というものが、大人としての教師と子どもとしての児童・生徒によって構成され、それに応じた二つの文化（「学校大人文化」と「学校仲間文化」）をもっているとするなら、そこで毎日一定時間を過ごす子どもの生活は、多かれ少なかれ二股的である。たとえ「学校大人文化」の基準から高く評価され、かつ、「学校仲間文化」の面でも高い地位を与えられる子どもがいたとしても、原則としてその二つは区別されうるものである。

　そのことを典型的に示しているのが、ガキ大将と優等生という二つのタイプである。後者が「学校大人文化」の基準からみた模範的生徒であるとすれば、前者は子どもの世界の側における英雄である。優等生がガキ大将を兼ねることがないわけではないが、ガキ大将の面はそのままの形では「学校大人文化」によって公認されることはない。むしろ学校という社会におさまりきれず、そこからはみ出したところで活躍するところに、ガキ大将というものの特質がある。

　この二つのタイプを、子どもの地位の類型についてのさきの図にあてはめてみると、両者は対極的な位置を占めることがわかる。優等生は学校で習う知識・技能という面において高い業績をあげた者であるから、類型Ⅰに属する。それに対して、ガキ大将は勉強の面よりは、むしろ仲間との人間関係において、子どもたちの群れの統領として、その実力を認められた者であるから、当然、類型Ⅳに位置づけられることになる。

それでは残る二つの類型としては、具体的にどのような子ども像が考えられるであろうか。「学校大人文化」によって認められるような人間関係的業績とは、その日常行動が道徳的であって、つまり〝品行方正〟であって、教師のいうことをよくきき、他の生徒の模範になるような子どもでなくてはならない。戦前の学校においては、そのような生徒を級長に任命したのであるから、級長こそは類型Ⅱを代表するものであろう。

もちろん級長は〝品行方正〟であるだけでなく、〝学力（成績）優秀〟である必要があった。そうでなければ「学校大人文化」の立場からして、他の生徒の模範たりえなかったからである。しかし学力優秀は必要基礎条件にすぎなかったのであり、そのような条件を満たす複数の優等生の中から、〝品行方正〟な子どもこそが級長に任命されたのである。

他方、類型Ⅲは、仲間文化によって認められた知識・技能にもとづく地位であるが、この面で高い業績をあげる子どもも確かにいるはずである。しかしそれに相応した地位についての、一般的呼称は見当たらない。例えば、けんかの強い子、漫画本などたくさん読んでいる子、貝独楽（べいごま）の上手な子、性的にませた子などさまざまな特性がみられる。それらは、級長に対する優等生と同じように、ガキ大将の基礎条件をなすといってもよいであろう。しかしそれに対して子どもの世界では、「学校大人文化」における優等生のような一般的命名はないようである。それらが子どもの世界において評価されなかったのではなく、個別的な資質にとどまっていたということであろうが、その点については、後に再びふれることがあるであろう。

いずれにしても、優等生や級長が教師によって任命され、「学校大人文化」によって公認された制度的な地位であるとすれば、それを得ることは子どもにとって不名誉なことではない。しかしその地位につくことが、仲間によって実際に受容されるとはかぎらない。受容されないかぎり、それは形式的なものにとどまらざるをえないのである。それに対し、最初から仲間によってその実力を認められて出てくるガキ大将は、実質的に子どもの世界の統領である。それでは彼はどのようにして、何にもとづいて統領であることを認められるのであろうか。

そもそもガキ大将が子どもの世界で成り立つためには、子どもが家族の外に出て友だちと遊べるまでに発達していなければならない。さればといって青年期に入って大人に近くなってしまえば、もはや餓鬼というイメージを離れてしまう。ということはガキ大将というものは、その中間の時期、つまり児童期ないし潜在期を中心にして、せいぜい思春期ないし青年期の入口までの子どもの世界に出現するものというべきである。

この時期の子どもの世界というものは、大人と同じように一つの社会ではあるが、しかし諸制度を発達させて、さまざまな形での弱者の庇護や不平等の救済などが試みられる以前の社会である。つまりむき出しの権力関係が支配しやすい社会なのである。それは遠慮会釈のない、ある意味では大人の社会以上に実力競争の支配する世界なのである。

その実力を単純明快に示すのが、身体的な優越である。ラスウェルがいうように、権力というものはさまざまな価値にもとづきうるものであるが(7)、権力のもつ強制力を最も原初的な形で示すのは、腕力や体力である。したがって、子どもたちはその身体的力の優越をめぐって競争や闘争を行い、その勝者を決めようとする。身体的に虚弱なガキ大将というものが考えられないのは、当然のことである。

しかも、そのような子どものエネルギーは、多くの場合、大人の秩序づけられた日常生活を乱したり、大人の思いもかけないような出来事を引き起こすような形で発揮されるのが普通である。このようにして、〝腕白小憎〟とか〝いたずら坊主〟という子ども像が生まれるのであるが、しかしそれだけではガキ大将としては不十分である。ガキ大将であるためには、単なる腕白として身体的優越を示すだけではなく、また並の〝いたずら坊主〟であるのではなく、それらの仲間たちを統率する力量を有していなくてはならない。その指導性こそ、まさに人間関係的な能力であり業績なのであり、それによって子どもの群れの統領、つまり大将になりうるのである。

子どもの世界のこととはいえ、自己の実力によって統領になるということは、凡庸なことではない。確かに腕力といえば単純な資質である。しかし、もう一つの資質としての指導力・統率力という面についてみれば、そこには例えば物事についての判断力とか洞察力という意味で知的能力が、また勇気とか義侠心といった道徳的・意志的要素が包含されているはずである。それらはそのまま大人の社会におけるリーダーにも必要とされる資質であり、それを欠いては大将の器とはいえないのである。

このようにして、いくら乱暴やいたずらをしても、真のガキ大将というものは、大人から見ても、どこかしら〝見どころ〟のある子どもとして、積極的に評価されるものをもっていた。もしそのような資質を備えず、ただ腕力に頼って仲間を支配するだけであれば、良性のガキ大将とは見られず、単なる〝悪たれ〟、〝いじめっ子〟にすぎないものとして消極的に扱われたのである。そのような、子どもの世界におけるガキ大将の形成とその様態が、中勘助の自伝的小説『銀の匙』（前編）の中に示されている。

「私」は次男ではあったが、虚弱で、同居している伯母にかくまわれるようにして育った。最初は学校にゆくのもいやがり、伯母に校門のところまで送り迎えしてもらい、友だちからは〝泣虫毛虫、はさんですてろ〟と囃され、女の子としか遊べない有様であった。

家庭でも学校でも〝脳が悪い〟とされ、勉強もクラスでビリであった。しかしあるとき仲良しの女の子「お恵ちゃん」から、〝びりっこけなんぞと遊ばない〟といわれたことから発奮し、「ひとに褒められたいのがおもな動機で勉強を始めた。次第に成績も上がり、次の学期には二番になる。「私は急に知恵がついてなにかひと皮ぬいだように世界が新しく明るくなると同時に、脾弱（ひよわ）かった体がめきめきと達者になり、相撲、旗とり、なにをやってもいちばん強い二三人のなかにはいるようになった。そうこうするうち首席の荘田という子の去ったあとを襲って級長になった……」(8)。

「学校大人文化」の中でも「学校仲間文化」の中でも、最下位の地位しか与えられなかった「私」が、勉強の面で努力した結果として獲得したのは、級長という「学校大人文化」の領域における最高の地位であった。しかし同時に身体的にも急成長して、クラスの強者に仲間入りをすることによって、仲間文化によってもその実力を認められてくると、ガキ大将の地位を手に入れることもそれほどむずかしいことではなくなる。しかしすでに級長になっている「私」がガキ大将になるとしたら、単なる腕白小僧や〝悪たれ〟ではありえない。作者自身、そのことを次のように述べている。

> 子供の社会は、犬の社会と同様にひとりの強い者が余のものを一度に尾をまかしてしまう。荘田がいなくなってから一人天下になった私はみんなの従順なのをいいことにしてかなり暴威をふるったもののその年ごろの餓鬼大将としては最もわけのわかったほうであったとみずからゆるしている。(9)（傍点筆者、以下同様）

いわば「私」は良質のガキ大将であって、例えばそれは、谷崎潤一郎の小説『少年』に登場するガキ大将、つまり「それは同じ有馬学校の一二年上の生徒で、名前こそ知らないが、毎日のように年下の子供をいじめている名代の餓鬼大将だから顔はよく覚えていた」(10)という場合とは異なっている。

「私」はこの頃、すでに小学校の三、四年になっているのであるが、実際「私」のクラスにも、それに類した「いじめっ子の通りもの」はいた。それは岩橋という瓦屋の息子で、かつては「私」も岩橋にいじめられており、その時は「ちょっぺい」という赤っ面の魚屋の息子に、やさしくなぐさめられたりもした。そして今や級長になり強者の仲間入りをした「私」は、まず手はじめに、その「ちょっぺい」に恩返しをする。彼が何かのことで仲間はずれにされ、〝猿面冠者、猿面冠者〟とはやし立てられ、泣かされているのを見て、いきなりクラスに向かって〝今後決してちょっぺいのことを猿面冠者といってはならん〟と厳命を下し、その汚名をぬぐってやる。

続いて、相変わらず弱い者いじめばかりしている岩橋が、あるときお恵ちゃんをいじめて泣かせているのを目撃した私は、「やにわにとんでって勝ちほこっている岩橋を突き倒し、その吠え面を後目にかけながら」お恵ちゃんをいたわり、中断していた彼女との友情を復活させるのである。

このようにしてクラスにおける「私」の級長兼ガキ大将としての地位は確立したかにみえるのであるが、そこに思いもかけぬ危機が訪れる。というのは、そのころ「私」の西隣へ縫箔を内職にする家が越してきて、そこの息子の富公というのが新たに同級生になったからである。そして彼は勉強の方は「さっぱりできない子だったが、口前がいいのと年が二つも上で力が強いためにたちまち級の餓鬼大将」の地位にのしあがったのである。

「自然私はこれまでのように権威をふるうことができないばかりか体面上そうそう頭をさげてゆくこともならず、ひとり仲間はずれのかたちになってしまった」。しかも大事なお恵ちゃんまでとられてしまう。口前はもとより腕力においても彼に一目おかねばならない「私」は、「今はわずかに自分が首席であるということだけがせめてもの慰めであった」。

しかしこの煮えかえるほどの嫉妬と憤怒は、幸いにしてお恵ちゃんが、母親から富公のような子と遊んではいけないと叱られ、お恵ちゃんが戻って来たことによってしずまった。ところがそうなると富公も黙ってはいず、二人を仲間はずれにさせ、仲間をさそってますます悪辣な意趣返しをするようになった。

そうこうするうち、ある日例の「ちょっぺい」が学校のひけ際、富公たちがあした待ちぶせするといっていた、と注進に来た。もとより「私」はほかの雑兵はものの数とも思っておらず、富公も何か自分に対して一騎打ちを避けようとする気配があることを感じとっていた。そこで「私」は覚悟を決め、当日は「二尺ばかりの布袋竹(ほていちく)のでこなやつを羽織のしたへしのばせて」学校に行く。そしてこの対決は思ったより簡単に片がつく。〝そら、やれやれ〟と仲間に下知をし、その応援に力を得て、富公が「〝こら貴様生意気だぞ〟といって寄ってきたので私はいきなり布袋竹で真向をくらわしてやった。そしたら富公が意外にもたちまちへなへなとして〝いやだあ、乱暴するんだもの〟といいながら額をおさえてめそめそ泣きだした」(11)。そして「このきたない大将の負けよう」をみて手下たちが逃げだすということで、「私」の地位は、名(学校大人文化)実(学校仲間文化)ともに、クラスの統領、リーダーとして確立されることになるのである。

この、漱石に感銘を与え、その推奨によって「朝日新聞」に連載された『銀の匙』には、ひ弱な子どもがいつかガキ大将になってゆく過程が、子ども自身の立場から自伝的に純粋に描かれている。子どもの世界の真実を、彷彿と浮かび上がらせた作品である(12)。それに比べて、谷崎潤一郎の『小さな王国』は、より完全な形でのフィクションであるが、やはりガキ大将を中心にした子どもの世界が、生き生きと描かれている作品として有名である。『銀の匙』の舞台が、明治二〇年代末の東京山の手（小石川区）の小学校であったのに対して、『小さな王国』は、大正時代の群馬県前橋市とおぼしき地方都市のD小学校、五年級の子どもたちが主人公である。といっても、物語は、東京を落ちのびるようにして赴任してきた、貧しいけれど実直な担任教師貝島の目を通して展開してゆく。谷崎文学の全作品の中でも、これは他に系列を見出しにくい孤立した異色作であるが、「巧緻なリアリズムの筆致の間に多分の象徴性を具備している傑れた作品」(13)とされている。

貝島はすでに尋常三年級のときから、あしかけ三年このクラスを受け持っている。生徒の中では、土地の企業家でG銀行の重役の息子の鈴木と、S水力電気株式会社の社長の息子中村の二人が級中の秀才で、首席はいつもそのいずれかが占めている。腕白の方では生薬屋の倅の西村がガキ大将で、医者の息子の有田は弱虫のお坊ちゃん。それにクラスには自分の長男の啓太郎も入っている。そこへ沼倉という一人の生徒が新しく転入してくることから、五年級は大きく変わり始めるのである。

彼は近くの製糸工場の職工の伜で、垢じみた服装に、色の黒いずんぐりと太った無口の少年である。しかし学力はそれほど劣っておらず、性質も思いのほか温順である。その彼が転入してきて十日にもならないうちに、貝島は彼が端倪すべからざる少年であることを発見する。昼休み時間に運動場でしている戦争ごっこをみていると、沼倉は大した腕力を用いることなく、部下を叱咤し号令をかけ、縦横に敵陣を突破し、敵の大将の西村まで、沼倉にひと睨みされると縮みあがって降参してしまうような力を発揮する。しかし教場では別段普通の少年と変わりなく、勉強も相当に出来、宿題も忘れることなく、むっとしている。

そしてある朝の修身の時間に、貝島が二宮尊徳の話をしていると、教室の隅の方でひそひそ話が聞こえ、いくら注意してもすぐまた始める。貝島はそれが確かに沼倉であることを確かめて、ついに立つように命じると、沼倉はそれは自分ではなく、隣の野田という少年だと嘘を言う。ところが野田はそれを否定せず、沼倉の罪をかぶろうとする。貝島が怒って沼倉を引き立てようとすると、野田は自分を代りに立たせてくれといい、続いてあの腕白の西村も、さらには級長の中村までもが〝沼倉を立たせるなら、僕らも一緒に立たして下さい〟と言う。そしてしまいにはクラスの全員が立ってしまったのである。

どうして沼倉は短時日に、かくまで全クラスの人望を博したのか、彼は本当に皆を感服させたのか、それとも一筋縄ではいかない悪童なのか。貝島はその真相をさぐるため、自分の息子の啓太郎にあれこれと様子を問いただして、あれは沼倉が、どれほどクラスの者が自分に忠実であるかをテストするためにしたことである、と知らされる。

それではどうして沼倉は、そのような力を獲得したのか。啓太郎の説明は不十分ながらも、要するに沼倉は「勇気と、寛大と、義侠心とに富んだ少年であって、それが次第に彼をして級中の覇者たる位置につかしめたものらしい」ことを明らかにした。この部分のガキ大将の形成とその資質についての谷崎の叙述はまことにあざやかであるので、少し長くなるが、原文のまま引用することにしよう。

> 単に腕力から云えば、彼は必ずしも級中第一の強者ではない。相撲を取らせれば却って西村の方が勝つくらいである。ところが沼倉は西村のように弱い者いじめをしないから、二人が喧嘩をするとなれば、大概の者は沼倉に味方をする。それに相撲では弱いにも拘わらず、喧嘩となると沼倉は馬鹿に強くなる。腕力以外の、凛然とした意気と威厳とが、全身に充ちて来て、相手の胆力を一と呑みに呑んでしまう。彼が入学した当座は、暫く西村との間に争覇戦が行われたが、じきに西村は降参しなければならなくなった。……西村が餓鬼大将の

時分には、容易に心服しなかった優等生の中村にしろ鈴木にしろ、沼倉に対しては最も忠実な部下となって、ひたすら彼に憎まれないように、おべっかを使ったり御機嫌を取ったりしている……現在誰一人も沼倉に拮抗しようとする者はない。みんな心から彼に悦服している。どうかすると随分我が儘な命令を発したりするが、多くの場合沼倉のなすことは正当である。彼はただ自分の覇権が確立しさえすればいいのだ。その権力を乱用するような真似はめったにやらない。たまたま部下に弱い者いじめをしたり、卑屈な行いをしたりする奴があると、そう云う時には厳格な制裁を与える。だから弱虫の有田のお坊ちゃんなんぞは、沼倉の天下になったのを誰よりも一番有難がっている。(14)

ここには、「学校仲間文化」によって承認され、全クラスの衆望を担って登場する真のガキ大将とはいかなる者かが、見事に描かれている。すでに触れたように、腕力や勉強の成績は一つのまたは一部の条件ではあるが、すべてではない。むしろ必要なのは、凛然とした勇気と威厳であり、弱い者いじめや卑屈を排する正義や義侠心である。これこそ人間関係的資質であり、指導性と呼んだものである。それを備えていたからこそ、かつてのガキ大将・西村（類型Ⅳというよりは、むしろⅢ）も、「学校大人文化」によって認められた知識・技能面での優等生・鈴木（類型Ⅰ）も人間関係面での級長・中村（類型Ⅱ）も、感服させられざるをえなかったのである。

かくして沼倉は、「悪性の腕白者」でも「不良少年」でもなく、教師の目にも「餓鬼大将としても頗る殊勝な嘉すべき餓鬼大将」として映るようになる。そればかりではなく、教師・貝島は全クラスを治めていく沼倉の徳望と技倆には、自分も及ばないことを恥じ、全クラスが一致して善い行いをし、立派な人間になるよう先生を助けてほしい、と沼倉に頼むのである。

ここにおいて沼倉は、単に、「学校仲間文化」の面で子どもたちの群れの統領となっただけではなく、「学校大人文化」によっても公認された、本当の意味でのクラスのリーダーになったのである。やがて沼倉は自ら閻魔帳まで作って生徒の規律を徹底させ、そのクラスは全校の手本になる。さらにさまざまな罰則を設け、秘密探偵や監督官を任命して監視を厳しくし、ついには、自ら小さな王国の大統領に就任する。西村を副統領に、中村と鈴木を顧問官に任命し、裁判官を作り、勲章を制定し、果ては大蔵大臣を任命して自分たち仲間だけに通用する紙幣を発行し、市場を開設するに至るのである。

このあと小説としては、病妻を抱え子沢山で生活の苦しい貝島が、ついに子どもたちの貨幣と商品市場の世話になる、という形で展開することになり、ここでの議論とは離れる。しかしそれにしても、小説としてであれ、実録としてであれ、これほどまでに、子どもたちの社会とそこにおける地位分化のメカニズムを見事に描いたものはほかにないであろう。学校化された子どもたちの世界の中で、ともするとガキ大将は二次的にみられることが多い。しかし「わけのわかった」良質のガキ大将の大将としての器、統領としての資質は、まさに大人の社会におけるそれと変わることはないことを、この小説は示唆している。社会化過程として子どもの発達を考えたときにも、その資質は極めて積極的な意義をもつものとして評価されてしかるべきであろう。

3　子ども社会の変化——ガキ大将はなぜ消えたか

前節において、二つの文学作品を通してみたものは、単なる腕白とは異なる、類型Ⅳに属するものとしてのガキ大将の典型といってよいであろう。それはまさに、子どもの社会の統領であり、英雄であった。時代背景としては一方は明治であり、他方は大正であったが、そのようなガキ大将の例は、昭和戦前期の文学の中にも、容易に見出すことができるであろう。単にフィクションの世界においてだけではなく、少なくとも敗戦時に小学生であった世代から上の者にとっては、ガキ大将は身近な経験として存在していたのである。

しかし戦後においては、いつごろからか定かではないが、子どもたちの世界から徐々にガキ大将は姿を消していった。実際の子ども像として見出しにくくなっただけでなく、ガキ大将という言葉自体、一般に使われなくなってきたのである。例えば、「朝日新聞」で『いま　学校で』というシリーズが始まってしばらくしたとき、「ガキ大将」という見出しでおよそ次のような記事が載せられている。

東京郊外のある小学校の五年生に大介という子どもがいた。彼は体格がよく、腕力も強く、野球がすばらしくうまい。その上、勉強もよくできるし、学級委員もしていたが、いたずらや悪ふざけでもまた第一人者であった。仲間をしごくだけでなく、気に食わない下級生は泣かせるし、女の子のスカートもめくるといった具合いで、昔ながらのガキ大将のようにみえた。

ところがある時、子どもたちの間に「大介と遊ばない会」なるものが結成された。そして一人の男の子が大介と取っ組み合いのけんかとなったとき、「遊ばない会」のメンバーがまわりを取り囲んで応援をして、大介を引き下がらせた。それに力を得て、その日の午後学校の帰り道に、女の子も含むクラスの四〇人近い子どもたちと、それに日ごろいじめられていた下級生も加わって、大介に〝集団リンチ〟が行われた。そして逆に今度は大介を仲間はずれにし、学級委員をリコールする署名運動までおこした。そこで大介の親が教育委員会に相談に行き、驚いた教師側が生徒たちをたしなめると、今度はその親たちが学校に押しかけ、教師側をつるしあげ、ガキ大将批判をぶちあげる、ということでついに大介は学校にいたたまれず、都心の学校に転校してしまうのである。

そしてこの記事の終りの方には、「この話を聞いた都心部の先生たちの多くは、〝ほう。東京にもまだガキ大将がいましたか〟とびっくりする。都会のほとんどの学校では急速にガキ大将が姿を消しているのだ」と書かれている(15)。ここには、最近の子どもたちの社会について、興味ある事実が記されているのであるが、とりあえずはガキ大将がいなくなっているということに注目したい。

そこで問題は、どうしてそのような事態になったのか、何が子どもたちの社会にそのような変化をもたらしたのか、という点である。この問題を考えてゆく便宜上、子どもたちの側の変化と、学校の側における変化の二つに分けて、まず前者の方からみてゆくことにしよう。

ガキ大将が生まれるためには、何よりも子どもたちの中に遊びがあり、遊び仲間がなければならない。しかしさまざまな調査が示すように、今日の社会の中では、同輩集団は衰弱してきているのである[16]。家の仕事への手伝いや幼いきょうだいの世話などから解放され、かつ就職時期を延期されることによって、子どもたちは遊び時間を十分享受するはずであった。しかし学校化が進み、学歴や資格の重要性が高まるにつれて、子どもたちの学習に費やす時間は増大し、とりわけ受験競争の激化が子どもたちから遊びを奪うことになった。実際には、すべての子どもが勉強に忙殺されているわけではないのであるが、目前に受験があることによって、子どもたちはのびのびと思い切り遊ぶことができなくなっているのである。昔の子どもと今日の子どもの遊びを区別する一つの重要な点は、その遊び時間の長短ではなく、むしろ遊びに対するこの心理的ブレーキないしは圧力であろう。

それに、遊ぶにしても遊び方が変わってきている。都市化・工業化の進展によって、安全な遊び場や、冒険心や探究心を満たす自然の遊び場がなくなってきた。遊びは家の周辺や建物の中に求められるようになるのであるが、その傾向はテレビや漫画を中心とするマス・メディアの発達によって拍車をかけられた。しかも地域社会の機能低下によって遊び仲間の範囲が限定されるようになり、ほとんど同じ学校の同級生という同年齢の、それも少数の仲間とだけ遊ぶようになってしまった。

戸外で、体を使って自由に遊びまわらないなら、ガキ大将の業績的基礎としての腕白とか身体的技能が意味をなさない。また、多様な子どもたちが群れをなして遊ばないなら、統率性とか勇気・義侠心といった、ガキ大将としての人間関係的資質の必要性もないのである。要するに、今日の子どもたちの遊び仲間においては、ガキ大将は必要とされないのである。しかしそれだけではなく、現代の子どもたちは、ガキ大将の存在を許さない、ともいえるのである。

そのことは、そもそも今日の子どもたちは、彼ら自身の意識において餓鬼（ガキ）であるか、という問題にかかわっている。餓鬼とはいうまでもなく、飢渇のために飲食物を泣き求める姿との類似性によって、大人の方が子どもに与えた賤称である。〝砂利(ジャリ)〟という場合と同様、一人前の大人の立場から子どもを見下した表現であって、それが愛称の響きを帯びたにしても、子どもたち自身によって用いられる言葉ではない。それでも昔の子どもたちは、大人から餓鬼と言われても、別にそのことに取り立てて言うほどの反感を抱かなかったにちがいない。つまりそれだけ、大人と子どもとの間の格差を当然のことと思い、大人並みに扱われないことに、何の疑問も抱かなかったにちがいない。

いってみれば、子どもの自意識は弱かったのである。しかし現代の子どもを、かつての子どもと区別させる大きな違いの一つは、この自意識の強さである。それをもたらしたのは、一つには戦後における権利意識の向上であり、もう一つは知的早熟化(sophistication)である。両方とも子どもだけに現われた特徴ではなく、むしろ戦後社会の一般的傾向というべきである。それによって肥大化した子どもの自意識は、大人との対等性を求めるようになる。もちろん彼らとて、大人よりさまざまな面で能力が劣ることは認めるのであるが、それでも人間として同等に扱われることを主張するのである。子ども自身による、大人に対する人格的対等性の主張といってもよい。さらにいいかえるなら、今日の子どもたちは、新しい形で再び「小さな大人」になったのかもしれない。

最初の部分で、アリエスに依拠して述べたように、かつて中世においては、子どもとして独自の特質と地位を認められず、「小さな大人」とみなされていた。それが学校化や家庭の意識の変化にともなって、近代に近くなって子ども期が独自のものとして発見されることになったのであった。それは、子どもは大人とは異なる特質をもち、未成熟なるが故に特別の配慮を必要とする存在だという意識である。それは子どもの人格の承認でもあり、児童の権利宣言(一九五九年)の基礎をなす観念でもあった。

しかし今日のように、子どもたちにまで知的早熟化が進み、自ら大人との人格的対等を主張するまでに自我が肥大化したとき、子どもたちは、体は小さくても(といってもどの子も大人になる以前に、確実に親の身長を凌駕するのであるが）、意識の面ではほとんど大人と同じなのである。その傾向を家庭や学校で助長しているのは、自律訓練であり、自主性の教育である。そしてまた社会の日常生活の中でそれに力をかしているのは、彼らを上得意とするマス・メディアである。とりわけテレビは、限られた時間帯の中の最良の場所に、子ども・若者向け番組をくり込むことによって、彼らの自己表現を代弁し公認しているのであるが、大人社会がこのような仕方で若い世代を処遇するということは、歴史上かつてなかったことである。

いずれにしても、このようにして現代においては、子どもは新しい形ではあれ、再び「小さな大人」に自らなったのである。この現代版「小さな大人」は、近代において発見された子どもに比べると、知的にませた〝かわいげのない〟子どもであり、すでにそれは餓鬼というイメージとはほど遠いものである。したがって、そのような子どもたちの仲間においては、ガキ大将というものも変質を迫られるにちがいないのであるが、その片鱗を三島由紀夫の小説『午後の曳航』（昭和三八年）にうかがうことができるように思う。

グループは首領を中心にして一号から五号まで、計六名からなり、このうち三号と呼ばれる登が物語の主人公である。いずれも一三歳、中学一年生で、舞台は横浜の市内である。六人ともみんな小柄で繊弱な感じを与える少年たちで、勉強もよく出来、学校では模範的である。しかし彼らは夜間家を抜け出して遊んだり、猫を殺して解剖したり、世界の構成について議論したり、その活動は秘密的で、仲間の団結は固い。三号の登の前に現われた二等航海士の塚崎が、海の英雄であれという登の期待を裏切って、未亡人である彼の母親と結婚し、「世の中でいちばん醜悪な父親というものになる」。それを許せない子どもたちは、首領の決断で、海の男を再び英雄にしてやるために、呼びだして皆で「処刑」する。

この物語は、この年頃の子どもたち特有の、性についての関心と禁止によって貫かれており、大人に対する反抗と敵意がみなぎっている。しかし、ここで注目すべきことは、彼らの、とくに首領の饒舌にみられる、驚くべき知的早熟さと、大人を見下そうとする強烈な自意識である。これは単に、今まで見てきた子どもたちより、年齢がわずかに高いからだけではない。すでにここではガキ大将という言葉は使われず、首領と呼ばれているのであるが、首領を首領たらしめているのは、もはや体力や腕白などではない。ほとんど知的優越性によって仲間に君臨しているのである。

例えば首領は、海の男を殺すことにたじろぐ仲間に、一四歳に満たない者の行為は罰せられない、という刑法第四十一条を示す。それはまた、次のような叙述にも表われている。「こういう〔性についての〕教授には、たいていのクラスの中で、体ばかり一足先に成長した大柄な少年が携わるものだが、首領のような知的選良のやり方はまた別だった。彼は自分たちの生殖器は、銀河系宇宙と性交するために備っているのだと主張していた」[17]。

こうして、かつてのガキ大将は、仲間文化における知的選良へと変容することになるのであるが、しかしここまでくれば、子どもたちがガキ大将的存在を、自分たちの仲間として許さなくなるまでに、そう手間はかからない。知的にませた上に、自我を主張し合い、対等感が強まれば、仲間のうちの一人の優越を認め、一様にその支配に服することを、互いに忌避するようになるにちがいないからである。

しかもそれに加えて、社会や家庭のあり方も、影響を及ぼしているといわなければならない。社会における民主化は、すぐ後に述べるように、当然、平等的考え方を強めるだろうし、「父親なき社会」の家庭に育つことは、子どもたちに権威の感覚を失わさせ、その結果として子どもたちには横の関係が強まり、等位の感覚が支配的になるからである。

さて、以上のような子どもたち自身の側の変化と並行して、それと密接にかかわりながら、学校の側の条件の変化が、子どもの社会を変え、「学校仲間文化」を変えるよう作用するのである。学校における受験体制の強化、入試競争の激化が、子どもたちの遊びを圧迫したことについては、すでに触れた。しかしガキ大将が消えたことに、意識面でより直接的に影響を与えたのは、何より戦後教育における民主化志向ではなかったであろうか。

民主化は、もちろん学校の内部から始まったことではない。敗戦後の日本の社会全体をつつみ込んだ動きであった。それは戦時下ないし戦前の体制に対する反動として、日本の文化的特質とおぼしきものをすべて古くさく封建的なものとして排除する傾向をもっていた。封建的とは何かという吟味もないまま、目上-目下の関係、権威の関係、身分制、支配-服従関係、命令・指示など、およそ縦の関係を一括して望ましくないものとして否定する傾向が強かった。それに代わって新しく奨揚されたのは、話し合い、合意、友好、平等などいわば横の水平的関係であり、その新しい解釈を示すためにしばしば外国語が用いられた。

学校の中にそのような社会的潮流が押し寄せないはずはなかったし、今まで常に新しい文化の窓口となり、新しい動きの推進機関として機能してきた日本の学校は、戦後の民主化志向においても、その尖兵であったといってよい。そしてそのような動きの中で、子どもの社会に君臨するガキ大将などは旧態依然の最たるもののような印象を与えることになり、他方、「学校大人文化」によって任命された級長は、仲間による選挙にとってかわられ、学級委員という呼び名に変わり、全員が何かの委員になることが望ましいとされるようになった。そればかりでなく、学業成績や素行についての評価は行われても、それを生徒の順位として公表することは、平等を重んじる民主教育に反することとされ、優等生も制度的には廃止された。

このような戦後教育の雰囲気を端的に示す実践として、小西健二郎の『学級革命』(昭和三〇年)をあげることができる。これは無着成恭の『山びこ学校』(昭和二六年)、東井義雄の『村を育てる学力』(昭和三二年)と並んで、戦後の生活綴り方運動の重要な里程標として、高く評価された実践記録である(18)。確かに今読み返してみても、「綴り方を学級という集団の人間関係を変えてゆく方法」として用いた教育として、優れた実践であることに変わりはない。むしろ今日のように、学級や学校が集団として崩壊しマス化した状況の中で、改めて再評価されるべき実践であるとさえいってよい。

しかしここで『学級革命』をとりあげようとするのは、ガキ大将の行方を追うという文脈においてである(19)。それは兵庫県のある農村の小学校での五年生から六年生にかけての出来事を扱っている。男子一五名、女子一一名のクラスで、直明という子が勢力を振るっていた。彼は学課の成績は全科目のクラス第一位で学級委員。運動もほとんど万能、とくに野球では全校一の投手、身長・体重は中位だが腕力は強い。容貌は都会の子どものようで、性格は気が弱い方であるが父親は小学校の教頭で母親は生花の師匠、といった家庭の子である。

教師からみて、直明は「一般にいわれているボスとしての条件はほとんどなく、良いリーダーとしての条件がそろっていた」。ところがある作文で、勝郎という生徒が、教師が見ていないところでの直明の横暴や悪行の数々をあばいた。そしてそれには、負けても勝ってもいいから、一度だけ一対一で直明とけんかしてみたい、クラスの前でこの作文を読ませてほしい、と書きそえてあった。

これを読んで教師は驚く。今まで「正しいことを正しいといい、不正を不正といいきる心をつくるのが勉強だ」といって教えてきた。それなのに、「直明がこのクラスのボスで……〔皆が〕ひとりの子どもにペコペコと頭を下げ物をやって機嫌をとり、なにをされても文句もいうことができなかった」とは何ということか。「学級に、こんなボス的行動を許すようなフンイキを無くさなければならない。……このボス退治ができないようでは教育もなにもあったものではない」、と勝郎を呼んで「いろいろ話し、励ましてやり、とにかく今しばらくようすを見ることにするから——といって教室へ帰した」。

教師は基本的な方針として、勝郎を中心にした子どもたち自身の力で直明のボス支配を倒させねばならない、という立場をとり、さまざまな手をうつ。例えば一方で勝郎の書いてくる作文には「勝て！勝て！勝郎。敵は直明君ではない。敵はお前の心の中にいるんだ。勇気を出せ！」といった赤ペンを入れて返す。また勝郎以外の、直明に批判的な生徒のテコ入れをしたり、「痛ければ痛いという」、あちこち人のご機嫌ばかりうかがう奴は「こうもり」だ、といったシンボル操作を行う。また他方では、直明のことが学級の問題として明るみに出されるよう、頻繁に「話し合いの会」をもつ。そこでは積極的に教師批判をさせ、教師自身が生徒に対して率先して謝ってみせたりした。

そうしたいくつかの小さな出来事の積み重ねを通して、勝郎を中心とする直明批判グループの力もついてきて、ついに直明に直接対決する時がくる。ある日の話し合いの会のとき、その日の遊びにおける直明の横暴について、勝郎が勇を鼓して糾弾し、それに仲間が同調して、直明に謝ることを求めたのである。それに対して直明は、「みんながいわれたように、ぼくは今まで何回もずるいことをしたり、勝手なことをしました。これからはもうしませんから、こらえてください」といって机の上に泣き伏したのである。

この出来事について教師は次のように記している。「子どもたちは、自らの心にうち勝って、学級ボスを退治し、静かな「話合い」を機に、学級社会を一変させました。大げさですが、わたしは子どもの社会の暴力なき革命といいたいのです」。しかし話はこれで終わったのではない。もう一つのボス退治へと発展してゆく。今度は学級の中ではなく、地域社会においてである。勝郎たちはすでに中学に進級し二年生になっているのであるが、彼らと小西学級の新しい小学校六年生たちが協力して、「部落のボス」秀夫君（中学三年生）を、まったく同じようにして謝らせるのである。そしてそのことを小西先生のところに報告に来た勝郎たちは、「先生、ぼくらが三年になったら、生徒会をリードして、中学校から暴力を追い出します」と自信をもって話すのである。

くり返すようであるが、これは確かに優れた実践である。綴り方を通してこれだけ適確に生徒を把握し動かすということは、並大抵のことではない。教師のとった行動も、おそらくまちがってはいないであろう。しかしガキ大将にとっては、このような教育の行われる学校の中は、多分住みにくいところであるにちがいない。そもそもここには、ガキ大将という言葉は見当たらない。直明という生徒は、若干気の弱いところもあるが、勉強も運動も一番で、クラスに君臨していたのであるから、今までの概念からすれば、類型ⅡとⅣを兼ねたようなガキ大将である。しかし教師の頭には、悪いボスかそうでなければ良いリーダーのいずれかしかない。教師の見ていないところで悪さをしているから、ガキ大将ではなくボスなのである。

直明の悪行とは、仲間に対する悪口であり、命令であり、弱い者いじめであり、遊びのルール無視等々である。

義侠心や勇気に若干欠けるところがあるために、直明は『小さな王国』の主人公沼倉のように、大人をも感服させる良性のガキ大将とはいえないかもしれない。しかしひと昔前であれば、退治されなければならない存在とまではみなされなかったのではなかろうか。沼倉の担任教師貝島も、はじめ沼倉がクラスに悪い影響を与える少年ではないか、ということを危惧したが、「ボス的行動を許すようなフンイキを無くさねばならない」とまでは考えなかった。

『学級革命』を特色づけるもう一つの点は、暴力についての態度である。直明は暴力を振るわないわけではないが、あまり取っ組み合いのけんかはしない。むしろ手下にやらせるようなところがある。しかし部落ボスの秀夫は、学年も上で体も大きいので、年下の子を殴ったり、いじめたりしている。誰もケガなどは負わないのであるが、それでもそのような暴力に対して、教師と子どもたちは大へん神経質である。例えば秀夫が降参するのも、彼が暴力を振るったことを皆から口々に非難され、〝暴力は、憲法十三条いはん、ということぐらい、おぼえとけ〟などといいたてられてである。

したがって『学級革命』におけるボス退治の方法も、徹底して非暴力的である。二つの場合ともボスに反対する仲間が協力し団結して、言葉によってボスの罪行を責め、最終的にはボスに謝らせるのである。それは「静かな……暴力なき革命」であり、「先生、みんなが力を合わせて部落のボスをあやまらせました。でも暴力はつかってません」という言葉で表明される。『銀の匙』の主人公「私」のように、相手の大将に「布袋竹で真向をくらわせることで、自らガキ大将の地位を獲得するなどということは、そこでは考えられないことである。

しかし暴力否定は、戦後の日本社会の大前提であり、暴力は戦争の悪と同一視され、実社会そのものでも排斥されていた。現に『学級革命』の教育実践の時期は、「読売新聞」が神戸新開地のボス事件をとりあげ、菊池寛賞をもらったりしていた頃であり、それに触発された面があることが、教師によって記されている。しかも暴力否定の民主教育・平和教育に加えて、学校教育の女性化傾向も、それに無関係とはいえないかもしれない。小・中学校における女教師の増加、それにPTAも実質的には母親によって担われているといったことが、暴力・けんかを学校と子どもの世界から一切締め出すという発想に拍車をかけたといってよいであろう。

誤解のないように断わっておくが、私は平和教育を否定し暴力を推奨しているのではない。ただ、子どもの社会というものが、大人の社会と違って、実力が遠慮会釈なく支配する原初的な性格を帯びた社会であり、ガキ大将というものが、そのような子ども社会の統領として押し出されてくるものであるとするなら、暴力・けんかが一切排除されてしまったところから、ガキ大将が消えていっても当然である——といいたいだけである。

子ども自身が改めて「小さな大人」になったのと同じように、子どもの原初的社会の中に大人社会が滲透し、子どもの社会を変質させたのである。だからこの節の最初に引用した『いま 学校で』のように、支配者大介の出現に対して、「大介と遊ばない会」などという大人社会を真似たこましゃくれた組織がつくられ、ガキ大将はつぶされてしまうのである。要するに、子どもの意識の変化も、学校の側の変化も、ガキ大将を駆逐する方向に働き、「学校大人文化」だけではなく、「学校仲間文化」までもが、もはやガキ大将の存在を許さなくなったのである。

4 ガキ大将の後裔?

確かに深谷昌志が言うように、「制度的に権威づけられた指導者」としての級長がなくなり、遊びの世界に「実力をもとに実権をふるったドン」としてのガキ大将が消えた後、子どもの世界のリーダーに大物は育たなくなったのかもしれない(20)。しかしそれでは、その後の子どもの社会では、どのような地位の分化がみられ、どんなタイプの子ども像が際立っているのであろうか。そしてそれは、果たしてガキ大将の後裔なのかどうか。

そのような目で眺めたとき、今日の子どもたちについて話題になっているのは、〝いじめっ子〟—〝いじめられっ子〟、〝つっぱり〟、番長、〝落ちこぼれ〟などであろう。いずれも流行語の感じがあり、ガキ大将のように長年使われてきた言葉ではないが、それらを手がかりにして、現代の子どもたちの世界への接近を試みてみたい。

いじめっ子という言葉自体は、必ずしも流行語ではない。すでに中　勘助の『銀の匙』にも瓦屋の息子の岩橋は「いじめっ子の通りものだった」という箇所が出てくる。しかしそこでのいじめっ子は、腕白、いたずら坊主などとほとんど同義であり、今日いじめっ子といわれる場合にみられるような、あくどさや陰湿さは感じられない。

例えばごく最近の新聞(21)に、泥だらけになって遊びまわる小学校四年生の女の子が、友だち皆から〝ばい菌〟とあだ名をつけられて、遊んでもらえない、という母親からの投書が載せられ、続いて、それに対するさまざまな読者の経験が寄せられていた。また東京のある中学校でのことであるが、教師が授業のため教室に入ってゆくと、こづかれて顔に傷をつくったり衣服を破かれたりした生徒が席に座っている。どうしたんだと尋ねてみても、どうしてその子がそんな目に合わねばならなかったのか、その理由がわからない。本人もクラスの子たちも、ほとんど口を閉じてしゃべらないからである。

たとえ殴られない場合でも、その子の自転車とかカバンとかが、知らない間にめちゃめちゃに壊される。また、特定の子の名前をあげて、〝誰々は死ね〟などと学校のあちこちに大きく落書きされる、といったことが何日も続く。さらに、竹内常一は、ある座談会の中で、もっとあくどい例をあげている。

「……いまの〔いじめ方〕は非常にプレー的になっている。たとえば、ある子どもが便所へ入る。やつは下痢をしたぞと誰かが叫ぶ。全員が見にいく。ドアから覗くどころじゃなくて、ドアを乗り越えて、中からドアを開けてみせつける。さらに、顔じゅう全部、目だけ残してテープを張りつけるとか、小学校の高学年から中学生にかけてあることですが、女の子と男の子を強制的にキスさせる、下半身裸にした男の子を女の子のなかに放り込む。……必ずしも特定の子が常にやられているとはいえないですね。つまり被害者が加害者になっていく」(22)。

これは、かつてのガキ大将岩橋のいじめっ子振りとも違うし、谷崎の『少年』に登場して毎日年下の子をいじめている「名代の餓鬼大将」ともどこか異なっている。ガキ大将は良性であれ悪性であれ、遊び仲間のれっきとしたリーダーであり、実力者であった。しかし今日のいじめっ子は必ずしも仲間のうちの特定のリーダーではない。多くの場合、何人かの子どもが一緒になっていじめるのであるが、彼らはいつも一つのグループとして行動しているわけではなく、その集まりは一時的である。顔ぶれはその時々によって入れ代わり、匿名的で群集的ですらある。

それにガキ大将のやることは、子分にやらせるにしろ、自分が直接手を出すにしろ、もっとおおらかであった。陽性というか男性的というか、乱暴ではあっても、それほどいやらしいあくどさはなかった。ある意味では単純明快であった。しかしそれに比べて、いじめっ子のやることは、暴力的な場合でもどこか陰湿である。しかもガキ大将に往々にしてみられた正義感や義侠心の片鱗もなく、むしろ卑屈な感じがするのである。

そこには、ある種のスケープ・ゴートのにおいがしないであろうか。ナチスのユダヤ人迫害に典型的にみられたように、人間はやり場のない欲求不満に閉ざされたとき、つい何の関係もない者を身代りに仕立てて、それに向かってうっ積した攻撃性のエネルギーをたたきつける。それと同じことが、いじめっ子といじめられっ子の関係の中に見られるような気がするのである。今日のいじめっ子は、一人ではなく、時によって顔ぶれが変わる不特定の子であるとすれば、どの子も互いに潜在的いじめっ子であるということと同じである。そしてほとんどの子に何か陰性なうっ屈した感情が共有されており、それがある時、ある子どもの上に集中的に放出されるのではなかろうか。つまりいじめられっ子とは、スケープ・ゴートとして生贄（いけにえ）に供される子どもではないのか、ということである。

もしそうなら、現代の子どもたちの心を支配している、やり場のないうっ屈した欲求不満とは、一体何に由来するものなのであろうか。おそらくそれは、ガキ大将を駆逐した社会的土壌と密接に結びついているにちがいない。その意味で第一にあげられるべきは、何といっても受験体制であり、もっと基本的には、学校社会に対するメリトクラシー原理の貫徹である。

メリトクラシーとは、ヤング（Young, M.）がいうように、知能と努力の成果としての業績にもとづいて、人間の社会的選別や機会の配分を行おうとする現代社会の原理である。そのような原理の支配する社会においては、業績の基礎としての学力を形成し、その度合いを評価し、試験によって初等から高等までの教育段階をたどらせる学校は、まさに中心的役割を担うことになる。学校は次第に、人間教育や人格形成の場から、知識・技能を中心とした能力形成の場へと比重を移し、やがて人間の社会的選別・配分の機関として機能することになるのである。

このような学校のあり方は、学校化された子どもたちの精神に大きなインパクトを与えずにはおかない。第一に、教科の成績（偏差値）という単一の尺度によってのみ序列化されることによって、多数の子どもたちは学校社会において疎外され、先の人生が見えてしまったという意識をもたされることになる。成績による選別は、元来、業績本位性であったにもかかわらず、結果的には賦与的性格（〝頭が悪い〟！）を強め、子どもたちから夢を奪い、その無気力を助長する。

第二に、受験体制のもとで、子どもたちは十分な遊びの機会をもつことなく、欲求不満や攻撃性を思いきり発散させる場が少なくなった。遊びのムードは社会の中にあふれているのに、〝ながら勉強〟のように小出しにしか遊ぶことができず、本当に実現したい欲求の多くは、最終入試が終わるまで延期されざるをえない状態におかれている。そして第三に、生徒にとって学級は、全人格的協同生活の根拠地とはいいがたくなった。学校で学ぶことが目的から手段へと変化し、学校が受験競争の闘技場（アリーナ）となるにつれて、学級集団のゲマインシャフト的連帯(23)は崩壊し、マスの様相を強めてきたのである。中学校段階ともなると、フォーマルな組織としては、生徒会、クラブ、部、学級、班等にわたって極めて詳細・複雑な組織化が行われているにもかかわらず、それは形骸化し、実質的にマス化しているということである。

要するに、受験体制という逃れようのない、出口のない閉塞感ないし抑圧の感情こそ、現代の子どもに共通する欲求不満であり、他方、仲間としての連帯の喪失が、いじめ行為を可能にする現実的条件である。前者によって、彼らのうっ屈はどこかしらひ弱なくせに目ざわりな点をもつ子どもに集中し、一瞬爆発して、すぐそ知らぬ顔に戻るのである。そして後者によって、それを目撃し傍観したクラスの他の子どもたちも、その生贄に対する瞬時の攻撃性を共有しながら、何事もなかったように平静をよそおうのである。

そこには、「弱い者いじめをしたり、卑屈な行いをしたりする奴があると、……厳格な制裁を与える」ガキ大将沼倉のような、正義の味方は現われない。当のいじめられっ子もチクル（教師にいいつける）と、後の仕返しが怖いので何もしゃべらない。結局何事も起こらず、教師も手の下しようがないのであるが、それは、教師への告げ口が仲間への裏切りになるという少年の理想主義に発するというよりは、先生に訴えても頼りにならないという不信感にもとづくように思える。

いずれにしても、今日のいじめっ子はガキ大将の後裔とはみなせないことは明らかである。いじめっ子のもつ陰湿性、あくどさ、非個人性などは、子どもの群れの統領としてのガキ大将とは、およそ異質なものだからである。それでは、もう一つのタイプとしての〝つっぱり〟についてはどうであろうか。この言葉は、ここ二、三年来、普通の学校生活からはみ出し、非行がかった行動や態度をみせる生徒を指して、一般に使われるようになった。そして今やその代表のような形で大方の関心を引いているのが、教師に対して暴力を振るう〝つっぱり〟である。

〝つっぱり〟はいうまでもなく「突っ張る」からきている言葉のはずである。突っ張るということは、辞典によれば、どこまでも意地強く言い張る、強く対抗することであるから、〝つっぱり〟といわれる生徒たちも、何かに対してあえて対抗しようとしているのである。彼らの多くは、「学校大人文化」つまり勉強から〝落ちこぼれ〟ているのであるが、だからといって学校からこそこそと逃げ出したり、教室の中でうなだれて小さくなっているわけではない。

おそらく彼らは、負け犬として終始することをいさぎよしとせず、たとえ勉強の面で駄目であっても、何とか頑張ってそれとは違った面で、格好のよい自分を示そうとしているのである。つまり、〝つっぱり〟の底には、価値としての自分（自我）を擁護したり主張したりしようとする意識があるのである。それではそれは、何からの自我の擁護であり、何に向かっての自己の主張なのであろうか。

〝つっぱり〟といわれる子どもたちは、いじめっ子よりはごくわずか年齢層が上のように思われるが、しかしほとんど同時的存在として、両者のおかれた状況は基本的には同じものと考えなくてはならない。そうだとすれば、〝つっぱり〟がつっぱろうとしている事態とは、直接的にはやはり現代の学校の能力主義的な体制ということになるであろう。今の日本の学校体系の中では、子どもたちの将来の進路の振り分けは、中学から高校へ進む段階でほぼ終了してしまうと考えてよい。すでに高校に進学した時点をとってみると、それぞれの学校に同じ程度の成績（偏差値）の者だけが集まっているという形で、すべての生徒が高校の序列に応じて段階づけられているのである。したがって、進学受験競争の圧力はそれ以前の中学三年の時点で、最も強くかかることになるのであるが、進学できない、またはしない生徒や受験体制から落ちこぼれた生徒たちにとって、中学校の毎日の受験本位の勉強は、耐えがたいものとなる。

そこから、彼らのつっぱりは、まず勉強否定の表明として始まるのである。せっかくの革の学生カバンをお湯につけて柔らかくし、接着剤や針金で薄くなるように加工し、勉強道具など入らないようにする。憂国とか忠君愛国とかいう、大時代で非知識的な、もっともらしい言葉を書いたシールをはったりする。そのことによって、勉強のことを何よりも大切と考えている教師や他の生徒に（そしてもしかしたら、同じように考えていたかつての自分自身にも）、勉強などクソくらえという意志表示をするのである。そして学校など行かなくても生きてゆけるんだ、とうそぶいてもみせるのである。

しかし、彼らを落ちこぼれにさせるのは、必ずしも受験体制だけではない。多くの学校では、意識的に部やクラブの活動を奨励して、受験競争の圧迫から生徒たちを少しでも解放しようと試みているが、ここでも満足できるのは少数の生徒に限られてしまうのである。なぜならこのスポーツ・体育的な面にも能力主義・成績主義が滲透しており、さらには施設・設備面の制約も加わって、どうしても選手中心になってしまう傾向があるからである。そして結果的に、〝つっぱり〟といわれる生徒の多くは、勉強だけではなく、クラブ・部活動からも落ちこぼれることになるのである。

このような二面にわたる能力主義的体制に加えて、彼らをつっぱらせるもう一つの要因がある。それは学校の管理主義的な生徒指導の体制である。日本の学校には、生徒の服装、持ち物、髪型、家庭での生活、その他に至るまで、実に細かな規則があり、生徒たちにはそれを忠実に守ることが期待されている。小学校ではまだ生徒が幼いために、また高校ではすでに生徒が大人すぎて、そのような規則の拘束性は必ずしも問題にならない。しかしその中間にある中学校においては、それら規則の型通りの遵守をめぐって教師‐生徒間の攻防は激しさを増してくる。

今日のように、品物が豊富になり、ファッション性が高まり、子どもや若者が重要な商品市場としてねらわれるようになると、それだけ生徒規則の徹底も困難となる。しかし学校としては、学校生活からの逸脱は、まずそのような規則違反から始まるという考え方に立って、熱意をこめて行動の統制に当たろうとする。ところが他方では、学校の受験体制が強まると落ちこぼれが増え、落ちこぼれが増えると彼らを学校外の非行行動に向かわせないために、ますます生徒指導上の統制・管理を強化しなければならなくなる、といった悪循環も生じてくる。

このような体制の中で最も抑圧を感じ八方ふさがり的な閉塞状況におかれるのは、いうまでもなく落ちこぼれといわれる生徒たちである。彼らはちょっと気に入らないことがあると、〝むかつく〟とわめき、唾をはき散らす。確かに彼らにとって、勉強もわからない、部活動も駄目、〝格好よく〟もできない、ただ我慢するしかないという状況は、〝むかつく〟ものにちがいないのである。

そこで彼らとしては、どこかに隙間をみつけては、新しい形で自分を示そうとする。靴の材質を変え、上着のカラーをはずし、セーターの色を赤くし、さては額に剃り込みをつくり、大きな白マスクをかける、といったように手をかえ品をかえて、次々と新しい表現を考え出すのである。それは当然学校側の禁止といたちごっこになり、彼らの教師に対する反発も強まる。そのようななりゆきの中で、彼らのつっぱりを最も格好よく示すのが、教師に対する暴力ということになるのである。

彼らにとって教師は、おもしろくない学校生活の主宰者であり、自分たちを評価し、圧迫し、強制する当事者である。教師がそのような力をもった存在として映るからこそ、つっぱるなら教師に向かってゆかなければならない（そこには同時に、教師に対する対等感の増大と権威の感覚の喪失、自分たちが何をしようと、教師は自分たちのことを考えてくれるはずの人間だという甘え、外部に知られることを恐れるという教師の弱みへのつけ込み等もあるが、しかしそのことには今は触れないでおく）。

あるテレビ番組で彼らの一人がしゃべっていたように、〝先公の下にいるわけにはいかない〟のである。もし生徒たちすべての上に君臨する教師を殴れたら、勉強のできる奴にも、部活動の選手にもできないことを、自分からやってのけたことになるのである。そのためには一人では怖いし不利であるから、衆をたのむことになり、卒業生や外部のグループとも結びつくのである。しかしそれにしても、それは彼らにとって勇気のいる行為のはずであり、まさにつっぱりというべき行動である。

少なくともつっぱりとは、学校の体制に対する反発であることにまちがいはない。その証拠に彼らは、実によく学校に出てくる。その点が同じ学校の体制に対する否定であっても、登校拒否とは逆であり、学校から逃げ出したり、ずる休みをして遊びまわるようなかつての非行とも異なる。彼らは独得の歩き方で、肩をいからせて登校してくるのであり、ある学校の教師たちが名づけたように、「下校拒否症状」(24)ですらあるのである。学校へ来て授業を妨害し、教師を困らせ、教師や学校中の注意を自分たちに向けさせることが彼らの生きがいになっているのかもしれないという意味で、彼らは本当につっぱっているというべきである。

ところで、このような形でとらえられた〝つっぱり〟は、かつてのガキ大将との関連において、どう考えられるべきであろうか。果たして彼らは、ガキ大将の後裔たりうるのであろうか。確かに〝つっぱり〟は、いじめっ子に比べて、決して陰湿ではない。むしろそこには、居直った形ではあれ、匿名的でないはっきりとした自己主張が感じられる。「学校大人文化」によって公認された生徒でない、ということも確かである。しかし決定的な点でガキ大将とは異なるのである。つまり、ガキ大将は子どもたちの世界において実力を認められた統領であり、リーダーであったのに対して、〝つっぱり〟は基本的には〝落ちこぼれ〟であって、必ずしも仲間の信望を得ているわけではない、という事実においてである。

ガキ大将はたとえ勉強はトップでなくても、また体力がずば抜けて一位でなくても、そこには部下たちを従わせる一種の威力のようなものがあった。『小さな王国』の沼倉に典型的にみられたように、「凛然とした意気と威厳」とを備えた子どもの世界の「覇者」であり、つまりは大将の器として大人にも一目おかせるものをもっていた。しかし、今日の〝つっぱり〟は、学級や仲間の集団としての連帯性の崩壊の中から生まれるということと、「学校大人文化」の基準からみて〝落ちこぼれ〟であるということのために、現代の学校の体制に対する反逆という点で、「学校仲間文化」の面でほのかな共感を得ながらも、そのリーダーとしての地位を承認されえないのである。群れの統領というよりは、むしろ群れ落ちであり、大人によって一目おかれるということもない。それどころか、〝つっぱり〟は「学級ボス」として教育指導の対象とされる段階を越えて、もはや「非行」とみなされるのである。

もちろん、〝つっぱり〟の中にもリーダーがいないわけではない。しかしそれはつっぱり仲間のリーダーであって、「学校仲間文化」によって公認されたリーダーではない。多くの場合それは番長と呼ばれて、暴走族や非行グループなど外部の組織とつながることによって、ますます「学校仲間文化」の中心から離れることになるのである。

要するに、このように考えてくると、いじめっ子はもとよりのこと、〝つっぱり〟や番長も、ガキ大将の後裔とはいいがたい。少なくともその嫡子ではないであろう。ガキ大将は優等生や級長などと組み合わされて、かつての時代の子どもの世界に現われた社会＝文化的現象だったのだ。すでにしばしば言及してきたように、かつての子ども社会を枠づけていた大人社会の構造的条件が変わり、優等生を指名した「学校大人文化」と、ガキ大将を産み出した「学校仲間文化」が、共に変質した今日、子ども社会にかつてと同一の地位分化を期待することは、しょせん無理なのである。

「学校大人文化」によって公認された優等生や級長がいなくなったとき、すでにガキ大将の後裔の生まれる条件はなくなったのである。級長に代わって登場した学級委員は、選挙によって指名されるという意味で、もはや「学校仲間文化」との折衷の産物となってしまった。そして優等生に該当する勉強のできる生徒（偏差値の高い生徒）には、彼らを呼ぶ言葉さえ与えられなくなってしまったのである。

そもそも、「学校大人文化」にもとづく優等生・級長が厳然とあることによって、「学校仲間文化」によるガキ大将も存在する意味があったのであり、学級委員が「学校大人文化」にもとづかなくなったことと、いじめっ子や〝つっぱり〟が「学校仲間文化」を真に代表しえなくなったこととは、密接に結びついた現象なのである。優等生とガキ大将が共存しえたかつての学校においては、結局、「学校大人文化」が優越していて、「学校仲間文化」を包み込むような形をとっていたといえる。それに対して、学校の重要性が極大化された今日、逆に「学校大人文化」に対抗する形で「学校仲間文化」が大きく台頭してきているようにみえるのに、その「学校仲間文化」が公認するような明確な地位分化が子ども社会にみられなくなったということは、何とも皮肉なことといわなくてはならない。

もし今日それを探すとするなら、それはガキ大将の系譜が属していた人間関係的業績の軸などではなく、『午後の曳航』の首領グループにうかがえたような、知的・技術的業績の軸においてである。例えばそれは、『何となくクリスタル』に登場するような〝情報・カタログ・マニヤ〟や各種の収集マニアの中の専門家、あるいはマスコミとのかかわりにおけるオピニオン・リーダーということになるのであろうか。もしそうであるなら、それらはいずれも、類型Ⅲに位置づけられるのであり、今までの子ども社会における地位としては、それほど顕在化していなかった新しい子ども像といえるのかもしれない。

しかしそれにしても、学校化された子ども社会における地位分化を追ってきた中で、ついに女子の場合には触れることができなかった。女子の集団の中に男子と異なるどのような地位分化があり、それが今日どのような形になっているかは、それとして一つの興味ある問題である。

注

1　P・アリエス　杉山光信・杉山恵美子（訳）『〈子供〉の誕生』みすず書房、一九八〇年。
2　Goffman, E. 1961, *Asylum.* pp.xiii, 4-12.
3　山村賢明「教育の風土と制度」新堀通也（編）『日本の教育』有信堂、一九八一年、九五‐一一五頁を参照。
4　「学校文化」とか「子ども文化」といった視点からの研究を精力的に進めているのは、片岡徳雄とそのグループである。小論も基本的にそれに負っているが、しかし若干の違いがある。片岡は学校の中でよしとされる行動型、大人が子どもに要求する文化を「学校文化」と名づける。そして、遊びと大衆文化を中核とする「子ども文化」のもつ積極的意義を学校文化の中にとり入れ、「学校子ども文化」として生かすという実践的志向をもっている（例えば、片岡徳雄（編）『学校子ども文化の創造』金子書房、一九七九年、三一〇頁）。しかしわれわれとしては、今日の子どもの世界は、遊びや大衆文化の要素と同時に、「学校化」の要因を無視できないという視点から、学校文化を「学校大人文化」と「学校仲間文化」の二つを包含するものとして考えた。
5　T・ローザック　稲見芳勝・風間禎三郎（訳）『対抗文化の思想』ダイヤモンド社、一九七三年を参照。
6　パーソンズ（Parsons, T.）にならって認識的業績（cognitive achievement）と道徳的業績（moral achievement）といってもよいのであるが（Parsons, T. 1964, *Social Structure and Personality.* pp.148-149.）、それではやや意味の範囲が限定されすぎるので、本文のような言葉を使った。
7　Lasswell, H. D. & Kaplan, A. 1952, *Power and Society*, p.55ff.
8　中　勘助『銀の匙』（日本の文学16）中央公論社、昭和四四年、四二六頁。
9　同右、四二七頁。
10　谷崎潤一郎『少年』（日本の文学23）中央公論社、昭和三九年、二一〇‐二一一頁。

11 『銀の匙』、前掲、四三九頁。
12 同右、山本健吉による解説、五三〇－五三一頁。
13 谷崎潤一郎『小さな王国』前掲（日本の文学23）円地文子による解説、五四四－五四五頁。
14 同右、五五－五六頁。
15 「いま学校で」一七八・一七九回『朝日新聞』昭和四八年六月一九日・二〇日。
16 例えば、深谷昌志・深谷和子『遊びと勉強――子どもはどう変わったか』中央公論社、一九七六年を参照。
17 三島由紀夫『午後の曳航』（日本の文学69）中央公論社、昭和四〇年、三三一頁。
18 久野収ほか『戦後日本の思想』中央公論社、一九四九年、一一一頁。
19 小西健二郎『学級革命』牧書店、一六八－二三七頁。
20 深谷昌志（編）『現代っ子の生活』第一法規、一九七八年、五二頁。
21 『朝日新聞』五六年五月一五日。
22 「族・荒れる中学生」『朝日ジャーナル』23巻10号、一九八一年、二三頁。
23 パーソンズの用語。詳しくは、山村賢明「教師の影響力とその構造」『教育社会学研究』第二八集、東洋館出版社、一九七三年、四六－六二頁。
24 「いま学校で――校内暴力」一四六九回『朝日新聞』昭和五六年五月十七日。

参考文献

宇野　登ほか『子どもの世界』三一書房、昭和四一年。
藤本浩之輔『子どもの遊び空間』日本放送出版協会、昭和四九年。
深谷昌志（編著）『現代っ子の生活』第一法規、昭和五三年。
片岡徳雄（編著）『学校子ども文化の創造』金子書房、昭和五四年。
P・アリエス　杉山光信・杉山恵美子（訳）『〈子供〉の誕生』みすず書房、昭和五五年。
T・パーソンズ　武田良三（監訳）『社会構造とパーソナリティ』新泉社、昭和四八年。

11章 現代日本の家族と教育

——受験体制の社会学に向けて

1 「家族と教育」研究の視点

家族とか家庭生活というものは、まさに日常性に属する事象である。かつてエスノメソドロジーは、ブリーチ(breaches)という一種の実験的手法によってそれの解明を試みた。しかし民族学や人類学は、この家族という人類に普遍的でかつ基礎的な日常的事実を、実験的にではなく自然の状態のなかで解明するべく、比較文化的方法をとってきた。M・ミードから最近のC・ギアーツその他に至る業績を通して、今日の文明諸国の家族のあり方というものが、様々な人間家族のあり方の一つに過ぎないという形で相対化され、同時にそれのもつ問題性も示唆されたのであった。

しかしそれより少し遅れて、社会史というもう一つのアプローチが脚光をあびるようになった。人類学的方法が、我々の日常性を地理的・空間的に抜け出し、他文化との対比によってとらえかえすものであったとすれば、社会史的研究はとりわけ心性史であることによって、日常性を時間的に過去に向けて脱出し、そこに見い出されるものとの対比で現在の自文化を相対化し、その一時性と問題性を浮き彫りにしようとするものである。それによって開示された諸事実が、いわゆる未開社会の家族についてのものではなく、ほかならぬ自文化のかつてのリアルな姿であり、かつそれが現在のあり方についての反省をうながすものであるという点において、社会史的な研究のもつ衝撃力は大きかったといえよう。

そのような社会史的研究の最初の刮目すべき成果は、いうまでもなく、P・アリエスの『〈子供〉の誕生』(1)であった。それのもつ意義は、単に近代になって学校と家族の発達とともに「子ども期」が成立してくる——という歴史的事実を解明してみせたに留まらず、現代の社会的状況にたいして、その著作が投げかけた示唆にあった。近代家族は、私的な生活空間として、肉親間の一体的愛情に結ばれ、幸福の砦となるべきはずであったのに、社会にたいして壁をつくることによって相互に孤立化し、内部的にも家族解体、家族崩壊の危機にみまわれるという事態に立ち至った。それにたいしてアリエスは、近代以前の家族との対比において、現代家族のそもそもの成立の過程を振り返らせ、それが時代を通じて不動のものではなく、人間の長い歴史のなかでの特殊な存在であることを示したのである(2)。

また産業社会の進展による学校化と高学歴化のなかで、肥大化した学校の状況にたいして、近代学校成立の時期にさかのぼって、改めてその意義を考えさせる機会を提供したのである(3)。そして、これこそアリエスの研究の中心的テーマに関連したことであるが、中世におけるのとは異なった形で、再び「小型の大人」になりつつあるように思える現代の子ども像(4)のとらえ方にたいして、重要な視座を与えることになったのである。

しかし、研究方法として『〈子供〉の誕生』をながめたとき、それがもつ基本的な意義は、それが社会史的であるということ以上に、子どもと家族と学校という三者をそれぞれ個別にではなく、相互に関係しあった事象として結び付けて解明している、という点にある。従来ともすると、家族を一つの独立したあるいは別個の研究領域とみなして、その内部構造や人間関係を分析しようとしたり、家族相互の関係をとらえようとしてきた。

子どもの社会化や教育の問題に焦点がある場合にも、研究のパターンとしては、家族を所与とみて、その成員構成、そこでの人間関係、さらには親の職業や学歴などとの関わりでとらえようとするのが一般的であった。全体社会や経済変動との関係を問題にする場合でも、それらの影響が個々の家族のなかにどう現れるかが問われるのが普通であった。

それにたいしてアリエスは、子どものことを問題にするのに、家族と学校という子どもの二つの生活集団と関わらせながら、（アンシァン・レジームから近代への歴史的移行のなかで）それらを相互関連的に総体としてとらえてみせたのである。『〈子供〉の誕生』はそのような意味において、「家族と教育」研究だけでなく、教育社会学全体にとっても、不可欠な文献となったのである(5)。

ところで、我々のここでの関心は、「家族と教育」の問題を現代日本の社会的状況のなかでどうとらえるか、ということである。もちろん研究関心に応じて問題は多岐にわたるであろうが、現今の子どもをめぐる最も大きな、また最も切実な社会的問題は、受験体制の問題であろう。おそらく、現代日本の子どもと家族に関わるどんな問題も、受験体制と無関係に論じることはできないに違いない。そのような問題にたいして、アリエス的な視点が生かされるべきであるとするなら、どういうことになるであろうか。

多分それは、江戸から明治への歴史的な推移のなかで、子どもの生活というものを近代学校の成立、家族のあり方の変化との関わりにおいて「心性史」としてとらえる——ということになるであろう。しかし、ここで指摘した意味でのアリエスの方法的特質は、必ずしも過去にさかのぼり歴史的事実をデータとすることなしには生かせない、というものではない。何故なら社会史とりわけ心性史的な方法の意義は、社会の表層に現れた政治・経済的な組織活動や法制よりも、より深層にみられる人々の精神や態度のあり方を、日常的生活のひだに分け入ってとらえようとするところにある、と考えられるからである(6)。だからこそその研究は、生活の各領域の相互関連のなかでの総対的把握にもなり得るのである。

しかし改めて考えてみると、ここで二つのことに気づかされる。一つには、そのようにして社会史的研究があきらかにすることは、結局当該社会の一定の時代における文化と言い換えてよいものであり、その意味では民族学や文化人類学がとらえようとしてきたものと、概念的にはそれほど大きな違いはない、ということである。人類学的研究と社会史的研究は、空間的か時間的かという形でパースペクティブを異にしながらも、文化への関心として重なり合っている。

他方、日常生活世界をとらえようとする志向としてみれば、それら二領域の研究は社会学の研究動向とも無関係ではなくなってくるのである。もちろんこれまでの社会学のなかにも、政治経済などのいわゆるマクロな領域を問題にするだけでなく、それらと日常生活とを関連づける研究もなかったわけではない。しかし圧倒的な「方法的実証主義」傾向のなかで、各領域の社会的諸事実は指標化されたり、変数化されたりして、それら相互の関係をもっぱら統計的・数量的に決定することを指向した研究様式が支配的となった。

そのような傾向のなかで、社会移動研究におけるパス解析の適用のように、分析技法としては高度な発展をみるのであるが、それでも依然として、学校とか家族といった変数内部の社会的過程そのものにはほとんど手がつけられないまま、ブラック・ボックスとして残されることになるのである。そのような状況のなかで注目されるようになったのが、現象学的社会学その他の、日常生活世界の解明を目指す解釈的社会学ないし解釈的パラダイムである。

その研究関心は必ずしも文化にあるわけではないが、相互行為過程としての日常生活の解明は、社会学的研究において集められるべきデータのリアリティを高め、その分析に解釈的方法を導入することによって、結果的に人類学や社会史の研究や関心と接近することになる(7)。かくして、日常生活世界の解明を接点にして、三者はつながるのである。アリエス的視点を評価しそれを生かすということは、必ずしも研究が歴史的であること、つまりデータを過去の事実に求めることを意味するものではない――といったのも、そのような文脈において了解できるであろう。

このようにして、本稿においては、現代の日本における子どもをめぐる受験体制の問題に焦点を絞りたいと思うのであるが、それは何よりも家族と学校の関係のなかでとらえられなければならないであろう。しかし今日、生産と消費は分化し、生産部門の拡大・優越のなかで、家族の生活も学校の教育も職業社会のあり方と切り離しては考えられない。それだけでなく、産業化の高度な進展はアリエスによって描かれたような近代家族のあり方や学校の意味を大きく変え、そこに深刻な葛藤や緊張をもたらした(8)。そのように考えると、現代における「家族と教育」の問題は、どうしても家族と学校に職業社会を加えた三項関係によってしか、解くことができないのである(9)。そして以下において考察しようとしている受験体制とは、少し先回りしていえば、まさしく家族、学校及び職業集団を結ぶ三角形のなかで成立している事態なのである。この「受験体制」という言葉は、おそらくマスコミによって発明され一般化されるようになった用語であろうが、現代の日本の子どもたちのおかれている状況を表すには便利な言葉である。ここではとりあえずそれを、「より有利な学校への進学を目指して、子どもたちの生活が全体として、受験のための勉強を中心にして早くから組織化され、体制化される事態」——とでも定義しておこう。学歴主義とか学歴社会などという概念が、現代の大人社会のあり方を特徴づけているとすれば、受験体制はそれに規定され、それに対応してつくりだされた子ども社会のあり方を表現した言葉である。両者はきり離し難く結びついているのであるが、少なくとも教育社会学においては、後者の研究は実態把握の困難さもあって、前者ほど進んでいるとはいえない。

しかし子どもの生活を問題とするかぎり、受験体制というアプローチの方が学歴社会というきり方より直接的であり、有効性も高いはずである。またそれだけでなく、日本社会の文化や人々の意識（心性）を問題にせざるをえないところから、それは学歴社会の日本的特質（「学校歴社会」）の理解にも資すると考えられる(10)。

2　受験体制の構成

アリエスをはじめとする社会史的諸研究が示唆しているように、近代家族の成立と学校の確立とはほぼ並行した現象であったといえよう。愛情をもとに子ども中心的に営まれる家族の生活は、子どもを学校に委託することによってその私的性格（privatism）を強めることが可能になり、逆にそのような家族のあり方を基礎にして、学校の拡大が可能になったともいえるのである。しかし子どもの教育をめぐる両者の関係において、家族と学校の何れが優位にたつかは、時代や社会によって一様ではない。

家族社会学者R・ヒルは、日本教育社会学会の第3回国際シンポジウムで報告したとき、家族体系と教育体系の関係のあり方として、次のような四つのタイプを素描してみせた。⑴家族が学校の目標を達成するために奉仕させられるような関係、⑵家族と学校が相互中立的に共通の目標の達成を目指す関係、⑶家族と学校が対等に渡り合う冷戦的関係、⑷家族が学校の教育を妨害し失敗させるようなゲリラ戦的関係(11)。これは簡単ではあるが、面白い分類である。

これに従えば、⑶や⑷のように、家族が学校の教育に反発したり、そっぽを向いたりすることも決して珍しいことではない諸外国に比べて、日本は明治初年の学制以来、ほぼ一貫して⑴のタイプであり続けてきた、といってよい。例えば英国においては、学校は子どもにたいする親の影響力や責任感を覆すという意味で、家庭にたいする脅威だとみなされた。一九世紀になるまで学校は、無能な親かまたは著しく反抗的な子どものために存在するものであり、そこに子どもを通わせることは、親の不名誉だとさえ考えられたのである(12)。それにたいして日本では、義務教育制度の普及や就学率の上昇の驚くべき速さにうかがえるように、家庭が学校に奉仕させられるだけでなく、家庭の方も進んで学校に奉仕しているのである。学校教育の遂行にとってこんなに好都合なことはないし、そのような関係のなかで学校教育の成果があがらないはずはない。ここで問題にしようとしている受験体制とは、まさにそのような関係を極端に推し進めたところに成り立つものであり、今日の家庭は、家庭教師を雇ったり塾へやったりして、親がなすべき、また家庭でこそできる子どもの基礎的人間形成をそっちのけにしてまで、学校の教育を強力に促進しているのである。

そこでまず問われるべきことは、日本においては何故そのような学校の、または学校教育の絶対的優越性がみられるのか、ということである。様々な説明ができるであろうが、最も明白な要因は、学校が富国強兵、殖産興業といった国家目標実現の重要な手段として、天皇の名において上からつくられたという事情であろう。そもそも家庭教育についてさえ、文部省によってすでに明治一〇年代に、公的な学校教育と同じ内容の教育を家庭で行うことである、という規定がなされていたのである(13)。民衆にとって学校は、初めから公であり、「お上」であった。

しかしそれだけでは家庭が学校に自発的に奉仕する関係にはならない。それが可能になるためには、学校が家庭や個人にとっても利益をもたらすものでなければならない。そこで学校は「身を立てるの財本」であることが説かれた。しかしそれ以上に、近代化の度合いや経済発展の段階に即応した教育の展開と、学校が直接卒業生の就職の面倒をみるという効率的制度の実施などにより、現実に学校は立身出世の手段たりえたのである。

科学技術の高度に発達した現代の産業社会のなかで、学校の意義が強まり、進学をめぐる競争も激しくなることはいうまでもなく、程度の差はあれ、それはいずれの社会でも同様であろう。しかしとりわけ日本の場合は、戦前の「職業紹介法」(大正一〇年)から今日の「職業安定法」まで一貫してみられるように、教育体系(学校)と経済体系(職業)とは太いパイプによってつながれていた(14)。それはとりもなおさず、日本の学校の選別機能の強さと効率性を物語るものであるが、そのために家族にとっての学校の優越性が、特に顕著に現れることになったのである。

しかしこのような形での学校の優越性とは別に、日本の社会に受験体制と呼ばれる事態を成り立たせるような、より基底的な要因が働いているように思われる。そのことについては、他の機会にも述べている(15)ので若干繰り返しになるが、私としては次のように考える。第一に、当然のことながら日本の受験競争は業績競争である。人々が業績を競い合うためには、その結果如何によって、得られる報酬や利益が決まってくるような仕組みになっている必要がある。しかしそれと同時に、競争の参加者の間に、努力さえすれば自分にもそのチャンスがある、という確信が共有されていなければならない。つまり受験競争に血眼になるわれわれ日本人には、誰でも似たような能力・素質を持って生まれてくるのであり、業績に差異をもたらすのは努力である——という人間観が、強い信念として分けもたされていることになるのである(16)。それは、同等（対等）意識の文化ないし努力主義の心性と言い換えてもよいであろう。そのような文化を想定することによって、日本の受験競争の特質について、二つの点を説明することができる。

一つは、学力試験本位の入試選抜方法である。厳しい業績競争は必然的に、業績評価の仕方における公平性と客観性の保証を要求せずにはおかない。したがって選抜に当たっては、縁故はもちろん、生徒の家柄・財産・学校への貢献度（寄付金の多少や卒業生の子弟か否かなど）・その他公平の原則に反する一切の条件が除外される。また、生徒個々の人柄とか記述式試験問題などのように、判定の際の客観性の疑わしい要素も、可能な限り排除すべきであると見なされる。つまり、客観的ペーパーテスト本位の入試にならざるをえないのである。そのことは、何回かの入試選抜方法の改善も結局ペーパーテスト本位に戻ってしまうという、戦前から今日におよぶ繰り返しのパターンによく現れている(17)。現代におけるそのようなテストの代表が、国立大学のマークシート方式共通一次であり、それに合否予測の効率性も加わって流通しているのが偏差値処理である。

二つに、同等意識＝努力主義に基づく業績競争の激しさは、その競争の結果について強い関心を示さずにはおかない。つまり序列への強烈な興味であり、ランクの上下にたいする切実な気使いである。受験の問題でいえば、そのような意識こそが、全国的・地域的レベルで、学校の有名度ないし階層性というもの、つまりは「学校歴主義」

といわれるものを成り立たせる重要な基盤の一つとなるのである。日本の学校制度は一般的知能テスト機関として機能しているというドーアの指摘(18)は、選抜がどこでももっぱら学力テストによって公平に行われるために、その結果としてできあがる学校序列がそのまま、そこに属する生徒たちの一般的能力を表示してしまう——というメカニズムを意味していた。今日のように偏差値という数字(19)によって、学校と個人の両者のランクが同時に示されることによって、その機能は最高度に精密化されたのである。

ところで、受験体制を出現させる特有の要因として、もう一つ日本的集団主義の文化(20)を挙げないわけにはいかない。それは個人と集団の一体化に基づき、個々人が集団に支えられながら、同じような他の個人や集団との競争において自らの業績を達成しようとする行動様式である。そこでは集団との一体化があるため、個人の目標や業績は同時に集団のものとみなされる。しかし、基準となる集団の枠(範囲)は固定されておらず、状況によって可変的であるが、有賀喜左衛門が指摘しているように(21)、上位の集団が公となって下位の集団の私に優先する。その意味では、先に述べた家族にたいする学校の「お上」としての優先も、日本的集団主義と無関係ではないのである。

このような意味での集団主義の文化によって、受験競争は個人間の競争ではなくなり、集団的・社会的性格を帯びる。子どもは家庭においては、家族の支援のもとに、家族の代表としてよその子ども=家族に負けないように頑張る。学校においても、よそのクラスや学年・学校に後れを取らないように、教師-生徒が一体となった受験指導が行われる。かくして受験競争は家族ぐるみ、学校ぐるみの競争になるだけでなく、さらには地域ぐるみから受験産業やマス・メディアも巻き込んだ全社会的な営みになるのである。

このようにして成り立つ受験体制のなかでは、競争は一流大学を目指す者たちの間だけでなく、それより下の各レベルにおいて行われるのであり、さらに大学に進学しないで高卒で就職する者たちさえ、同じように競争に参加することになるのである(22)。またそのような体制のなかでは、子どもたちは中学・高校を通じて、受験競争からそれないように、教科の勉強だけでなく日常行動の面まで含めて、生活全般にわたって家族‐学校ぐるみで「管理」されることになる。その結果、競争はますますのっぴきならないものとなる。

3　受験体制の社会化機能

言うまでもなく受験競争とは、進学のための選抜試験に合格するための競争であり、その過程で当然子どもたちは、受験のための学力を身につける。しかしまた、前述のようにして成り立つ受験体制のなかに早くから組み入れられ、苛烈な受験競争がもたらす閉塞的・抑圧的な状況のなかに長時間にわたって身をおくことによって、子どもたちの健全な発達の阻害もでてこよう。

しかしここでは、個々の「問題行動」には直接触れることなく、受験体制というものが日本の社会のあり方との関係においてどのような意味をもっているのか、という側面に注目してみたい。つまりそれは、受験体制の潜在的機能として、また受験体制が隠れたカリキュラムとなって、どのような社会化が行われているのか――という問題であり、さらにそのことを通して、受験体制というものが現代日本の社会と文化にとって、どのような機能を演じていることになるのか、ということの検討である。

まず受験体制の社会化機能の面に関して、少なくとも次の三つの点を指摘することができるであろう。

(1)　テスト的思考様式

受験勉強とは、大テストとしての入試選抜試験を目指して、なるべく百点に近い点数をとれるように、小テスト、中テストを繰り返すことである。そこから、詰め込みとなる暗記式の勉強の無意味さが強調されることが多いのであるが、むしろここで取り上げたいことは、限りなく繰り返されるテストというものが、子どもたちの思考様式をどのようなものとして形作るかという問題である。

テストとりわけ客観的ペーパーテストといわれるものは、評価者の主観の排除と、採点作業の能率のために、その出題形式は、極めてパターン化された僅かな種類のものに限られる。暗黙の約束事として正解は一個と決められており、多くの場合、それはいくつかの選択肢の一つという形で、出題の一部として予め与えられている。そのような形式のテストに対したときの解答者の思考様式は、正解は必ずそのなかにあるのだという安心感に基づき、正解らしきものと問われている問題との間を往復するなかから、いずれか一つを選び出すという作業になる。

それは問題を「解く」というより、クイズのように答えを「当てる」という形に近くなり、事実、解けなくても何分の一かの確率で「当たる」のである。そのような解答における思考様式が、記述式ないし論述式テストのように、答えがどのような形のものになるのか、正解があるのかないのか、一つなのか二つなのかも定かでない場合に比べて、いかに安易なものであるかは明らかであろう。

現代の受験体制のもとで、どれほど子どもたちがそのような思考様式に習熟しているかは、かつて我々が行った調査にもはっきり現れていた。小学校六年生に国語の教科書のある部分を指定して、何グループかに分かれて試験問題の作成をやらせたのである。ところが、彼らは相談しながら、各種のタイプの出題形式を取り混ぜて、教師が作成するのとまったく変わらないような見事なテストを作ったのである。

また、われわれは実験的に、社会科について、通常のテストの約束事や形式とは異なるテストを作成して実施してみた。例えば、穴埋めの問題でマスの大きさを変えて、大きいマスには短い答えが、小さいマスには書き切れないような長い言葉が入るような形式にした。また選択肢として全部が正解であるような、また逆に全部が誤りであるような言葉を並べた問題を課した。予想通り彼らの多くは、後者については正誤にかかわらず一つを選択し、前者については誤答が多くなったのである。そしてテスト実施後に、解答内容に関して一人一人の生徒と面接してみて、彼らがいかにテストの形式に依存した、ないしは拘束された、パターン化された思考しかしていないかを、確かめたのである。

問題なのはテストの形式だけではない。出題される内容、つまり知識の性格もまた一定のパターン化をうけるのである。われわれは先の調査で、担任の教師が実際に行ったテストについても、生徒に返す前の採点済の答案を検討させてもらったのである。教師の採点における正解・誤答の判定基準は、例えば刀狩りのねらいについて、「(百姓を)戦えなくするため」ではだめで、「一揆の防止のため」しか正解として認めないような、極めて狭い教科書的文脈に限定されたものであった。それは既成の教科書的知識の一方的受容を習慣づけ、判断や思考における現実的・全生活的レリバンスを当然のごとく排除させるものである(23)。

今日、入試方法改善の努力がなされているとはいえ、そのように形式と内容の両面から思考様式を規制する客観的テストというものの性格は、小学校のそれから、日本で最も合格するのが難しいといわれる大学の入学試験のそれまで、基本的には同じなのである。受験体制のなかで、そのようなテスト経験の積み重ねによって形成されるテスト的思考様式は、おそらく創造的・批判的精神といったものとは、ほど遠いものであるにちがいない。

(2) 仲間集団とその文化の機能不全

発達段階の非常に早い時期から受験体制のなかにおかれ、たえず受験競争に駆り立てられることによって、必然的に子どもたちは、自由な時間と勉強以外の活動にさくエネルギーを奪われる。せせこましく細切れ化された生活時間は、子どもたちから精神的成熟を奪い、自発性と創造性と充足感の根源である遊びと、発達にとって必須の仲間との関係の喪失をもたらす。個人の持ち得る時間の絶対量は一日二四時間ときまっていて、遊ぶ暇などないからであり、また同輩は、受験生という同一のカテゴリーにくくり直されることによって、本来の意味で仲間とはならず、競争相手として相互に引き裂かれることになるからである(24)。

彼らは受験のために本当にしたいことを諦め、延期し、最大の関心事にも目をふさぐ。とりわけ思春期を中心にして、性の抑圧を強いられることになる。性を悪と見なして、できるだけ子どもを性に近づけない方がよいとするのは、日本の教育文化なかんずく学校教育の基本的な理念の一つであり続けてきたが、受験競争の激化のなかで、それは改めて教育やしつけの重要な項目となっているのである。

しかし世の中の性解放の風潮を反映して、マス・メディアのなかには性があふれ、「豊かな社会」のなかで消費文化もますます高度化していく状況において、学校の生徒だけにそれらへの接近を禁じることは無理なことである。そこで彼らを受験という目標からそらさせないために、親と教師は協同してその阻止に全力を傾けなければならなくなる。受験のための勉強以外のことにたいしては、非自発的、非主体的、非活動的であることが、今や暗黙の合意となっており、それに従うのが良い生徒とみなされる。しかしそうであればあるほど、彼らにおける抑圧は強まり、彼らの内なる精神状態は健全な姿からかけ離れていくことになる(25)。

それが彼らにとって頑張るということの意味であるが、受験体制のそのような機能を社会化として読み替えるなら、二義的な欲求や願望を抑圧しつつ、大目標にむかってエネルギーを集中させ、業績を達成しようとする態度の形成、とでもいうことになろう。しかしそれと裏腹に、もう一つの仲間集団の問題がある。思春期から青年期にかけての若者にとって、仲間集団は大人の権威にたいする反抗の拠点として、かけがえのない機能を演じてきた。弱者としての若者は、仲間と連帯し仲間への忠誠を通して大人の権威を否定し、そのような反抗をてことして、自らの自律の達成を企ててきたのである。

しかし、現代の若者は反抗を典型的な形では示さなくなってきた。それは過保護が強まってきたことと、父親（の権威）が見えなくなってきたことによるところが大きいが、それとならんで、受験体制のもとでの仲間集団の機能不全とも、決して無関係ではない。受験「戦争」のなかで反抗する時間も気力も失われ、「敵」との連帯は考慮の外におかれるからである。そして仲間への忠誠や連帯が生まれないなら、理想主義的な若者文化も、真の意味での大人としての自律も形成され得ないであろう。

(3) 日本型職業人の形成

先に述べたように、受験体制というものの基礎に、対等意識に基づく努力主義や日本的集団主義といった「潜在的文化」の介在が想定されるとするなら、そこで展開される受験競争のなかに身を置くことによって、子どもたちがそのような文化や行動様式を獲得するのは当然のことである。われわれはここで引用してきた調査のなかで、それぞれの家族が子どもの受験にどう関わっているかをさぐる作業の一環として、学校で「三者面談」が行われた日の夕飯時に、家庭で交わされる会話の録音を試みた。

期待したような数のケースを集めることはできなかったのであるが、得られた事例においては、S男の場合で示したように(26)、家族の一体となった受験努力がよくうかがえた。そのような家族的取り組みを、さらに劇的な形で描いてみせたのが、最近のベスト・セラー『カイワレ族の偏差値日記』(27)であろう。このテレビ・ドラマ化もされた書物のもつ迫力は、女医としての母親が自分の子どもと一緒に奮闘した、高校受験体験についての実話であるということに由来する。しかしそれ以上に、それが、祖父は弁護士で両親も長男も共に医者であるような、典型的な上層家庭における徹底した受験努力の詳細を、赤裸々にかつ冷静に叙述しているところにある。

もちろんS男のケースは、この「カイワレ族」の場合より階層的にも志望校のレベルでも低いのであるが、さらにそれよりももっと下で、大学受験など目指していない層の家庭においてさえ、受験をめぐる集団的努力というパターンは同じである。例えば、われわれの調査でいえば、甲子園で優勝したことのある遠方の高校を受けて野球部に入ることを望んでいるH男の場合である。その息子に父親は、野球をやるのはよいが、そんな遠くの学校に通うようになったら勉強する時間がなくなるのではないかと心配する。しかし、高校を出た後の就職のことを第一に考えよ、どんな学校に行っても一生懸命やりさえすれば認められる、野球するからには絶対挫折しないでやり抜け——といったことを熱をこめて説くのである。

そのような個々の家庭の努力は、学校を挙げての取り組みと一体となって、さらに家庭−学校ぐるみの受験競争となるのであるが、いずれにしてもそれは意識すると否とにかかわりなく、社会化の途上にある子どもにとって、集団主義的努力主義への強烈な体験とならずにはいないであろう。

しかしそこから一歩離れて、受験競争も含めて、子どもは家庭と学校という二つの集団の間で、どのような日常生活をおくっているのかを眺めてみると、そこに社会化との関連で、もう一つ別の側面があることに気づくのである。つまり、毎日家庭から学校に行って勉強するという子どもの生活が、夫＝父親が職場に通って働く仕方と近似している、という事実である。家庭を根拠地として父親が職場に、子どもが学校に通うという生活形態が、現代において一般的である限り、両者の間にある種の共通性が見られても不思議ではないかもしれない。しかし重要なのは、どのように似ているかである。

そこでまず、ＮＨＫの生活時間調査をもとにして、父親に近いカテゴリーとして「勤め人」（男性）を、子どもとして中学生を取り上げ、それぞれの一日の時間の過ごし方を比べてみる(28)。若干のずれはあるが、共に六時半頃から起きだし、七時過ぎに食事をして八時頃家をでる。この後、子どもの方は学校に課外活動も含めて五時近くまでおり、その後若干分かれるが、数としては七時頃から食事をしながらテレビを見て、さらに「学校外の学習」をする者が多い。他方、父親の帰宅時間は分散するが、それでも七時半頃夕飯をとるものが多く、九時にはテレビを視る者が四割を越える。しかし就寝するのは、父親も子どもも共に十一時頃である。

一日の間で親子が顔を合わせる時間は、塾通いなども入ってきて、確かに少なくなっているが、このように、受験体制の前半に位置する中学生の生活時間の流れと、職業社会に生きる父親のそれとは、テレビ視聴を除き基本的にはほぼ同じである。そのことは、それぞれの生活項目ごとに費やされる、時間総量について見てみても変わりはない。例えば簡単にするために、睡眠その他の「生活必需時間」、「仕事ないし学業時間」（そのための移動時間も含む）、「自由時間」の三つを取り出してみると、父親の場合それぞれ一〇時間一〇分、九時間四九分、三時間二五分であるのにたいして、中学生はそれぞれ、一〇時間一八分、一〇時間二二分、一二時間五五分となって、それほど大きな違いはないのである。

そこでさらに、そのような生活時間の使われ方に立ち入ってみる。①これまで述べてきた受験だけでなく、子どもたちは学校で教師を中心にして、勉強・スポーツ・規律など学校生活全般にわたって、全員一致的努力をし、クラス・学年・学校といった各レベルで集団的競争を行っている。しかしそれ以上に、父親たちは職場において、上司－部下の温情的関係、QC運動や五割にも満たない有給休暇取得率に見られるような職場の一体的努力、部局間・会社間の業績競争等々、それこそ集団主義的な働きと業績達成を競っているのである。

しかも、日本労働協会による労働時間の国際比較調査においても、またOECDのデータによる契約性時間（労働時間＋通勤時間等）の比較においても、日本のそれは欧米に比べてずば抜けて長いのである(29)。そしてそれと全く同じように、日本の中学生の学習時間は、アメリカなどのそれよりはるかに長い(30)。当然日本の労働者の、残業など「所定外労働時間」も長いのであるが、父親たちのそれと対応するように、中学生における塾などの「学校外学習時間」も長いのである(31)。

②このような形での、父親における職場の仕事への、また子どもにおける学校の勉強への時間とエネルギーの集中は、彼らの家庭生活のあり方と無関係ではありえない。つまりそれは必然的に、生活の拠点としての家庭や家族よりも、職場や学校の優先を意味することになるのである。家庭生活の側の都合や諸行事や団欒は、職業生活の必要とする残業や出張や接待やらによって後回しにされ、最終的には無視されることになる。それは職業の側から強要されるばかりでなく、家族によっても当然のことのようにみなされているのである。

いずれにしても、そのような父親における職場最優先にたいして、ここでもまた、子どもの勉強における学校最優先が対応するのである。それは学校の日程に合わせた家族行事の組み方などに普通に見られるが、それを最も先鋭な形で示しているのが、（父親における勤めの都合による単身赴任と裏腹に、）学校のためになされる子どもの単身残留（例えば家族の海外赴任の際などの）であろう。

電気労連の日米比較調査によれば、アメリカの労働者は生活のなかで最も大きな意味をもつものとして、「家庭」をあげたものが「仕事」の二倍以上であったのにたいして、日本の場合はほぼ半々である。また自由時間の過ごし方としても、「家庭サービス」が日本よりアメリカの方ではるかに多く選択されている(32)。

朝日新聞はこの結果を、アメリカの家庭本位タイプにたいして日本は「家庭も仕事も」タイプであると報じていた。しかし、プライベートな家庭の用事で大事な仕事を休むなどとんでもない、とする一般的反応(33)からすれば、現実にはむしろ依然として会社の仕事や職場は、私としての家庭の生活に優先する公（大義）とみなされる傾向が強い。再びここでも、家庭にあれこれ指示することを当然とみなす学校と、学校の都合と勉強とを第一義に考えてそれに従う家庭の関係が、それと全く重なり合うのである。

③それではさらに、生活の拠点ないし発着地としての家庭の内部についてはどうであろうか。夫＝父親が公としての職業社会本位に生き、子どもが同じく学校の勉強だけに集中することによって、私としての日本の家庭の内部生活は、ほとんどもっぱら妻＝母親によって維持されることになる。日本全体において、毎日の家事をほとんど妻が一人で、または妻が中心になってやっている家庭は九割にのぼる。共働きの勤め人家庭にあってさえ、その傾向はあまり変わらず、夫も家事をしている家庭は六パーセントに過ぎない(34)。

父親がそうであるように、子どももほとんど家事を手伝わない。勤め人の男性が一日に家事をする時間は一八分であるのと軌を一にして、中学生も一九分しか家事を手伝わない(35)。極端にいえば、夫が下宿人であるとすると、子どもは勉強する人形である。夫の職場での仕事は妻の、子どもの学校での勉強は母親の家事に支えられて成り立っているのであるが、それら二つの公のために、妻＝母親はたとえ外で働いていても私として位置づけられる。しかしそれより下位の私はないので、彼女の都合はいつも後回しにされ、二義的に扱われるのが普通である。

さて、このような妻＝母親を結節点とする夫＝父親と子どもの生活の類似性は何を意味するのであろうか。以上のことは、記号論的に要約することによって、より明瞭になる。まず、全体としての生活の流れを統合関係（syntagme）でとらえ、それを前述のように〈家庭内の生活③〉（妻＝母親をめぐる夫と子どものあり方）、〈家庭外の生活①〉（職場での仕事および学校の勉強）、〈家族と外部社会とのつながり②〉（家族－職場、家族－学校の関係）の三つに大きく区切る。それにたいして〈夫＝父親の生活〉と〈中学生の生活〉とを連合関係（paradigme）においてみる(36)。そうすると、父親の生活と中学生の生活とは、見事に類似した構造をもっていることが分かるということであり、両者のその整然たる対応は、レヴィ・ストロースの用語にならって、構造的に「相同関係」(37)にあるといってもよいであろう。

つまりそれは、ここでの文脈に戻していえば、受験体制のもとにおける日本の子どもたちは、すでに職業社会に入るまえに、〝会社人間〟とか〝猛烈社員〟とか言われている日本型職業人とほとんど類似した行動様式を身につけることになる――ということである。学校というものが「規律ある遂行によって、限定された目標を達成する組織の原型」として、子どもたちを職業社会に向かって社会化する機能をもつことは、T・パーソンズによって、またそれを敷衍したR・ドリーベンなどによって指摘されてきた(38)。しかしここで改めて問題にしたかったのは、家族と学校の関係のあり方そのものが、そのような社会化機能を演じているという点である。

4　受験体制の再生産機能

以上、受験体制の問題を、家族－学校－職業社会という三項関係のなかで考えてきたのであるが、それを簡単に図示すれば、次のようになるのであろう。これまで小論においては、家族－学校、家族－職業社会の関係に比べ、学校－職業社会の関係について触れることは少なかったが、日本の職業社会と学校とは、学校を通しての卒業生の就職という形で、制度的に太いパイプでつながっていることだけは既に述べた。

ところで、学校と職業社会の関係は、家族がそれら二つの公のいずれにたいしても私として従属的関係にあるのに比べて、やや複雑である。学校が公として家族に優先するのは、一つには、学校と教師たちが将来の職業社会に向けて子どもを教育する役割を負っているからであるが、学校は職業社会にたいしたときには、選別機関としてそれに従属することになるのである。もちろん形式上は、両機関は別個の機能を追求するものとして、ブルデューたちも言うように、相互に独立的である(39)。確かに、学校での教育を終了してから職業社会へ入ることが可能になるのであり、また職業社会は、なるべく優秀な卒業生を学校から供給してもらう立場にさえある。

しかし現実には、とりわけ日本においては、それぞれの学校はできるだけ多くの卒業生をなるべく良い、有利な職場に採用してもらうことで相互に競争し、子どもを学校にやる家族も子ども自身も、その面で強い期待を学校にたいして抱いている。そしてその実績が、学校の地位の社会的評価にむすびついているのである。そこから、事実上職業社会は学校にとって公となり、選別機関としての学校は私としてそれに従属することになるわけである。そのことは、企業の新規学卒者にたいする青田刈りが問題とされたり、〝リクルートする〟四年次生の活動によって、大学の授業が成り立たなくなったりすることに端的に現れている。

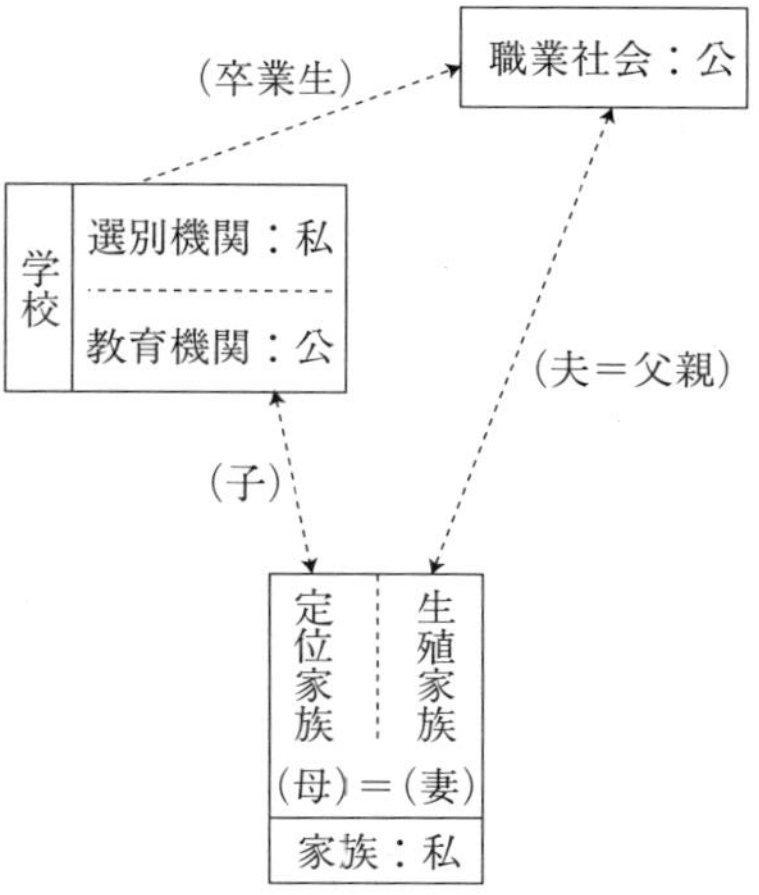

図

かくして日本の受験体制とは、職業社会を最高の公（大義）とし、それを底辺の私としての家族が支え、学校が公／私として両者を仲介するという形で、家族‐学校‐職業社会を結ぶ三角形が閉じるところに成り立っている体制である、ということになる。それは最初の定義で表層的に述べたような、単なる子どもの生活や教育の問題であるに留まらない。少なくとも現在までの戦後社会全体のあり方、つまり経済的・物的利益最優先で発展してきた、日本社会のあり方そのものと不可分の関係にあるのである。

そうであるとすれば、受験体制はそこに包み込まれた子どもたちを、既に述べたような形で社会化するだけでなく、さらにそれを越えて、日本社会のあり方そのものの存続と再生産との関わりで、必須不可欠の機能を担っていることになる。なによりも受験体制は、よりよい学校を目指しての競争というものに大人も子どもも全てを巻き込み、それを社会を挙げての全員参加レースにすることによって、そこに社会的共通性ないし一体性のようなものを作り出している。この世の中においてそのような競争というものは避けられないものであり、現代の子どもはそういう勉強を競うべく生まれてきているのであり、その努力如何によって勝敗が分かれるのが人生というものだ——といった一種の「共同幻想」である。それは社会と人生をあるがままに受け容れさせ、〝(すこしぐらい制度をいじったって)どうせ変わるはずがない〟という形で、その変革を放擲させるイデオロギーとして機能する。

他方、受験体制が社会全体を包み込むということは、一つには大人と子どもの間に世代的協同をもたらすということである。家族のなかに、受験をめぐって親子共通の目標と一体的努力がつくりだされるということは、家族のまとまりという点からは、悪いことではない。その意味では、受験体制は意図することなく、家族解体を押し止めるような機能を果たしているともいえる。しかしそれは、反抗－大人の権威の否定－自律の達成、という子どもの大人への発達の一般的メカニズムからいえば、極めて問題的である。

何故なら、よいところに就職できること(またはよいところに嫁にゆけること)を目指した受験競争とは、結局大人社会の受容であり、子どもが幼時からそのような受験体制のなかに身を置くということは、早くから大人社会に取り込まれたままで育つ、ということだからである。そこからは、若者の理想主義的企てとしての反抗も、したがって大人社会への異議申し立てとしてのカウンター・カルチャーも、健全な形では生まれ得ないからである。しかもそれに、既に述べたようなテスト的思考のもつ無批判性、非創造性、非生活性(教科書的文脈性)が加わり、かつ現実として受験競争が若者から思想と行動のための時間とエネルギーを奪うとき、日本の若者の保守化と日本社会の物的・経済的繁栄とが手を携えて進むことになる。

受験体制が全社会的であることは二つに、それが超階層的であることをも意味する。日本社会において階級的な対立や差異があらわにならないのは、集団主義的文化によるところが大きいが、その同じ文化が受験体制を階層を越えた現象にし、大人も子どももおしなべて、そこから離脱させないようにしているのである。

かつてP・ウィリスは、イギリスの労働者階級の子どもたちが、中流階級のものとしての学校に反抗して反学校文化を形成し、学校の勉強にそっぽをむくことによって自ら親と同じ労働者階級の成員になっていく過程を分析してみせた(40)。しかしここで注意すべきことは、彼らの反学校文化は労働者階級の家庭とその文化によって支えられているのであり、したがって彼らのそのような学校体験は、労働者階級としてのアイデンティティ形成の一環をなしている、という点である。これはわれわれがみてきた日本の場合とは、大きな違いである。

受験体制のもとにおいては、学校の勉強をめぐる競争は、学校-家庭ぐるみで社会を挙げて行われるものである。したがってそのような状況のなかで、反学校文化を支える階級的基盤など存在しない。家庭と学校とが一体であるために、そこで子どもが反学校的になって落ちこぼれるということは、家庭に受け容れられないだけでなく、社会そのものから落ちこぼれることを意味するからである。それだけに受験体制の子どもたちにたいする抑圧は強いはずであり、また反学校的な文化があったとしても、それは一時的・一過的な「不良」文化でしかあり得ないのである。

そして最後に、もう一点指摘しなければならない。努力主義の人間観に基づき、集団主義的に競われる受験競争によって、子どもたちは駆り立てられ、そのような文化や行動様式を身につけるだけではない。その競争の勝敗は、最終的に個人や集団の努力にかかっているとみなされるため、成功における満足感も、またそれよりもはるかに多いであろう失敗における挫折感も、共に「個別主義」的に処理されることになるのである。

成功は個人と同時に（家族や学校という）集団の勝利として歓ばれるのは当然としても、より重要なのは失敗の事態である。不合格も、個人の生まれながらの能力の限界としてよりは、個人とその個人をとりまく集団、とりわけ家族の努力不足として反省され、クール・アウトされることになる。競争が個人の孤独な戦いではなく、歓びや悲しみを集団や仲間と共にするということは悪いことではないかもしれない。しかし問題なのは、事態の原因や責任がもっぱら個人と個人をめぐる集団の個別的努力不足に転嫁されて、受験体制という仕組みや制度そのもののもつ社会的矛盾とその変革に、人々の目を向けさせないような結果になっている、という点である。だからこそ、自分のまたは自分の子どもの受験さえ過ぎれば、後は何の関係もないこととして、同じ体制が続き、同様の悲喜劇が繰り返されていくのである。(また観点を変えていえば、そのような形で努力を強調することによって、日本の受験体制は、M・ヤングがその存続を危ぶんだメリトクラシーの安全弁になる、という面をもつのかもしれないが。)

このようにしてわれわれは、受験体制というものが、基本的なところで日本の文化に支えられつつ、経済的繁栄本位の日本社会のあり方を全体として維持し続けている要諦である、ということを知るのである。したがって私は、日本の受験体制の問題を、学歴社会にはどこでも受験競争はつきものだ、という議論に解消してしまう立場には与しない。もしそれに解消してしまうなら、日本の社会を的確にとらえることはできなくなるはずだからである。また臨教審の論議とその後の経過も示しているように、どのように受験体制を改革しようと思っても、そのような日本の社会と文化のあり方を前提にするかぎり、その試みは徒労に終わるのである。逆に、もし受験体制が変わるとすれば(41)、それは日本の社会と文化が、その根底において変わることを意味することになるのである。

近年、教育システムの働きを、社会移動との関係でとらえようとする研究の後を受けて、階級的構造の再生産との関わりで問題にする研究が注目を集めている。それは教育社会学の新たな展開といってよいであろうが、しかしそれらの理論をそのまま導入することで、日本社会の現実を十分に説明できるのかどうか。ボウルズ、ギンタスのように、家庭や学校の社会関係と生産の場におけるそれとの間に「対応」をみるにしても(42)、ブルデューたちのように、「文化的資本の相続継承」が介在している事実を重視するにしても(43)、再生産の過程はその実質において、社会化の作用ときり離し難く結びついているはずである(44)。そうだとすれば、それぞれの社会の個別文化・潜在的文化のあり様を抜きにして、再生産を語ることはできないのではないか。

また階級構造の再生産という観点に依拠した研究は、日本のように階級性があらわになりにくい社会の場合、論理的にいって、困難な作業にならざるをえないであろう。むしろ日本の場合、学校や教育を通しての階級の再生産よりは、そのような特質を示す社会のあり方そのものの再生産のメカニズムが問われるべきではないのか。本稿の執筆は、一つにはそういった問題意識に動機づけられていたのであるが、受験体制こそまさにそのような、日本社会を支え存続させる人々の意識や行動様式全体(45)を再生産している仕組みというべきであり、ここでその社会化機能に力点をおいて説明を試みた所以である。

注

1 P. Ariès, *L' Enfant et la Vie Familiale sous l'Ancien Regime*, 1960.(杉山光信・恵美子訳『〈子供〉の誕生』みすず書房、一九八〇年)。

2 マスグロウブはアリエスをうけて、近代家族の成立そのもののなかに、現代の諸問題の根があったことを論じている(F. Musgrove, *The Family, Education and Society*, 1966. 執行嵐他訳『家族と教育』新評論、一九七二年)。またE. Shorter, *The Making of The Modern Family*, 1975.(田中俊宏他訳『近代家族の形成』昭和堂、一九八八年)をも見よ。

3 それは、P・グッドマンなどの著作を除き、ほとんど一九七〇年代に集中して出てくる学校批判、脱学校論に先駆ける。

4 M. Winn, *Children without Childhood*, 1981.(平賀悦子訳『子ども時代を失った子どもたち』サイマル出版会、一九八四年)、N. Postman, *The Disappearance of Children*, 1982.(小柴一訳『子どもはもういない』新樹社、一九八五年)。それらとは別に(前後して)拙著『かわいくない子どもたち』広池出版、一九八三年。他に同じく「思春期とは何か——その制度化と変容——」『親と教師のための思春期学』一巻、情報開発研究所、一九八八年、三一-三三頁。

5 アリエス以後、フランス内外において様々な社会史的研究の成果が出された。家族研究という面に限るなら、特に家族概念の拡大が興味深い。つまり、これまで日本の「家」に固有のものとされていた、非血縁の成員を取り込んだり超世代的繁栄を目指すといった特質が、フランスなどの家族にもみられた、ということである。その結果として、近代的家族のもつ限界が指摘されると同時に、日本の「家」も含めて、より広い視点から家族をとらえ直す可能性も開けてきた（桜井哲夫「『家』の誕生――『家族史』のためのノート――」『家族のミトロジー』、新曜社、一九八六年）。例えばM・セガレーヌが、家族という単一の用語に代えて、核家族的な「世帯」と、血縁とかかわりなく生活を共にする「家内集団」と、同居をともなわない「親族」とを使い分けようとするのも、その一つの現れといえよう（M. Segalen, *Sociologie de la Famille*, 1981. 片岡陽子他訳『家族の歴史人類学』新評論、一九八七年）。

6 フィリップ・アリエス「心性史とは何か」中内敏夫・森田伸子編訳『〈教育〉の誕生』新評論、一九八三年、一一―五〇頁所収を参照。

7 例えばギアーツの解釈的人類学の考え方を見よ（C. Geertz, *The Interpretation of Culture*, 1973. 吉田偵吾他訳『文化の解釈学』Ⅰ、Ⅱ、岩波書店、一九八七年。特に第一章「厚い記述」）。私見によれば、今日、教育社会学を含めて社会学的研究一般に問われていることは、社会学にとってデータとは何か、社会学は本当に社会的事実を分析しているか、という根本的検討である。今大半の社会学的研究はアンケート調査に基づいているが、そこで得られるデータとその処理におけるリアリティの欠如や非文脈性は、社会史的研究への関心の高まりの一つの大きな要因をなしているように思われるのである。

8 T・パーソンズの図式的理論にしたがえば、子供・学校・家族はいずれも緊張緩和とパターン維持つまり潜在性の下位体系（信託体系）に属することになる。しかしそれは今日におけるような、家族と学校をめぐる緊張関係が問題となる場合には、不十分な把握といわざるをえない。

9 この点について宮沢康人も、アリエスが「近代の経営体＝企業と家族との関連」について語っていないことを指摘し、その視点の必要性を述べている（宮沢康人編『社会史のなかの子ども』新曜社、一九八八年、八三―八四頁）。しかし学校も加えるべきであろう。

10 この点については、拙稿「学歴社会論と受験体制」『青年心理』四六号、一九八四年、一〇二―一一七頁において触れた。

11 R. Hill, Family Systems in Interface with Educational Systems. 第三回国際シンポジウム『現代家族の文化と教育的役割』一九八三年、四頁。

12 マスグロウブ、前掲訳書、第二章。

13 明治一五年の学事諮問会における文部省の説明（佐藤秀夫『学校事始め事典』小学館、一九八七年）。

14 職業紹介法がつくられた四年後、政府は「少年職業紹介ニ関スル件依命通牒」（中央職業紹介事務局『職業紹介法関係法規』大正一五年、八四－八五頁）を出し、学校と職業紹介所の関係を密にし、卒業生が学校を通して就職するという方式を確立した。これは、諸外国では「少年職業紹介所に特別の職業指導機関を付属せしめるか、若しくは職業紹介所と職業指導所を協同せしめる事」が目指されていた（鈴木遷吉訳『職業紹介事業の国際的研究』自彊館書店、一九三六年、一五三頁）のと比べて、極めて特異であった。そしてその方式は、戦後の職業安定法でさらに整備されたのである。なお、高校卒就職者の問題に関連しては、苅谷剛彦「『能力主義』に囲まれて」『教育社会学研究』第四三集、一九八八年、一四八－一六三頁をも参照。

15 拙稿「学歴社会論と受験体制」及び前述国際シンポジウムにおける拙論（The "Examination Order and the Role of the Family in Contemporary Japan", pp.48-57.）。

16 そのことは、不十分ながら我々の面接調査やマンガを用いた調査によって確かめられた（学校社会学研究会『受験体制をめぐる意識と行動』伊藤忠記念財団、一九八三年、第一〇章、四章）。

17 天野郁夫『試験と学歴』リクルート、一九八六年参照。

18 R.P.Dore, *The Diploma Disease*, 1976.（松居弘道訳『学歴社会――新しい文明病――』岩波書店、一九七八年）。

19 偏差値については、我々の前掲調査報告書で扱った。しかし偏差値信仰は、それが貨幣のような働きをするだけでなく、多くの人々にとって、詳しくは理解できないが、無視し得ない大きな力をもったものとして受け取られているという意味で、白魔術と黒魔術の両面をもつことによって成り立つ。そして受験体制のなかで教師を、選別者ではなく調整者として現出させることによって、後述の家族－学校ぐるみの受験体制を容易にする。

20 日本の集団主義的文化については多くの外国の研究者による指摘があり、国内では浜口恵俊その他による議論の展開があり、その細部にわたる異同は別にして、ほぼ定見になりつつあった。しかし最近H・ベフによる異論（ハルミ・ベフ『イデオロギーとしての日本文化論』思想の科学社、一九八七年）がだされて注目された。それは「日本文化論」にひそむイデオロギー性の指摘として有意義であったが、集団主義という見方の批判においてあまり説得的でなく、またそれに代わる見解の呈示においてそれほど建設的であったとはいえない。また山崎正和の論にたいしては、私はむしろ「柔らかい集団主義の誕生」が問題にされるべきではないかと考える。

21　有賀喜左衛門「公私の観念と日本社会の構造」『有賀喜左衛門著作集』Ⅳ、未来社、一九六七年、一七七－三五三頁参照。
22　天野郁夫ほか『高等学校の進路分化機能に関する研究』トヨタ財団研究報告書、一九八八年。
23　以上に関しては『受験体制をめぐる意識と行動』Ⅰ部「児童・生徒のテスト経験」を参照されたい。
24　五〇〇万部を越えて躍進する（「朝日新聞」一九八八年一二月一三日夕刊）マンガ週刊誌『少年ジャンプ』の三大テーマとして、努力・勝利とならんで友情があげられていることは受験体制と関連づけたとき象徴的である。
25　拙稿「現代日本の家族と思春期」『親と教師のための思春期学』三巻、情報開発研究所、一九八八年、三－一二頁参照。
26　前掲『受験体制をめぐる意識と行動』一〇章、特に二八〇－二九〇頁。
27　村崎芙蓉子『カイワレ族の偏差値日記』鎌倉書房、一九八七年。
28　ＮＨＫ世論調査部『日本人の生活時間１９８５』日本放送出版協会、一九八六年。「勤め人」とは、経営・管理、事務・技術、技能・作業、販売・サービスを含む。数字の一部は山村が作成。
29　労働省『昭和六三年度労働白書』五二－五三、三四九頁。日本の実労働時間二一五〇、所定外労働時間二一二であるのにたいして、西独は一六五五と八三（時間）である。
30　千石保他『日本の中学生――国際比較でみる――』日本放送出版協会、一九八七年、一七〇－一七二頁。日本では二時間以上家で勉強するのが二七・八％であるのに、米国では一〇・七％に過ぎない。
31　文部省「児童生徒の学校外学習活動に関する調査」一九八五年によると、全国の中学生の四四・五％が塾に通っている。
32　「朝日新聞」一九八八年六月七日。またＮＨＫの調査によれば、日本人全体としては六対四で「家庭派」の方が多いが、「仕事派」は男性に多く、特に三〇代後半では過半数になる。ＮＨＫ世論調査部『現代の家族像』日本放送出版協会、一九八五年、二八－二九頁。
33　そのことを強烈に示したのが、子どもが病気のために帰国した外国人野球選手にたいする非難と、父親の死にもかかわらず舞台をつとめ通したさる歌舞伎役者への賞賛であった。
34　前掲『現代の家族像』六〇頁。
35　前掲『日本人の生活時間１９８５』三一〇、三一二頁。
36　R. Barthes, *Le Degré Zéro de l'Ecriture*, 1953.（渡辺淳・沢村昂一訳「記号論の論理」『零度のエクリチュール』みすず

書房、一九七一年、八五－二〇四頁）を参照されたい。ただしバルトはsyntagmeの代わりにsystemeという語を用いる。

37 C. Levi-Strauss, *Anthropologie Structurale*, 1958.（荒川幾男他訳『構造人類学』みすず書房、一九七二年、二五七頁。）

38 T. Parsons, *Social Structure and Personality*, 1964, Chap.6, R. Dreeben, *On What is Learned in School*, 1968. など。

39 P. Bourdieu and L. Boltanski, The Educational System and the Economy, 1977.（森重男訳「教育システムと経済」『現代思想』一三－一二号、六五頁。）しかし日本の社会において、教育システムは彼らが言うほど、「経済との関連で強力な相対的自律性を有」するとは思われない。

40 P. E. Willis, *Learning to Labour*, 1977.（熊沢誠他訳『ハマータウンの野郎ども』筑摩書房、一九八五年。）

41 もし本当に教育の立場から受験体制をなくそうとすれば、職業安定法の第二五条及び三五条を削除し、また就職に際しての卒業学校名の使用を禁じて、学校から選別機能を排除することが考えられる（拙稿「学校と職業社会をどうつなげるか」『教育展望』三一巻三号、一九八五年、二三－二九頁）。またそれと並んで、家族にたいして学校が、家族と学校にたいして職業社会が公になるという価値序列を転倒して、人間的生活の創造の場として、家族にも公としての位置を与え、三者の間に対等な関係を構築することが必要であろう。

42 S. Bowles and H. Gintis, *Schooling in Capitalit America.*, 1976.（宇沢弘文訳『アメリカ資本主義と学校教育』岩波書店、一九八六年。）

43 P. Bourdieu, "Les trois états du capital culuturel", 1979.（福井憲彦訳「文化資本の三つの姿」『actes』1, 一九八六年、一八－二八頁他。）

44 それは、藤田英典の整理（藤田英典「〈階層と教育〉研究の今日的課題」『教育社会学研究』第四二集、一九八七年、五－二三頁）による、「個人的過程」だけではなく、「社会的過程」にまで関わっているように思える。

45 この言葉で私が意味しようとしていることは、グラムシにならってM・W・アップルが用いている「ヘゲモニー」という概念（Apple, *Ideology and Curriculum*, 1979. 門倉正美他訳『学校幻想とカリキュラム』日本エディタースクール出版部、一九八六年）に近いかもしれない。

12章 子ども・青年研究の展開

1　研究調査の概観

最初にお断りしておかなければならないのは、小論で取り上げる研究の範囲とその取り上げ方である。筆者らの能力と許された時間及び本特集の性格を斟酌して、以下においては、第一に、様々な子ども・青年研究の中で、本学会のメンバーによる業績を中心に取り上げることにする。教育学、心理学、社会学における研究やその他関連領域における子ども・青年論は、必要に応じて言及し参照するにとどめたい。第二に、子ども・青年についての研究は、教育社会学においては極めて広範囲に及ぶので、特に子ども・青年それ自体を直接主題として掲げたものだけに限定したい。家族や学校との関連で社会化や教育を問題としたものは、子ども・青年研究と不可分ではあるが、本特集の他の論文において扱われるはずだからである。第三に、ここではそのように限定された諸研究について、そこで得られた結果よりは、そこでとられている研究や調査の方法・立場・視角などに力点をおいて考察したいと思う。その方が教育社会学のパラダイム展開という、本特集の趣旨に沿っていると思うからである。

ところで、わが国の教育社会学においては、子ども・青年をめぐる研究や調査は、「青少年問題」として一括されるような形で、当初から多くあったといってよいであろう。とりわけ青年研究としては、子ども研究に比べて、青年社会学という名称で早くから体系化を目指した書物も刊行されていた（豊田・平沢編 一九五三）。おそらくそれは、マンハイム（K. Mannheim）の世代論、ミード（M. Mead）の人類学的思春期研究、ホリングスヘッド（A. B. Hollingshead）の実証的青年研究などによって、その学問的基礎が準備されていたことによるであろう。さらにそれが、一九六〇年代の政治社会的状況を背景とし、エリクソン（E. Erikson）のアイデンティティ論や青年下位文化研究の導入によって促進され、青年に関する調査と研究は子ども研究より先をゆくことになったのである。『教育社会学研究』は第二二集（一九六七）で「青年期の教育」という特集を組むのであるが、見田宗介（一九六八）、松原治郎（一九七一）、浜島朗（一九七三）などの著書がその時期の代表である。

それにひきかえ子ども研究は、子どもの生活の階層的・地域的差異を中心として、彼等のおかれた悲惨なまた遅れた状態が問題とされることはあったが（例えば僻地の子ども、基地の子などという形で）、あくまで教育や躾の対象として捉えられていたといってよい。育児様式の研究とか、躾や社会化に関する調査や理論も、基準を大人社会において、子どもをそれに移行する過程にあるものとみなすという点で、子どもの在り方そのものないし子ども像に対する関心とは区別されよう。

そのような状況の中で、子どもそのもののあり方が全体として変化してきたことについて、最初に世の注意を喚起したのが、阿部進の『現代子ども気質』（一九六二）であった。既に青年論としては、アプレゲールとか「太陽族」とかいうような風俗論レベルでの議論があったのであるが、それと同じような仕方で新しい子どもの出現が初めて問題にされたのである。それによって「現代っ子」という言葉が人口に膾炙するところとなり、それに対応した躾や教育のあり方が議論され、他方では、子ども調査研究所の活動に代表されるように、子どもの現代的あり方や実態を捉えようとする調査が促進されるようになる。それは青年調査と軌を一にして、調査技法の発展・高度化をもたらすのであるが、しかし子どもを研究の主題に据え直すことに関して、画期的役割を演じたのは、原著の初版から二〇年たってようやく翻訳出版されることになったアリエス（Ariès, P.）の『〈子供〉の誕生』（訳書 一九八〇）である。それ以後、子どもという存在自体が固定観念から解き放たれ相対化されて、子どもをめぐる研究が様々な分野において、活性化されることになるのである。

以上のようなごく大まかな流れをおさえた上で、改めて眺めてみると、教育社会学における子ども・青年研究について転機となるのは、昭和五〇（一九七五）年前後ではなかったかと思われる。例えば、藤本浩之輔の『子どもの遊び空間』（一九七四）が出版されたと同じ年に、『教育社会学研究』は「地域社会と子ども」という特集を組んでいる。この特集の組み方は、ある意味ではこれまでの研究関心の締めくくりとも言えるものであり、これ以後、子どもや青年を地域社会との関連で捉える研究は急速に影を潜めることになる（一九八七〜八八年に課題研究として『都市空間と子ども』が設定されたが、その場合の都市はもはや地域社会としてではなく、現代社会の最先端を示すものとしての都市、何より記号空間としての都市に比重がかかっていた）。

代わって二年後の学会紀要第三一集（一九七六）の書評欄には、松原治郎の『日本青年の意識構造』（一九七五）と深谷昌志・和子の『現代子ども論』（一九七五）の書評が並んで掲載されている。後者はその後の深谷らの精力的な子ども調査とそれに基づく子ども論の嚆矢をなすものであり、前者は本格的な国際比較調査の先駆けと言ってよい総理府の調査に依拠した青年論である。そのような意味で、これらは現代の教育社会学に通じる子ども・青年研究の幕開けを告げるものであったと言える。

そこで以下においては、それ以後の業績を中心に検討することにしたい。教育社会学においては、子ども・青年調査と子ども・青年論とは密接に結び付いている傾向があり、またそれが一つの特色ともなっているが、記述の便宜上一応両者を分けて検討し、最後にそれを統合した形で一定の方向性を導き出せたらと考える。

2　質問紙調査から描き出される「子ども像」「青年像」

本節では、教育社会学の研究領域において膨大な蓄積がある子ども・青年調査の中から、きわめて恣意的ではあるが、東京都生活文化局が三年間隔で実施している『子ども基本調査』と『青少年基本調査』、福武書店が発行している小学生から高校生までを対象とした『モノグラフ』、そして総務庁青少年対策本部が実施している『世界青年意識調査』、以上三タイプの調査研究を考察の中心に据え、必要に応じて他の調査研究にも言及していくという方針を取ることにしたい。これらを取り上げる意図は、いずれも教育社会学者が深くかかわっていること、子どもや青年を対象として継続的に実施されている調査であること、さらには典型的な調査スタイルを代表しているという判断からである。つまり、東京都の基本調査は数量化Ⅲ類による子ども・青年の類型設定とその経年変化を見ようとしていることに大きな特徴があること、『モノグラフ』はその時々に設定されたテーマについて属性クロスや項目間クロスを中心として解釈を加えていく、言わばテーマ主義・項目主義とでも言うべきスタイルであること、そして『世界青年意識調査』が文字通り国際比較として、その後の類似調査の基礎となったものであること、以上の理由による。さてこうした調査研究を前にして本節では、「質問紙調査は、子どもや青年の意識と行動に関して何を明らかにしてきたことになるのか、と同時に何かを明らかにすることは何かを隠蔽することでもあるとしたら、一体何を隠蔽してきたことになるのか」という問題意識を中心に据えて考察を加えていくことにしたい。まず、質問紙調査から得られたデータを便宜的に「実態データ」と「意識データ」とに分類し、前者の意義と問題点を「遊び」に関する調査を事例として検討し、つづいて後者については「成績自己評価」の問題を手掛かりとして検討することとする。

(1)「実態データ」について――「子どもの遊び」をめぐる解釈の問題――

遊び場の消失、テレビ・マンガ・ファミコンなど情報メディアと一人で遊ぶ子どもや青年（おたく族）の出現、受験競争の過激化で自由空間（遊び時間）を寸断され奪われていく子どもたち。街からは遊んでいる子どもの姿が消えたばかりか遊び方さえ知らない子どもが増えている、気力も体力もなく、成人病予備群の子どもたちも急増している等々、子どもをめぐる問題は今日深刻な様相を呈しているかのようである。

確かに、原っぱや空き地は消失し道路で遊ぶことも今では不可能であり、テレビを長時間視聴しファミコンに熱中しているということも「事実」であろう。その意味で遊びの形態が変化したということについては異論をさしはさむ余地はないだろう。しかしそうした「事実」から、テレビを見ることが自主性を損なう、ファミコン遊びが子どもの孤立化をもたらす、原っぱや空き地の消失が遊び場の消失といえるのかどうか。というのも、例えば『ワードマップ　子ども』（藤村他　一九八九）に描かれている子どもたちは、同じ「事実」についてまったく違った視点からとらえようとしたときに浮かび上がってくる姿と言えるからである。ビックリマンチョコのおまけのシールでの遊び、ファミコンのバグ遊び、さらにはコンビニエンス・ストアを新たな遊び場としている子どもたちの姿は、質問紙調査から描き出される子どもの姿とはかなりの隔たりがある。なぜこのような違いが生まれるのか、次の二点を指摘しておきたい。

一つは、子どもたちがファミコンとどのような関係を取り結んでいるのか、都市空間をどのように遊んでいるのかといったことは、質問紙調査やファミコンのモニター画面に熱中している子どもの姿を外から見ているだけでは、おそらく理解することは困難なのではないかということ、つまり質問紙調査という方法の限界である(1)。

そしてより重要なことは、そもそも子どもの捉え方が違うという点である。教育社会学における子どもとは、〈発達〉や〈教育〉というおとなの視線にとらわれた子どもであり、社会化され教育さ・れ・る・客体という様相を強く帯びているといっても過言ではない。それゆえ遊びも、子どもの発達にとって「健全」か「不健全」かといった視点から捉えられがちであるのに対し、『ワードマップ　子ども』における子ども観は「子どもは、一種の隙間、ノイズ的な要素を決して見落とさずに反応する。しかもその要素を逆手にとって〝遊び〟の要素に変容させていく技術においてはサスガにその筋の名人ということになる。しかし、そこから立ち去るスピードもすばらしく速い」(藤村他　一九八九、七三頁)という記述にみられるように、大人の側が想定した意味空間(リアリティ)からスルリと身をかわしそこに独自の意味を付与していく存在として捉えられている。

ここで指摘しておきたいことは、調査研究における子どもを見るまなざしが一定の方向性をもった硬直を示しているのではないかということである。しかもこうしたまなざしの硬直は意識データの解釈においても顕著であり、教育社会学に特有の現実認識(＝子ども像)を産出し続けていると思われるのである。それはどういうことか、つづいて「成績」をめぐる言説を手掛かりとして検討をしてみたい。

(2)「意識データ」について――「成績」という名の魔力――

ここで考察の対象とする「成績」とは、偏差値のような「客観的な成績」のことではなく「成績自己評価」のことであることをまず確認しておかなければならない。さて教育社会学者が実施する調査票のなかには、必ずと言ってよいほどに「成績自己評価」をたずねる質問項目が設定されている。そして例えば、「成績自己評価」は学校生活満足度・家庭生活満足度・自信や気力といった多方面にわたる意識や態度を規定しているということが繰り返し指摘されてきているわけであり、そこから「成績」という一つの基準で子どもを分類しようとする学校の問題やさらには偏差値輪切りの受験体制の問題などが論じられるわけである(2)。

そうしたデータとそれについての解釈は非常に説得的のようでもあるが、反面ただひたすら堂々巡りをしているだけでリアリティに乏しいのではないかという印象もぬぐいきれない。というのも、例えば「成績自己評価」と「やる気」との間には強い相関があるという結果が得られたところで、「やる気」の有無をどのような質問項目で判定するのかということによって相関の強弱はかなり影響されるのではないかということである。つまり「やる気」というものを、「勉学意欲」「部活動への意欲」「進学意欲」といったいわゆる「学校的」なことがらや、大人（＝研究者・教育者・親など）から見て〝望ましい〟と思えることがらを設定し、そうした質問項目に対して消極的もしくは否定的な反応をするからといってそれを「無気力」と解釈することができるのだろうか。確かに、「成績自己評価」が学校的なことがら全般に対する規定力が大きいとすれば、それ自体を問うことは意味のあることであり、「成績が悪い」あるいは「成績が悪いと思っている」子どもたちにとって生きにくい場である学校の特質を問うことを可能とするだろう。そうした問いのもとに、教育社会学はこれまでに「学歴社会」「受験体制」「学校化」といったさまざまなテーマについて豊かな議論を展開してきているということは言うまでもない。しかし、あえてここでは二つの疑問をなげかけたいと思う。

まず第一に、データ解釈の問題である。「成績自己評価」が学校的なことがらに対する規定力が大きいというデータから確認されることは、「成績自己評価」の低さが研究者が望ましいと想定する学校的なことがらへの消極的かかわり方と相関があるということであって、その統計的事実をもってして子ども自身の「やる気の乏しさ・無気力」を言い当てたことにはならない、つまり【学校的なことがらへの消極的かかわり≠無気力、学校的なことがらへの自信のなさ≠自信喪失】ということである。なぜなら、「成績自己評価」の低い子どもたちが学校的価値とは無縁の世界にリアリティを感じているということは十分に想定されうるからである。

そして第二に、統計処理と操作的定義の問題である。例えば「学校満足度」や「自己評価」というものを測定するとき、通常はそれに関係すると思われる質問項目をいくつか設定し、それぞれについて五段階尺度なり「はい・いいえ」なりで回答させそれを得点化し、得点の高低を満足度や自己評価の高低として読みかえるといった一連の作業をすることになるが、ここで問題となるのは「得点の高低を満足度や自己評価の高低として読む」という解釈はいかにして保証されるのかということである（「満足度」「自己評価」の定義の問題）。つまり、量的処理によって操作的に定義された「満足度」や「自己評価」という概念装置（＝研究者が構築したリアリティ）によって、日常生活者（被調査者）が抱いている「満足感」や「自己意識・自己評価」のリアリティを把握することが可能だろうかという問題である。

さて以上のような問題点があるにもかかわらず、そこの部分を飛び越して論理的に短絡させてしまうとすれば、子どもの世界もまた多元的なリアリティ(3)からなる世界であるということを見落とし（あるいはあえて見ようとせず）、研究者自らが構築したリアリティのなかに日常生活者のリアリティを封じ込めることになってしまうのではないかということである。そうすることで「成績自己評価」の低い子どもたちは、教育社会学的言説空間のなかでは、常に「……でない」存在として消極的・否定的に記述されるにとどまり、「……である」存在として積極的に記述されることにはならないのである(4)。

(3) 類型化について——東京都基本調査を事例として——

子どもと青少年とを対象とした基本調査がともに三年間隔で実施され、それぞれについて五回の報告書がすでに刊行されているが、類型化について言えば、子ども・青少年ともに毎回ほぼ同じ性格をもった軸によって、いつも四類型として構成されている(5)。ということは、子どもも青年も同じような価値観を有し、行動をささえている原理も似ているということになるのだろうか。この素朴な疑問にみちびかれて、ここでは二つの問題点について論じてみたい。

報告書のなかでは、軸の析出は〝事後的〟になされるものであるということが強調されているが（例えば『子ども基本調査』一九七八、四八頁）、〝事後的〟という言葉には注釈が必要であろう。統計処理上は同じような回答パターンを持つ回答者を類型としてくるわけであるから、確かに〝事後的〟ではあるが、どんな質問項目を設定するのかということによって、軸の性格、さらには類型の性格が変容するということは避けられない。とすれば、研究者がどのような仮説のもとで質問項目を設定するかが問われることになる。門脇は、人間の行動選択の基準は価値観・価値意識であるという仮説のもとに、P－S法（Preference in Situation Method）と言われる分析方法による類型設定を試みている（吉田・門脇・児島編 一九七八、二〇七－二〇八頁）。しかし、質問内容自体が規範的であるがゆえに、結果的に規範軸と解釈されるような性格をもった軸がもっぱら優先的に析出されているとすれば、それを〝事後的〟とは言いがたいのではないか。つまり、「仮説」と「質問内容」と結果的に析出される「軸の性格」とのあいだで、一種のトートロジーが生じているのではないかということが、第一の問題点である(6)。

そして第二に、「AまたはB」という二者択一で回答をもとめる質問形式の問題である。統計的処理を実施するための便法であるとしても、質問形式が反応パターンを制限しているにすぎず、そのことによって削除されていく要素は、人間の行動を考えるときに本当に無視できるような些細な要素であるのだろうか。われわれは、老人が目の前に立ったからといっていつも席をゆずるとは限らない。その時の自分の体調や気分、相手の様子、さらにはその場の雰囲気など多様な要素を考慮して行動の仕方を決定するだろう。しかしこの調査結果では、毎回九割前後の青少年が席を立つと答えている(7)。これは日常場面から受けるわれわれの現実感覚とは大きく遊離しているのではないか。つまりこうした結果は、二者選択という形式のなせるわざであり、そしてもちろんそこで尋ねているのは〈意識〉についてであって〈行動〉についてではない。しかしわれわれの他者理解とは、他者の行動の背後に〈意識〉や〈性格〉を読み取ろうとすることである。とするならば、こうして設定された類型によって、子どもや青年の何を理解したことになるのだろうか。

(4) 国際比較調査と文化の問題

質問紙調査によって国際比較をする場合の大きな問題は、いわゆる「文化的バイアス」の問題といえるだろう。もちろんこうした問題についてはすべての研究者によって自覚されていることであり、調査の設計そしてデータの解釈レベルでも十分な配慮がなされていることは言うまでもない。しかし文化的バイアスを完璧にクリアするなどといったことはおよそ不可能なことであろうし、質問紙調査の一連の流れのなかのどこにどのようなバイアスがかかってくるかを正確に確定することも困難といわざるをえない。そうしたことをふまえたうえで、ここでは次元の異なる三点について簡単に触れておくことにしたい。

第一に質問文の翻訳の問題である。例えば『国際比較　日本の子供と母親』では、「学校の成績がいい」を"I'm doing quite well in school."と翻訳しているが(8)、これで同じ内容を聞いていることになるのかという問題がまずあるだろう。

そして第二に、もし第一の問題がクリアされたとして、今度は文化による〈自己提示の仕方〉の違いという問題に出会うだろう。控え目な自己提示が常態の社会と、自己の能力を積極的に提示することが求められる社会とでは、そもそも同じ意味内容をもった質問文に対しても反応の仕方が相違するのではないか。それは実際に自己の能力に自信を持っているかどうかということと別の問題になる。それゆえ、そこで得られた結果から、日本の子どもは自信を喪失している、日本の青年は社会に対する不満を募らせていると解釈するのは危険かも知れないということである。それゆえ例えば、松原（一九七八）による『世界青年意識調査』から得られたデータに対する解釈と、その解釈にもとづいた青少年教育の提唱は、過剰な危機意識に支えられているように思えてならないのである。

そこで第三の問題である。国際比較の面白さは、文化の違いが回答の仕方に影響を与えるだろうということと同時に、得られた結果もまた文化の違いを反映しているだろうということである。つまり、日本の小学生の「成績自己評価」が低い、日本の青年の「満足度」が低いという結果を受け入れたとして、ではなぜそうなのかという解釈の次元で、文化の相違という問題が考慮されなければならないということである。これはもちろん国際比較においては当然共有されている問題意識といってよく、この次元で国際比較調査の真価が問われることになるだろう。

以上、本節ではあえて質問紙調査がはらんでいると思われる問題点にのみ焦点づけて論じてきたが、そのような問題点は、すでに多くの調査研究者によって共有された認識となっているのかもしれない。調査をする側とされる側とは同じ世界を共有しているとは限らず、調査の設計は調査者の認識枠組によって制限されるといったことは言い古されたことでもあろう。しかしではどのような質問紙調査を設計し、そもそもどのようなワーディングをこころみることで他者としての子ども・青年世界の多元的リアリティと接点が持てるのか、実はそのところに大きな壁があるのではないだろうか。しかもその壁を突破することは、質問紙調査を推し進めていくことによってどこまで可能となるのであろうか。

3　子ども・青年論をめぐって

一九七〇年代以降の学会紀要を通覧して先ず気づくことは、子ども・青年を主題とした論文の少なさである。前節で言及したような、目立った形での子ども・青年調査以外にも、多くの調査研究が行われていたはずであるが、その割にはその成果が紀要に反映されてはいないのである(9)。それが、この問題についての理論構成の困難さを示すものであることは、深谷（一九八三、一九九〇）、門脇（吉田・門脇・児島編 一九七八）、山村（一九八三）などの著作からもうかがうことができる。

そこで試みられている解釈や説明において、一部に恣意的な感じを与え説得性に欠ける箇所が散見されるのは、その説明や解釈が、当該調査に内臓されていない社会的要因や背景を持ち込むことによって事後的 post factum になされることに由来するものであろう。それらがより確かな説得力や必然性をもつためには、最初から解釈や説明のための包括的な仮説や理論が構築されており、それが諸事実（データ）によって証明される、という手続きをふまなければならない。

それにしても、これまで教育社会学においては、子どもや青年の問題について社会（学）的な説明をしようとするとき、どのような理論枠組を用意してきたのであろうか。住田（一九八五）、麻生・木原編著（一九八五）、中島（一九八六）及び熊谷（一九八六）などにほぼ共通してみられるのは、子どもの発達や子どもをめぐる問題を家族、学校、仲間集団、地域社会などの個別集団及び総体社会との関連で捉える、という図式である。もちろん家族であれば核家族化、仲間集団であればその機能低下や遊びの変質、学校については偏差値や管理主義的教育、地域社会であれば解体や流動性などが指摘され、さらに総体社会についてはマスメディア、情報化、経済的豊かさ、高学歴化といったように、それぞれの問題傾向が分析の視野に入れられている。これは子どもを教育社会学が問題にするときの一般的な枠組であるといってよいが、青年に関してもその点に基本的な変化はない。ただ、子ども研究について「子どもの社会学」（住田）、「児童社会学」（中島）という名称を用いようとする試みはあるものの、先に触れたように、子どもより青年の場合の方が青年社会学として精錬されているように思われる。そのことは例えば、青年期そのものの構造について外国文献の整理を通して、社会史的研究と社会学的研究の接合を試みた藤田（一九八八）の論稿と、現代の子どもを論じた同氏の著書（一九九一）とを比べてみても明らかである。また柴野（一九八一）の青年社会学についての労作や、「思春期学」の試み(10)にもうかがうことができる。

しかしいずれにしても、教育社会学においては子ども・青年の問題を個別諸集団、総体社会、制度、社会関係などとの関連で分析するのであるが、問題はそういった分析枠組に依拠するだけで十分なのか、というところにある。研究の飛躍にとって必要なことは、そのような分析枠組を構成する社会的諸要因が、総体としてどう結び付き、現代どのような構造的変化を示しつつあるのか、その変化の方向性をどう認識するか、という理論の提示である。

その一つの例として、遊びと学習と仕事がおなじ空間で行われていた伝統的な〈融接型社会〉から、それが産業化・学校化によって別の専用空間で行われる近代の〈分節型社会〉を経て、現代はそれら境界が解体し交錯し合う〈クロスオーバー型社会〉になってきた、という藤田（一九九一）の理論を挙げることができる。境界をつき崩すものは、情報化・サービス化・国際化・フェミニズム化等であるが、彼はそのような社会の構造変容の中での子どもの生活世界や青年期の変化を問題にする必要を説くのである。しかしそのような境界の解体は、単に生活空間の横軸におけるクロスオーバー現象をもたらすだけではないであろう。生活空間の縦軸方向にも深さ（層）をもたらし、青少年に外面とは異なる内面世界や隠された貌をもつことを許すことになるはずである。いずれにしても、そのような理論なしには、現代の青少年を根底的に把握することは困難であるし、また先に触れたような事後的説明を越え出るような青少年調査を設計することもできないように思われる。

子ども・青年を直接対象とした研究に限定して眺めてきて、改めて感じることは、子ども・青年をストレートにそれ自体として捉えることの難しさである。青少年の生活する社会そのものの構造的変化についての理論が必要なだけでなく、やはり社会化および子ども・青少下位文化との関連づけのなかでの把握がなされるべきである。それはパーソナリティという概念がいかに重要であっても、それを直接実証的に把握することは容易でなく、文化人類学が「文化とパーソナリティ」という対概念をもったのと同じである。

柴野は先の青年社会学の構想の中で、現代社会が構造的につくりだす青年の問題は何かという問題意識のもとに、社会構造・制度・社会関係と深く結びついた社会化との関連において、また「青年的状況」及びそれに準拠した「青年行動」との関連において、青年の社会全体における位置づけ・地位・役割の変化とその存在様式を明らかにしようとする「構造論的アプローチ」を強調している。この中での「青年的状況」及び「青年行動」の中身は、実質的には青年の下位文化であるので、青年を社会化と青年文化との関連で捉えると解しても、不当な単純化をおかしたことにはならないであろう。そうであるとすれば、子どもの場合も当然、社会化と子ども文化との関連で捉えることになる。

子どもや青年という存在は、良かれあしかれ、また程度の差はあれ社会化という作用との関連によって形成される途上にあるという意味で、それを無視して彼等を的確に理解することは不可能である。また、子どもや青年の下位文化は、彼等の意識と行動を客観化され得る形で表現したものであるという意味で、彼等を理解するうえで最適の素材であり、しかもデータとして分析することが比較的容易である。このようなことはいまさら新しく強調するようなことではないかもしれない。教育社会学のなかでは共通理解になっている事項であり、社会化についても子ども・青年文化についてもそれぞれ研究が積み重ねられてきている(例えば、二関 一九七五、深谷・門脇 一九八五)。しかしここであえて指摘したかったことは、その両者が子ども・青年理解の両輪として不可欠であり、そのようなものとして子ども・青年研究のデザインの中に常に同時に組み込まれている必要がある、ということである。その際、両者がともに社会の構造的変化によって貫かれており、その変化に関する理論と無関係に把握できるものでないということはいうまでもない。

子ども・青年研究は様々な領域で多様な関心のもとになされている。学問の分野が異なれば、その方法も異なるのは当然であるが、同時に子どもや青年に対する研究関心の所在も微妙に異なる。だからこそ一定の研究成果は、当該の学問領域を越えて多様な影響を与えることになるのであるが、その最も顕著な例が、周知のように歴史学の分野でなされたアリエスの研究であった。既に人類学的研究によって子ども・青年のあり方が空間的に相対化されたのに加えて、アリエスによって子どもという存在、さらには青年という存在が歴史的なものとして時間軸において相対化されたのであった。その結果、子どもや青年に対する固定観念から解放され、子ども・青年研究は大きなインパクトを受けることになった。ミードのサモアの研究が青年理解により大きな影響を与えたとするなら、アリエスの研究はどちらかというと子ども研究をより強く刺激することとなった、といえるかもしれない。

小浜逸郎(一九八七)は子どもを捉える三つの方法を識別しているが、それによると一つは、子どもを成人との対比で観察対象とする科学的・実証的方法であり、二つ目は社会的文脈の中で大人のまなざしのもとにおかれる子どもを問題とする歴史的・記号論的方法であり、もう一つは実存としての子どもを問題とする内観的・文学的方法だという。第一の方法に属するものとしてピアジェなどの心理学、第二の方法に本田和子や柄谷行人(そしてアリエスも)、第三の方法としては村瀬学などが挙げられているのであるが、この分類でいえば教育社会学は第一の方法に入ることになる。

しかし本田や柄谷の基礎にアリエスがあるにしても、アリエスが明らかにしようとしたことと本田が問題にしていることとは異なるし、両者の方法も同じとはみなせない。村瀬の関心はむしろ教育学のそれに近いといえる。そこで子どもへの関心のあり方を中心に置いてみると、別な分類が考えられる。実証科学としての心理学や歴史学におけるような、事実としての子ども研究と、教育学におけるように、あるべき子ども像や子どもとの関わり方を追求する理念としての子ども研究と、単に子どもを問題にするだけでなく、子どもを通して何かを見ようとする方法としての子ども研究との三つである。「方法としての子ども」という言葉自体は小浜からの借用であるが、ここでは、それは近年、山口昌男（一九七九）や本田和子（一九八二）によって取られている立場を指している。そこでは子どもは大人に対立し挑発する他者または異文化として捉えられ、子どもないし子どもの世界は、人間意識の深層構造を表面化させ、秩序世界を逆照射するための方法として研究対象に据えられるのである。そこでは、子どもを大人に引き寄せるのではなく、子どもによる大人の側の秩序や価値体系の逆転がねらわれている――といってもよい。

教育社会学は、教育学ほど子どもに対する働きかけを意図しておらず、事実としての子ども研究に属することは当然である。しかし、子どもが大人へ社会化される過程とそこに潜む問題を経験科学的に解明することは、子どもの望ましい（と思念される）発達を構想する基礎を提供しうるという意味で、それは理念としての子ども研究との間に接点をもっている。少なくとも両者は、子どもが発達するという事実を積極的意義をもったこととして肯定的に捉えているという点で、基本的には同じ地平に立っている。それに対して方法としての子ども研究は、教育・社会化・発達ということをそれ自体として評価することなく、つまりそれは括弧に入れておいて、それ以前の子どもないしそれにはまらない子どものあり方のなかに積極的な意義を見出そう、という立場に立つのである(11)。その意味でこれは、文学的方法と呼ぶことも可能であり、それが教育社会学の子ども研究のあり方に直接影響を与えることは少ないかも知れない。しかしそれが、型にはまった教育論を解体し、「社会化過剰」の研究や理論がもつ歪みに気づかせる意義は少なくないであろう。

ところで、子ども研究の最も新しい成果の一つに数えられる亀山佳明（一九九〇）の著作は、どのような位置づけを与えられることになるのであろうか。この書物に対する評価もそこに潜む問題点も、教育社会学研究第四八集（一九九一）の瀬戸知也による書評に尽くされている。この著作が、例えば子どもの嘘や秘密のもつ意義の評価に見られるように、理念としての子ども研究でないことは明らかであるが、さればといって事実としての子ども研究として位置づけるには、内外の文学作品の扱いや隣接諸学問の援用に見られるように、十分に社会学的であるわけではない。

あえて言えば、事実としての子ども研究と方法としての子ども研究との中間に、あるいはその両面をあわせもったものとして定位できるのかも知れない。著者は自らの仕事を社会学的人間学として括っているが、自由な研究の結果自らそうなったということのようである。しかし亀山にとって、子どもが捉えられるかどうかが肝心なのであって、それが社会学であるかどうかなどということは、初めから問題ではなかったのか、それとも社会学の限界が最初から見えていたために結果として学際的な人間学になったのか。教育社会学のレビューとしては、やはりそのことにこだわらざるを得ない。なぜなら教育社会学として、子どものどの面をどこまで捉えられるかを追究することが、この学問の存在意義を示すことであると考えられるからである。もし越えられない限界があるならどうしてなのかが示されなければならないし、当該学問の専門性が深められずして、学際的研究への寄与もおぼつかないはずだからである。

いずれにしても、方法としての子どもという観点は、子どもがライフコースの初期にあることによって可能になる子ども研究の特質である。しかし事実としての子ども研究の立場からいえば、子どもが社会化の初期にあるという事実に基づいて、まったく逆の観点をとることも可能になる。つまり、文字どおり子どもは社会を映す鏡として、子どもの中に社会の現実の姿を見出すということである。方法としての子どもとは違った意味で、子どもの中に社会の逆照射を見ることができる。この方が、子どもを通して人間や社会の本来のあり方を見ようとする方法としての子ども研究より、教育社会学により親近的である(12)。

子ども研究に見られるそのような独自性に対応するものを、青年研究の中にも求めることができるであろうか。もしそのような主題があるとするなら、おそらくそれは青年がより大人に近い存在になっているが故に期待される社会・政治的役割、つまり革新性や異議申立てであろう。しかし今日「豊かな社会」における青年層の保守化によって、その面に焦点を合わせた青年研究も少なくなっている。代わって青少年の各種メディアとの関わり、遊び、流行など概して風俗レベルでの研究関心が支配的となり(例えば、高橋他編 一九八九、一九九〇)、高等教育進学率の向上に伴い、学生と学生文化が青年と青年文化の全体を覆っているかに見える。しかし現実に青年の半数以上が高卒「勤労青年」であるなかで、学生ないし大卒青年との間でその意識と行動、とりわけその文化とアイデンティティ形成において、本当に差異はないのか、あるとすればどう違うのかが、改めて研究の対象に据えられる必要があるであろう。

それと並んで、子ども・青年研究のいずれについても必要なもう一つの研究分野がある。先に下位文化と社会化は子ども・青年理解の両輪であることを述べたが、それに加えて必要なのは、一定の時代、一定の社会に潜在的に見られる、子ども・青年についての常識的観念としての子ども・青年観の研究である。それは比較文化的に興味ある問題であるに留まらず、家庭での親による躾、学校における教師による教育、さらには行政による青少年サービスなどのあり方を、根底的に規定しているものの解明として重要である。

アリエスの研究も結局は子ども観の研究といえるが、現代日本の子ども・青年観が、教育社会学において捉えられる必要がある。にもかかわらずそれを正面から扱った研究は、現状においてはごく僅かである(徳岡 一九八四、Yamamura, Y. 1986)。子ども・青年観は、単に親や教師の子ども・青年に対する態度を無意識に規定するだけでなく、二節でも指摘したように、子ども・青年研究を行う研究者の子ども・青年についての自明視や思い込みをつくりあげ、その研究の問題設定や調査結果の解釈、さらには問題解決への示唆を規定する。現代のように、もはや子どもはいなくなったと言われるような変動の時代（Postman 訳書 一九八五）において重要なことは、研究者をも含めた大人側の子ども・青年観の相対化であり、固定的な子ども・青年観からの解放である。

4 結び――パラダイムの転換に向けて

既に見たように、教育社会学における子ども・青年研究のほとんどは質問紙調査によるものである。結果の処理技法は高度化しており、またそれによって知りたい問題についての解答が簡単に得られ、比較が容易であり、その種のデータの蓄積は時系列的変化を見るうえで貴重でもある。しかし、基本となるデータそのものが調査者（機関）によって人為的に切りとられ、構成されたものであるという点は否定し難く、やはりその「社会的事実」としての性格や社会的リアリティの面で十分であるとはいい難い。

その意味で、教育社会学による研究が現状を越え出るためには、どうしても質問紙調査以外の方法が積極的に導入される必要がある。サックス（Sacks, H.）のカテゴリー論（訳書 一九八七、一九八九）に見られるように、エスノメソドロジー的研究は豊かな手がかりを与えてくれるであろうが、教育社会学の研究分野においても、阿部（一九八六）や稲垣（一九八九）の論文の中に同様の問題意識を読み取ることができる。社会史的・心性史的方法は既に他の研究領域においては出始めており（宮沢編 一九八八）、いずれ教育社会学における子ども・青年研究にも成果が現れるであろうが、それとの関連で、藤本浩之輔（一九八六）の明治期の子どもの生活についての「聞き書き」は貴重である。

明治二〇年代生まれを中心とする三五人から、その子ども時代の遊び・家庭生活・学校生活について尋ねた面接調査をまとめた労作である。サンプルの近畿圏居住者への偏りの補正や大正・昭和世代への拡大が期待される。藤本にとっては、明治の子どもたちの遊びや生活実態のリアルな提示が当面のねらいであったのかも知れないが、しかし自らの分析枠組を前もって提示しておくことが、この仕事の完成を助け、またその結果の価値を高めるのではないかと惜しまれる。しかしもし最初から最後まで、子どもの生活のリアリティの記述にねらいがあるというなら、三五人というサンプルは多すぎて、一人一人のデータ内容の密度が希薄になっている印象を受ける。もしそういう意図なら、オスカー・ルイス（訳書、一九六九）がメキシコの家族研究において用いたような「複合的自伝」ないし「羅生門的方法」が試みられてもよいのではないかと思う。

そのような方法と並んで、教育社会学研究の衰弱を救うためにどうしても必要なのは、参与観察や組織的観察の導入である。質問紙調査の利点は多くあるのであるが、その簡便さに頼り過ぎると、研究はステレオタイプ化し、社会的現実の深い層に達することはできなくなる。その意味で、一年間にわたって暴走族と行動を共にし、その間に観察・面接・アンケートを行い、青春の一つのあり方を捉えた佐藤郁哉（一九八四、一九八五）の研究は、一つのモデルを示すものといってよい。

しかしいずれの方法をとるにせよ、われわれは今それとは別の次元で、大きな課題の前に立たされているような気がする。つまり、メディアとの関係をどう考えたらよいか、という問題である。といっても子ども・青年文化とメディアとの関わりを指しているのではない。むしろわれわれ研究者自身が、このようにマスメディアが発達した情報化社会において、果たしてどこまで、またどのようにして子どもや青年の事実や実態というものを捉えることができるか――という問題である。

ことは子ども・青年研究に限らないのであるが、太陽族・現代っ子から新人類・オタク族まで、ほとんどの子ども・若者類型はマスメディアによって提供され、それをめぐる議論もメディアによって展開され、研究者もそれを調査によって追認したり、それに基づいて結果の解釈をしたりしてきたことを考えれば、ことの重大さに気づかされよう。それだけではなく、しばしば研究者自身も、メディアを通してその議論の展開の中で重要な役割を演じる一方で、自らが仕掛けたりつくりだしたものを自ら研究の対象にするというような二重の役割さえ演じてきたのである(13)。ボードリヤールが言うように、「すでにわれわれはテレビの画面や写真やヴィデオやルポルタージュをつうじて、もはや他者によって見られたものしか見てはいない。われわれはすでに見られたものしか見ることができなくなっている」(訳書、一九九一、二二頁)のだとしたら、どのようにして事実を把握することができるのか。

「ドキュメンタリーな方法」(K・マンハイム)により個々の事象の解釈を通して一般的認識に達するしかないにしても、その基礎となる個々の事象がマスメディアによって捉えられたものであり、マスメディアという他者の目が見せてくれるものは、新奇なものとして選択されたり、意図的につくり出されたものである。しかも調査研究の対象となる子ども・青年自身が、それを取り入れて、あるいはそれに合わせて自らを形作っていることは、報道されることを計算してつっぱる中学生、テレビ映りを考えて踊る竹の子族、「いじめ」を受けたと書き残して死に向かう子ども、等々からも明らかである。このような形で現出しているフィックショナルな記号世界を突破するために必要なのは「懐疑的知性」であるにしても、問題はそれをいかにして研究方法論として具体化させうるかである。最近二年にわたって設定された意欲的な課題研究『〈異界〉に生きる少年・少女』の議論についても、そのことが問われるように思われる。

注

1　こうした限界をおぎなう意味でさまざまな試みがなされている。近年の教育社会学会「課題研究」においても、イメージ・マップ調査を手がかりとして〈子どもの眼に映る都市〉をとらえようとする研究(梶島 一九八七)や、消費行動やマンガを素材として子ども・青少年のリアリティに記号論的にせまろうとする研究(富田 一九九〇、藤村 一九九〇)などの報告がある。

2　例えば、深谷昌志(一九八三)、千石・鐘ヶ江・佐藤(一九八七)、『東京都子ども基本調査報告書』(一九七八、八一、

八四、八七、九〇）など、事例にはことかかない。

3　本節で使用するリアリティ概念はシュッツ（Schutz, A）のリアリティ概念に依拠している。しかし「多元的リアリティ」という概念の使用の仕方はシュッツに忠実ではない。シュッツは日常生活世界を「至高の現実」（paramount reality）として一元的にとらえているが、ここで「多元的現実」とは、日常生活世界それ自体も多元化されているというとらえかたである。シュッツの「多元的現実」論については、『アルフレッド・シュッツ著作集　第二巻　社会的現実の問題〔Ⅱ〕』渡辺・那須・西原訳、マルジュ社、一九八五年を見よ。

4　もちろん、こうした問題は教育社会学的言説空間にのみ特有というわけではない。例えば、山田・好井（一九九一）は、エスノメソドロジーの立場から「知の権力作用」という問題を、二人の対話という形式を用いてわかりやすく論じている。

5　ただし軸の解釈は両者で相違する。第一軸についてみると、『子ども基本調査』では「従順－反発」、『青少年基本調査』では「社会規範同調－社会規範非同調」と解釈されている。なおそれぞれ五回の報告書の発行年は次の通りである。『東京都子ども基本調査報告書』東京都生活文化局、一九七八、八一、八四、八七、九〇年。『東京都青少年基本調査報告書』東京都生活文化局、一九七七、八〇、八三、八六、八九年。

6　なお同様の批判は山村（「教育社会学の研究方法」柴野昌山編『教育社会学を学ぶ人のために』世界思想社、一九八五、五二頁）によってもすでになされている。

7　実際には、第一回目九四・九％から第五回目八三・二％へと徐々に「席をゆずる」とする回答が減少しているが、それでも八割強である。

8　『国際比較　日本の子供と母親』総理府青少年対策本部、一九八一年、二七〇頁、三〇一頁。

9　幼児の遊び能力形成に関する研究（森・上田・福井、一九八二）、秋田農村の伝統的な地域青年団の再編に関する事例研究（新井　一九八七）、東京都の五回の調査をもとにした青少年のライフコースに関する分析（門脇・木村・北沢　一九九〇）の三本に過ぎない。

10　西山・松本・山村他編『親と教師のための思春期学』全七巻、情報開発研究所、一九八八年。学際的であるが多くの教育社会学者が参加している。

11　子どもの中に人間の本質を見出そうとして反教育を標榜する斎藤治郎（一九七五）も、方法としての子ども研究に入れることができよう。

12　例えば、シコレル（Cicourel 1974）による、子どもにおける社会構造の獲得の研究など。
13　そのことは次の論文にもうかがうことができる。宮台真司「新人類とオタクの世紀末を解く」『中央公論』一二六三～四号、一九九〇年。

引用・参考文献

阿部耕也　一九八六、「子ども電話相談における類型化の問題」『教育社会学研究』第四一集、一五一－一六五頁。
阿部　進　一九六二、『現代子ども気質』三一書房。
新井真人　一九八七、「伝統的青年集団の再編」『教育社会学研究』第四二集、二〇〇－二一四頁。
Ariès, P. 1960, 杉山光信・恵美子訳『〈子供〉の誕生』みすず書房、一九八〇年。
麻生誠・木原孝博編　一九八五、『子どもはどう育つのか』有信堂高文社。
Baudrillard, J. 1990, 塚原史訳『透きとおった悪』一九九一年、紀伊国屋書店。
Cicourel, A. V. 1974, *Cognitive Sociology*, Free Press.
藤本浩之輔　一九七四、『子供の遊び空間』ＮＨＫブックス。
――　一九八六、『聞き書き・明治の子ども　遊びと暮らし』本邦書籍。
藤村厚夫・玉木明・米沢慧　一九八九、『ワードマップ　子ども』新曜社。
藤田英典　一九八八、「青年期への社会学的接近」『青年心理学ハンドブック』福村出版、一四一－一八〇頁。
――　一九九一、『子ども・学校・社会』東京大学出版会。
深谷昌志・和子　一九七五、『現代子ども論』有斐閣。
――　一九八三、『孤立化する子どもたち』ＮＨＫブックス。
――・門脇厚司　一九八九、『青少年文化』放送大学。
――　一九九〇、『無気力化する子どもたち』ＮＨＫブックス。
――　一九九〇、『現代のエスプリ別冊　シンポジウム・子ども』至文堂。
浜島　朗　一九七三、『現代青年論』有斐閣。
本田和子　一九八二、『異文化としての子ども』紀伊国屋書店。

稲垣恭子　一九八九、「子どもらしさの社会的構成」柴野昌山編『しつけの社会学』世界思想社、八七－一〇五頁。
門脇厚司・木村敬子・北沢毅　一九九〇、「大都市青少年のライフコース分析」『教育社会学研究』第四六集、九七－一二四頁。
亀山佳明　一九九〇、『子どもの嘘と秘密』筑摩書房。
小浜逸郎　一九八七、『方法としての子ども』大和書房。
熊谷一乗　一九八六、『子どもの発達と社会』東信堂。
栗原　彬　一九八一、『やさしさのゆくえ――現代青年論』筑摩書房。
Lewis, O. 1961, 柴田・行方訳『サンチェスの子どもたち』みすず書房、一九六九年。
松原治郎　一九七一、『現代の青年』中央公論社。
――　一九七五、『日本青年の意識構造』弘文堂。
――　一九七八、『日本の青少年』東京書籍。
見田宗介　一九六八、『現代の青年像』講談社。
宮沢康人編　一九八八、『社会史のなかの子ども』新曜社。
森楙・植田ひとみ・福井敏雄　一九八二、「幼児の遊び能力形成要因の多変量解析」『教育社会学研究』第三七集、九五－一〇五頁。
中島明勲　一九八六、『現代の児童』高文堂。
二関隆美　一九七五、「青年文化の問題――青年社会学のための序説」『大阪大学人間科学部紀要　一巻』一八九－二四九頁。
Postman, N. 1982, 小柴一訳『こどもはもういない』新樹社、一九八五年。
Sacks, H. 1972,「会話データの利用法――会話分析事始め」北澤裕・西阪仰訳『日常性の解剖学――知と会話――』マルジュ社、一九八九年、九三－一七三頁。
――　1979.「ホットロッダー」山田富秋・好井裕明・山崎敬一訳『エスノメソドロジー』せりか書房、一九八七年、一九－三七頁。
斎藤治郎　一九七五、『こどもたちの現在』風媒社。
佐藤郁哉　一九八四、『暴走族のエスノグラフィー』新曜社。

——一九八五、『ヤンキー・暴走族・社会人』新曜社。
佐藤　守　一九七〇、『近代日本青年集団史研究』御茶の水書房。
千石保・鐘ヶ江晴彦・佐藤郡衛　一九八七、『日本の中学生』ＮＨＫブックス。
柴野昌山　一九八〇、『現代社会の青少年』学文社。
——一九八一、『現代の青年』第一法規。
住田正樹　一九八五、『子どもの仲間集団と地域社会』九州大学出版会。
高橋勇悦他編　一九八九、『メディア革命と青年』恒星社厚生閣。
——一九九〇、『青年文化の聖・俗・遊』恒星社厚生閣。
徳岡秀雄　一九八四、「米国における少年司法政策の動向と子供観・人間観の変化」『教育社会学研究』第三九集、一八－三一頁。
豊田登・平沢薫編　一九五三、『青年社会学』朝倉書店。
山田富秋・好井裕明　一九九一、『排除と差別のエスノメソドロジー』新曜社。
山口昌男　一九七九、「野生の絵本」今江祥智編『絵本の時代』世界思想社、七－一七頁。
山村賢明　一九八三、『かわいくない子どもたち』広池学園出版部。
——1986, "The Child in Japanese Society", in H. Stevenson et al（eds.）, *Child Development and Education in Japan.*, W. H. Freeman and Company, pp. 28-38.
吉田昇・門脇厚司・児島和人編　一九七八、『現代青年の意識と行動』ＮＨＫブックス。

13章 メディア社会と子ども論のジレンマ

——なぜ子どもは見えないか

実像の喪失

人びとは現実の世界に思いもかけない意外な事実をみいだしたとき、「事実は小説よりも奇なり」といって納得する。それは多くの場合、小説家が想像力を駆使してつくりだす虚構の世界よりも、現実の世界のほうにこそもっと複雑怪奇なものが潜んでいた、という発見の驚きを表す言葉である。しかしそれは同時に、ゆるぎない現実ないし事実というものに対する信頼感の表明でもある。

しかし、この二十世紀末の現代において、そのような現実や事実に対する単純な信頼感は失われつつあるように思われる。高度情報化社会ないし（マルチ）メディア社会といわれる事態の進行のなかで、事実と事実のコピー、現実と虚構、現実のもつリアリティ（現実らしさ）と虚構のもつリアリティといったものの境界が薄れ、その間の識別が困難になってきたからである。

一九九一年一月「湾岸戦争は起こらないだろう」という文章を書いたフランスの社会学者ボードリヤールが、直後に勃発した湾岸戦争を前にして「湾岸戦争はほんとうに起こっているのか」と問い、最終的に「湾岸戦争は起こらなかった」と書いたのは、そのような現代的事態の世界的規模での解明であった。

他方一九九二年末、別役実は、貴乃花・宮沢りえ婚約のニュースとクリントン米大統領選勝利のニュースをとりあげ、それが現実であるにもかかわらず、そこには現実感が希薄であり、むしろフィクションのほうが濃密な現実感をもつに至っている（または、もたせざるをえなくなっている）ことを指摘した。それも、ほとんど同様な現代の事態の変化を敏感にとらえた論評といってよいであろうが、そのことは貴乃花・りえが婚約を解消しても、基本的に変わりはない。

メディアの高度な発達によって、われわれの知覚する世界は事実もフィクションもとり混ぜて飛躍的に拡大された。しかしそれらは、直接実際に体験されることもないまま繰り返し見せられ聞かされることによって身近な存在となり、日常生活の一部に組み込まれるようになる。そのようにして身のまわりのほとんどすべての人間が同種の経験を共有することによって、メディアのつくりだす世界は間主観的な「現実」となるのである。

もちろん人間は言葉をはじめとする文化をつくりだして以来、世界や自然に無媒介に接し、物事をありのままに体験するということはなかったのかも知れない。われわれはいつも文化をとおして物事を見、経験し、意味づけてきたことは確かである。しかしそれでもなお、それぞれの人が新しい事物に接し、独自の体験をし、その人なりの生を生きたと確信できる余地は大きく残されていた。

ところが、メディアがわれわれの生活の全面を覆うようになった今日、事態は一変した。独自の体験、自分だけの確かな現実というものの成立はきわめて困難となり、われわれはすべて日常生活者として、ほとんどメディアという「一般的他者」によって見られたようにしか世界を見れなくなっているのである。そのような現実や事実といわれるものの基盤の崩壊は、「至高の現実」としての日常生活世界のありようをも、大きく変えることになったのである。

そうであるとすれば、社会的な事実を対象とする社会学的研究のあり方にも、その影響が波及することは避けられないはずである。ここでの直接の問題は子ども研究であるが、先にわれわれが最近十数年間の子ども・青年研究をリビューしたときに到達した基本的な問題もそれであった。太陽族・現代っ子から最近の新人類やオタク族まで、さまざまな子ども・若者類型はほとんどすべてマスメディアによって提供され、一般化したものである。研究者がそのきっかけをつくった場合もないわけではないが、ほとんどの場合研究のほうがそれを追認したり解釈したりしてきたのであり、研究の対象となる子どもや若者自身も、そのようなメディアとの関わりにおいて自己規定をしつつ生長してきたのである。

メディアの提供するものが、たとえ虚像でないまでも他者によってあらかじめ見られたものであり、かつ研究の対象たるべき実像そのものがそれと関わりなく存在しえないとき、子ども・若者研究はどのようなかたちで可能となるのか。このアポリアを解くことはむずかしいが、とりあえずそのような事態を典型的に示す事例として、子どもの世界における近年の大きな出来事とされる「いじめ」の問題を取り上げ、それがメディアによってどのように社会的問題として「構成」されたのかをあとづけてみたい。なおここでメディアというのは、一九七六年から一九九一年にかけての朝日新聞と読売新聞である。

典型としてのいじめ問題

一九七六年から七八年にかけて「いじめ」という言葉はいまだ使われてはいない。新聞報道の力点は子どもたちの自殺問題や校内暴力の問題にあり、それらの出来事の原因や結果を要約的に説明する言葉として「いじめられて何々した」というように、一般的なかたちで用いられているにすぎない。「いじめ」という名詞が明確な問題意識をもって初めて登場するのは、七九年一月に東京千住元町の中学生三沢貴央君の自殺事件の報道においてである。

事件の背景の解説記事において、「陰湿、じわじわと〝小暴力〟／「いじめ・しかと・さわる」／殴打よりつらい？」という見出しが使われたが、八〇年から八一年にかけて校内暴力問題（の報道）がピークに達していたため、「いじめ」はその影に隠れ、はっきりした「問題」として前面にでてくるまでにはならなかった。

しかし八二年になり、校内暴力とくに対教師暴力問題について、警察庁から「泥沼状態脱す」という発表があり、その鎮静化が報じられるようになるのと入れ替わるようにして、八三年から急速に「いじめ問題」がクローズアップされるようになる。個々の「いじめ事件」の報道とともに対策の必要性も含めて「いじめ」関連の解説記事の連載がおこなわれ、それに対する読者の投書特集が組まれる。八四年には「いじめ」の深刻化が報じられ、文部省はそれに対応して「いじめ問題」の手引書を作成することになり、「いじめ問題」に関連して評論家の発言や研究者の関与が頻繁となり、「いじめ」についての定義や類型化が報道されるようになる。

八四年から八五年にかけて、高校生によるいじめられた仕返しとしての同級生殺人や、中学生の「いじめ」を苦にした自殺などがあいつぎ、文部省、法務省、教育委員会など関連省庁の「いじめ」の実態についての諸調査が報じられるとともに、「いじめ」関連の記事が連日のように社会面の、さらには一面のトップを飾るようになる。そのようにして、新聞によって「いじめ」が「一段と陰湿化」し「深刻化」したことが報じられるのに対応して、行政や学校現場でのさまざまな対処がなされ、「いじめ問題」をめぐる関係者の責任や義務が問われるまでになるのである。

まさにそのような状況のなかで、ついに八六年二月、東京中野の富士見中で鹿川君事件が発生する。単なる生徒同士の「いじめ」ではなく教師も参加した葬式ごっこにつづく自殺ということで、「いじめ問題」は社会問題として一挙にピークに達する。筆者のゼミの学生のレポートによると、この年の「いじめ事件」の報道数は読売で一一件、朝日で一三件、関連記事数は読売九七にたいして朝日は一七三にものぼったのである。

しかし新聞は、その年の九月には警察庁の発表として、意外にもすでに「いじめ」が減少しはじめたことを伝える。じじつ文部省の調査によっても、八六年にはすでに「いじめ」の発生件数は八五年の半数以下に激減していたのである。そのことは翌八七年に入って報道されるのであるが、しかし新聞は「いじめ」の「陰湿化」は依然としてすすんでいると解説し、同時に他方では登校拒否が過去最高に増大したことをも報じた。そして論説において、「いじめ」については相当数の学校が「過少報告」しているにちがいなく、調査の信頼性は低いと指摘し、校内暴力を力で押えつけて「いじめ」になったように、いまや「いじめ」が内向した結果子どもたちは学校を捨てるに至っていると論じた。

このようにして「いじめ問題」は、以後九〇年代の登校拒否問題に主役の座を譲ってゆくことになるのであるが、しかし当然のことながら、「いじめ」はまったくなくなったわけではない。その間、事件として報道されつづけるなかで、「いじめ概念」の拡大と拡散がおこなわれることになる。たとえば「いじめ」が「先生同士にも」あるということが報じられることにより（八八年十月）、本来子どもの問題であった「いじめ」は社会一般の問題へと拡散してゆく。また中学生による小学生にたいする暴行と金銭強奪には「プロレスいじめ」などという言葉が使われることによって（八八年七月）、陰湿なはずの「いじめ」と、はでな暴力との違いが曖昧化されてゆくことになるのである。

ところで、いまこの稿を執筆している一九九三年の初頭から顧みたとき、一体「いじめ問題」とはなんであったのか。新聞紙上でみるかぎり、「いじめ問題」は八三年から八七年にかけてのほぼ五年間にわたって社会問題として世をあげての注目を集めた。それは教育荒廃の象徴とみなされ、教育関係者はもとより、時の首相から一般庶民に至るまで、なんとかしなくてはならない問題として深刻に考え悩んだ。しかし、ちょうど一〇年間経過した今からみて、マスメディアで報じられた「いじめ問題」と、子ども社会における「事実としてのいじめ」とは、どのように対応していたのであろうか。

いうまでもなく広い意味での「いじめ」であれば、昔からあったし、これからも存在しつづけるであろう。しかし問われるべきは、社会問題としての「いじめ」であり、そのような問題を病む現代の子どものありようである。今日「いじめ」が大問題となっていないのは、はたして教育関係者の努力で子どもたちが変わり、問題が解決されたからであろうか。

もちろん、そのような努力があったであろうことを否定するものではない。しかしそうだとしても、当時いわれたように、もし子どもをとりまく現代の社会的条件や「教育の荒廃」が子どもを「いじめ」に走らせ、あのような大問題を引き起こさせたとするなら、そのような努力が現代の歪んだ子どものあり方や子どものおかれた状況を根本的に変えてしまうまでの成果を産みだしたとはとても思えない。なぜなら子ども数の減少傾向を除いて、子どもがおかれている現代社会の基本的な状況は、ほとんどなにも変わっていないからである。

むしろそれ以上に確かな事実は、もはやマスメディアが「いじめ」を問題として、ないしは問題を「いじめ」として大きく扱わなくなっているからである。ここで基本的に重要なことは、われわれのほとんどすべては、もしマスメディアがあのようにとりあげなかったら「いじめ」問題の存在すら知らなかったということである。ここでは朝日新聞を中心にして振り返ってみたが、一斉に同じ問題を追いかけるという日本のマスメディアの特色からみて、「いじめ問題」の取り上げ方は、どれも朝日のそれと大同小異だったとみて間違いないであろう。

われわれ研究者も教師も、行政関係者もさらには子どもでさえ、マスメディアが見ようとしたように「いじめ」の問題を見てきたのであり、またそれしか方法はなかったのである。メディアによる問題の定義づけとその規定力の強さはあらゆる領域に及ぶが、とりわけ「いじめ」の問題は、そのメカニズムを典型的なかたちで示している。第一に「いじめ」はその概念からして、つまり定義によって不可視的だったからであり、第二に「いじめ」現象の解釈と意味づけは、一定の方向性をもった筋書き（文脈）のなかでおこなわれざるをえなかったからである。

「いじめる」という行動は、言葉や態度によるものから肉体に対する直接的暴力まで含みうる一般的な現象であり、心理学的には攻撃的行動という範疇にはいるといってよいであろう。しかし、子どもたちの「問題行動」としての「いじめ」は、校内暴力のような表だった暴力に代わって登場した、陰湿な攻撃的行動であり、かついじめる側といじめられる側の区別が明瞭でなく、教師の目のとどかないところでおこなわれるという特徴をもったものであった。つまり本来的に、見ることの困難な現象として登場してきたのである。

その意味では、そもそも不可視的行動としての「いじめ」が頻発し、大きな社会的問題になるということ自体が矛盾を含んでいたのである。ほとんどの「いじめ」は、現場を目撃するよりは、「いじめ」の結果と思われる事態を見たり聞いたりして、泣くとか傷つくとか物を壊されるとかを指標として後から解釈されることによって成立する。つまり「いじめ」とは、直接的に研究することはもとより、「いじめ」と同定することさえ困難な対象であり、したがって「いじめ」に関する統計や調査は、本来的に信頼性の薄いものにならざるをえないのである。

当時、教育委員会をつうじてなされた学校に対する「いじめ調査」は、〝最近新聞テレビ等で報道されているような、いわゆる「いじめ」が貴校には何件ありましたか〟というような形式のもとにおこなわれたのである。そのようなアンケート用紙を前にして、学校長や教頭は各教師からの報告をもとにして記入するのであるが、教師一人一人はどうするか。いままで日常的出来事として見過ごしてきた子どもたちのさまざまな行動やあれこれの出来事を、あらためて新聞などで最新の問題として騒がれている「いじめ」という見方でとらえなおし、新規に「いじめ」として数えなおすのである。

そのようにして発表された初期の「いじめ件数」は、一挙に高い数値になって出てきたのであるが、それはそのような調査のメカニズムからいってむしろ当然ともいえる結果である。しかし「いじめ」が社会問題として大々的にとりあげられ、学校や教師の責任が問われる段階になって、なお「いじめ件数」を多く報告することは、教師自身ないしは学校自体の無為・無策を自ら申告することになる。そこで、つぎの調査からは「いじめ」として分類し、報告する出来事の数は少なくする方向に変化するのが自然である。一九八五年に初めて公表された「いじめ件数」が、鹿川君事件のあった翌年に半数以下に急減したのは、そのような「いじめ調査」の性格によるところが大きいであろう。その意味では、メディアによる「いじめ」の社会問題化は、「いじめ」を解決させる方向と同時に、「いじめ」を押し隠すようにもはたらいたのである。

また他方、不可視性とならんで陰湿さが、終始一貫して「いじめ」のインデックスとなっているのであるが、それも「いじめ問題」の扱い方を恣意的にさせる要因としてはたらいた。暴行を受けた仕返しとして同級生を刺殺するのも「プロレスいじめ」という暴力も、共に「いじめ」がますます陰湿化してきたことの証明として報道されたが、それらは陰湿というよりもはや明確な暴力事件というべき性格の出来事である。つまり、大きく報道される「いじめ事件」は、どうしても陰湿という属性から離れることが多くなるのである。八七年に「いじめ」の減少が報じられてからは、校内暴力が再び急増しているという調査が発表されるようになったが、「いじめ」という暴力と生徒間暴力とを、調査するうえでだれがいつどのような基準で区別するかはきわめてむずかしい作業であり、それを正確におこなうことなどほとんど不可能といってよいであろう。

そのことは第二の「いじめ現象」の解釈にも関係している。新聞は「いじめ事件」を報道するだけではなく、その見方を提示し、それが問題である所以を読者に納得できるよう説明しなければならない。C・R・ライトの用語にしたがえば、環境監視活動と出来事の相互関連づけの活動である。マスメディアは大衆のその要求に応えるべく一定の解釈を示すのであるが、そのために新しく生起した現象をすでに起こっている出来事と関連づけ、それと辻褄を合わせることによって理解しようとするのである。

「いじめ問題」はすでに触れたように、校内暴力問題の後を受けるかたちで登場し、登校拒否と交代するかたちで解消したという文脈のなかで意味づけがなされたのである。そのために、当初は校内暴力が鎮静化したことの結果として弱者に対する陰湿な「いじめ」が広がった――という解釈を提示したのである（八五年一月）。教師の体罰が「いじめ」を誘発しているという見方も一時的になされたが（八五年六月）、基本的には校内暴力の押え込みの結果というとらえ方がなされた。

「いじめ」が減少したことについても、同様の論理によって、親や教師が事前に手を打つようになったからであるとみたのであるが（八六年九月）、しかしそこには同時に、登校拒否の増大という事態と関連づける必要があった。そのため、そのような「いじめ」に対する管理強化の結果、学校が息苦しい場となり、より内向的な登校拒否の増加となって現われたという説明をおこなったのである（八七年九月）。ところが八九年になり、校内暴力が再び増えはじめたという、とっさには理解しがたいような調査結果が発表になると、今度は指導の強化で内に閉じこめられた「いじめ」の衝動が暴力として突発しているのではないか（九一年十一月）——という新しい解釈が示されることになるのである。「いじめ」と暴力の区別が困難なことは先に触れたとおりであるが、暴力の押え込みで「いじめ」になったはずであったのに、「いじめ」の指導強化で再び暴力に転化するとは、なんとも苦しい解釈といわなければならない。

ことわるまでもなく、ここでこのように「いじめ」の報道を追うことで、新聞を非難しているのではない。新聞で報道されていることは、すべて新聞の手によってつくりだされたわけではなく、その多くは実際に生起した事実についての報道であることは確かである。そして毎日つぎつぎに生起する出来事について、研究論文におけると同じような論理一貫した解釈を期待するほうがおかしいのかも知れない。しかし、研究者も含めて一般読者は生活者として、そのような新聞の報道を世の中の動きとして受けとめ、新聞が扱い提示しているような仕方で理解し認識しているのである。そしてその結果として、より正確にはそれら報道との関連において、文部省によって「いじめ」の手引書がつくられ、各種の調査がおこなわれ、さまざまな教育実践がなされ、「いじめ」による転校措置が認められ、裁判によって学校の責任が問われるなど、現実が動いたのである。ここではその意味で、新聞の報道の仕方の重要性を問題にしているのである。

現代における子ども研究に戻っていうなら、研究者自身も研究対象としての子どもたちも共にそのようなマスメディアの影響から逃れることはできない、ということである。研究者の子どもに対する見方や問題意識（研究の目的や主題）が報道に規定されるだけでなく、子どもをめぐる出来事の理解や調査結果の解釈においても同様である。上述のような報道経過を素直にたどってきた場合、一般の視聴者や読者だけでなく研究者でさえ、現代の子どもは「いじめ」という問題行動をもっていたが、いまやその傾向はあまり見られなくなった、と理解するのが自然だからである。

他方、研究対象となるべき現代の子どもたち自身もまた同じマスメディアの影響下にあることが忘れられてはならない。彼らも、マスメディアという鏡に映った姿をとおして自分たち自身の姿を知り、マスメディアの自分たちに対する扱い方を考慮に入れて行動しているのである。そのことはとくに校内暴力の生徒や暴走族や街頭で踊る竹の子族のテレビ放送などにおいて顕著であったが、「いじめ」の新聞報道についてもそのままあてはまる。それはひとつには、ある出来事を問題だとして報道すること自体が結果的にその問題を広めることになる、というマスメディアの逆機能に関連しており、それを「いじめ」の急激な増大のひとつの理由に数えることもできないことではない。

しかし、それ以上に直接的に、メディアの影響は子どもたちが「いじめ事件」のなかで使う「動機の語彙」（W・ミルズ）のなかに現われる。もちろん新聞自体は子どもたちの殺傷事件や自殺などを報道するさいに「いじめられて……」とか「いじめにあい」という要約的説明を早くからしているのであるが、やがて子どもたち自身がその言葉を口にするようになるのである。たとえばそれまでの事件では、口が臭いといわれたとか、殴られたとか、いいがかりをつけられたなどという理由を述べていたのにたいして、八四年十一月の大阪の高校一年生の殺人事件では、犯行の動機として「〇〇君にいじめられ、学校がいやになった。楽しく過ごすには殺すしかないと思って……」という供述が報じられるようになる。

しかし、それが典型的に示されるのは、「いじめ」による自殺という悲惨な出来事において、子どもたちが残す遺書においてである。子どもの自殺の原因に「いじめ」があることは早くから指摘されていたが、それでも遺書としては「いやみに耐えられなくなって」というような言葉が使われていた。それが明確に「いじめ」として新聞に大きく報道されたのは、八五年の水戸の中二少女の「もういじめないでね……」であろう。「いじめ」による自殺でもっとも注目されたのは八六年の鹿川君事件であるが、その遺書には「いじめ」という言葉自体は使われていなかったようであるが、「このままじゃ《生きジゴク》になっちゃうよ……だから君達もバカな事をするのはやめてくれ……」という文面には、明らかに連日の「いじめ」報道がそれを書いたときの鹿川君自身の念頭にあったことをうかがわせるに十分である。

つまり、共時的にこの高度情報化社会に生きる子どもたちは、社会問題として構成された「いじめ」によって、いじめる側もいじめられる側も共に規定されていたのである。現代の子どもや若者たちは、マスメディアを介して自分たちの姿を知り、メディアをとおして相互のあり方を確認しあっているともいえるのである。このようにメディア社会との関わりに視点を据えることによって、現代の子ども研究に若干の示唆が得られるように思われる。

現代の子どもの生活世界

そのひとつは、現代の子どもたちがおかれている状況についての理解である。現代の子どもにみられる病理的傾向や子ども像の変化をどうとらえるかを問題にするまえに、まず必要なことは、現代の子どもたちが生きている生活世界の変化を前代との対比において明らかにしておくことである。

一般に子どもの社会は、家庭と学校と仲間（同輩）集団とで構成されるといわれる。そして年少の子どもの場合、それら三つの集団はほぼ地域社会といわれるもののなかに収まるのが普通である。このうち家族と学校が、そして地域社会も、大人たちによってつくられ運営される集団であるのにたいして、仲間集団のみが大人たちの直接的介入のない、子どもたちだけの自由で自主的な遊びがおこなわれる場である。

家族という集団にあるとき、ときとして大人たちの生産的・消費的生活を手伝わされることはあっても、子どもたちは基本的に養育の対象であり、地域社会の祭りその他の行事のなかで一定の役割を担うことがあっても、大人の指示により地域生活の一環に組み込まれるにすぎない。学校がつくられ、就学が義務づけられるに及んで、子どもの生活の中心は学校に移され、仲間集団も学校単位につくられるようになり、そのぶん子どもたちの遊びも、大人社会によって時間的・空間的に、さらに多くの制約を受けるようになった。

家庭の手伝いに学校の勉強が加わり、やがてその勉強の時間が肥大化するなかで、その残りの遊び時間が縮小されるようになっただけでなく、遊びの場も学校の外に押し出され、遊びの内容も望ましいものとして公認されるものと、そうでないものとの分化がすすんだ。それにともない、仲間集団の遊びを中心とする諸活動も物置のなか、空き家、空き地など地域社会の隙間的空間において、大人の目を盗むようなかたちでおこなわれる度合いが大きくなったといえよう。

いずれにしても、この段階までの子どもの生活世界とは、家庭、学校およびそれが位置する地域という大人社会と、それとのある種の対抗関係でその間隙に子どもたちだけでつくられる仲間集団との複合体であり、子どもたちの日常生活はそれら二種の集団のあいだを自由に行き来することによって成り立っていたといえよう。やがてそこにマスメディアを中心に各種メディアの発達が付け加わることによって、子どもの生活世界の二重性は複雑な様相を示すことになるのである。

マスメディアの発達は人間の生活環境をとくに文化の側面において大きく変えたが、とくにテレビに代表される映像メディアの出現以後、その煽情的・商業主義的文化が子どもの発達に及ぼすマイナスの影響が注目されるようになった。もちろんそれも無視できない重要な問題であろうが、ここで指摘したいのはそのことではない。新聞、テレビ、雑誌に代表されるようなマスメディアに加え、電話、ビデオ機器、ラジカセ、CD、ビデオソフト、テレビゲーム、パソコン通信等々、ハードとソフトの両面にわたる諸メディアのおびただしい発達と普及を考えたとき、それによってもたらされた子どもや若者の生活世界の顕著な変化である。

ファミコン騒動、〝おたく族〟の出現、ビデオに関連した幼児誘拐殺害事件などはその極端な現われであるが、そのようなメディアミックス的状況ないしマルチメディア環境とでもいうべき事態のなかで、現代の普通の子どもや若者が、日常的に同時に多様なメディアと深い関わりをもって生活しているのである。一時代前と比べたとき、それが彼らの発達にとってもつ意味には、はかりしれないものがあるにちがいない。

若い世代におけるそのような多メディア同時利用は、都市化や車社会化の進行によって地域社会のなかに自由空間や隙間がなくなり、受験競争により自由時間が減少して、仲間集団による遊びが圧迫され締め出されるのと反比例して進行したのである。しかしそれは、必ずしも彼らの遊びを貧しくさせ、仲間との関係を遮断するものではなかった。むしろテレビゲームにおける物語展開の複雑さや遊び手側の参加度の拡大にうかがわれるように、遊びの面白さは強まり、ソフト入手や共通の話題性を手がかりとする仲間関係の新しいかたちでの展開もみられ、子どもの生活世界はむしろ多様化されて豊かになったともいえるのである。

総務庁の「情報化社会と青少年に関する調査」は、好きなテレビを一人で視る傾向が若者に定着してきていることを明らかにしたが、その傾向は他のメディアにおいてはさらに強いことはいうまでもない。そのようなメディア利用は、仲間との相互人格的・直接的交流は減少させるかも知れないが、同時に個々人の個別的要求に応え、個人的好みの追求を許し、そのことによって仲間の発見や同好の士とのつながりも可能にさせることが見落とされてはならない。

メディアの世界は、それ自体大人社会の商業主義的・営利的活動によってつくりだされたものである。その意味ではメディアと共に生きる子どもたちは、依然として大人の支配下にあるとみることもできないわけではない。しかしその営利活動は、できるかぎり若い世代の好みに寄り添い、彼らに受ける道を必死に探ることによって成り立っているのである。他方、若い世代はそこに少しでも多く自分たちの好みを反映させるよう要求し、たとえばバーコード遊びにみられたように、既成のものを自分流に楽しむ方法をみつけだすことによって自分たちの世界に取り込み、大人の意図と統制を超えた仕方で楽しむのである。

このようにして現代の子どもたちは、大人社会と彼ら自身の世界とのあいだを行き来する両棲類的生活の仕方においてこれまでと変わりはないのであるが、ハードもソフトも豊かなマルチメディア的状況の出現によって、彼ら自身の生活世界の奥行きは深まり、そこでは各自の好みにあった居心地のよい時間を過ごすことが可能になったのである。しかもエレクトロニクスによって守られたその世界は、一部の大人を除き一般の親や教師は苦手とする領域であり、大人からは見えにくい、また大人の入りにくい世界である。そのため子どもたちは容易に大人の目を盗んで、時間的にも精神的にもより多くその世界に籠ることになるのである。

すでに都市化現象の進行があり、人口の過密化、交通手段の発達、移動性や匿名性の増大などによって、子どもたちは地理的・空間的に大人の目から隠れることが容易になってきた。そのことは、都会が非行化の温床のようにいわれてきたことからも明らかであるが、ここにきて多メディア空間の出現によって、子どもたちは地理的に（横軸方向で）隠れなくても、家庭なら家庭という大人世界にいながらにして精神的に（縦軸方向で）、自分一人の、ないしは共有された仲間文化の世界に逃げ込むことが容易になったのである。その意味では、今日どの子も「おたく」的なのである。

このようにして、親や教師によって公認された文化が支配し、その指導に服さなければならない表社会と、非公認ではあるが面白さの支配する自分たちの世界という、子どもの生活世界の二重性は強められ、大人たちと子どもたちの距離はそれだけ遠くなる。すでにマスメディア、とりわけテレビの登場により、子どもにたいして自らの権威を相対的に低下させざるをえず、また時と場所をえらばず入り込んでくるその影響力を統制することもままならない状態にあった大人たちにとって、最近のメディア社会で深まる二重性を生きる子どもたちは、一段ととらえどころがなく、教育しにくい存在となったのである。

子どもたちがわからなくなった、という親や教師によってもらされる言葉は、そのような現代の状況の表明といえる。子どものことが心配で、学校であれ友達との遊びであれ、どこへでも後からついてゆきたくなる、という母親の述懐を聞いたことがあるが、わからないということは不安を掻き立てる。学校における管理教育といわれるものも、子どもがわかりにくくなる状況の進展と深く関わっており、そのなかにわからない子どもをわかるようにするさまざまな努力が含まれている。

とりわけ学校のような教育機関においては、その不安を専門的に解消しようとしてさまざまな方法が講じられ、そのための特別の機器の導入も図られる。子どもたちの行動を可視的にするために有効な「パノプティックス」(一望監視装置)のひとつとして監視カメラが学校に導入されてかなりたつが、最近問題になった静岡県のある私立高校の場合はその極端な例である。校内の多様な場所に一〇六台もの監視用ビデオカメラを据えつけ、それを二九台のモニターテレビで映しだし、生徒たちの行動は録画までされていたというから驚きである(九三年二月十一日、朝日新聞)。

モニターカメラは生徒の外面的行動の監視を狙ったものであるが、心理診断テストや入試のための偏差値などは、内に隠れていてわかりにくい性格や能力を一挙に摑みとろうとする努力の現われである。内面と外面の両目にわたる個々の子どもの全データが学校のコンピュータにインプットされて効率的に指導がおこなわれる――というような事態もすでに兆しているが、そのような監視の強化が、子どもたちが地理的空間においてもメディア空間においても、大人たちの目から逃れやすくなっている状況のなかで並行して進行しているところに、現代の特質があるように思われる。

もしそうだとすれば、むずかしい状況に追い込まれているのは大人たちだけではない。子どもたち自身も、それとは違った意味あいではあれ、困難な事態のなかに生活しているという点において同じである。テレビを中心とする映像メディアの隆盛のなかで、子どもたちは物事を実際に体験し理解できる以前からあらゆる情報に接し、絶えざる先取り的社会化のなかで不可避的に「ませる」のである。

たんに子どもたちの知識量が飛躍的に増えるというだけではなく、N・ポストマンが指摘したように、かつては活字によって慎重に子どもの目から隠されていた大人の世界の秘密が、子どもたちの前に映像によってさらけだされるのである。性・暴力・金銭をめぐる出来事は、そのような秘密の代表であったが、もはや子どもはそれを日常的出来事としてうけとめ、大人と同じようなものの見方を身につけ、他者の隠れた動機や意図を解釈し、大人の目で自分たち子どもという存在を対象化して眺めるようにまでなるのである。

そのような事態のなかで、今日の子どもたちにとってもはやかつてのような、純真で無邪気な存在であることは不可能である。子どもは可愛いらしいものという近代的子ども観から抜け出せない大人たちが、子どもらしい子どもというイメージや願望に固執するのを目の当たりにみて、それにふさわしい子どもとして振舞わなくてはならない子どもたちは、大なり小なり「ブリっ子」となるほかはない。親や教師にたいして「よい子」であろうとするかぎり、内面の大人性とのギャップに引き裂かれつつも、大人の期待に合わせて表面の子どもらしさを生きざるをえなくなるのである。

近代以前の子どもたちは、大人と一緒に大人のなかで生活し、自然に大人に移行することによってそのまま矛盾なく「小型の大人」でありえた。近代の子どもたちは、たとえ地域のなかで大人の目から隠れることがあっても、大人とは異なる存在として認められ大人の生活を猶予されるなかで、それなりに自己に忠実に生きることができた。しかし現代の子どもたちは、ほとんど不可避的に外面と内面の分裂のなかで、装われた子どもとしての自分と大人っぽい自分、偽りの自分と本当の自分、表の顔と隠された顔――といった二重性を生きることになる。

それは大人の目には面従腹背的な行動や態度と映るが、子どもたちにしてみればいかんともしがたいことであり、そのような二重性を共有することによって、直接的な相互人格的交流の薄さにもかかわらず、仲間相互の同類意識は強まる。なにか大きな事件があったときに聞かれる、普段はとてもおとなしい子どもだったのにとか、とてもそんな恐ろしいことをする子とは思えなかった――といった言葉は、子どもたちの隠されたもうひとつの面をうかがい知ることのできなかった大人の、驚きと当惑の表現というべきであろう。

このように、高度情報化社会といわれ、マルチメディア社会といわれる現代に焦点を合わせ、そのなかで子どもたちのおかれている状況を考えることによって、子ども研究に具体的にどんな示唆が得られるのだろうか。第一に、研究者は自ら大人として子どもを研究や考察の対象とするとき、子どもについての大人としての思い込みから意識的に自己を解放することが必要となる。自己の抱く子ども観やメディアの描く子ども像を相対化させることなくそれを絶対とするとき、現代の子どもの現実に接近することが困難であるばかりか、子どもを病める存在ないし対処すべき「問題」として、一方的に裁断する危険を冒すことになるからである。

それと関連して第二に、子どもを大人の立場からもっぱら社会化の対象として眺めるのではなく（もちろん社会化の必要性をなんら否定するものではないが）、それとはひとまずべつに、子どもたちそのものを大人と同じような生活者または社会のメンバーとして研究の対象にすえることの必要性である。そのような立場を明確に押し出した子ども研究として注目されるのは、最近出されたワクスラーたちの論集である（F. C. Waksler ed. 1991 *Studying the Social Worlds of Children*）。そこには、人間研究の方法として子どもを異文化としてとらえるという本田和子たちの立場と類似した面もないわけではない。しかし主眼は、子どもは大人に劣る社会化途上の存在とみる先入観を排して、子ども社会を大人社会と同じように研究するべく、子ども社会に入り込んで子どもに逆らうことなく「最小限度の大人の役割」をとりながら観察する、という方法の探求にある。

大人としての立場からではなく、子どもの立場からいかにして子ども研究が可能かを問うていることの意義は大きいが、ただワクスラーの方法論として気になるのは、子どもの世界をあまりに完結的・普遍的なものとみなしていることである。ここで問題にしてきたように、大人社会のもつ文化や一定の構造のなかでの子どもの生活世界という視点も、同時に必要のように私には思える。しかしいずれにしても、現代の社会と子どものあり方に適合的な方法が考えられなければならないことは確かである。そしてそれは、実証主義方法よりはエスノグラフィックな解釈的アプローチとより親近的であることは十分予想できることである。

ブックガイド

本田和子『異文化としての子ども』紀伊国屋書店、一九八二年。

子どもを一個の異文化として、とらわれない眼で見つめ、記号論的に解読しようとした画期的な子ども論。そこには、子どもを社会化の対象としてとらえるというよりは、子どもの側から社会の制度や人間を逆照射しようという意図がひそんでいるようにみえる。

F. C. Waksler (ed), *Studying the Social Worlds of Children* The Falmer Press, 1991.
子どもを子どもとしてありのままにとらえるという点で前著に似ているが、社会学的な子ども研究書として編集されており、P. L. Berger, R. W. Mackay から H. Sacks など、現象学的・エスノメソドロジー的論文が収められている。


アルフレッド・シュッツ（森川真規雄・浜日出夫訳）『現象学的社会学』紀伊国屋書店、一九八〇年。

子どもをめぐる生活世界や多元的現実についての理解にとって、シュッツの現象学的社会学理論は欠かせないが、その基本的文献。


ニール・ポストマン（小柴一訳）『子どもはもういない』新樹社、一九八五年。

映像文化の発達により子ども期が消滅することを論じた書として知られる。他に類書もあるが、現代の子ども理解にとって、アリエスの『子供の誕生』とならんで重要な文献。


キツセ、スペクター（村上直之ほか訳）『社会問題の構築』マルジュ社、一九九〇年。

教育・子ども問題も含めて、社会問題は特定の出来事や客観的状況によって生じるのではなく、社会のなかで問題とし構成されることを示した著作。その過程でマスメディアがとりわけ大きな役割を果たすのであるが、そのような現代社会をみる視覚が提供される。

文献解題

北澤　毅

本書作成のために、編著書や学術雑誌をはじめ様々な媒体に執筆された山村先生の論文を収集し文献リストを作成しながら感じたことは、「社会化」こそが、先生の生涯を通じての研究テーマだったのではないかということであった。研究者としての山村先生を語るとき、代表作である『日本人と母』（一九七一年）の執筆者であることや「解釈的アプローチの教育社会学研究への導入者」というイメージが強いが、あらためて研究業績の全貌を年代順に振り返ってみると、「社会化」こそが先生の研究の最重要キーワードであり、「家族論」や「子ども論」といったその時々の研究テーマや「解釈的アプローチ」という研究方法も、すべては「社会化」問題をめぐる研究の一環として位置づくのではないかという思いを強くしている。そのような思いも込めて本書のタイトルを『社会化の理論』としたのであるが、果たしてこのタイトルに先生が満足してくださるかどうか不安がないわけでもない。

本書は、『教育社会学研究』や『社会学評論』などの学術雑誌や、編著論文集などに収録された論文のなかから、本書のタイトル『社会化の理論』にふさわしい論文を中心として選定、収録したものであるが、収録論文の選定作業において二転三転したことを告白しておかなければならない。最も重視した選定基準は、現在、そしてこれからの教育社会学研究にとって、先行研究として意義のある論文ということであるが、適切な選定ができたかどうか、重要な論文を見落としているのではないかといった不安は今でも拭えないでいる。その意味でも、巻末の文献リストを参照しつつ、読者各自で、自らの問題意識と関連しそうな論文を探し出し読んでいただきたいと願わずにはいられない。

最終的には、子ども論や方法論レベルで、現在でもしばしば引用されている論文を含めて一三本の論文を収録することにしたが、先生の業績に親しまれている方にとっても、初めてお目にかかる論文が含まれているのではないかと思われる。その意味では、本書が、研究者としての先生の守備範囲の広さを知る機会となればという思いもあるが、もちろんそれだけではなく、今後の教育社会学研究、なかでも社会化論、子ども論、家族論、質的調査方法論などに関心を持たれている研究者をはじめとした読者諸氏にとって、本書に収録された先生の作品群が思考の糧となることを願っている。

以下、各論文について、時には論文成立の背景にも言及しつつ、その概要が分かる程度の内容紹介を試みたつもりだが、各論文を読むうえで読者に対して何らかの手がかりを提供するものとなっていれば幸いである。

第Ⅰ部　社会化の理論

【1章】「社会化研究の理論的諸問題」

本稿は、日本教育社会学会創設二〇周年を記念して刊行された『教育社会学の基本問題』（一九七三年）に収録された論文である。本書刊行の意図は、「日本の教育社会学研究の変遷と教育社会学の活動とを、包括的に回顧し、将来の方向づけを試みたものである」と述べられており、全体が三部構成になっている。本稿はその二部のⅠ「家族集団と社会化」のなかの一本として収録されているが、本書の二部は「過去二〇余年間の研究史的性格を備えている」とあり、実際、本稿は、一九五〇年代から一九七〇年代初期にいたる、教育社会学領域における社会化研究の動向を知るうえで貴重な論文となっている。

本稿は、「教育社会学における研究の動向」「社会化の概念」「社会化の理論」の三部構成からなっているが、まず冒頭において「一定の社会のなかで、人間がどのように形成されてゆくか、という問題の解明は、教育社会学という学問の主要な関心事の一つであったし、今後もそのことに変わりはないであろう」（九二頁）と述べるところから議論を始めており、まずは、「人間形成」という問題が、文化人類学に依拠した「パーソナリティ研究」としてスタートした五〇年代六〇年代の研究動向を紹介整理している。その後、家庭教育やしつけ問題としての「家庭教育問題」へと関心がシフトしていき、「家庭教育ないし家族の教育的機能への伝統的関心と合体して、家族における『社会化研究』へと照準を定めてきた、といってよいように思う。そしてそのような方向づけに、大きな役割を果たしたのが、T・パーソンズたちの構造＝機能分析の社会学理論」（九五頁）であったと論じ、パーソンズ理論の導入がもたらしたこととして次の二点を指摘している。まず第一に、「社会体系としての社会集団の構造と機能に対応・連関させて、パーソナリティ構造の発達・形成のメカニズムを解明する、という論理を提供し、しかもそれを、家族集団において具体的に示した」（九五頁）こと、そして第二に、「子どもの社会を大人の社会に接合させ、子どものパーソナリティ発達の延長線上に大人の行動様式やパーソナリティを位置づけ、両者を一貫した同じ概念的枠組で社会学的に分析する、という道を開いたことである」（九六頁）と論じ、パーソンズ理論が、当時の日本における社会化研究に対して大きな影響力を持ったことを積極的に評価している。

なお、教育と社会化という二つの概念を比較検討し、「教育を社会化からわかつものは、それが社会化に比して、より意図的・組織的だという点にあるとされてきた」（九九頁）ことと同時に、「社会化は本質的に体系維持的である」（二〇〇頁）のに対して、「教育は、〝体系革新的〟な役割を強く期待されているため両者は完全には重なり合えない」（二〇〇頁）というように、当時優勢であった社会化観と同時に、先生独自の教育観を表明しているところも興味深い。

さて「3　社会化の理論」においては、パーソンズのＡＧＩＬ図式に依拠した先行研究のいくつかをレビューしたうえで、「構造‐機能分析の理論によって、社会化の問題は理論的に明確にされたが、しかしそれはＡＧＩＬ論を基本にして、図式的概念やカテゴリーの自己運動とでもいうべきものが先行してしまう危険性をもっている」（一〇四頁）と、当時のパーソンズ理論への依存状況に対して警告を発している点に注目しておきたい。そしてそれに代わる研究のあり方として、「どのような文化の内面化によって日本人に社会化されるのか」（一〇五頁）という問題の重要性を指摘し、そのための方法として「象徴的相互行為理論 symbolic interaction theory を導入し、母国語を通しての文化の内面化の内実にアプローチしたらどうか」（一〇五頁）という提案をしつつ、そうした方向性を持った研究の試みとして、自らの『日本人と母』を脚注のなかで紹介しているのであるが、その控えめな自著の紹介の仕方がいかにも先生らしいという気がしてならない。

いずれにせよ本稿において、当時隆盛を極めたパーソンズ理論（なかでもＡＧＩＬ図式）を一方では評価しつつも、その持つ危険性をも指摘し、象徴的相互行為論のような研究方向を示唆していたということに注目しておきたいと思うし、その意味でも本稿は、その後の先生の社会化研究の方向性を暗示している論文とも言えるのである。

［初出―日本教育社会学会編『教育社会学の基本問題』東洋館出版社、一九七三年、九二―一一一頁］

【2章】「発達の社会的過程」

本稿では、「発達の社会学」の構想を目標として掲げ、発達社会学の重要性の主張と、その主張に添った主要な発達理論の検討をおこない、それを踏まえたうえで、「父親不在」といわれる現代社会における発達問題の特質が論じられている。

まず最初の節で、「発達の社会学」構想の意義について論じているが、なかでも「発達を身体的成長段階に即した個体内変化としてではなく、社会的相互行為の過程における個体への社会的な働きかけ、つまり社会化 socialization の結果としてとらえる」（三三頁）という記述に注目しておきたい。それを踏まえて、一節の末尾で、「まず社会化としての発達の側面を取り上げ、そのメカニズムや過程を解明したい。続いて、それとの関連で、発達における主体の側面を、自我の問題として取り出し、その形成のダイナミックスを明らかにしよう。そして最後に、現代における発達の特徴を、高度工業化社会が人間の発達に与えるインパクトとして問題にしてみたいと思うのである」（三六頁）と本稿の意図を表明している。

それを受けて二節以降で「社会化としての発達のメカニズム」や「社会化の過程」が論じられているが、社会的行動について、パーソンズの一般理論に依拠した議論を展開している点が大きな特徴である。そのなかで社会化を「社会化とは役割の獲得である、…（略）…。社会化は、逸脱に対する統制とならんで、社会体系にとっての『機能的要件』ということになる」（三七頁）といった機能主義的な社会化定義が披露されている。

ただし、それに続く四節においては、「主体的自我の形成」というタイトルのもと、「社会化はやはり基本的に『体系維持的』であり、社会に志向したものである。しかし人間が完全に受動的・順応的なものでない限り、社会化されて発達する個人自身の主体的立場が考えられなければならない」（四八頁）として、ミードの自己論とフロイトの人格理論とを参照しつつ、フロイトの「自我と超自我の関係はほとんどミードのＩとmeの関係に対応する」（五〇頁）という独自の捉え方を表明したうえで主体的自我の形成について論じている。ここでのフロイト自我論やミードのＩへのこだわりは、「社会化の結果がそのまま人間の発達の内実を満たすのではなく、それらを素材としつつも、それに対する自我の主体的な反応と企てによって、自己は高度な段階へと発達をとげる」（五一―五二頁）ということを主張したいがためであったのではないかと推測される。

そして最後に、「父親なき現代社会」における発達問題として、権威の感覚を身につける機会を与えられていない子どもの問題を論じている。その詳細は本文に譲るとして、最後に確認しておきたいことは、先生にとって社会化を論じるときのキーパーソンが、パーソンズとフロイトであるということ、さらには、フロイトの自己論とミード自己論に、同じく主体的自我を読みとろうとしていたということである。こうした思考法は、当時の社会学における自己論の状況を反映していたと言うべきかもしれない。というのも、現代においては、ミードのI概念を主体的自我として捉えようとするのは、ミード自己論としては主流とは言えないからである。

いずれにせよ本稿は、社会化という契機をへて発達する人間が、社会化という体系維持的メカニズムに囚われるだけではなく、そこを越えて社会を変革する力をさえ持つようになる過程をいかに説明できるか、ということを試みようとした論文として貴重である。

［初出―滝沢武久・山村賢明編『人間の発達と学習』（『現代教育講座』第五巻）、第一法規、一九七五年、三一―六〇頁］

【3章】「社会化の論理（一）」「社会化の論理（二）」

本稿は、『青年心理』第二一号と二二号に連載された。筑波大学在職中に書かれたものであり、先生にとっての主要な研究テーマである「社会化」について、当時、どのように考えようとしていたのかを知るうえで貴重な論文である。

冒頭で、本稿が書かれた昭和五〇年代半ば、社会化概念が学問的に市民権を確立するにともなって、その用法をめぐる誤解や混乱が生じてきているという時代認識が表明されており、いわば本稿は、そうした混乱に終止符を打つことを狙いとして書かれたのではないかと思わせるに充分な、刺激的な考察に満ちた論考となっている。

本稿の意図は、「社会化という観点の持つ意味、社会化の論理といったものを明らかにしてみたい」（一五五頁）ということにあるが、そのために、デュルケムとピアジェの道徳教育論の比較検討から議論を開始している。まずデュルケムの道徳教育論については、道徳教育の基礎としての道徳の性格を整理し、道徳性の第一要素としての

「規律の精神」、第二要素としての「社会集団への愛着」という特徴に言及しているが、これらの要素はともに、個人の外部にあって拘束を加える体系として捉えられている。

それに対してピアジェの場合、「子どもはどのようにして道徳的規則を尊敬するようになるか」（一五八頁）ということを実証的に研究していると捉え、さらには、ピアジェの研究は、デュルケム道徳論の批判の試みでもあったとしてその要点を紹介している。例えば、デュルケムは大人によって構成される社会しか考えていないゆえ、子ども同士が自律的な共同の関係を確立し、その中で規則についての相互的尊敬を実現し獲得していくという側面を無視している、つまり、拘束の道徳と共同の道徳という二種類の道徳の存在の区別を怠っているという。

以上のように、二人の道徳観の違いを押さえたうえで、ピアジェの議論には「社会性」が欠如しているという批判的な見解を披露しており、発達を考えるためには、子どものなかの自生的な発達とは別に、子どもに対する社会的働きかけに注意が向けられねばならず、ここに「社会化」の観点が導入されることになるとして、「社会化」の議論へと移行していく。そこで問題視されるのが、デュルケム道徳教育論における家族集団の軽視である。道徳の中心としての権威は、子どもにとって、まずはじめに父親との関係のなかで体験されるものであり、道徳性の第二要素としての社会集団への愛着についても同様であり、さらには、意志の自律性も家族において形成される、ということが強調されている。

さて後半部分（「社会化の論理（二）」）では、まずはじめにダーレンドルフの「ホモ・ソシオロジクス」の議論を紹介し「役割の獲得としての社会化」の議論を展開しているが、「人間はどの程度まで社会化の産物なのであろうか」（一八〇頁）と問い、人間が社会化されるだけの存在であるとすればあまりに受動的な存在と言わなければならず、人間の主体性に答えることができなくなるという問題意識を表明している。それを受けて、「社会化によって個人が獲得するものは、個別的な諸資質と、それとは別のもっと一般的・基礎的な能力との二つに分けて考えた方がよい」（一八一頁）と述べ、後者に焦点を合わせたときに、社会化はより積極的な意義を持つものとなるとして、言語獲得の問題へと議論を進めていく。そこではチョムスキーの変形生成文法の議論やシコレルの解釈手続きの議論のエッセンスが紹介されており、本論文の重要な部分を構成している。そして「社会化は、それら（言語能力など：筆者注）の生得的・原初的能力を活性化し、開発させることによって一般的能力を形成し、そこから人間を創造的・能動的なものへと形づくってゆく基礎を提供する」（一八五頁）と論じられている。

さて以上のように、社会化の機能として、ホモ・ソシオロジクスの形成、個別的諸資質の獲得、一般的・基礎的能力形成の諸側面を見てきたわけであるが、依然として、主体的自我の問題が残るとして、ミードの自己論に手がかりを求めて議論を進めている。ただし、ここでの議論の展開の仕方は、「発達の社会的過程」における議論とほぼ同型であるので省略する。そして最後に、「教育の論理について」と題して、教育と社会化との比較論を展開している。第一に、社会化はより自然的・即自的（ありのまま）であり、教育は普遍主義への志向が強く、第二に、現実志向的である社会化に比べて、教育は理念志向的であるという。そして第三に教育は、主体的自我をも含めた全体的人間の形成を志向するという点で、社会化と識別されるべきだ、と論じられている。こうした教育観は、いくつかの論文のなかで繰り返し現れてくるが、先生独自の教育観と言うことができ、教育に希望を見いだそうとする先生の姿勢が滲み出ている思いがする。

［初出―「講座 社会化の論理（一）――デュルケム、ピアジェを手がかりとして――」『青年心理』二一号、金子書房、一九八〇年、一五四－一七二頁］

［初出―「講座 社会化の論理（二）――全体的人間把握とのかかわり――」『青年心理』二二号、金子書房、一九八〇年、一七六－一九三頁］

【4章】付論「日本人の経済的社会化序説」

本稿は、「経済的社会化」という耳慣れないタイトルを掲げた異色の論文である。社会化論のなかに本論文を含めるかどうか判断に迷ったあげく、「付論」という形で本書に収めることにした。筆者自身、このような論文を先生が執筆していたということは、今回の文献整理作業を通して初めて知ったのであるが、本稿の存在を知った時は意外な感じがしたというのが正直な感想である。先生の執筆意図がどの辺にあったかを判断することは今となっては困難であるが、以下、本稿の趣旨を紹介していくことにしよう。

本稿冒頭において、「経済的社会化」という問題設定が未だ研究が進んでいない領域であるとし、実証研究に必要な概念枠組みを整備し、その解明の方向について、およその見通しを与えることを目的とする、と述べている。なお「経済的社会化」については「個人が当該社会の経済体系を維持し、経済行為ないし経済的役割を遂行してゆくのに必要とされる諸資源を獲得してゆく過程である、と規定してよいであろう」（一一六頁）と定義されている。

そしてパーソンズの第一次的社会化、第二次的社会化概念を手がかりとして、おもに第一次的社会化段階としての、家庭経済レベルにおける子どもの経済的社会化を、「交換の前経済的水準」「交換の準経済的水準」「貨幣による市場的交換の水準」という3つの発達段階に分けて論じている。それぞれについての説明は省略するが、ブラウの「社会的交換」「経済的交換」概念を援用して、交換の位相が発達段階にともなってどのように変化していくかを論じている。例えば、乳幼児期においては、乳児の排泄行為が、母親の愛育に対する乳児から母親への「贈り物」としての意味を持つといったフロイト的な議論から始まり、貨幣の意味や機能を理解する段階へといたる過程を丁寧に論じている。

しかし本稿の主たる論点は、そうした子どもの経済的社会化の過程を論ずることよりは、日本人の「経済活動への動機づけの社会化」を、ウェーバーの『プロテスタンティズムの倫理と資本主義の精神』における議論と対比させながら論じている後半にこそある。そこで問われているのは、「経済体系における経済活動を、総体として価値あるものとして意味づけ、それに向かって人びとを駆り立てるような、全体社会における動機づけ」（一二八頁）の問題である。

詳しくは本論に譲るとして、ここでは要点のみを紹介しておくことにしたい。まず最初に、ウェーバーの議論と、キリスト教の宗教としての特質との対比のなかで、日本においては、個別主義的で集団主義的な行動様式が特徴的であると論じている。それを受けて、「パラダイムとしての日本の家」という興味深い概念を提出し、「家をパラダイムとする理由は、第一に家とその制度は、日本の経済発展と極めて適合的な関係にあり、かつそれを支えた重要な要素の一つである、と考えられるからである。そして第二に、社会化のエージェントとして、家族は第一次的な重要性をもつものであり、日本の伝統的な家族は家として存在してきたからである」（一三五頁）と論じたうえで、「家とそれをめぐる意識は、世俗的『経済的集団主義』と名づけた動機づけパターンと、極めて適合的な性格を持っている」（一三五頁）と結論づけている。

さらには、戦後において家制度が崩壊し家族形態も大きく変容し、それにともない動機づけの焦点も、家そのものよりも家族成員へと移行してきているが、家の持っていた諸特質は、今日の核家族のなかでも形を変えて持続していると論じており、「パラダイムとしての日本の家」という考え方は、現在においても、経済活動への動機づけを論じるうえで有効であるという認識が表明されている。

［初出―「日本人の経済的社会化序説」現代社会学会議編『現代社会学』三巻一号、講談社、一九七六年、一一五―一四四頁］

第Ⅱ部　方法論

【5章】「解釈的パラダイムと教育研究――エスノメソドロジーを中心にして――」

山村先生を語るときに、方法としての解釈的アプローチを教育社会学領域に導入した第一人者という評価がなされることがある。事実、筑波大学時代に指導を受けた大学院生のほとんどは、構築主義やエスノメソドロジー、会話分析、物語論、エスノグラフィー研究など、広い意味で解釈的アプローチとして括れる方法にもとづいた業績を発表しつつ、それぞれに研究者としての道を歩んでいる。しかし、先生ご自身としては、解釈的方法に関する論文も、あるいはそうした方法にもとづいた実証研究もそれほど多いわけではなく、先生の業績一覧を振り返って意外な感を抱く人も少なくないだろう。もちろん代表作『日本人と母』も、解釈的方法を用いた優れた実証研究と言えるわけであるが、もっぱら先生の研究関心は研究方法よりは内容にあったというべきで、方法論そのものについての業績は数少ないのである。

筑波大学に在職中の五年間、大学院の演習は、エスノメソドロジー関連の文献講読を中心に進められていたが、そうしたことが契機となって、大学院生の間にエスノメソドロジーをはじめとした解釈的アプローチへの関心が高まっていったことは事実だろう。またそうした機運を受けて、解釈的アプローチにもとづいた実証研究を意識して、伊藤忠記念財団の「受験体制」の共同研究や東京都生活文化局の「家族におけるテレビ視聴様態」の共同研究などを精力的に展開されたのだと思われる。そうした時期に書かれた本稿は、エスノメソドロジー研究に対する先生の方法的立場を知るうえで貴重な論文であることはもとより、発表後今日に至るまで多方面でしばしば引用されてきており、エスノメソドロジーに関心を持つ読者にとっての必読文献と言って良いだろう。

本稿は、カラベル&ハルゼー『教育と社会変動』の序論における解釈的パラダイム、なかでもエスノメソドロジーの捉え方に異論を唱えることを目的として書かれているが、議論の進め方としては、カラベルらの議論に手がかりを求めて、部分的には依拠しつつ、他方ではそれに異論を唱えるという形が取られている。

まずはじめに、社会学はデュルケム『自殺論』から始まったが、その後、調査それ自体が社会学から切り離された形で独自の発展をするようになり、「調査の制度化」と言えるような状況が出現したという認識が示されている。そして、調査の制度化の中心となって教育研究を支えてきたのは、方法的実証主義、および規範的パラダイムであり、教育分野における方法的実証主義は相関的研究と呼ばれることがあるが、相関的研究においては教育過程が無視され、学校がブラックボックスになっていると論じている。

そこから、従来ブラックボックスとされてきた教育過程を研究対象とするにはどうすれば良いかという問題意識が出現してくることになり、解釈的パラダイムが注目されることになったと述べている。なかでもエスノメソドロジーに着目しているところに本稿の特徴があるわけだが、先生のエスノメソドロジーのとらえ方は、「エスノメソドロジーの理論的特質からすれば、……、教室内の教師－生徒の相互行為過程やそこで教師の用いる評価枠の解明の方が、よりふさわしいはずである」(二五頁)、「エスノメソドロジカルな研究の重点は、相互行為の形式よりはその実質的内容の分析におかれる必要があるであろう」(二六頁)といった言い方に現れている。そして先生自ら、自分が目指したいのは「応用エスノメソドロジー」であると、繰り返し語っていたことを思い出すことができるのである。

なお、アメリカにおける教育のエスノメソドロジー研究に対するカラベル等の厳しい評価(研究結果や命題の陳腐さへの批判)を紹介しつつ、それとの対比で、「彼らの研究の意義は、社会的現実についての彼らの厳密な理論と、それとの一貫性においてとられる方法の独自さにある」(二七頁)のであって、得られた研究結果や命題にのみあるのではない、とエスノメソドロジー研究を擁護している。そして、いま求められていることは、エスノメソドロジーの実証研究であると論じ、教育過程を捉えることの必要性を強調している。

そしてすでに冒頭で回想風に述べたように、ただ単に、お題目のように実証研究の必要性を唱えていただけではなく、先生自らエスノメソドロジーを含み込んだ広義の解釈的アプローチを採用した共同研究をリードし、研究成果を公表していったということを強調しておきたい。

［初出―日本教育社会学会編『教育社会学研究』第三七集、東洋館出版社、一九八二年、二〇－三三頁］

【6章】「教育社会学の研究方法――解釈的アプローチについての覚え書き――」

本稿は、柴野昌山編『教育社会学を学ぶ人のために』世界思想社（一九八五年）に収録されている。「解釈的パラダイムと教育研究」（一九八二年）と内容的に共通している部分も少なくないが、先生にとって数少ない方法論についての論文であり見逃すことはできない。

まず「1　研究の基本的方針」では、ウイルソンの議論を手がかりとして、社会学の研究パラダイムを「規範的パラダイムと解釈的パラダイム」の二つに分類し、それぞれのパラダイムの特徴についてコンパクトに論じている。続いて、カラベル・ハルゼーの「機能主義と解釈社会学」の議論を紹介しているが、内容的には一九八二年論文と共通する部分も多いので省略するが、機能主義とそれに基づく実証主義研究を批判し（学校内部のブラックボックス化、演繹的説明など）、それらの研究を補うものとして解釈的アプローチの有効性を主張している。

一九八二年論文との比較で言えば、本稿の特徴は、エスノメソドロジーの研究方針とシュッツの「常識的構成概念」「二次的構成概念」とを結びつけて論じている点にある。そこでは、データ内在的に行為者自身の立場に即した分析の必要性が強調されているが、行為の理解は一種の主観主義であり、解釈的記述は仮説的性格を免れないという認識が表明されていて興味深い。そして「分脈依存性こそが『解釈』の本質である」（五七頁）として、たとえば高校受験期の三者面談を事例として、三者面談という直接的分脈の中で、教師や生徒の行為を解釈するばかりか、受験体制と呼ばれる「中状況」や、高度工業化社会に見られる高学歴化といった「大状況」にひそむパターンのドキュメントとして三者面談場面を解釈することも可能である、という見解が表明されている。

こうした見解は、エスノメソドロジー本来の問題関心からすれば逸脱することになるが、先生はそうした批判を承知の上で、「応用エスノメソドロジー」の可能性を主張したいがためにこのような議論展開をしているように思われる。とはいえ、ここでいう「応用」とは、実践や政策への研究知見の応用ということを意味するわけではなく、あくまでエスノメソドロジー研究の解釈的アプローチ研究への応用可能性ということである。実際、本稿の「まとめ」部分で、二つのアプローチの関係について、実証主義研究は、常識的な知識や行動様式に依拠しそれを前提にして研究するが故に、政策的必要に応えうるのに対して、解釈的アプローチは、日常性そのものを分析対象とし認識的関心に徹しようとする、と論じていることからも、そのことをうかがうことができるだろう。

［初出—柴野昌山編『教育社会学を学ぶ人のために』世界思想社、一九八五年、四三－五九頁］

第Ⅲ部　子ども論・家族論

【7章】「集団の情動的側面と母子関係」

先生の初期の問題関心の一つに、「集団の深層理論」というテーマがあったことは文献リストからも明らかである。本稿は、パーソンズやフロイトの集団理論を批判的に検討し（集団の深層理論は普遍的なものではなく、文化的被拘束性を捨象してはならない）、日本における社会化問題、なかでも母子関係を中心とした親子関係のありかたを見ていくことで、日本人の行動や人間関係の特質を解明しようとするものであり、それらを踏まえたうえで、社会学的な意味での集団の深層分析の可能性を探ることを目的としている。

そうした前提を受けて、まずはじめに中根千枝の『タテ社会の人間関係』に肯定的に言及しつつ「日本のリーダーの弱さは、社会化の観点から、親子のあり方によっても説明できるように思われる」（五九頁）と述べ、日本の親子関係をめぐる意識として、母＝子の情動的な関係が強く、シンボリックな意味で「夫・父不在」の状況が見られるとし、そこから集団における人間関係の特徴として、父という道具的リーダーよりは、母という表現的なサブ・リーダーが実質的な力を持つという特徴が見いだせると論じている。

続いて、自らの先行研究に引きつけて、「私自身の日本の母子関係の研究のなかでも、甘えの問題は基本的な重要性を持ったものとして出てきているので、ここではあくまで日本の個別文化的特殊性という立場から、日本人の行動様式や人間関係を解く一つの鍵として考えてみたい」（六一頁）として、土井健郎の「甘え」概念に日本人の人間関係を分析する概念としての有効性を見ている。また本稿のなかで、「かつて九鬼周三が『いきの構造』を書いたように、いつか『甘えの構造』が書かれる必要があるであろう」（六二頁）と書いているが、土井健郎の『甘えの構造』がそれから二年後の一九七一年に刊行され大きな注目を浴びたという事実から振り返ってみると興味深い一節である。

いずれにせよ本稿は、パーソンズやフロイトの普遍性を志向した理論の限界を指摘し、日本人の行動様式を解明する上で、母子関係を中心とした社会化の様式への注目が不可欠であるという認識を表明している点で、さらには先生がその後展開することになる社会化論、親子関係論（特に母子関係論）についての認識の萌芽が表明されている点において、小論ではあるが注目されて良い論文である。

［初出―日本社会学会編『社会学評論』七六号（第一九巻第四号）、日本社会学会、一九六九年、五四―六三頁］

【8章】「現代日本の子ども観」

本稿は、佐藤忠男氏との共編『現代社会と子ども』に収録されている。一九七〇年に書かれた論文であり、近年の子ども問題を考える上では内容的に古すぎてあまり参考にならないのではないかという危惧を抱きかねないが、日本に特有の子ども観がどのような形で存在してきたかを論じつつ、一九七〇年当時の社会状況を踏まえたうえで、その後の子どもの変貌を予告していく論理展開は興味深く、今日の子ども問題を考えるうえで様々な手がかりを与えてくれる論考となっている。

前半では、日米比較を通して、日本の社会における子ども観は総じて「性善説」に傾いていると論じているが、そうした見方を確認する意味で、映画に現れた子ども像の検討や、柳田国男や宮本常一の子ども観に言及しているが、ここで特に注目したいのは「三、子どもの社会的位置づけ」における議論である。まず最初に、「子どもはまずその親と同一視されるのが普通であった」（四八頁）として「縁坐の思想」を紹介しているが、こうした思想は、少年犯罪が発生するたびに繰り返される加害者の親に対する社会の非難の仕方に通じるものがある。続いて「日本の伝統的な『常識的観念』としての子ども観は、単に親や家との一体性において子どもをみるだけに留まらない。さらに一族や地域社会全体との関わりにおいて子どもを位置づけるところに、その重要な特徴がある」（五〇頁）と述べ、子どもの誕生から一人前になるまでの様々な慣習のなかにそれは現れるとして、「宮参り」「仮親」「捨子」「若者宿」といった儀式や制度に言及している。いわば、「子どもを地域社会全体の配慮のもとにおく」（五一頁）という子ども観があったというのである。

しかし現代において、以上、二つの側面を持った子ども観〈親と同一視される子ども〉と〈社会のなかの子ども〉のバランスが崩れてきているという。特に、地域共同体と家とがともに崩壊することで、それにともなう社会意識の変化もあって、子どもを社会に属する存在とみて、他人が自分の子どものようにしつけるという側面が著しく衰弱し、それに代わって、個々の家族が独立的な生活を営むようになったなかで、子どもの私有性に関わる側面が肥大化してきているという。さらには、子どもは大人と異なる存在であるとする見方が薄れ、通過儀礼などの社会装置も取り払われ、子どもと大人との境界が曖昧になり、のっぺりとした連続したものになってきており、こうして日本古来の子ども観は、今まさに消滅の危機にあるのではないかと論じられている。

［初出―佐藤忠男・山村賢明編『現代社会と子ども』（『児童の理解』第一巻）、東洋館出版社、一九七〇年、一三―五六頁］

【9章】現代家族における社会化問題

本稿は、濱田陽太郎編『現代教育講座第六巻　現代日本の教育環境』（一九七五年）に収録されている。タイトルが示すように、一九七五年時点での「現代」日本社会の状況分析を踏まえつつ、子どもの社会化をめぐる諸問題について、パーソンズのＡＧＩＬ図式を導きの糸として論じられている。すでに、三〇年以上前に執筆された論考であるが、家族規模の縮小や直系家族制から夫婦家族制への移行という特徴を指摘しつつ核家族化の進行という状況を受けて、その中での子どもの社会化をめぐる問題を扱っている。いわば、今日まで進行し続けている現代日本の家族状況について、一九七五年という時点での現状分析と問題点の指摘がなされているということであり、その意味では、現代日本における家族と子どもの社会化問題を考える上で、多様なヒントを提供してくれる論考となっている。

本稿の課題は「社会化の面に限定して、家族における子どもの発達の過程を概観し、そのうえにたって、現代家族の問題状況を明らかにしてみたい」（一四五頁）ということであるが、前半では、パーソンズのＡＧＩＬ図式や、フロイトの心理＝性的発達段階説、さらにはエリクソンの「自我同一性」論などに手がかりを求めて、子どもの社会化にとっての父親と母親の持つ意味・機能について整理がなされ、それを受けて、核家族化の進行の中での父親と母親の現状に対する問題提起がなされている。つまり、子どもにとって、権威の原体験であるべき父親が「見えない父親」となり、「権威の原体験を欠き、利害の感覚によって支配される父親なき子どもたちは、『道徳的色盲症』におちいっているのであり、『父親なき社会』とは、必然的に道徳の下落する社会ということになる」（一六八頁）と、一種の警告ともいえる表明がなされている。そして愛の原体験であるべき母親は、父親なき社会を補完するかたちで子どもに対する母親支配を強化していき、愛情の過剰が過保護をもたらし、自律性志向の希薄な〝甘え人間〟を作り出しているとして、父なき社会と母親支配という現代家族の有り様に対して危機感が表明されている。

ではそうした現状を受けてどうすれば良いというのか。本稿の基本的立場は、父親と母親との間で、パーソンズ的役割分化がしっかりとなされている状態こそが望ましいというものであり（手段的役割を担う父、表出的役割を担う母）、そのためには家庭の教育力回復こそが不可欠であるとして、（そのための方法として）三点にわたる提言がなされている。

以上のように、本稿の基本的論旨は、子どもの社会化にとって、父親と母親には、それぞれに果たすべき役割があるのであり、そうした役割をきちんと果たすためには家庭の教育力の回復こそが急務であるというものであるが、こうした両親の役割についての認識は、現代ではもはや時代遅れではないかという反論も聞こえてきそうである。しかし、子どもの社会化にとって、権威と愛の原体験が不可欠であるとする認識それ自体は、現代においても（あるいは現代だからこそ）、充分、検討に値する問題のように思われる。

〔初出—濱田陽太郎編『現代教育講座第六巻　現代日本の教育環境——教育・学習環境はどう変化したか——』第一法規、一九七五年、一四一－一八六頁〕

【10章】「学校文化と子どもの地位分化——ガキ大将の行方をめぐって——」

本稿は、濱田陽太郎編『子どもの社会心理　②学校』（一九八二年）に収録されているが、「戦後、ガキ大将が消滅したのはなぜか」という問いをめぐって、社会背景要因にも目配りをしながら論じられており興味深い論考となっている。

まず本稿冒頭において「現代におけるガキ大将の不在は、単なる一つの子ども像の消長の問題などではないのだ。それは、高度工業化社会の出現という、大人社会の変動のあおりを受けて、子どもと子ども社会のあり方が根本的に変化してしまった、ということの象徴なのだ」（一〇三頁）という認識が表明されており、まずは「学校化と子ども」という題のもと、アリエスに依拠して、学校化の進行が子どもの誕生をもたらし、子どもの生活の「学校化」と同時に、感情教育の場としての家族が出現してきたと論じている。続いて、子どもの誕生をもたらした学校の基本的特徴を、ゴフマンの「全生活的施設」論に依拠して整理したうえで、学校のなかに、教師によって代表される「学校大人文化」と児童・生徒によって共有される「学校仲間文化」との、二つの文化が対立・併存していると捉え、その二つの文化の違いと、それぞれの文化が要求する業績との違いから、子どもの地位の四類型を設定している。つまり、「学校大人文化」の期待する業績としての「知識・技能的業績」と、「学校仲間文化」に関わる業績としての「人間関係的業績」とに業績を二分類し、業績と文化との二つの軸から子どもの地位の四類型を設定しているということである。なかでも、「学校大人文化にそった知識・技能的業績」にもとづく地位を「優等生」と命名し、それとの対極にある「学校仲間文化に即した人間関係的業績」にもとづく地位を「ガキ大将」と命名し、この二類型が、お互いを支え合う構図になっていた、というのが本稿の重要な論点である。

とはいえ、本稿で議論の焦点となっているのはもっぱら「ガキ大将」であり、小説（「銀の匙」「小さな王国」）を事例としてガキ大将の特徴を押さえたうえで、戦後、なぜガキ大将が消えたのかを問うているが、それに対しては、子どもの変化と社会の変化との両面から論じられている。まず子ども側の変化については、「同輩集団の衰弱、受験競争の激化、遊び形態の変化、自意識の向上（権利意識の向上、知的早熟化）」などが、大人との対等性を要求する存在を生み出し、いわば子どもは小さな大人になってきたという。

さらに社会的な背景要因として、「戦後民主教育の普及」が「縦の関係の否定、水平的関係の推奨」をしてきたとして、ボス退治の実践記録である『学級革命』を事例としながら、子どもの世界から「暴力」「腕力」が否定されていく様子を描き出している。さらには、「受験体制、メリトクラシー原理の貫徹」にも言及しているが、そうした社会的な変動を受けて、「『学校大人文化』にもとづく優等生・級長が厳然とあることによって、『学校仲間文化』によるガキ大将も存在する意味があった」（一四一頁）が、どちらも現代の社会変動のなかで消滅していったという認識が表明されている。

［初出―濱田陽太郎編『子どもの社会心理2 学校』金子書房、一九八二年、一〇三―一四三頁］

【11章】「現代日本の家族と教育――受験体制の社会学に向けて――」

本稿は、『教育社会学研究』第四四集（一九八九年）の特集「家族と社会化」の巻頭論文として収録されている。

本稿のサブタイトルは「受験体制の社会学に向けて」となっているが、「受験体制」という言葉を先生が意識的に使用するようになったのは、伊藤忠記念財団報告書『受験体制をめぐる意識と行動』（一九八三年）以来ではなかったかと思う。その後、「受験体制」という言葉を使用した論考を何本か書かれているが（文献リスト参照）、この言葉にどのような意味を持たせようとしていたのかを知るには本稿が最適である。

まず最初に、『家族と教育』研究の視点」ということで、方法論のレビューをするなかで解釈的パラダイムに依拠した研究の意義を主張している。そして「受験体制」を「より有利な学校への進学を目指して、子どもたちの生活が全体として、受験のための勉強を中心にして早くから組織化され、体制化される事態」（八頁）と定義し、「学歴主義とか学歴社会などという概念が、現代の大人社会のあり方を特徴づけているとすれば、受験体制はそれに規定され、それに対応してつくりだされた子ども社会のあり方を表現した言葉である」（八頁）と述べている。

さてそうした定義を受けて、受験体制を成立させる用件として「同等（対等）意識の文化」「努力主義の心性」さらには「日本的集団主義」に言及し、「集団主義の文化によって、受験競争は個人間の競争ではなくなり、集団的・社会的性格を帯びる。子どもは家庭においては、家族の支援のもとに、家族の代表としてよその子ども＝家族に負けないように頑張る」（一一頁）といったかたちで家族ぐるみの競争になるばかりか、学校ぐるみの競争でもあり、さらには、地域から受験産業やマスメディアをも巻き込んだ全社会的な営みとなるという特徴を持っていると論じている。

続いて、受験体制の社会化機能ということで、「テスト的思考様式」「仲間集団とその文化の機能不全」「日本型職業人の形成」という三点が指摘されているが、特に、「日本型職業人の形成」という問題を引き受けて、最後の節で「受験体制の再生産機能」という論点に言及している。詳細は本論に譲るが、受験体制の問題を、家族－学校－職業社会という三項関係のなかで論じることで、「日本の受験体制とは、職業社会を最高の公（大義）とし、それを底辺の私としての家族が支え、学校が公／私として両者を仲介するという形で、家族－学校－職業社会を結ぶ三角形が閉じるところに成り立っている体制である」（二〇頁）と再定義されている。そしてウィリスの『ハマータウンの野郎ども』を引き合いにして、イギリス労働者階級の子どもの場合、彼らの反学校文化は労働者階級の家庭と文化によって支えられており、彼らの学校体験は、労働者階級としてのアイデンティティ形成の一環をなしているという捉え方を紹介しながら、それとの対比で、「受験体制のもとにおいては、学校の勉強をめぐる競争は、学校－家庭ぐるみで社会を挙げて行われるものである。したがってそのような状況のなかで、反学校文化を支える階級的基盤など存在しない」（二一頁）と論じている。それゆえ、子どもが反学校的に落ちこぼれると、そうした子どもの受け皿は日本にはないのだという。さらに、受験における成功や失敗の責任が、個人と個人をめぐる集団（家族）の個別的努力不足に転嫁され、受験体制という制度そのものの持つ矛盾とその変革から人々の目を逸らすことになり、その意味で日本の受験体制は、メリトクラシーの安全弁になっているかもしれない、という興味深い認識が示されている。

最後に、ボウルズ、ギンタス、ブルデューに言及しつつ再生産機能という問題について論じているが、階級構造の再生産という観点は、階級構造があらわになりにくい日本社会を捉えるには適していないのではないか、むしろ、受験体制こそが、日本人の意識や行動様式を再生産しているのであり、その意味で、受験体制という日本社会の仕組みを明らかにしていくことこそが求められるのであり、本稿もまたそうした試みの一つであると述べている。

［初出―日本教育社会学会編『教育社会学研究』第四四集、東洋館出版社、一九八九年、五－二七頁］

【12章】「子ども・青年研究の展開」

本稿は、『教育社会学研究』第五〇集（一九九二年）の「教育社会学のパラダイム展開」という特集テーマを構成する論文である。当初は、先生お一人への執筆依頼であったが、先生からのお誘いを受けて、筆者との共著という形で本稿は書かれている。執筆分担は明記されていないが、実質的には、「2　質問紙調査から描き出される『子ども像』『青年像』」を筆者が担当し、それ以外を先生が担当している。ここでは、もっぱら先生が担当された部分の内容を紹介することにしたいが、本稿で展開されている基本的な主張が、次に紹介する論文「メディア社会と子ども論のジレンマ」へと引き継がれていく、ということに注意を促しておきたいと思う。

まず冒頭で、本稿のレビューする研究領域を三点にわたって整理しているが、その第三で「ここではそのように限定された諸研究について、そこで得られた結果よりは、そこでとられている研究や調査の方法・立場・視角などに力点をおいて考察したいと思う」（三〇頁）と述べ、本稿の性格を明確にしている。そして「教育社会学においては、子ども・青年調査と子ども・青年論とは密接に結び付いている傾向があり、またそれが一つの特色ともなっている」（三二頁）と捉え、それを受けて、まず二節で「質問紙調査から描き出される『子ども像』『青年像』」が論じられ、続いて三節において「子ども・青年論をめぐって」が論じられている。

さて三節において、これまでの教育社会学において共通してみられる特徴を、「子どもの発達や子どもをめぐる問題を家族、学校、仲間集団、地域社会などの個別集団および総体社会との関連で捉える、という図式である」（三八頁）と述べ、いささかの不満を表明している。そして「研究の飛躍にとって必要なことは、そのような分析枠組を構成する社会的諸要因が、総体としてどう結び付き、現代どのような構造的変化を示しつつあるのか、その変化の方向性をどう認識するか、という理論の提示である」（三九頁）と提言している。

それを受けて、子ども・青年研究のキーワードとして「社会化」と「下位文化」に言及しているが、それと同時に重要なこととして、「一定の時代、一定の社会に潜在的に見られる、子ども・青年についての常識的観念としての子ども・青年観の研究である」（四三頁）として、その研究の重要性を主張し、アリエスの研究も、結局は子ども観の研究であったという認識が表明されている。またアリエスについては、「人類学的研究によって子ども・青年のあり方が空間的に相対化されたのに加えて、アリエスによって子どもという存在、さらには青年という存在が歴史的なものとして時間軸において相対化されたのであった」（四〇頁）という認識が表明され、アリエスの研究が、子ども研究をより強く刺激するようになったと述べている。

最後に、今後の研究の方向性として参与観察や組織的観察の導入の必要性を説き、また別の論点としてメディアとの関係について言及し、「われわれ研究者自身が、このようにマスメディアが発達した情報化社会において、果たしてどこまで、またどのようにして子どもや青年の事実や実態というものを捉えることができるか」（四四頁）と問いかけているが、研究者にとってのマスメディア問題はそれだけにとどまらず、「しばしば研究者自身も、メディアを通してその議論の展開の中で重要な役割を演じる一方で、自らが仕掛けたりつくりだしたものを自ら研究の対象にするというような二重の役割さえ演じてきたのである」（四五頁）と述べている。そして、そうした論点に依拠して論じられた「いじめ論」こそが、次に紹介する「メディア社会と子ども論のジレンマ」なのである。

［初出─日本教育社会学会編『教育社会学研究』第五〇集、東洋館出版社、一九九二年、三〇－四八頁］

【13章】「メディア社会と子ども論のジレンマ──なぜ子どもは見えないか──」

本稿は、門脇厚司・宮台真司編『「異界」を生きる少年少女』（一九九五年）に収録されている。本編著のタイトルは、一九九〇年と一九九一年に行われた教育社会学会大会時の課題研究のタイトルがそのまま採用されたものであり、その時の報告者を中心として編まれた論文集である。本書は一一名の執筆陣からなるが、高度情報化社会における子どもの変貌をいかに捉えることができるか、という問題関心が本書全体に共有されている。

先生が担当されているのは六章であるが、まず冒頭において、本稿におけるメディア社会の捉え方が示されている。それによれば、メディア社会の進行が現実感の希薄化をもたらす反面、フィクションそれ自体の現実感が増しはじめており、そういう意味で、現実とフィクションとの境界が曖昧化し、いまや、メディアのつくりだす世界が間主観的な「現実」とまでなっていると論じている。つまり「われわれはすべて日常生活者として、ほとんどメディアという『一般的他者』によって見られたようにしか世界をみれなくなっている」（一四二頁）というわけである。

続いて、そのようなメディア社会の典型例として「いじめ問題」についてかなり詳細に論じている。まずはじめに、いじめ報道の歴史が概観され、それを踏まえて、「マスメディアで報じられた『いじめ問題』と、子ども社会における『事実としてのいじめ』とは、どのように対応していたのであろうか」（一四五頁）という問いが投げかけられ、それに対して、「われわれ研究者も教師も、行政関係者もさらには子どもでさえ、マスメディアが見ようとしたように『いじめ』の問題を見てきたのであり、またそれしか方法はなかったのである。メディアによる問題の定義づけとその規定力の強さはあらゆる領域に及ぶが、とりわけ『いじめ』の問題は、そのメカニズムを典型的なかたちで示している」（一四六頁）と論じることで自らの問いに応答している。さらには「ある出来事を問題だとして報道すること自体が結果的にその問題を広めることになる」（一五〇頁）という構築主義的な認識も表明されているが、本稿ではそうした事態をマスメディアの逆機能として捉えている。

さらには、こうしたマスメディア社会に生きる現代の子どもたちが、メディアとの深い関わりを持ちながらどのような生き方をしているのかという点について、独自の見解が表明されている。そこでは、よく言われるような、子どもの発達にとってのマスメディアの持つマイナス効果の指摘といった通説とは異なり、むしろ、多様なメディアとの接触が、子どもの生活世界を多様化し豊かにしているのではないか、という認識が表明されている。と同時に、「子どもの生活世界の二重性」という問題にも着目しており、親や教師によって公認された文化が支配し、その指導に服さなければならない表社会が存在する一方で、非公認で面白さが支配する自分達の世界、つまりマルチメディア世界が存在するという二重性に言及している。そしてこの二重性を生きることで、子どもは、大人と同じようなものの見方を身につけ、他者の隠された動機や意図を解釈し、大人の目で自分たち子どもという存在を対象化して眺めるようにまでなったのに対して（純真で無邪気な存在であることの不可能性）、一方で、大人の期待を無視することのできない子どもたちは「良い子」を演じ続けなければならず、内面の大人性とのギャップに引き裂かれつつ、大人の期待にあわせて表面の子どもらしさを生きざるをえないのであるという。

そして最後に、マルチメディア社会を生きる現代の子どもを研究対象とする際の提言が二点にわたって述べられている。まず第一に、「研究者は自ら大人として子どもを研究や考察の対象とするとき、子どもについての大人としての思い込みから意識的に自己を解放することが必要となる」（一五六頁）ということであり、第二に、「子どもを大人の立場からもっぱら社会化の対象として眺めるのではなく、それとはひとまずべつに、子どもたちそのものを大人と同じような生活者または社会のメンバーとして研究の対象にすえることの必要性である」（一五七頁）と述べ、子どもの立場から子どもを研究する必要性を説いており、そのためには、エスノグラフィックな解釈的アプローチが必要であるという言葉で本論を締めくくっている。

こうした先生の提言に沿った方向での研究成果が、その後、教育社会学領域でも徐々にではあるが出始めており、今後の展開が期待される子ども研究の一分野になりつつあることを申し添えておきたい。

［初出―門脇厚司・宮台真司編『〈異界〉を生きる少年少女』東洋館出版社、一九九五年、一四一－一五八頁］

山村賢明略歴

一九三三年五月八日　山梨県に生まれる

学歴

一九四六年三月　三村国民学校卒業
一九四六年四月　山梨県立甲府中学校入学
一九四八年四月　学制改革により、山梨県立甲府第一高等学校付設中学校となる
一九四九年三月　同校卒業
一九四九年四月　山梨県立甲府第一高等学校入学
一九五二年三月　同校卒業
一九五二年四月　東京教育大学教育学部教育学科入学
一九五六年三月　同校卒業
一九五六年四月　東京教育大学大学院教育学研究科修士課程入学（教育社会学専攻）
一九五八年三月　同大学院教育学研究科修士課程修了

一九五八年四月　同大学院教育学研究科博士課程入学
一九六三年三月　同大学院教育学研究科博士課程単位取得退学

学位

一九五八年三月　教育学修士（東京教育大学）
一九六九年五月　教育学博士（東京教育大学）

職歴

一九六三年四月一日　日本獣医畜産大学助教授
一九六五年二月二八日　同校退職
一九六五年三月一日　東京教育大学文学部社会学科助手
一九六七年四月一日　埼玉大学教育学部助教授に配置替え
＊一九七七年三月一〇日　文部省長期在外研究員としてアメリカ合衆国等に出張（翌年三月九日まで）
一九八〇年四月一日　筑波大学教育学系教授に配置替え
一九八五年三月三一日　筑波大学退職
一九八五年四月一日　立教大学文学部教授
一九九六年三月三一日　立教大学退職
一九九六年四月一日　文教大学人間科学部教授

二〇〇二年九月一五日　逝去

主な学会活動

日本教育社会学会会長（一九八九年～一九九一年）
日本社会学会、日本教育学会、茶の湯文化学会

山村賢明業績一覧

以下は、山村先生の業績一覧をめざして調査した結果であるが、未発見の文献が存在する可能性もある。収録文献の中には、国立国会図書館データベース等から抜け落ちていた文献も多数存在し、調査のたびに新たに文献情報が追加され続け今日に至ることをお断りしておきたい。

1 著書（単著）

『日本人と母――文化としての母の観念についての研究――』東洋館出版社、一九七一年。

『親でなければできないしつけ――日本人の形成と家庭――』広池学園事業部、一九七七年。

『かわいくない子どもたち――発達疎外の時代――』広池学園出版部、一九八三年。

『日本の親・日本の家庭』金子書房、一九八三年。

『ラジオ大学講座 家庭教育』旺文社、一九八三年。

『放送大学教材 家庭教育』放送大学教育振興会、一九八五年（一九八九年改訂版刊行）。

『家庭と学校――日本的関係と機能――』放送大学教育振興会、一九九三年。

『茶の構造』世織書房、一九九六年。

『日本人と母』（広井多鶴子・小玉亮子監修『文献選集 現代の親子問題 第一期 子育てのエージェント 第五巻 日本人と母』）日本図書センター（一九七一年単著の復刻版）、二〇〇七年。

2　著書（共著）

『社会学』［馬場四郎他と］玉川大学、一九六八年。

『日本の学校教育目標』［上滝孝治郎・藤枝静正と］ぎょうせい、一九七八年。

『おとなにならない子どもたち――今日の教育問題を考える――』［樋口恵子・高橋勇悦と］文化評論社、一九八三年。

3　著書（編著）（執筆論文は4に収録）

『児童の理解1　現代社会と子ども』［佐藤忠男との共編］東洋館出版社、一九七〇年。

『現代教育講座5　人間の発達と学習――子どもの発達にとって教育とは何か――』［滝沢武久との共編］第一法規、一九七五年。

『現代のエスプリ別冊　変動社会と教育――社会化をめぐる国際シンポジウム――』［門脇厚司・原喜美との共編］至文堂、一九八〇年。

『現代学校論――生徒と教師の社会学――』［門脇厚司との共編］亜紀書房、一九八二年。

『伊藤忠記念財団調査研究報告書8　受験体制をめぐる意識と行動』［学校社会学研究会（代表：山村賢明）編］伊藤忠記念財団、一九八三年。

『家庭教育の回復と学校の役割』日本標準、一九八六年。

『東京都青少年問題協議会調査報告書　子どものテレビ視聴の様態に関する調査研究』［「マスコミと教育」研究会（代表：山村賢明）編］東京都生活文化局、一九八六年。

『親と教師のための思春期学1　思春期とは何か』情報開発研究所、一九八八年。

『親と教師のための思春期学3　家族』［児玉隆治との共編］情報開発研究所、一九八八年。

『教師が読む子どものための学校5日制』［岡崎友典との共編］ぎょうせい、一九九二年。

4　学術論文・分担執筆著書

「学級集団構造研究におけるソシオメトリーの適用」［辻功、武藤孝典との共著］『教育社会学研究』第一一集、一九五七年、四八－六八頁。

『教育との関連における集団的技術の研究Ⅰ』東京教育大学修士論文、一九五八年。

「小集団研究育と集団教育」馬場四郎編『集団教育の展開』明治図書出版、一九五九年、二二九－二五八頁。

「集団の深層理論について」『教育社会学研究』第一五集、一九六〇年、一六三－一七九頁。

「地域小集団のモノグラフ――N婦人会の場合――」『教育社会学研究』第一六集、一九六一年、一五七－一七一頁。

「近代日本の家族と子どもの社会化――川島理論を手がかりとした序説――」『教育学研究』第二八巻第四号、一九六一年、五七－六六頁。

「現代日本における個人的責任の意識」［J・I・キッセとの共著］『社会学評論』第一四巻第一号、一九六三年、七九－九〇頁。

「親子関係と子どもの社会化――文化の観点から――」『教育社会学研究』第一九集、一九六四年、一六四－一七四頁。

「テレビ・ドラマのなかの母」『人間の科学』一九六四年五月号。

「『知名人』にみる日本の母のコンセップション――あるラジオ番組の内容分析を中心にして――」『社会学評論』第一七巻第一号、一九六六年、三五－五二頁。

「〈誌上シンポジウム〉提案――社会化と家族研究の方法をめぐって――」『教育社会学研究』第二一集、一九六六年、七一－七七頁。

「〈誌上シンポジウム〉批判に答えて」『教育社会学研究』第二一集、一九六六年、八七－八九頁。

「子どもはほんとうに母親が好きか」『婦人公論』一九六八年、九月号。

「集団の情動的側面と母子関係」『社会学評論』第一九巻第四号、一九六九年、五四－六三頁。

『現代日本における母のコンセプションズの研究』東京教育大学博士論文、一九六九年。

「社会移動と子どもの社会化――達成動機の問題を中心にして――」『教育社会学研究』第二四集、一九六九年、二九－四四頁。

「情報社会のなかの国民性教育」［馬場四郎との共著］伊藤昇・大嶋三男・尾鍋輝彦編『講座 国民性の教育2　国民性教育とは何か』明治図書出版、一九六九年、一六五－一八六頁。

「親子間のコミュニケーション――その特質と今日的問題――」『言語生活』二二六、一九七〇年、四二－五〇頁。

「子どもの社会化とその現代的特質」佐藤忠男・山村賢明編『児童の理解1　現代社会と子ども』東洋館出版社、一九七〇年、一―一二頁。

「現代日本の子ども観」佐藤忠男・山村賢明編『児童の理解1 現代社会と子ども』東洋館出版社、一九七〇年、二三―五六頁。

「テレビにみる母の虚像と実像」『現代のエスプリ』第四三号、至文堂、一九七〇年、一五六―一七二頁。

「家庭教育の再検討」『家庭科教育』四四（二）、一九七〇年、八―一二頁。

「日本の母子関係」『家庭科教育（臨時増刊）』四五（一二）、一九七一年、八―三八頁。

「家庭科への提言」『家庭科教育』四六（一）、一九七二年、二四―二七頁。

「教師の影響力とその構造」『教育社会学研究』第二八集、一九七三年、四六―六二頁。

「社会化研究の理論的諸問題」日本教育社会学会編『教育社会学の基本問題』東洋館出版社、一九七三年、九二―一一一頁。

「マス・コミにみる今日の家族問題から」『家庭科教育』四七（一一）、一九七三年、一三―一七頁。

「現代社会の親子関係」『家庭科教育』四八（六）、一九七四年、九九―一一一頁。

「学校教育の展開と『家』観念」青山道夫他編『講座家族8 家族観の系譜』弘文堂、一九七四年、七九―九八頁。

「現代社会と家庭教育」『社会教育』第二九巻二月号、一九七四年、六―一一頁。

「家族と小集団」広田君美監修『小集団をみつめて』人間の科学社、一九七四年、五三―六六頁。

「日本人の金銭観とその教育」『家庭科教育（臨時増刊）』四八（一二）、一九七四年、一六五―一九三頁。

「現代家族における社会化問題」濱田陽太郎編『現代教育講座6 現代日本の教育環境――教育学習環境はどう変化したか――』第一法規、一九七五年、一四一―一八六頁。

「発達の社会的過程」滝沢武久・山村賢明編『現代教育講座5 人間の発達と学習――子どもの発達にとって教育とは何か――』第一法規、一九七五年、三一―六〇頁。

「日本人の経済的社会化序説」『現代社会学』第三巻第一号、一九七六年、一一五―一四四頁。

「日本における社会移動の様式と学校」石戸谷哲夫編『教育学研究全集4 変動する社会の教育』第一法規、一九七六年、一六三―一八四頁。

「現代家族における父親の役割」児童研究会編『児童心理選集2 子どもと父親・母親』金子書房、一九七六年、一五―三〇頁。

「賞と罰の教育的意義」児童研究会編『児童心理選集8 ほめ方・叱り方の心理学』金子書房、一九七六年、二四―三六頁。

「文化の継承と家族」『ジュリスト増刊総合特集6 現代の家族』有斐閣、一九七七年、七一―七五頁。

「教育とは何か」山根常男他編『テキストブック社会学3 教育』有斐閣、一九七八年、二一－一四頁。

「日本的自我とその形成」麻生誠・柴野昌山編『変革期の人間形成――社会学的アプローチ――』アカデミア出版会、一九七八年、五五－七四頁。

「青年の反抗と家庭」『青年心理』金子書房、第一六号、一九七九年、七四－八〇頁。

「講座 社会化の論理1――デュルケム、ピアジェを手がかりとして――」『青年心理』第二一号、一九八〇年、一五四－一七二頁。

「講座 社会化の論理2――全体的人間把握とのかかわり――」『青年心理』第二二号、一九八〇年、一七六－一九三頁。

「学校文化と子どもの地位分化――ガキ大将の行方をめぐって――」浜田陽太郎編『子どもの社会心理2 学校』金子書房、一九八二年、一〇三－一四三頁。

「J・I・キツセ（John I. Kitsuse）教授の人と業績」門脇厚司・原喜美・山村賢明編『現代のエスプリ別冊 変動社会と教育――社会化をめぐる国際シンポジウム――』至文堂、一九八〇年、四〇－四七頁。

「教育の風土と制度」新堀通也編『現代教育学9 日本の教育』有信堂高文社、一九八一年、九五－一一五頁。

「解釈的パラダイムと教育研究――エスノメソドロジーを中心にして――」『教育社会学研究』第三七集、一九八二年、二〇－三三頁。

「選別機関としての学校」山村賢明・門脇厚司編『現代学校論――生徒と教師の社会学――』亜紀書房、一九八二年、三－一六頁。

「研究の性格――問題意識・方法・対象――」学校社会学研究会（代表：山村賢明）編『伊藤忠記念財団調査研究報告書8 受験体制をめぐる意識と行動』伊藤忠記念財団、一九八三年、一－一〇頁。

「集団的競争としての受験」学校社会学研究会（代表：山村賢明）編『伊藤忠記念財団調査研究報告書8 受験体制をめぐる意識と行動』伊藤忠記念財団、一九八三年、二六一－二九四頁。

「子に賭ける親」『青年心理』三六号、金子書房、一九八三年、七八－八四頁。

"Kikokushijo: The emergence and institutionalization of an educational problem in Japan"（with J. I. Kitsuse and A. E. Murase), in J. W. Schneider and J. I. Kitsuse（eds.）, *Studies in the Sociology of Social Problems*, 1984, pp.162-179.

「学歴社会論と受験体制――その日本的特質をめぐって――」『青年心理』第四六号、一九八四年、一〇二－一一七頁。

「教育社会学の研究方法――解釈的アプローチについての覚え書き――」柴野昌山編『教育社会学を学ぶ人のために』世界思想社、一九八五年、四三－五九頁。

「『日本人と母』再論」『教育社会学研究』第四〇集、一九八五年、九－二二頁。

「課題研究報告――解釈的アプローチを検討する――」『教育社会学研究』第四〇集、一九八五年、二四〇－二四三頁。

"The Child in Japanese Society" in H.Stevenson et al (eds.) *Child Development and Education in Japan*, 1986, pp.28-38.

「仲間集団と子どもの発達」『教育と医学』第三四巻第七号、一九八六年、四－一一頁。

「調査のデザイン」「マスコミと教育」研究会（代表：山村賢明）編『東京都青少年問題協議会調査報告書 子どものテレビ視聴の様態に関する調査研究』東京都生活文化局、一九八六年、一－九頁。

「家庭でのテレビ視聴と父親の地位」『立教大学教育学科研究年報』第三〇号、一九八七年、一三－三三頁。

「〈誌上シンポジウム〉家庭の教育機能の回復のために」『社会教育』第四二巻第六号、一九八七年、五－一〇頁。

「課題研究報告 学校の存立構造」［北沢毅との共著］『教育社会学研究』第四三集、一九八八年、二二一－二二三頁。

「思春期とは何か――その制度化と変容――」山村賢明編『親と教師のための思春期学1 思春期とは何か』情報開発研究所、一九八八年、三－三三頁。

「現代日本の家族と思春期」児玉隆治・山村賢明編『親と教師のための思春期学3 家族』情報開発研究所、一九八八年、三－二二頁。

「社会学からみた児童期の意識の発達」ハイメ・カスタニエダ、長島正編『ライフサイクルと人間の意識』金子書房、一九八九年、八五－九八頁。

「嫁－姑関係と家族力学」『家族心理学年報』六、一九八八年、一八三－一九五頁。

「現代日本の家族と教育――受験体制の社会学に向けて――」『教育社会学研究』第四四集、一九八九年、五－二七頁。

"Fernsehen und die Rolle des Vaters in der Familien Kommunikation" Deutsches Jugendinstitut（Hrsg.）, *Kinderfernsehen und Fernsehforschung in Japan und der Bundersrepublik Deutschland*, 1989, pp.117-128.

「研究授業の社会的構成――ハレの授業とケの授業――」『立教大学教育学科研究年報』第三三号、一九八九年、九九－一一〇頁。

「日本の教育の意識と文化――学校給食問題を手がかりとして――」日本児童研究所編『児童心理学の進歩 一九九〇年版』、

金子書房、一九九〇年、二四三-二六〇頁。

「今年の青少年問題から考える」『青少年問題』第三七巻第一二号、一九九〇年、四-一一頁。

「学校が与えたもの、奪ったもの――現代教育のパラドックス――」『青年心理』第八六号、一九九一年、三六-四四頁。

「日本的集団主義と競争」『教育』第四一巻第二号、一九九一年、六-一六頁。

「子ども・青年研究の展開」［北沢毅との共著］『教育社会学研究』第五〇集、一九九二年、三〇-四八頁。

「現代日本の社会と5日制」山村賢明・岡崎友典編『教師が読む子どものための学校5日制』ぎょうせい、一九九二年、二一-一一頁。

「テレビ番組にみる日本の子ども観――『サザエさん』の記号論的内容分析を中心に――」『立教大学教育学科研究年報』第三七号、一九九三年、一-一四頁。

「母の文化と日本のジェンダー問題」『季刊 子ども学』vol.2、一九九四年、四三-五二頁。

「〈座談会〉企業社会と偏差値」［塩田長英・山下悦子と（司会：中内敏夫）］中内敏夫・久富善之編『叢書〈産む・育てる・教える―匿名の教育史〉4 企業社会と偏差値』藤原書店、一九九四年、七-五六頁。

「家族とは何なのか――さまざまな形の承認――」『教育と情報』四三三、一九九四年、二-七頁。

「茶の精神と禅」『立教大学教育学科研究年報』第三九号、一九九六年、一-一四頁。

「メディア社会と子ども論のジレンマ――なぜ子どもは見えないか――」門脇厚司・宮台真司編『「異界」を生きる少年・少女』東洋館出版社、一九九五年、一四一-一五八頁。

「〈座談会〉研究理論と調査法――『質対量』論争を越えて――」［苅谷剛彦、北澤毅、古賀正義、陣内靖彦、清矢良崇と］北澤毅・古賀正義編『〈社会〉を読み解く技法――質的調査法への招待――』福村出版、一九九七年、一七七-一九二頁。

「精神の空洞」『茶道の研究』第四二巻第六号、一九九七年、一二-一五頁。

「（講演）〈母なる文化〉と茶の湯」『茶の湯文化学』第六号、一九九九年、五四-六四頁。

「日本の基層文化と茶の湯――〈母なる文化〉の可能性に向けて――」熊倉功夫・田中秀隆編『茶道学大系 第一巻 茶道文化論』淡交社、一九九九年、二〇五-二三三頁。

「現代文明と子どもの社会性」『教育展望』第四八巻第五号、二〇〇二年、一四-二一頁。

「日本人の母子関係」［遠藤周作と］遠藤周作『対話の達人、遠藤周作 II』女子パウロ会、二〇〇六年、一〇一-一二一頁。

5 『児童心理』掲載

「現代社会と子どもの反抗」『児童心理』二二（八）、一九六八年、三三－四〇頁。

「性差を規定するもの――その社会学的考察――」『児童心理』二二（一二）、一九六八年、四五－五二頁。

「現代社会と子どもの偏見――子どもの偏見をつくる現代社会の分析――」『児童心理』二三（四）、一九六九年、三九－四四頁。

「『新しい家庭』の意義と役割――社会学的考察――」『児童心理』二三（一〇）、一九六九年、八－一五頁。

「『子どもとのつきあい』における親の権威と秩序」『児童心理』二四（一二）、一九七〇年、四八－五三頁。

「家庭における子どもの発言と親の態度」『児童心理』二四（四）、一九七〇年、八五－九〇頁。

「責任感を育てる家庭のしつけ」『児童心理』二五（七）、一九七一年、一〇八－一一二頁。

「賞と罰の教育的意義」『児童心理』二五（一二）、一九七一年、二五－三二頁。

「現代家族における父親の役割と子ども」『児童心理』二六（三）、一九七二年、一一－二〇頁。

「教育的課題としての反抗――『反抗心の教育』の核を求めて――」『児童心理』二六（七）、一九七二年、一六－二五頁。

「家族における愛情の構造――子どもの社会化と父性愛・母性愛――」『児童心理』二六（一一）、一九七二年、三一－三八頁。

「マス・コミにみる現代の母親像とその行方」『児童心理』二七（四）、一九七三年、八〇－八七頁。

「現代の家庭教育」『児童心理』二八（七）、一九七四年、一－一五頁。

「核家族における社会性の発達と友達関係」『児童心理』二九（七）、一九七五年、四五－五二頁。

「子どもにとって家庭とは何か」『児童心理』三〇（五）、一九七六年、一－一二頁。

「親と子の話し合いを阻むもの」『児童心理』三二（一〇）、一九七八年、五七－六二頁。

「『鍵っ子』の自立心」『児童心理』三三（四）、一九七九年、一〇三－一〇八頁。

「叱らない親・叱れない親」『児童心理』三三（七）、一九七九年、六七－七四頁。

「子どもの発達と母親の役割の変化」『児童心理』三四（三）、一九八〇年、二二一－二三〇頁。

「よい親の条件――子どもにとって『よい母親』とは――」『児童心理』三六（三）、一九八二年、一一－二〇頁。

「多様化・流動化する価値観と子どもの教育」『児童心理』三六（六）、一九八二年、三三－四三頁。

「〈シンポジウム・提言〉子どもの教育における家庭の役割――〝学校の荒廃〟と親の責任――」『児童心理』三七（八）、一九八三年、一一－一五頁。

「現代社会と親のこころ・子のこころ」『児童心理』三九（二）、一九八五年、二九－三七頁。

「〈座談会〉現代における『しつけ』と家庭の役割・学校の役割」［原田治子・樋口恵子・真仁田昭と］『児童心理』三九（四）、一九八五年、一－二三頁。

「『よい子』の条件――教育学的考察――」『児童心理』三九（一五）、一九八五年、一一－二〇頁。

「これからの家族と子ども――変化の予兆――」『児童心理』四一（一）、一九八七年、一－一〇頁。

「日本の学校教育の『きびしさ』と『あまさ』」『児童心理』四一（一二）、一九八七年、一八－二五頁。

「家庭と学校の関係を問い直す――その教育機能と歪み――」『児童心理』四二（一一）、一九八八年、一二－二〇頁。

「〈特別アンケート〉学校週五日制　教師の生き方が問われる」『児童心理』四四（七）、一九九〇年、九四－九五頁。

「学校と家庭の関係――その親和と疎遠の系譜――」『児童心理』四四（一六）、一九九〇年、一六五－一七二頁。

「ストレス社会の構造」『児童心理』四五（七）、一九九一年、一二－一九頁。

「学校給食問題に関する3つの疑問」『児童心理』四七（一）、一九九三年、九七－一〇〇頁。

6　翻訳書

T・パーソンズ他『核家族と子どもの社会化』上・下［橋爪貞雄・溝口謙三・高木正太郎・武藤孝典との共訳］黎明書房、一九七〇年、一九七一年。

A・シコレル他『だれが進学を決定するか』［瀬戸知也との共訳］金子書房、一九八五年。

T・パーソンズ他『家族――核家族と子どもの社会化――』［橋爪貞雄・溝口謙三・高木正太郎・武藤孝典との共訳］黎明書房、二〇〇一年。

7　書評

「片岡徳雄著『集団学習入門』」『教育社会学研究』第二〇集、一九六五年、一七八－一八三頁。

「小山隆編『現代家族の親子関係――しつけの社会学的分析――』」『社会学評論』第二五巻三第号、一九七四年、一二三－一二六頁。

「浜口恵俊編著『日本人にとってキャリアとは――人脈のなかの履歴――』」『教育社会学研究』第三五集、一九八〇年、一七八－一八一頁。

「田中仙堂著『茶道のイデア』」『茶の湯文化学』第五号、一九九八年、七四－七七頁。

「濱口恵俊著『日本研究原論――「関係体」としての日本人と日本社会――』」『教育社会学研究』第六四集、一九九九年、二三四－二三六頁。

あとがき――北澤　毅

本書の性格については「文献解題」においてすでに論じたので、この「あとがき」では、山村先生の経歴および主要業績の紹介と、本書刊行にいたる経緯について述べておきたい。

先生は一九五六年に東京教育大学教育学部を卒業後大学院修士課程に進学し、一九六三年に博士課程を満期退学されている。その後、東京教育大学文学部社会学科助手をへて、一九六七年に埼玉大学教育学部助教授となり、一九六九年に『日本人と母』で教育学博士号（東京教育大）を取得された。そして一九八〇年筑波大学教育学系教授、一九八五年立教大学文学部教授、一九九六年文教大学人間科学部教授と、助手時代も含めるなら五大学を歴任され、文教大学在職中の二〇〇二年九月に他界された。六九歳であった。

先生の単著は七冊、その他編著論文や学術論文、雑誌論文など厖大な数にのぼるが、その詳細については本書巻末の文献リストをご覧いただくとして、ここでは主著と呼べる『日本人と母』および『茶の構造』の二冊について紹介しておきたい。

博士学位取得論文である『日本人と母』は、一九七一年に東洋館出版社から刊行されたが、一九七八年の再版刊行時に追加されたサブタイトル（「文化としての母の観念についての研究」）が示しているように、テレビドラマ『おかあさん』、ラジオ番組『母を語る』、戦前の小学校国定教科書といった質的データを縦横に駆使しながら、明治以降の近代日本における母親観がどのようなものであったかを解明している。方法的にはシュッツ理論などに依拠しつつ、データ分析においてはパーソンズのＡＧＩＬ図式に手がかりを求めて、質的データについての切れ味鋭い分析を展開しており、その意味で本書は、母親論、社会化論（母観念の形成というレベルでの社会化論）といったテーマに関心を持つ研究者をはじめとした多くの人にとって必読の書と言えるだろう。またそれだけにとどまらず、質的調査法にもとづく経験的研究を展開した学術書として時代を先取りしており（例えば、シュッツ理論の経験的研究への適用といった側面）、質的調査研究が隆盛を迎えつつある今こそ、方法論レベルでも『日本人と母』の意義が見直される必要があると思われる。

そして『茶の構造』であるが、本書は、先生の茶の湯に対する趣味が昂じて成立したという意味では、趣味人としての先生の面目躍如の書である。先生の茶道への傾倒ぶりは並々ならぬものがあり、自宅に茶室を作られてしまうほどであったが、いわば自ら趣味として始められた茶道を、ただ趣味として楽しんでおられただけでなく学問研究の対象とされてしまったというところに、先生の生き方の一側面を見ることができるように思われる。本書を読んで印象的だったのは、文化としての茶道の構造分析を行うに際して、パーソンズのＡＧＩＬ図式が分析枠組みとして採用されていたことである。若き日にパーソンズ理論の影響を受け、パーソンズ理論との格闘を経て質的研究（＝解釈的アプローチ）へと進まれた先生の知的足跡を振り返ってみると、晩年の主著において再びパーソンズ理論に依拠した議論が展開されていることに、ある種感慨深いものがあったことは否定できない。

本書は二部構成になっており、一部では、茶の精神と禅の精神との関係についての深い思索に裏づけられた重厚な議論が展開されているが、対照的に二部では、ブルデューの文化資本論やジェンダー論と関連させながら、文化としての茶道の問題について軽快なタッチで興味深い議論が展開されており、一部とはまた異なった趣を持った内容となっている。なお、本書刊行（一九九六年八月）後、徐々に体調をくずされ執筆活動が思うようにできなくなったことで、さらなる執筆構想を抱きつつも果たせず、本書が最後の単著となったことを記しておきたい。

＊

さて続いて、本書成立の経緯について述べることにしよう。山村先生が亡くなられたのは二〇〇二年九月一五日であったが、お葬式のお手伝いをさせていただいている場で、門脇先生から「山村先生の遺稿集のようなものを刊行すべきではないか」という相談を受けたことが本書刊行のきっかけであった。その相談を受けてすぐに思い出したのは、亡くなられる一年くらい前だったろうか、先生から「ウェーバーの東洋理解、儒教理解には問題がある。ウェーバーへの反論を手がかりとしながら、自分なりの儒教理解について、もう一冊書いてみたい」という趣旨のお話をうかがっていたことであった。それゆえ、まずはじめに奥様に事情を説明し先生のパソコンをチェックしていただいたのだが、奥様からのお返事は「メモ書きのようなものはありますが、本にするほどのまとまった内容のものは書き残していないと思います」というものだった。そのお話をうかがったときには、長きにわたった闘病生活を、先生がどのような思いで過ごされていたのかということについて色々と思いをめぐらせたものである。『茶の構造』刊行後、「まだ書きたいことがある」と研究意欲を持ち続けておられた先生は、同時に、ほとんど執筆活動ができないほどの闘病生活を強いられていたからである。それゆえ、遺稿集という形での刊行は断念せざるを得なかった。そうした事情を受け、再度、門脇先生と相談をした結果、単著に含まれていないもので、現在でも引用されることの多い重要な論文を中心とした論文集を刊行しようということになり、本書刊行の準備が進められることになった。

まず最初に実施したのは、本書巻末に掲載してある文献リストの作成と、単著以外の全論文の収集作業であった。この作業は、立教大学大学院文学研究科教育学専攻に所属し、教育社会学を専攻する大学院生、間山広朗君（現、神奈川大学）、小野奈生子さん（現、立教大学文学部教育学科助手）、矢島毅昌君(現、東北芸術工科大学こども芸術教育センターPD)、鶴田真紀さん、稲葉浩一君、高橋靖幸君の協力を得て進められた。編著書や学術雑誌をはじめとした多様な媒体に執筆された先生の論文をすべて収集する作業は予想以上に困難を極め、多大な時間と労力を費やすことになったが、大学院生諸君の献身的な協力のおかげで、最終的には、ほぼ完璧に近い文献リストを作成することができたのではないかと思っている。

さて、完成した文献リストと収集した厖大な量にのぼる論文を前にして、次に遭遇した問題は、どの論文を本書に収録すべきかという判断の難しさであった。まずは執筆年代順に論文を通読することからはじめたのであるが、そうした作業から見えてきたことが、「社会化」問題と質的調査法に対する、先生の終生変わらぬ問題関心と方法意識とであった。それゆえ、「社会化論」をテーマとした論文を核として、それに関連させるかたちで「子ども論」「家族論」をテーマとした論文を加え、さらに「方法論」に関する論文を加える、という方針のもとに選定作業を進め、幾通りかの構成案を作成し、それらについて門脇先生のご意見をうかがい、さらには世織書房の伊藤氏をまじえた三者で検討をしたうえで本書の最終的な構成案をまとめ上げた。この検討過程を通じて門脇先生が強調されたことは、本書を、山村先生の思索の歴史を振り返るだけの懐古趣味的なものにするのではなく、「社会化」「子ども」「家族」「質的調査法」といった問題に関心を持っている現在の教育社会学徒によって読み継がれる価値のある論文集にすべきであるということであった。そういう思いを込めて論文の選定には充分な配慮をしたつもりである。その後も、本書刊行に至るまでに様々な困難が待ち受けていたが、校正段階では、清矢良崇氏(関西学院大学)、阿部耕也氏(静岡大学)、片桐隆嗣氏(東北芸術工科大学)、越川葉子さん(立教大学大学院)の協力も得ることができ大いに助けられた。

なお本書のタイトル『社会化の理論』について述べておくならば、当初は、収録予定の論文テーマが多岐にわたることもあってタイトルを一つに絞りきれずにいたが、「文献解題」を書くためにそれらの論文をじっくり再読するなかで、先生の終生変わらぬ問題関心は、やはり「社会化」問題だったのではないかという思いを強くしたということがある。最後の単著である『茶の構造』で展開されている問題関心や、その後お亡くなりになるまでの数年間の先生の関心は、禅や儒教を中心としたもっぱら宗教に関連した問題であったが、しかしそれ以前の先生の研究業績を振り返ってみれば、一貫して通底している研究テーマが「社会化」であったことは明らかである。そういう思いもあって『社会化の理論』を最終候補としたのであるが、幸いにして門脇先生や伊藤氏からも同意が得られたことからこのタイトルに決定したたという経緯があったことを記しておきたい。

最後になるが、本書のような論文集の刊行を快くお引き受けくださった世織書房の伊藤晶宣氏には心よりお礼を申し上げたい。そして、「社会化論」や「質的調査方法論」に関心を持つ研究者によって、本書が末長く読み継がれていくことを心より願っている。

二〇〇八年三月

〈編者紹介〉
門脇厚司（かどわき・あつし）
1940年生まれ。筑波大学名誉教授。
主要著書に『子どもの社会力』（岩波新書、1999年）、『東京教員生活史研究』（学文社、2004年）などがある。

北澤　毅（きたざわ・たけし）
1953年生まれ。立教大学文学部教授。
主要著書に『少年犯罪の社会的構築』（東洋館出版社、2002年）、『質的調査法を学ぶ人のために』（世界思想社、2008年）などがある。

山村賢明教育社会学論集
社会化の理論

2008年9月15日　第1刷発行 ©

編　者	門脇厚司・北澤毅
装幀者	山村慎哉
発行者	伊藤晶宣
発行所	(株)世織書房
組版所	(有)銀河
印刷所	三協印刷(株)
製本所	三協印刷(株)

〒224-0042　神奈川県横浜市西区戸部町7丁目240番地　文教堂ビル
電話045(317)3176　振替00250-2-18694

落丁本・乱丁本はお取替いたします　Printed in Japan
ISBN978-4-902163-38-4